Evelyne Kern

Sand in der Seele

Bibliografische Informationen der Deutschen Bibliothek:
Die Deutsche Bibliothek verzeichnet diese Publikation in der Deutschen Nationalbibliografie; detailliert Dateien sind im Internet über http://dnb.ddb.de abrufbar

Impressum:

Titelzeichnung: Fred Goetschi
Umschlagfoto Hintergrund: photocase.de
Layout / Satz: Brigitte Winkler, www.winkler-layout.de
7. überarbeitete Auflage/ Dezember 2012
Sprache Deutsch, Seiten: 360, Broschiert
ISBN: 9783939478041
ISBN E-Book: 9783939478447

Evelyne Kern

Sand in der Seele

Roman nach einer wahren Begebenheit

VERLAG KERN

Diese neu überarbeitete, 7. Auflage
widme ich all den Frauen,
die mir so viele Briefe geschrieben haben
und denen es in ihrer Beziehung
zu einem Orientalen
ähnlich ergangen ist
und noch heute so ergeht.

Prolog

Entspannt lehne ich mich in die Polster meines Sitzes im Airbus. Endlich Ruhe, endlich Frieden und endlich eine Entscheidung. Gewiss, leicht fiel mir das alles nicht, aber meine innere Stimme sagt mir, dass es richtig war, was ich getan habe. Ich habe mir meine Selbstachtung erhalten, und das wird mir niemand mehr nehmen.

Die Maschine bewegt sich zur Startbahn. Bald wird sie abheben, und dann werde ich dieses Land wohl niemals mehr wieder sehen. Noch einmal sehe ich aus dem Fenster und auf das Gebäude des kleinen Flughafens Djerba/Zarzis. Mein Gott, wie oft habe ich die von der Sonne bestrahlten weißen Kuppeln über der Abflughalle in den letzten Jahren so gesehen? Wie oft habe ich schon in einer dieser weiß-roten Maschinen der Tunis Air gesessen? Zehn, zwölf Mal? Ich weiß es nicht mehr. Der Druck in meinen Ohren wird stärker. Wir sind in der Luft, und noch einmal schaue ich aus dem Fenster. Ich habe dieses Stückchen Erde wirklich geliebt. Ich liebe es eigentlich noch. Leichte Wehmut beschleicht mein Herz. Ich spüre einen stechenden Schmerz in der Brust. Dann sehe ich noch einmal die Kuppeln. Ich schließe meine Augen und sehe eine andere Kuppel. Ich sehe die Kuppel meines eigenen Hauses in Zarzis und ich sehe die Flammen, die daran empor züngeln. Aus den Bogenfenstern steigen Rauchschwaden, die einst weiße Hausfront an der Nordseite ist abscheulich geschwärzt. Die Frauen der Nachbarschaft kreischen, Männer schreien und Kinder sehen ängstlich in die Flammen. Ich sollte längst weg sein, aber ich will sicher sein, dass nichts, aber auch gar nichts von dem einst so geliebten und jetzt verfluchten Haus übrig bleibt.

Gebannt stehe ich hinter den Agaven, welche die Straße säumen und mich vor Blicken schützen. Noch kann ich mich nicht losreißen. Aber ich muss, ich weiß, ich muss weg. An der Hauptstraße wartet ein Taxi, das mich zum sechzig Kilometer entfernten Flughafen bringen soll. Dann höre ich den fürchterlichen Knall. Jetzt muss die Kerze, die ich in den Eimer mit Petrol gestellt hatte, heruntergebrannt sein. Und die Gasflasche mit dem offenen Ventil, die ich daneben gestellt hatte, hat jetzt ihre Aufgabe erfüllt. Ich kann gehen.

Der hübsche Flugbegleiter bietet mir einen Drink an. „Ja, ich könnte jetzt einen vertragen", sage ich noch halb geistesabwesend, „bringen Sie mir bitte einen Cognac."
„Gerne, Madame", sagt er. Ich sehe ihm nach. Von hinten sieht er aus wie Amor. Die gleiche Figur, der gleiche knackige Po. Wieder sticht es in meiner Brust, und ein beklemmendes Gefühl beschleicht mich. Was wird er machen, wenn er das Haus, um das er so gekämpft hat, in Flammen sieht? Ich weiß, er wird an diesem Morgen aus Tunis zurückkommen und ich hoffe, bis dahin ist das Haus heruntergebrannt.
Ja, es ist alles gut geplant. Trotz der vielen Sorgen und der schmerzlichen Trennung von Karim und meinen Freunden habe ich einen klaren Kopf behalten. Ich habe gelogen, habe Amor gesagt, er könne sich das Auto bei der deutschen Botschaft in Tunis abholen. Seine ganze Sorge galt immer dem Auto. Dass er den Wagen dort nicht finden wird, ist meine Rache.
Gestern war er mit dem Bus nach Tunis gefahren. Meine Maschine ging um 10.30 Uhr. Genügend Zeit, die Möbel in die Mitte des Salons zu schieben, alle Textilien und brennbares Material darauf zu werfen, die Gasflasche unter den Tisch zu ziehen und den Eimer mit dem Petrol daneben zu stellen. Mit dem Rest aus dem Petrolkanister bespritzte ich noch die Wände und Teppiche. Zum Schluss stellte ich den brennenden Kerzenstummel in den Petroleimer. Dann verließ ich das Haus wieder durch das Fenster, durch das ich gekommen war und ging seelenruhig durch das weiß lackierte Eisentor auf die Straße.
„Sbach'chir", rief ich Jasmine, meiner Nachbarin zu, die gerade

mit einem gefüllten Wassereimer auf dem Kopf von der großen Zisterne kam.
„Sbach'chir, Sabrina. Schinaholik?"
„Lebes, Jasmine, lebes", rief ich zurück. Der übliche Gutenmorgengruß, den man sich hier sagt. Floskeln, die man sich zuruft, ohne eigentlich wirklich daran interessiert zu sein, wie es dem anderen heute geht.
Das unvermeidliche „Hamdullah" beschloss den Gruß. Sie hatte wohl nichts gemerkt.
Zwei Zigarettenlängen saß ich dann hinter den wohl zwei Meter hohen Agaven am Rande unseres Anwesens, bis ich die ersten Rauchschwaden entdeckte. Jetzt hätte ich eigentlich loslaufen müssen. Aber ich konnte nicht, ich konnte einfach nicht.
„Ihr Cognac, Madame." Der Stuart reißt mich aus meinen Träumen.
„Sukran, sazilan", sage ich. Er lächelt mich an und freut sich über meinen arabischen Dank.
Warum spreche ich eigentlich noch arabisch, denke ich, ich werde dieses Land nie wieder betreten. Dann nehme ich einen kräftigen Schluck aus dem Glas. Es brennt in der Kehle und es treibt mir Tränen in die Augen. Ich trinke sonst nie scharfe Sachen.
„Na, war der Abschied so schwer?" fragt eine sanfte Frauenstimme direkt neben mir. Erst als ich meinen Kopf drehe, sehe ich die nette, grauhaarige Dame zu meiner Linken.
„Wieso?" frage ich.
„Na, ja, schon viele junge Frauen haben sich in ihrem Urlaub in so einen netten einheimischen Adonis verliebt."
Das sitzt. Allerdings liegt dieses schöne Erlebnis bei mir sieben Jahre zurück. Aber das kann diese mütterliche Person ja nicht wissen.
„Ja", höre ich mich leise sagen, „ja, ich habe ihn über alles geliebt."
Jetzt erst merke ich, dass nicht der Cognac die Tränen aus meinen Augen treibt. Ich weine wirklich. Und ich weiß, ich weine trotz

allem, obwohl ich mir vorgenommen hatte, meinem verlorenen Besitz und meiner Liebe nicht eine einzige Träne nachzuweinen. Nein, darum weine ich nicht. Ich weine um meine Freunde und um dieses wunderschöne Land, das mir zur Heimat geworden war.

***

Es ist schon einige Jahre her, als ich, eine in unserer Stadt recht erfolgreiche Journalistin, die Schnauze, wie man so schön sagt, gestrichen voll hatte und kurzerhand die Koffer packte, um irgendwo in dieser Welt ein Weilchen abschalten zu können und ein bisschen zur mir selbst zu finden. Das Reisebüro hatte einen Last-Minute-Flug nach Djerba im Angebot. Ich überlegte damals nicht lange.
Tunesien? Dort war ich noch nie. Ich hatte auch nie daran gedacht, dort Urlaub zu machen. Was soll's. Dann eben Tunesien. Schon zwei Tage später hatte ich die Stadt, den Verlag und den Verleger, der mein Ehemann war, verlassen. Ich musste einfach raus, denn ich steckte mitten drin in einer so genannten Krise. Nicht nur mit mir selbst war ich unzufrieden, eher mit allem und jedem. Nichts konnte man mir noch recht machen. Heute weiß ich allerdings, dass es mir damals eher zu gut ging. Sicher, es waren ein paar unschöne Dinge vorgefallen. Ein Ehestreit, eine kurze Trennung, ein paar Ärgernisse im Verlag. Nichts eigentlich, nichts im Vergleich zu dem, was in den Jahren darauf folgen sollte.

Das Hotel, in das man mich brachte, lag am langen, schönen Sandstrand von Zarzis, einer ehemaligen und nun zur Kleinstadt herangewachsenen Oase auf dem Festland, gegenüber der Insel Djerba. Schon als wir den sieben Kilometer langen Römer-Damm passierten, der die Insel mit dem Festland verbindet und links und rechts die kleinen, blauen Fischerboote im Wasser lagen, begann ich irgendwie unruhig zu werden. Ich rutschte auf meinem Sitz hin und her. War es doch nicht richtig, dass ich einfach so weg bin? Plagte mich etwa ein schlechtes Gewissen? Absurd – ich brauchte einfach nur zwei Wochen Ruhe, dann würde es schon wieder werden.
Ich rückte mich wieder zurecht, genoss die schöne Aussicht und bewunderte den Fahrer, der den kleinen Hotelbus so sicher und schnell über diesen Damm brachte.

Nun saß ich in der großen maurischen Hotelhalle an der nordafrikanischen Mittelmeerküste, genoss einen Begrüßungdrink und wartete darauf, dass ein Boy frei wurde, um meine Koffer auf mein Zimmer zu bringen. Es blitzte. Ein Hotelfotograf lächelte mir zu.
„Schon passiert", sagte er in perfektem Deutsch, „morgen können Sie das Foto an der Bilderwand anschauen." Schon war er verschwunden, um andere ankommende Gäste zu fotografieren. Noch ein Schluck von dem undefinierbaren grünen Cocktail und dann ein kurzer Blick zur Rezeption. Mir stockte der Atem. Zwei wunderschöne, schwarze Augen sahen direkt in die meinen. Die Zeit schien stehenzubleiben. Für einen Augenblick kam das Stimmengewirr von ganz weit her, die Menschen erschienen mir schemenhaft.
Gewaltsam löste ich mich von diesem Blick und widmete mich dem Anmeldeformular, das man mir auf das kleine Tischchen vor meinem eleganten Sessel gelegt hatte.
Ich kramte nach einem Kugelschreiber in meiner Tasche. Wieder hob ich meinen Kopf und wieder blickte ich in diese Augen. Ich weiß nicht, wie lange das so ging. Irgendwann hatte ich dann doch das Formular ausgefüllt, stand auf und ging nun auf diese Augen zu. Ohne noch mal hochzusehen, legte ich den Wisch auf die Theke.
„Willkommen in unserem Land, Madame", sagte die Stimme, die zu den Augen gehörte. Schnell bedankte ich mich, nahm den Schlüssel, den er auf das Formular gelegt hatte und drehte mich um. Nun war auch schon ein Boy da, der meine Koffer nahm. Irgendetwas zwang mich, am Ende der Halle noch einmal zurückzublicken. Noch immer starrten diese Augen mich an.

Zwei Tage lang wurde mir der Weg durch die Hotelhalle zur Qual. Zwar vermied ich es, zur Rezeption zu sehen, doch ich spürte ganz deutlich, dass mich diese Augen verfolgten. Außer einem Spaziergang durch die großzügig angelegte Hotelanlage mit den üppigen Oleander- und Jasminsträuchern, deren Duft mich betörte, und einem ganz kurzen Aufenthalt am Strand, hatte ich noch nichts unternommen. Ich hatte nur geschlafen und demzufolge mein Zimmer kaum verlassen.

Am dritten Tag aber weckte mich ein stechendes Gefühl in der Magengegend. Ich hatte Hunger. Heute werde ich wohl frühstücken müssen, dachte ich mir und raffte mich endlich auf, meine Tischnachbarn kennen zu lernen.
Die Hotelhalle war ziemlich leer, und ich fühlte mich irgendwie frei. Kein Wunder, heute waren keine Augen da, die mich verfolgten. Komisch, plötzlich regte sich ein Gefühl von Enttäuschung in mir. Innerlich schimpfte ich mit mir selbst, nannte mich eine alberne Gans. Mein Blick fiel auf die Bilderwand. Ich konnte das Foto, das der junge Mann bei meiner Ankunft machte, nirgends entdecken. Na, vielleicht nichts geworden, dachte ich und ging endlich in den Speisesaal. Man führte mich an einen runden Tisch, an dem bereits ein junges Paar saß und mich freundlich begrüßte. Nicht mein Fall, dachte ich, und mir war klar, dass man sich außer zu den Essenszeiten wohl nicht sehen würde. Abgehakt.

Der lange Spaziergang am Strand wurde nicht der, den ich mir vorgestellt hatte. Keine zwanzig Meter konnte ich gehen, ohne irgendwelchen plumpen Annäherungsversuchen junger Strandschlepper entgegentreten zu müssen.
„Wie gefällt's in Tunisie, Madame; schönes Wetter heute, Madame; soll ich Madame die Stadt zeigen?"
Sollte ich nun freundlich antworten oder besser nicht reagieren? Ich entschied mich für das Letztere und war deshalb bereits eine halbe Stunde später wieder in der Halle. Noch etwas ärgerlich über den misslungenen Spaziergang marschierte ich auf die Rezeption zu, weil mir einfiel, dass ich Geld wechseln wollte.
Und da waren sie wieder, meine wunderschönen schwarzen Augen. Schon wollte ich wieder kehrtmachen, da wusste ich, dass es

dumm war. Ich riss mich also zusammen, kramte mein Scheckbuch aus der Tasche, warf einen Blick auf die Kurstafel und fing an zu schreiben.
„Madame sehen verärgert aus“, sagte eine sanfte, schöne Männerstimme.
Zum ersten Mal sah ich mir den Mann genau an. Nicht sehr groß, nicht breitschultrig, gepflegte Hände. Ein schönes Gesicht, gut geschnitten, gerade Nase und diese wunderschönen Augen.
„Kann man in Ihrem Land keinen Spaziergang machen, ohne belästigt zu werden?“
„Ich weiß, das ist Problem. Die Jungen leben von Touristen. Verkaufen Teppiche und Souvenirs.“
„Und was soll man tun, wenn man keine Teppiche kaufen will?“
„Am besten nicht reagieren, oder …“ er unterbrach sich … „oder was?
„Oder woanders gehen – wo keine Touristen, da keine Händler.“
Mir fiel auf, dass er ein reizendes Deutsch sprach. Nicht perfekt, aber reizend.
„Und wo ist das?“
Nun lächelte er. „Sie nicht alleine finden das.“
„Ach so“, sagte ich, lächelte ebenfalls, steckte meine inzwischen gewechselten Dinare in die Tasche und ging auf mein Zimmer. Seine Augen verfolgten mich wieder, und ich wusste instinktiv, dass ich den Spaziergang mit ihm machen würde.
Ich sah ihn noch vor mir, als ich auf meinem Bett lag und die blau gestrichene Decke anstarrte. Er mochte vielleicht sechsundzwanzig, vielleicht achtundzwanzig Jahre sein. Aber er war schön, ausgesprochen schön. Verdammt, ich hatte noch nie so einen schönen Menschen gesehen. Und seine Zähne, als er lächelte. Schneeweiß, wie Perlen, und sein Mund, zartrosa und nicht zu groß. Schwarze, glänzende, kleine Locken. An den Schläfen ein paar fast unscheinbare graue Härchen. Braune, verführerische Haut.
Ruckartig saß ich auf dem Bett. Mir fiel ein, dass ich in diesem Jahr vierzig werden würde. Ich sah geradewegs in den großen

Spiegel, der über der Frisierkommode am Fußende des Bettes hing. Nein, wie vierzig siehst du nicht aus, Sabrina. Schon war ich dabei, den am Hinterkopf eingeflochtenen Zopf zu lösen. Mit den Fingern glitt ich durch mein langes blondes Haar, das mir den halben Rücken hinunterreichte. Noch immer hatte ich strahlende blaue Augen und darunter zeigten sich nur ganz winzige, kleine Fältchen, kaum zu sehen. Ich stand auf und trat direkt vor den Spiegel. Meine Figur unterschied sich kaum von der eines jungen Mädchens. Noch immer war ich sehr schlank und hatte einen festen, wenn auch etwas kleinen Busen. An meinen Beinen zeigte sich keine Spur von Cellulitis und noch immer waren sie ausgesprochen wohlgeformt.
Mein Po war klein und fest, meine Taille …
Es klopfte an der Tür. „Moment“, rief ich erschrocken. Schnell zog ich meinen Bademantel über. Dann öffnete ich die Tür. Ein Boy reichte mir einen Zettel und verschwand.
Überrascht starrte ich auf das grüne Hotel-Briefpapier mit den fremden arabischen Schriftzeichen.
„Madame Sabrina, vertrauen Sie mir bitte. Lassen Sie mich Ihre Führer sein. Werde zeigen Ihnen mein Land. Nicht böse sein bitte. Habe Samstag frei. Ihre Amor von Rezeption.“
Unwillkürlich musste ich lachen, zumal ich mich ja längst entschieden hatte, mit ihm zu gehen. Heute war Donnerstag, und Samstag hatte er frei. Na gut, dachte ich, machen wir uns einen schönen Tag.
Am Nachmittag bestellte ich bei Amor, ohne auf seinen Brief einzugehen, einen Mietwagen für Samstag. Fragend blickte er mich mit seinen schönen Augen an. Nein, so einfach wollte ich es ihm nicht machen. Ich zuckte als Antwort auf die stumme Frage lediglich mit den Schultern und verzog mich in die Bar, um einen der herrlichen Pfefferminztees zu trinken, für die dieses Land berühmt sein sollte. Der Reiseführer, in dem ich dies gelesen hatte, hatte nicht zu viel versprochen. Das Gebräu war heiß und stark. Frische, intensiv duftende Pfefferminzblätter garnierten das Glas.

Am Freitag schloss ich mich einer Gruppe an, die den großen Berbermarkt in Zarzis besuchen wollte, der gewohnheitsgemäß an diesem Tag abgehalten wurde. Aber auch dort, das gleiche Gelaber der Einheimischen. Basar an Basar.
„Kommen rein, schöne Frau, nichts kaufen, nur gucken."
Ich ließ mich mit einer Kutsche zum Hafen fahren. Der freundliche, ältere Kutscher zeigte mir den neu erbauten Frachthafen und den alten, romantischen Fischerhafen. Ich sah zu, wie einige junge Fischer ihre Netze flickten und ließ mir erklären, dass die Hunderte von Tontöpfen dazu da seien, dass sich die Tintenfische selbst darin fangen.
„Tintenfische dumm", sagte der Kutscher mit der Pluderhose und dem roten Fes. Ich musste lachen über so viel Logik, wusste aber, dass er eigentlich auch glaubte, dass ich dumm sei.
Nach einer Stunde brachte er mich in das Gewühl der Stadt zurück. Ich bezahlte den Preis, den er verlangte und sah mich noch ein wenig in den Markthallen um, wo frisches Obst, Gemüse, Fisch und Fleisch verkauft wurden. Die Vielfalt des Angebotes überraschte mich, sagt man doch, dass Tunesien noch immer zu den Entwicklungsländern zählt. Mal abgesehen von den aufdringlichen Händlern in den Touristen-Basaren, fing ich an, Gefallen an diesem Städtchen zu finden. Die weißen Häuser mit ihren blauen Fensterläden, die Kuppelbauten, die zum Teil schönen Minarette der Moscheen und die reichliche Bepflanzung an den Straßenrändern wirkten auf mich fremd und orientalisch. Außerdem liebte ich von jeher den maurischen Stil und fand es immer schon aufregend, wenn einer wie „Lawrence von Arabien" auf seinem Pferd saß.
Gerade stellte ich mir vor, wie Amor in typischer, arabischer Kleidung mit mir auf dem Pferd durch diese Stadt ritt, als ich abermals ganz plump angemacht wurde.
„Schöne Frau, wollen kaufen Andenken an schöne Tunisie?"
„Arschloch", dachte ich und ärgerte mich, dass der Mann mich aus meinem Traum gerissen hatte. Ohne zu reagieren, schlenderte

ich weiter. Gerne hätte ich in die große Moschee gesehen, aber ich erinnerte mich daran, dass im Reiseführer stand, dass das nicht erwünscht sei.
Stattdessen setzte ich mich in eines der vielen Straßencafés und ließ die fremden Eindrücke an mir vorüberziehen.
Zwei halbnackte Po's gingen dicht an mir vorbei. Langsam sah ich hoch. Natürlich deutsche Mädchen. Hatten die denn nie gehört, dass man in einem moslemischen Land nicht in so knappen Höschen herumlaufen kann? Ich wollte schon eine Bemerkung machen, ließ es dann aber sein, als ich den unverwechselbaren sächsischen Dialekt der beiden aufgedonnerten Mittdreißigerinnen hörte.
Ich sah zufrieden mit mir selbst auf meinen wadenlangen Sommerrock hinunter und konzentrierte mich dann auf meinen kleinen, starken Kaffee.
In Gedanken saß ich wieder vor Amor auf dem stolzen weißen Pferd, meine Haare wehten im Wind, seine braunen Arme hielten mich umschlungen.
„Madame, bitte einen Moment", sprach mich jemand an.
Ich blickte hoch. Ein hübscher junger Mann stand vor mir.
„Darf ich mich setzen?"
„Ja", sagte ich kurz.
„Zum ersten Mal in Tunisie?"
„Ja."
„Schön für Sie in Tunisie?"
„Ja."
„Wollen Sie sich angucken, wie man Teppiche webt in Tunisie?"
„Ja."
„Gut, dann kommen Sie mit mir, ich zeige Ihnen."
„Nein."
Ich legte einen halben Dinar für den Kaffee auf den Tisch, stand auf und ging.
„Aber Madame, Sie wollen doch sehen Teppiche, sie haben doch ja gesagt", rief mir der junge Tunesier hinterher.

Langsam drehte ich mich um. „Ja, ich will mir eine Teppich-Knüpferei ansehen, aber nicht mit Ihnen."
Er stand auf und war kurz darauf an meiner Seite.
„Warum nicht mit mir?"
„Ich gehe mit Lawrence von Arabien."
Ich winkte einem von den gelben Taxen, das auch prompt neben mir zum Stehen kam. Noch immer stand der junge Mann hinter mir.
„Wer ist das, Lawrence von Arabien?" fragte er verdutzt.
Ich stieg ein, nannte dem Fahrer mein Hotel, er nickte und schlängelte sich mit seiner Rostlaube durch den dichten Verkehr der belebten kleinen Stadt. Erst als er auf die Route de Tourisme einbog, hörten der entsetzliche Straßenlärm und das Wirrwarr der fremden Stimmen auf.
Als ich am Hotel vorfuhr, kam mir eine Dame aufgeregt entgegen: „Wir haben Sie gesucht, Sie waren plötzlich verschwunden."
„Ja, tut mir leid, ich habe mich verlaufen."
Ich wollte ihr nicht sagen, dass mich die Basare und der Touristenrummel nicht interessierten. Aber leid tat es mir eigentlich nur, dass ich mich dieser Gruppe überhaupt angeschlossen hatte.
„Na, macht nichts", sagte die Dame. „Sie sind ja wieder da. Wissen Sie, für eine Frau alleine soll es ja gefährlich hier sein."
„Unsinn", erwiderte ich, „das hier ist ein Polizeistaat, und ich glaube nicht, dass sich hier jemand trauen würde, einem Touristen etwas zu tun."
Weil ich sofort merkte, dass sie eine beleidigte Miene aufsetzte, fügte ich schnell noch ein paar nette Worte des Dankes für ihre Fürsorge hinzu und wünschte ihr guten Appetit für das Mittagessen, das ich lieber ausfallen ließ.

Den Nachmittag verbrachte ich mit Schlafen und Lesen auf der kleinen Terrasse meines Zimmers. Ein leichter, frischer Wind hauchte über mein Gesicht. Ich hörte das Meer rauschen, das in greifbare Nähe zu kommen schien. Wenn ich jetzt aufgestanden

wäre, hätte ich es sehen können, aber irgendwie schaffte ich es nicht. Ich blieb einfach liegen und döste vor mich hin.
Irgendwann hörte ich ein zaghaftes Klopfen an meiner Tür. Amor, dachte ich, Amor schickt wieder einen Zettel. Nun kam ich hoch, ging zur Tür und öffnete.
„Guten Abend, bitte entschuldigen Sie, aber ich dachte, ich sollte mal nach Ihnen sehen, Sie kommen nicht zum Essen und ich dachte, Sie sind vielleicht krank oder so …"
Meine Tischnachbarin stand vor mir und starrte auf meinen blauen Seidenbademantel.
„Oh, nein, ich bin nicht krank. Warten Sie einen Moment, ich komme gleich mit Ihnen. Bitte setzen Sie sich. Ich zieh mir nur rasch etwas über!"
Ohne weitere Erklärungen war ich im Bad verschwunden, schlüpfte aus dem Bademantel, zog schnell einen Slip, eine weiße Leggins und ein langes, lachsfarbenes T-Shirt an und stand zwei Minuten später wieder vor ihr.
„So, ich bin fertig", überraschte ich sie, setzte mich aufs Bett und zog meine weißen Stoffturnschuhe darunter hervor. Wahrscheinlich hatte sie soeben bereut, dass sie gekommen war, weil ich sie im Glauben ließ, dass sie längere Zeit warten müsste.
„Das ging aber schnell", sagte sie dann umso erfreuter.
Schnell hängte ich mir noch meine kleine, weiße Tasche über den Kopf und die Schulter und trat vor ihr aus dem Zimmer.
„Wissen Sie, mein Mann und ich, na ja, wir haben uns gewundert, warum Sie nie zum Essen kommen. Es hätte ja sein können, dass Sie krank sind oder so …"
„Das ist sehr lieb von Ihnen, dass Sie sich Sorgen gemacht haben, aber ich bin wirklich nicht krank, das sehen Sie ja. Ich wollte einfach nur ein bisschen Ruhe, verstehen Sie?"
Im Vorbeigehen blickte ich zur Rezeption. Amor war nicht da. Sicher ist er schon nach Hause. Und ich hatte ihm wegen morgen nichts gesagt. Ob er jetzt traurig ist?

Der Speisesaal war hell erleuchtet. Unzählige schwarzhaarige Kellner rannten mit oder ohne Tabletts hin und her.
„Ach da sind Sie ja", begrüßte mich der Mann der besorgten Ehefrau überschwänglich.
„Verzeihen Sie, aber mir ist Ihr Name entfallen", sagte ich, um etwas von mir abzulenken. Der blonde junge Mann stand auf und verbeugte sich artig. „Leupold", sagte er. „Martin Leupold, und das ist meine Frau Birgit."
„Angenehm", murmelte ich. Ich hasste diese Höflichkeitsfloskeln. Während des Essens musste ich meine Meinung über dieses Paar aber doch revidieren. Sie wussten viel über Land und Leute und hatten auch sonst eine sehr gute Allgemeinbildung. Mir fielen wieder die beiden sächsischen kurzbehosten Frauen in der Stadt ein, und ich musste einmal mehr zugeben, dass doch nicht alle Pauschalurlauber gleich waren. Das Ehepaar Leupold war schon zum dritten Mal in Tunesien, zweimal in Hammamet und jetzt hier im Süden.
„Der Süden ist wesentlich interessanter", sagte Martin. „Wenn Sie sich etwas ansehen wollen, dann sollten Sie unbedingt nach Matmata und Chinini. Dort leben die Berberfamilien noch immer in Erdhöhlen. Wir waren bereits gestern dort, es war sehr interessant."
„Hatten Sie ein Auto gemietet?"
„Nein, wir fuhren mit einer Gruppe im Landrover und morgen besuchen wir den großen Schott el Jerid."
„Ach ja, das habe ich im Reiseführer gelesen", entgegnete ich, „das ist doch der große Salzsee, der fast bis an die algerische Grenze reicht."
„Ja, genau der, wir freuen uns schon sehr darauf, gell Birgit?"
„Wissen Sie, Sabrina, wir sind keine Strandlieger, wir sehen uns lieber Land und Leute an."
„Ach, ich im allgemeinen auch. Aber diesmal ..." Ich unterbrach mich, weil es eigentlich nicht meine Art war, mit fremden Leuten über meine Gefühle zu sprechen. Ach, was soll's, den beiden

netten Leuten werde ich mal ein bisschen mehr über mich sagen. „Aber diesmal war der Urlaub gar nicht geplant. Ich wollte einfach nur mal raus und ich bin auch nur zufällig in Tunesien gelandet, das war das einzige Angebot, was von heute auf morgen frei war."
„Na, um so besser", sagte der nette Mann, „dann lassen Sie sich doch einfach von diesem Land überraschen."
„Ja, ich habe für morgen ein Auto gemietet. Dann werde ich doch gleich auf Ihren Rat hören und nach Matmata fahren."
„Haben Sie denn eine Straßenkarte?"
„Nein, die brauche ich auch nicht, ich habe einen einheimischen Führer dabei."
„Das ist wunderbar, Sie werden sicher viel Spaß haben. Die Tunesier sind sehr nette und gastfreundliche Leute, das werden Sie schon sehen."
Nach dem Essen ließ ich mich von Birgit und Martin, mit denen ich inzwischen auf Du getrunken hatte, überreden, noch einen Drink an der Bar zu nehmen und das Animationsprogramm anzusehen.
Die Folklore-Gruppe war es schließlich wert, dass ich blieb. Zur typisch tunesischen Musik, die in meinen Ohren eher wie zusammenhangloses Gedudel klang, tanzten acht Männer in Landestracht ihren vom Animateur angekündigten Stocktanz.
Die eindrucksvollen großen Pluderhosen, weiße Hemden, rote, bestickte Westen und passende rote Fese auf den schwarzen Köpfen wirkten wie gemalt, und ich konnte mich kaum satt sehen an diesem schönen Bild unter dem maurischen Gewölbe der Hotelhalle.
„Das wird noch besser", sagte eine vertraute Stimme hinter mir.
„Amor!"
„Ja, ich bin es. Ich darf nicht privat sprechen mit Gäste. Ich muss gehen. Will nur schönen Abend wünschen."
Ich spürte seine Hand leicht auf meiner Schulter. Er stand hinter meinem Sessel. Ein warmer Hauch lief mir den Rücken hinunter.

Langsam hob ich meinen Kopf und blickte in diese Augen. Er beugte sich ein wenig zu mir herunter und schien etwas zu erwarten. Ich wusste auch, was.
„Ich fahre morgen früh um acht Uhr los. Am Tor halte ich kurz an."
„Bitte, nicht am Tor, ich erkläre morgen. Fahren Sie auf der Route de Tourisme bis rechte Seite Pharmacie."
„Okay, ich warte an der Apotheke. Gute Nacht, Amor."
„Gute Nacht, Sabrina." Die Hand löste sich von meinen Schultern. Amor war verschwunden.
„War das nicht der Rezeptionist?" fragte Martin.
„Ja, er fährt mit mir nach Matmata."
„Oh!" bemerkte Birgit spitz und sah auf ihren blassen, blonden und etwas dicklichen Ehemann.
„Neidisch?" fragte ich kurz.
„Aber nein, natürlich nicht." Die Antwort kam etwas zu schnell und zu laut.
Amor hatte nicht zu viel versprochen. Die Folklore-Gruppe war wirklich gut. Ein riesiger Schwarzer balancierte schwere Tonamphoren auf dem Kopf. Insgesamt zwölf Stück, die man ihm nach und nach mittels einer Leiter aufgesetzt hatte.
„Das müssen doch mindestens drei bis vier Zentner sein", sagte Birgit.
„Ja, großartig, was der Mann da leistet. Und dabei tanzt der noch fröhlich herum", sagte ich begeistert.
„Der Rezeptionist sieht toll aus", flüsterte mir Birgit nun zu, „pass nur morgen gut auf dich auf."
„Keine Angst, ich kann schon auf mich aufpassen. Aber du hast recht, er ist ein toller junger Mann."
„Hast du ihn einfach so gefragt, ob er mitfährt?"
„Nein, er hat es mir angeboten, als ich einen Wagen mietete."
„Darf er denn das?"
„Wer fragt schon, ob er was darf?"
„Recht hast du, genieß deinen Urlaub, Sabrina", mischte sich nun Martin ins Gespräch.

„Dass du immer die Ohren spitzen musst, wenn Frauen sich unter halten“, tadelte ihn Birgit.
Alle drei lachten wir und bestellten daraufhin noch eine Flasche Château Mornag.

Fast hätte ich an diesem Morgen verschlafen. Es war schon dreiviertel acht, als ich die Augen öffnete. Schnell aus dem Bett, unter die Dusche, eine Jeans, ein T-Shirt, Turnschuhe, ein Pullover über die Schulter, Handtasche, Geld. Punkt acht Uhr eine Tasse Kaffee mit Birgit und Martin. Zehn Minuten nach acht fuhr ich mit dem kleinen Peugeot durch das Tor.

Langsam fuhr ich an die Apotheke heran. Und da stand er. Amor. Er trug eine saubere Jeans mit Naturledergürtel und ein buntes Hemd. An den Füßen Mokassins aus Naturleder. Neben ihm ein kleiner Junge. Ich hielt an.
„Guten Morgen, Madame Sabrina. Das ist mein kleiner Bruder Chamseddine. Er noch nie in Matmata, und ich dachte, Sie nichts dagegen, ihn mitnehmen.“
Im ersten Moment etwas enttäuscht, aber dann sofort erfreut über seine gute Absicht, ließ ich den Kleinen hinten einsteigen.
„Willst du nicht fahren, Amor?“
„Ja, gerne, aber wir müssen bei Autovermietung eintragen lassen meinen Namen, das Vorschrift in Tunesien. Mein Führerschein ich habe dabei.“
„Okay, fahren wir beim Avis-Büro vorbei, wo ist es?“
„Gleich da vorne, hundert Meter.“
Jetzt war ich froh, dass Chamseddine dabei war, denn irgendwie hätte ich mich vielleicht doch geschämt, als verheiratete Frau mit so einem jungen Mann. Unsinn, das redete ich mir nur ein.

Amor lenkte den Wagen sicher und fuhr nicht zu schnell. So konnte ich in aller Ruhe die Landschaft betrachten, ohne auf den Verkehr achten zu müssen. Wir fuhren die sechzig Kilometer auf der

Route de Medenine bis zur Kreishauptstadt Medenine. Überall an den Straßenrändern waren Verkaufsstände mit bunten Fähnchen. Man bot allerlei Waren wie Korbtaschen, Strohhüte, Keramik und Getränke an. Wir passierten einen kleineren Salzsee, wo Amor anhielt und mich das Salz schmecken ließ. Dabei berührte er ganz zart meine Hand, und wieder durchfuhr mich ein Schauer. Als ich ihm in die Augen sah, bemerkte ich, dass es ihm ebenso erging.
„Wie alt ist dein Bruder?" fragte ich, um abzulenken.
„Er ist zwölf."
„Hast du noch mehr Geschwister?"
„Noch zwei Brüder, also wir sind vier Brüder."
„Keine Mädchen?"
„Nein, keine Mädchen, nur vier Kinder."
Etwas verdutzt schaute ich ihn an. Er konnte doch nicht im Ernst meinen, dass Mädchen keine Kinder sind. Ich sagte nichts, denn es lag sicher an seinem schlechten Deutsch, und ich wollte ihn nicht gleich vor den Kopf stoßen.
Nach Medenine fuhren wir in Richtung Gabes. Überall an den Straßenrändern wedelten Leute mit großen Geldscheinen.
„Was sind das für Leute und was machen die da?"
„Sind Libyer, wollen wechseln Geld, schwarz tauschen, verstehst du?"
Jetzt war mir aufgefallen, dass wir uns schon die ganze Zeit duzten, einfach so.
„Die Grenze nach Libyen ist nicht weit, nicht wahr?"
„Nein, nur ungefähr fünfzehn Kilometer von hier. Das wirklich nicht weit."
„Können wir dorthin fahren?"
„Nein, Frauen dort dürfen nur in Begleitung von Vater oder Ehemann einreisen."
„Wieso das?"
„Weil das ist so Gesetz in Libyen."
„Und ihr, braucht ihr ein Visum?"
„Nein, alle Staaten von Maghreb, also Maroc, Algérie, Tunisie,

Libye und Égypte nicht brauchen Visa. Kann man an Grenze Stempel machen für drei Tage."

„Und wenn eine eurer Frauen einen Libyer heiratet und sie will ihre Mutter besuchen, oder die Mutter sie, dann dürfen sie das nicht?"

„Unsere Frauen nicht heiraten Libyer." Basta. Diese Antwort war so endgültig, dass ich sie einfach glaubte. Auf Anhieb. Dennoch aber bohrte ich noch ein bisschen.

„Und wenn sich aber eine Frau in einen Libyer verliebt?"

„Wie verlieben? Unsere Frauen sehen nicht Libyer, gehen nicht einfach auf Straße oder in Café."

Natürlich wusste ich, dass moslemische Frauen schön brav zu Hause bleiben, hatte aber irgendwie das Bedürfnis, ihn dennoch zu fragen.

„Warum? Weil sie das nicht dürfen?"

Jetzt sah er mich ganz ruhig an. „Hier bei uns im Süden noch alte, strenge Tradition, im Norden anders, ist moderner, dort auch gehen Frauen alleine auf Straße und in Café. Ich finden gut, moderne Leben, aber unsere Eltern, sie lernen nicht."

„Du hättest also nichts dagegen, wenn deine Frau alleine ins Café ginge?"

„Ich nicht verheiratet."

„Aber wenn du mal heiratest?"

„Ich nicht heiraten tunesische Frau." Die Antwort kam langsam und bestimmt, und sein Blick, den er mir dabei schnell zuwarf, weil er sich auf die stark befahrene Straße konzentrieren musste, sagte mir auch diesmal, dass es bestimmt keine andere Antwort gab. Ich musste ihm glauben.

„Warum?"

„Du fragen viel, aber ich werde dir Antwort geben, später."

„Wann?"

„Bitte Sabrina, es ist noch nicht Zeit dafür."

Er nahm meine Hand von meinem Schoß und hielt sie einen Augenblick lang fest in der seinen.

„Was meinst du, es ist nicht die Zeit. Welche Zeit?“
Amor drehte sich nach hinten und fragte seinen kleinen Bruder etwas, das ich nicht verstand. Chamseddine nickte mit dem Kopf.
„Chamseddine hat Durst. Gehen wir etwas trinken?“
Er wollte mir nicht antworten. Sicher hatte er seine Gründe. Ich respektierte es, wenn auch nicht völlig unvoreingenommen. Vielleicht redet man hier nicht mit völlig fremden Touristen über so private Dinge, dachte ich und stimmte zu, eine kurze Rast einzulegen.
An einem kleinen Straßencafé hielt Amor an, und wir setzten uns in den Schatten einer großen Palme.
„Cola?“ fragte er.
„Nein, lieber Wasser.“
„Mit Musik?“
„Nein, ohne Musik“, sagte ich, als ich an das schreckliche Gedudel dachte, aber ohne zu schalten, was er meinte.
Er kam mit zwei Cola und einer Flasche Wasser zurück.
„Aber das ist ja ohne Kohlensäure“, sagte ich.
„Du wolltest doch ohne Musik.“
Wir mussten alle drei lachen.
Er setzte sich mir gegenüber, stützte seine Ellenbogen auf den verschrammten Plastiktisch, der wohl einmal weiß gewesen war, legte sein Kinn auf seine Hände und sah mich lange an. Mir waren ein paar Haare aus dem Zopf gerutscht und ich versuchte verlegen, sie wieder hineinzustopfen. Ich kam mir vor wie ein Teenager bei seinem ersten Rendezvous.
Ich betrachtete die jetzt sehr karge Landschaft. Außer Sand, ein paar Steinen und hier und da ein paar Dattelpalmen gab es nichts zu sehen. Die Sonne brannte erbarmungslos herunter. Ich blinzelte. Er fasste in seine Hemdtasche und zog eine goldumrandete Sonnenbrille heraus.
„Du musst deine Augen schützen, Sabrina.“ Er gab mir die Brille, und ich setzte sie auf. Meine eigene Sonnenbrille hatte ich absichtlich im Hotel gelassen, weil ich doch keine weißen Ränder

um die Augen haben wollte. Verfluchte Eitelkeit. Nun, es war eine dunkle Brille, und er konnte mir jetzt jedenfalls nicht mehr in die Augen sehen.
Chamseddine rutschte ungeduldig auf seinem Stuhl herum, und Amor lachte.
„Er kann nicht sitzen auf Stuhl“, sagte er, „zu Hause er sitzt nie auf Stuhl.“
„Na, dann lass uns weiterfahren. Ich bin schon sehr gespannt auf Matmata.“
Wir befuhren jetzt eine ziemlich ansteigende, kurvenreiche, aber immer noch geteerte Landstraße. Am Horizont konnte ich unter der glühenden Sonne die zerklüfteten Ausläufer des Gebirges erkennen.
Zerbeulte und unleserliche Wegweiser wuchsen aus dem Nichts hervor. Schwarze Tafeln mit weißen, arabischen Schriftzeichen.
„Willst du nicht machen Fotos?“ fragte Amor.
Das hatte ich ganz vergessen. Die ganze Zeit hielt ich die kleine Olympus in der Hand.
„Ach ja, natürlich, du musst aber anhalten. Ich mag keine verwackelten Fotos.“
„Ich auch nicht.“ Er fasste sich wieder in die Hemdtasche, zog ein Foto hervor und gab es mir.
Die blonde Frau auf dem Foto war ich. Es war das Foto, das der Hotelfotograf am Empfang gemacht hatte. Aber es war unscharf.
„Wie kommst du dazu?“
„Ich habe es gekauft. Aber er muss neues Bild machen, das nicht gut scharf.“
Wieder mal war ich sprachlos und ich sagte tatsächlich nichts. Ich gab ihm das Foto zurück, und er verstaute es wieder in der Tasche. Die letzten Kilometer bis Matmata sprachen wir kein einziges Wort.
Auf dem großen Parkplatz vor dem Ortseingang drängelten sich zahlreiche Landrover und diverse Busse, vollgestopft mit Touristen aus allen Teilen Europas. Ich konnte neben deutschen, franzö-

sische, holländische, italienische und dänische Laute vernehmen.
„Ganz schön was los hier", sagte ich.
„Ja, Matmata berühmt in ganz Afrika und Europa. Du wirst sehen, Höhlenwohnungen sehr interessant."
Und das waren sie auch. Kreisrunde, riesige Löcher in der Erde, in die man von oben hinabsehen konnte. Unten ein sauber gefegter Hof, Eingänge in die Bergwände, kleine Scharten, die als Fenster dienten.
„Kann man da hineingehen?"
„Nur in ein paar. Sie sind extra für Touristen."
„Ah, wie ein Museumsdorf also?"
„Ja, Staat bezahlt Leute für wohnen hier."
„Ah, so ist das. Und im Hotel erzählt man den Touristen, dass die Menschen tatsächlich noch hier leben."
„Ja, das tun sie ja auch. Aber nur, weil Staat bezahlt. Hier es gibt nichts, keine Arbeit für Menschen, keine Geschäfte, nicht Schule, nicht Krankenhaus. Menschen aber wollen auch modern sein und nicht leben wie vor hundert Jahren."
„Aber warum sagt man den Touristen nicht, dass es nur ein Museum ist?"
„Weil dann nicht so interessant. Und dann kein Geschäft für Veranstalter. Reiseleute müssen Ausflüge verkaufen. Busfahrer, Souvenirläden, Basare, Kamelführer sonst keine Arbeit."
„Verstehe."
„Du sagen nicht im Hotel. Nicht gut für Tourismusgeschäft."
„Nein, ich sage nichts. Aber warum verrätst du es mir?"
„Weil du nicht normale Tourist."
„Wieso?"
„Du fragen zu viel, Sabrina."
„Aber ich dachte, wir fahren zusammen, damit du mir dein Land zeigst und mir alles erklärst?"
„Das tue ich doch. Ich zeige dir mein Land, wie es wirklich ist. Nicht mit Augen von Tourist."
„Danke, aber du beschwerst dich, wenn ich frage."

„Diese Frage war nicht wegen meinem Land."
„Da hast du Recht, sie war dir wohl zu persönlich. Magst du keine persönlichen Fragen?"
„Jetzt nicht die Zeit dafür, Sabrina."
Wieder diese Worte. Und dieser endgültige Blick. Ich wusste damals nicht, was ich davon halten sollte. Ich gab mich mit der Tatsache, dass ich zu wenig über die arabische Mentalität wusste, zufrieden und schwieg.
Das Mittagessen nahmen wir in einem unterirdischen kleinen Hotel ein. Ein uriger Laden, eigens für Touristen ausgebaut. Typisch auch das Essen selbst. Couscous mit Hammelfleisch und Früchte zum Nachtisch. Diesmal bestand ich darauf, dass ich bezahlte, wusste ich doch, dass ein Rezeptionist nur rund 300 Mark im Monat verdiente. Zu meinem Erstaunen war es Amor auch gar nicht peinlich. Er bedankte sich sehr höflich und entschuldigte sich kurz. Er ließ mich mit Chamseddine zurück und verschwand. Als er kurze Zeit später zurückkam, trug er einen reizenden Strohhut, den ein geblümtes Band zierte, in der Hand und setzte ihn mir auf.
„Steht dir prima."
„Danke", sagte ich verdutzt, „aber ich möchte nicht, dass du etwas für mich kaufst."
„Keine Angst, für mich nicht teuer. Ich zahlen nicht Touristenpreis."
„Aber trotzdem, du sollst nicht …"
Er ließ mich nicht ausreden. „Ich nicht möchte, dass du heute Abend Kopfschmerzen von Sonne hast. Ich will dir zeigen, wo man in Ruhe spazieren gehen kann, wo keine Touristen und keine Händler."
Wieder sah er mich mit diesen wunderschönen Augen an, die es nicht zuließen, dass ich antwortete.
Nach dem Essen sahen wir uns die Höhlenwohnungen an, spazierten durch einen Olivenhain und sahen den Touristen zu, die sich auf Kamele verfrachten ließen. Für den Rückweg hatte sich Amor eine andere Strecke ausgesucht, die durch bizarre, rote

Sandsteinmassen führte. Die Straße ließ wirklich zu wünschen übrig. Metergroße Schlaglöcher reihten sich dicht an dicht. Die Wegränder geziert von hohen, unübersehbaren Agaven.
„Mein Gott, gibt es keine bessere Straße?“ fragte ich gequält.
„Du wolltest sehen mein Land, wie es wirklich ist. Aber wenn du willst, wir können Touristenroute fahren.“
„Nein, schon gut, dann müssten wir ja die ganzen Kilometer zurück.“
„Ja, das allerdings.“
Nein, das wollte ich nun wirklich nicht. Noch niemals war ich eine so schlechte Straße gefahren. Das arme Auto.
„Nur noch ungefähr zehn Kilometer, dann wird Straße besser, glaube ich.“
Aus den zehn Kilometern wurden ungefähr dreißig. Ich war froh, als ich endlich wieder eine Teerstraße unter den Rädern spürte und trug es ihm auch nicht nach.
Wir legten eine kleine Kaffeepause ein und fuhren dann direkt zum Hotel zurück. Am Tor setzte er mich ab.
„Ruh dich aus, Sabrina, ich hole dich in zwei Stunden wieder ab, okay? Also dann um sechs Uhr.“
„Ja gut“, sagte ich, „ich werde hier sein.“
Völlig geschafft ließ ich mich auf mein Bett fallen und nahm mir nicht einmal die Zeit, meine Turnschuhe auszuziehen. Nur ein paar Minuten, dachte ich, nur ein paar Minuten Ruhe.
Ein lautes Klopfen riss mich aus dem Schlaf. Oh Gott, dachte ich, ich habe verschlafen. Ein Blick auf die Uhr. 18.20 Uhr. Verdammt. Ich sprang hoch, öffnete die Tür. Der Boy reichte mir einen Zettel.
„Was los, Sabrina. Ich warten. Deine Amor.“
Ich nahm den Zettel und bat den Boy, einen Moment zu warten. Kurz schrieb ich eine Nachricht, gab dem Boy einen Dinar und bat ihn, Amor den Zettel zurückzubringen.
„Behe, Madame.“ Er verließ das Zimmer. So schnell ich konnte, entkleidete ich mich, sprang unter die Dusche, rubbelte mich

ab und entschied mich dann doch, ein klein wenig Zeit für mein Makeup zu verschwenden. Ich wählte einen bunten, wadenlangen Seidenrock und eine weiße Bluse. Mit noch feuchtem Haar verließ ich 15 Minuten später das Zimmer.
„Du unpünktlich wie Maurer", rief mir Amor aus dem Wagen entgegen.
„Das heißt pünktlich wie die Maurer", sagte ich und stieg ein.
„Nein, arabische Maurer unpünktlich", erwiderte er und startete.
„Entschuldige bitte Amor, ich bin fest eingeschlafen."
„Macht nichts, ich hatte gedacht, dass du müde von große Fahrt nach Matmata. Hast du Hunger?"
„Ja, ich habe Hunger, großen Hunger sogar."
„Gut, wir gehen essen Pizza, du mögen Pizza?"
„Ja, ich liebe Pizza. Aber gibt es hier eine richtige Pizzeria?"
„In Hotel Oamarit große Pizzeria auf Dachterrasse."
„Ja fein, fahren wir dorthin."
Amor hatte nicht zu viel versprochen. Eine bezaubernde Dachterrasse mit herrlichem Blick übers weite Meer.
„Gleich gehen Sonne unter, Sabrina, das sehr schön."
„Da hast du einen guten Platz ausgesucht, Danke."
„Du nicht danken mir, ich danken dir für wunderschönen Tag."
„Dafür brauchst du mir nicht danken, dafür danke ich dir."
„Du bist albern."
Wir mussten lachen. Gerade als der Kellner mir den roten Mornag und Amor ein Bier einschenkte, tauchte die Sonne ihren glutroten Schein in den Horizont und ließ die Silhouetten der Palmen schwarz und irgendwie unwirklich erscheinen.
„Die Sonne erscheint hier so groß und irgendwie zum Greifen nahe", sagte ich leise.
Amor nahm meine Hand und drückte sie fest. „Warte, bis es ganz dunkel, dann die Sterne sind ganz nah."
Die Pizza, oder besser gesagt, das runde Ding mit dem rohen Ei in der Mitte, riss mich aus meinen Träumen. „Was ist das, Amor?"
„Pizza."

„Das?“
„Ja, du wolltest Pizza nach Saison.“
„Ach, und ist jetzt Saison für rohe Eier?“
„Du dumm, Eier es gibt immer.“
„Amor, du verstehst mich nicht. Ich weiß, dass es Eier immer gibt. Aber ich will sie nicht auf meiner Pizza und schon gleich gar nicht roh.“
„Kein Problem, ich rufen Kellner, machen Eier fest.“
„Was hast du für eine Pizza?“
„Meeresfrüchte, das sehr gut.“
„Ja, sieht gut aus, kann ich mal probieren?“
Amor reichte mir ein Stück, und ich verschluckte mich daran. Die Pizza war so scharf, dass es mir Tränen aus den Augen trieb.
„Mein Gott, wie kann man das nur essen?“
„Kellner Freund von mir, ich sagen extra scharf für mich. Das mit Harissa. Gutes tunesisches Gewürz.“
„Findest du nicht, dass die Pizza versaut ist mit deinem Harissa?“
„Was ist das, versaut? Ich lieben scharf.“
„Lassen wir das. Ich habe Hunger. Meinst du, dass ich hier eine normale Pizza bekomme, ohne rohes Ei und ohne Harissa?“
Nun endlich rief er den Kellner, sagte ihm ein paar Worte auf Arabisch, der Kellner nahm die Pizza und wollte gehen.
„Stopp!“, rief ich.
Der Kellner und Amor sahen sich verdutzt an.
„Was machen Sie mit meiner Pizza?“
„Wir machen das Ei fest, Madame“, sagte der Kellner.
„Ist das alles?“
„Ja, was wünschen Sie noch?“
„Ich wüsste gerne, was außer dem rohen Ei sonst noch auf der Pizza ist.“
„Ist Pizza nach Saison.“
„Und was hat jetzt Saison?“
„Zwiebeln, Tomaten, Paprika.“
„Bitte nehmen Sie das rohe Ei herunter, legen Sie ein paar Mee-

resfrüchte darauf, streuen Sie etwas Käse darüber und schieben Sie die Pizza noch mal in den Ofen, geht das?"
„Natürlich, das wird gute Pizza."
„Seid schwierig, ihr deutschen Frauen, viel verwöhnt", räusperte sich nun Amor. Fast schien es mir, als wäre es ihm peinlich.
„Nein, ich bin nicht verwöhnt, ich mag nur keine rohen Eier und schon gleich gar nicht auf der Pizza."
Er lächelte nun und sah nach oben. Ich folgte seinem Blick. Was ich sah, ließ mich fast vom Stuhl fallen. Ein dunkelblauer Nachthimmel erhob sich über dem Horizont. Jeder einzelne Stern schien so deutlich und klar, als sei er aus Goldpapier auf nachtblauen Samt geklebt.
„Wunderschön, Amor, das ist wunderschön."
„Prost, Sabrina, auf den Himmel und die Sterne."
Ich hob mein Glas mit dem funkelnden Rotwein.
„Ja Amor, auf die Sterne."
Unsere Gläser klirrten scheppernd aneinander. Dieses Scheppern war es dann auch, das mir plötzlich alles so unwirklich erscheinen ließ. Ich kam mir vor wie im Kino. Vorne auf der Leinwand die bittersüße Romanze. Hinter mir der Typ, der mit der Chipstüte raschelt.
Irgendwo von unten erklang leise instrumentale Musik. Ein bekanntes französisches Chanson.
Amor aß seine Harissa-Pizza mit großem Appetit und nahm einen gehörigen Schluck aus seinem Bierglas.
„Moslems dürfen doch gar keinen Alkohol trinken, oder?" sagte ich.
„Allah jetzt schlafen", erwiderte Amor trocken.
„Bist du eigentlich gläubig?"
„Ja, natürlich, ich glauben an Allah. Ich bin Moslem."
„Vielleicht ärgert sich Allah jetzt über dich."
„Warum?"
„Weil du Alkohol trinkst."
„Du reden zu viel. Jetzt kommt Pizza, du jetzt essen."

„Gehst du eigentlich beten? Ich meine, in die Moschee?"
„Nein, ich noch zu jung für Moschee, gehen nur alte Männer."
Ich gab mich zunächst zufrieden und widmete mich nun meiner viel zu trockenen Pizza.
„Ich möchte noch einen schönen frischen Salat, Amor. Bestellst du bitte?"
Er bestellte und ich trank das dritte Glas Wein. Ich fühlte mich leicht beschwipst, als ich Amor einen Zwanzig-Dinar-Schein hinüberschob.
Ohne Protest steckte er ihn in die Tasche.
„Das nächste Mal aber ich bezahle", sagte er und lächelte mich an.
„Ja", sagte ich, „das nächste Mal."
„Ist jetzt die Zeit zum Reden?" fragte ich ihn, als wir zusammen die Treppe hinuntergingen.
„Warte, warte ein bisschen noch. Gehen wir spazieren, dort unten am Strand."

Hand in Hand gingen wir langsam durch die Nacht. Das Rauschen des Meeres hatte eine beruhigende Wirkung auf mich.
Mein Schwips schien wie weggeblasen. Meine Augen glitten über das Wasser, das auch von hier unten silbrig schimmernd vor uns lag. Der Halbmond schien unwirklich hell. Die Dattelpalmen wiegten sich leise raschelnd im warmen Wind. Eine herrliche Nacht. Ein herrliches Fleckchen Erde. Schweigend liefen wir barfuß durch den weichen Sand, die Schuhe in der Hand.
„Du wirst es nicht glauben, Sabrina, aber ich liebe dich."
Seine Stimme kam von weit her. Wie vom Blitz getroffen blieb ich stehen. Ich war nicht fähig, etwas zu sagen. Ich sah ihn nur an. Ich sah in diese wunderschönen Augen.
Seine Hand umfasste die meine nun etwas fester.
„Sabrina!"
Noch immer war es mir nicht möglich zu reagieren. Diese Worte, ich hatte sie so lange nicht gehört. Wie viel Jahre es wohl zurücklag?

Ich dachte jetzt an meinen Mann. An seine harte, geschäftsmäßige Art, wenn er mit mir sprach, seine Hände, die so gar nicht zärtlich sein konnten, seine weichen Lippen, die sich mir so lange nicht zum Kuss geboten hatten. Plötzlich wusste ich, was mir zu Hause gefehlt hatte und was es war, das mich so unzufrieden machte. Der Mangel an Zärtlichkeit war es, das kleine Quäntchen, das man Glück nennt.
Das bisschen Glückseligkeit, das die Gefühle erbeben lässt.
„Sabrina, woran denkst du?"
„An nichts. Ich habe diese Worte nur lange nicht gehört."
„Du bist verheiratet?"
„Ja."
„Bist du glücklich mit deinem Mann?"
Nein, glücklich war ich sicher nicht. Mir fehlte es wirklich an Liebe und Zärtlichkeit. Unsere Gefühle waren nach fünfzehn Jahren Gemeinsamkeit irgendwo auf der Strecke geblieben. Aber ich wollte und konnte es hier und jetzt nicht einfach so sagen. Hätte ich gesagt, „nein, ich bin nicht glücklich", wer weiß, vielleicht hätte mein schöner Amor geglaubt, ich sei auf ein Abenteuer am Strand aus. So einfach wollte ich es ihm nicht machen.
„Setzen wir uns hin?" fragte er leise.
„Ja, setzen wir uns."
„Sabrina, bitte, ich wollte dich nicht gedrängen."
„Was? Ach, du meinst bedrängen? Nein, keine Angst, Amor, ich würde mich gar nicht bedrängen lassen, aber ich wundere mich über deine Worte. Woher weißt du, dass du mich liebst?"
„Das ein Mann wissen genau, wenn er Frau sieht, die er heiraten."
„Wie bitte?"
„Sabrina, es sein jetzt Zeit zu reden. Ich habe gesagt, dass ich dich liebe. Das stimmt genau. Ich liebe dich, seit Tag, dass du in Hotel kamst. Und ich weiß, du werden meine Frau."
„Aber ich bin doch verheiratet."
„Aber du nicht glücklich."
„Das weißt du doch gar nicht."

„Doch ich wissen genau. Du nicht glücklich. Ich sehen in deine Augen kein Glück. Und warum du kommen alleine in Tunisie? Ohne dein Mann?“
„Mein Mann hat keine Zeit. Er hat ein Geschäft, das er leiten muss.“
„Er nie Zeit für dich, oder?“
Ich konnte Amor keine Antwort geben. So schön die Worte, die er mir sagte, in meinen von der Liebe verwaisten Ohren auch klangen. Wie lange hatte ich keine lieben Worte mehr gehört? Immer nur das Geschäft, das Geschäft. Die wenigen Abende zu Hause vor dem Fernseher. Unser großer Streit vor ein paar Monaten. Die Trennung von Tisch und Bett. Die andere Wohnung, die er sich suchte. Die Einsamkeit in unserem Haus. Seine Rückkehr aus Vernunft. Nein, Liebe war schon lange nicht mehr da. Dennoch aber gab es weder für ihn noch für mich jemals wirklich einen anderen Partner. Ein paar harmlose Flirts vielleicht. Nein, wir haben uns niemals betrogen.
All das ging mir jetzt durch den Kopf. Sicher, dass meine Ehe keine mehr war, das wusste ich längst, aber irgendwie wollte ich es doch nicht wahrhaben.
Ich saß vor Amor im Sand, den Kopf an seine Brust gelehnt, aber ich war nicht fähig, auch nur ein Wort zu sagen. Seine Hand streichelte meinen Arm, und ich spürte seinen heißen Atem in meinem Nacken. Das Rauschen des Meeres, der silberne Mond, die Silhouetten der Palmen und die sanfte Stimme dieses Arabers. Das alles rief längst vergessene Gefühle in mir wach, und ich wäre sicher nahe daran gewesen, mich zu vergessen, hätte Amor nicht so mit Bestimmtheit darauf bestanden, dass er mich liebt und dass ich die Frau sei, die er heiraten wolle. Das war etwas, das nicht in mein momentanes, zerknittertes Weltbild passte.
„Es tut mir leid, wenn ich dich erschreckt habe mit meinen Worten, Sabrina“, sagte er leise in mein Ohr, „aber ich sage die Wahrheit. Und ich sage dir, dass ich dir Zeit lassen, so viel du brauchst. Ich habe gefunden die Frau für mich, jetzt ich kann warten.“

„Ich werde in diesem Jahr vierzig Jahre alt, Amor. Glaubst du nicht, dass ich etwas zu alt für dich bin?“
„Du nicht alt. Du dich ansehen. Du schön und jung. Tunesische Frau mit vierzig alt und dick. Sitzen nur auf Erde. Pflegen nicht ihre Haut. Alles von Sonne kaputt. Keine Creme, viele nicht duschen jeden Tag.“
„Aber sie haben doch keine andere Möglichkeit. Sie können nicht schwimmen gehen, keinen Sport machen und sie haben kein Geld für teure Cremes. Ihr Männer macht eure Frauen alt, weil ihr nichts für sie tut.“
„Was sollen wir tun für Frauen. Tradition sagt, Frauen bleiben im Haus, gehen nicht an den Strand, machen nicht Sport.“
„Weil ihr sie nicht lasst.“
„Bei uns im Süden das geht noch nicht. Alte Leute sind dagegen. Im Norden anderes Leben. Dort modern und Frauen nicht immer im Haus, haben studiert und Beruf, aber bei uns, das geht nicht.“
„Aber irgendwer muss doch mal damit anfangen. Wer sonst, wenn nicht ihr, die junge Generation.“
„Eltern sehr streng, leben nach Koran, und Kinder machen, was Eltern sagen.“
„Aber dann könnt ihr doch euren Frauen keinen Vorwurf daraus machen, dass sie schnell alt werden.“
„Machen wir nicht. Nur ich nicht möchte tunesische Frau. Ich will dich.“
„Ach Amor, ich weiß nicht, was ich darauf sagen soll.“
„Du jetzt nichts sagen. Überlege in Ruhe. Du noch eine Woche in Tunisie.“
„Du erwartest doch wohl nicht, dass ich in einer Woche entscheiden kann, ob ich dich heirate und in diesem Land lebe?“
„Eine Woche lang.“
Ich wusste nicht, woher dieser Mensch die Sicherheit nahm, so mit mir zu sprechen. Er tat, als wäre alles längst entschieden. Vielleicht war es das für ihn, vielleicht war es aber auch nur seine Masche, sich eine deutsche Frau zu angeln, um dieses Land

verlassen zu können. Man liest doch immer wieder, dass viele Ausländer nur deutsche Frauen heiraten, um Arbeit in Europa zu bekommen.
„Angenommen, ich würde ja sagen, was sollte ich hier tun? Wovon sollte ich hier leben?“
„Das kein Problem. Ich habe ein Haus und ich habe Arbeit. Ich kann sorgen für meine Frau.“
„Und müsste ich dann den ganzen Tag alleine im Haus bleiben, wenn du arbeitest?“
„Nein, natürlich nicht. Du gehen an Strand oder in die Stadt oder einkaufen. Du können machen, was du wollen.“
„Aber ich habe doch viel größere Ansprüche als eine tunesische Frau. Ich möchte ins Theater, ins Kino, ab und zu in ein schönes Restaurant. Ich brauche Freunde um mich und ich möchte in einem einigermaßen komfortablen Haus leben.“
„Das alles kein Problem. Wir haben Theater, haben Kino und auch Restaurant. Und Freunde man findet auch. Wenn du wollen, du kannst dir ansehen mein Haus.“
„Nicht so schnell, warten wir es ab. Und überhaupt, was würden deine Eltern sagen, wenn du mit einer deutschen Frau kommen würdest?“
„Vater akzeptieren meine Entscheidung. Ich ältester Sohn.“
„Ja, aber würden sie mich denn auch akzeptieren?“
„Ja, natürlich.“
„Und du würdest wirklich hier mit mir leben wollen, du würdest nicht nach Deutschland wollen?“ Ganz vorsichtig formulierte ich diese Frage.
„Nein, ich nicht nach Europa. War schon in Frankreich. War furchtbar. Man wird dort schlecht behandelt als Ausländer. Bleiben lieber in meinem Land. Hier schönes Land. Ruhe und Frieden, keine Probleme und Leben billig.“
„Klingt verlockend. Aber ich weiß nicht, ob ich immer hier leben könnte. Ich müsste euer Land erst einmal kennen lernen. So auf Anhieb gefällt es mir hier sehr gut. Aber ich bin im Urlaub hier

und da sieht man alles mit ganz anderen Augen."
„Du kluge Frau, aber wirst sehen, es wird dir gefallen."

Mittlerweile war ich immer weiter nach unten gerutscht. Mein Kopf lag auf seinen Oberschenkeln, und er blickte mir direkt ins Gesicht. Seine unerhörte Selbstsicherheit irritierte mich noch immer. Er zeigte keinerlei Verlegenheit. Es war, als würde er mich seit Jahren kennen.
Der Wind wurde kühler und ich fing an zu frösteln. Leichte Gänsehaut zog sich über meine nackten Arme.
„Lass uns gehen, Amor, mir wird kalt."
„Schade, aber du hast Recht. Es ist noch nicht Sommer. Dann wir können bleiben ganze Nacht an Strand."
„Wie romantisch. Mit Lagerfeuer und so?"
„Ja, wenn du willst."
Langsam gingen wir den Weg zurück. In der maurischen Teestube des Hotels nahmen wir noch einen würzigen Pfefferminztee und wärmten uns etwas auf. Mir fiel auf, dass sich Amor auf Abstand hielt, sobald Leute in der Nähe waren. Er war sehr darauf bedacht, mich in Anwesenheit anderer nicht zu berühren. Das wollte ich testen und rückte etwas näher an ihn heran. Sachte legte ich meine Hand auf seine Schulter. Ich spürte, dass er zusammenzuckte.
„Was ist los, liebst du mich nicht mehr?" fragte ich provokativ.
„Sabrina", flüsterte er, „ich liebe dich sehr, aber ich muss zeigen Respekt."
„Vor wem, vor mir oder den anderen?"
„Du nicht verstehen unsere Mentalität. Vor andere Leute man berührt sich nicht, wenn man zusammen verheiratet."
„So ein Unsinn. Erstens sind wir nicht verheiratet und zweitens wäre es doch die natürlichste Sache der Welt, wenn wir verheiratet wären."
„Nicht bei uns. Koran sagt, dass Mann und Frau sich nicht berühren in Öffentlichkeit. Und wir sind bald Mann und Frau. Und Leute uns jetzt sehen."

„Du scheinst das wirklich ernst zu meinen."
„Es ist mein Ernst. Ich großen Respekt vor dir und ich froh, dass du bist anständige Frau."
„Das weißt du doch gar nicht. Vielleicht bin ich gar nicht anständig."
„Du nicht selbst reden schlecht über dich. Das nicht gut. Ich wissen, du anständig."
„So? – Woher?"
„Du nicht schlafen mit mir an Strand. Wir ganz alleine und du nicht versuchen, mich zu küssen."
„Donnerwetter, da bin ich aber platt. Seit wann fangen denn die Frauen an?"
„Immer, deutsche Frauen wollen immer schlafen mit junge Männer an Strand."
„Weißt du das aus eigener Erfahrung? Mit wie vielen Frauen warst du denn schon am Strand?"
„Sabrina, diese Frage nicht gut", sagte er verlegen.
„Nun sag schon. Wenn man jemanden liebt, darf man keine Geheimnisse haben."
„Ein paar. Immer Touristinnen."
„Und wolltest du die auch heiraten?"
„Nein, keine. Ich heirate nur dich. Du gute und anständige Frau."
„Warum hast du dann mit ihnen geschlafen?"
„Ich jung und Mann. Was soll ich machen? Wenn ich anfasse tunesische Mädchen, ich muss heiraten sie, sonst Familie böse."
„Ach, und deutsche Mädchen kann man haben, wie man will, oder?"
„Ja, wenn sie auch wollen, dann kein Problem."
„Kann ich mir vorstellen, dass manche wollen, wenn du sie mit deinen Augen ansiehst."
„Ja, ich Glück, dass ich schönes Gesicht."
Auch ich musste jetzt lachen. Er hatte ja so Recht. Wenn die deutschen Frauen nur nach Tunesien kommen, um sich mit so einem hübschen Bengel zu vergnügen, warum sollte er dann ablehnen,

wenn er doch sonst keine Möglichkeit hat, seinen Trieben nachzugehen.
Ich war immer schon ein praktisch denkender Mensch. Dieser Gedanke aber verschaffte mir etwas Unbehagen. Wenn ich mir vorstellte, dass Amor mit jeder x-beliebigen Touristin ...
Er schien meine Gedanken zu erraten. „Keine Angst, Sabrina, seit ich dich gefunden, ich nicht mehr ansehen andere Frau, ich schwöre bei Leben meiner Mutter."
„Vorsicht, Vorsicht, so schnell schwört man nicht. Du weißt doch gar nicht, wie das mit uns beiden wird."
„Doch, ich wissen genau. Du werden meine Frau, und wir beide seien uns treu bis Leben zu Ende."
Wieder einmal verschlug es mir die Sprache. Wie konnte er sich nur so sicher sein? Oder war es doch nur ein Trick? Ich wusste es einfach nicht. Aber ich nahm mir vor, sehr vorsichtig zu sein.
Kurz vor zwölf brachte er mich zum Hotel.
„Gute Nacht, Sabrina, schlafe gut und träume von mir."
„Das will ich gar nicht ausschließen. Hundertprozentig träume ich heute Nacht von dir."
„Du bist immer sehr direkt. Warum bist du so?"
„Gefällt dir das nicht?"
„Ich werde mich daran gewöhnen."
„Gute Nacht, Amor, bis morgen."
In der Hotelhalle traf ich auf Birgit und Martin.
„Hallo, Sabrina", riefen sie mir gleichzeitig entgegen, „wie war die Fahrt?"
„Danke, es war sehr interessant."
„Und der Rezeptionist? War er anständig?" wollte Birgit wissen. Die Neugierde sprach ihr aus den Augen.
„Ja, er war sogar sehr anständig."
„Habt ihr zusammen zu Abend gegessen?"
„Ja, es gab rohe Eier nach Saison."
„Was?"
Ich musste lachen und erzählte von der Pizza. Nach ein wenig

Wortgeplänkel hin und her ging ich auf mein Zimmer und wie ich es vorausgesehen hatte, träumte ich in dieser Nacht von Amor. Wieder sah ich ihn als Lawrence von Arabien und spürte seine starken, braunen Arme um meinen Körper. Ich war hoffnungslos romantisch.

Die Tage in Tunesien gingen dahin. Regelmäßig ging ich mit Martin und Birgit in den Speisesaal, unternahm mit ihnen lange Spaziergänge am Strand und fühlte mich in ihrer Gesellschaft eigentlich recht wohl. Nach dem Abendessen wartete Amor am Strand. Abend für Abend. Wir spazierten, lagen nebeneinander im Sand, führten lange Gespräche über Land und Leute, über die Gegensätze, die uns trennten, über unsere verschiedenen Mentalitäten und unsere Einstellung dazu. Bei zufälligen Berührungen kam es schon vor, dass es uns beiden eiskalt den Rücken hinunterlief, niemals aber machte er den leisesten Versuch, mehr zu fordern. Ich fing an, seinen Anstand und seine konsequente Zurückhaltung zu bewundern. Vielleicht dachte er das gleiche von mir. Nur war ich mir nicht sicher, ob ich hart geblieben wäre, hätte er mich zärtlich umarmt. Aber er tat es nicht – und das gab mir immer wieder von neuem zu denken.
Je länger ich mit ihm zusammen war, desto sicherer wurde ich, dass er es wirklich ernst meinte. Dieser schöne junge Mann wollte mich ernsthaft heiraten. Nichts, nicht einmal meine besten Argumente, die dagegen sprachen, brachten ihn davon ab. So sehr ich mich auch dagegen zu wehren versuchte, am Ende der Woche wusste ich, dass ich mich verliebt hatte. Dieses Gefühl brannte wie Feuer in mir, und ich war mir nicht mehr sicher, ob ich abreisen würde, ohne ihm eine definitive Antwort zu geben.

Seinen freien Samstag verbrachten wir zusammen auf Djerba. Er zeigte mir die endlos aneinander gereihten Hotels am langen Sandstrand, fuhr mit mir ins Töpferdorf Guellala und zeigte mir eine große Teppichknüpferei in Houmt Souk. Natürlich wollte

man mir dort einen viel zu teuren Teppich verkaufen. Amor aber blockte jeden Versuch der Verkäufer sofort ab. Er ließ niemanden zu nahe an mich heran. Schade, dass ich damals kein Wort arabisch verstand.
Ich hätte zu gerne gewusst, was er den Händlern erzählte. In der hübschen kleinen Stadt Midoun aßen wir zu Mittag und genossen am Nachmittag die schon recht heiße Aprilsonne am einsamen Strand von Hassi Djerbi. Hier kamen keine Touristen her. Nur einzelne Fischer lagen in den aus Palmenblättern gebauten kleinen Hütten und erholten sich vom Fischfang am Vormittag. Hohe Sanddünen verbargen uns vor deren Blicken. Das türkisfarbene, klare Wasser des Mittelmeeres lud zum Baden ein, und noch ehe Amor etwas sagen konnte, hatte ich meinen Rock ausgezogen und rannte in T-Shirt und Slip auf das Wasser zu.
„Sabrina, komm zurück, das Wasser ist noch zu kalt."
„Ach was, komm lieber herein, es ist wunderbar erfrischend", rief ich ihm entgegen, denn ich stand schon bis zu den Knien im Wasser. Langsam kam er auf mich zu, zog die Schuhe aus, krempelte seine Jeans hoch und kam zu mir. Aber anstatt mit mir im Wasser herumzulaufen, nahm er mich kurzerhand auf seine Arme und trug mich wieder an den Strand.
„Ich möchte nicht, dass du krank wirst. Es ist noch zu früh. April noch zu kalt für baden", schimpfte er, während er mich schleppte. Dann setzte er mich in eine leere Fischerhütte, legte mich auf den Rücken und beugte sich über mich.
Jetzt passiert es, dachte ich, und mein Herz fing schrecklich an zu klopfen. Er nahm meinen Kopf in seine Hände, hob ihn etwas an und drückte mir einen Kuss auf die Stirn.
„Mach so etwas nicht wieder, ich haben Angst um dich", sagte er leise und streichelte mein Haar. Seine Augen schienen mich zu verschlingen.
Ich legte meine Arme um seinen Hals, und für einen Augenblick drückte er mich fest an sich. Ich spürte sein Herz an meiner Brust klopfen und ich wünschte mir, er würde mich niemals wieder

loslassen. Aber er tat es abrupt. So, als würde er sich im letzten Moment besinnen. Von diesem Moment an konnten wir uns nicht mehr in die Augen sehen. Schweigend fuhren wir zurück zum Hotel, verabschiedeten uns und wussten, dass die letzten zwei Tage sehr schwer werden würden.

An diesem Abend verließ ich mein Zimmer nicht. Ich lag auf dem Bett und starrte an die blau gestrichene Decke. Und plötzlich fiel es mir wie Schuppen von den Augen. Es war wie damals. Die gleichen schwarzen Augen, die gleichen Worte, die gleiche Sicherheit, dass er nur mich wollte. Marian. Die Erinnerung zerrte an meinen Gefühlen. Mein Gott, wie hatte ich diesen Mann damals geliebt. Wie konnte ich das nur vergessen? Die letzten zehn Jahre hatte ich nur noch ab und zu an ihn gedacht. Dabei war er wahrscheinlich die einzige große Liebe meines Lebens. Genau wie Amor hatte Marian mich damals gesehen und gewusst, dass ich seine Frau werden würde. Nichts konnte ihn davon abbringen. Damals aber war ich jung und glücklich darüber. Ein schrecklicher Unfall riss ihn kurz vor unserer Hochzeit aus meinem Leben, und lange, lange Zeit glaubte ich vor Kummer sterben zu müssen. Aber die Zeit heilt

Wunden und so war es schließlich auch bei mir. Es kam eine neue Liebe und ein neues Leben, meine erste Heirat und die Geburt meines einzigen Sohnes.

Aber ich wusste jetzt, was mich an Amor so faszinierte. Er hatte die gleichen Augen wie Marian, dessen Mutter Süditalienerin war, und die gleiche besitzergreifende Art. Ja, das war es. Ich fühlte mich noch einmal in meine Jugend zurückversetzt. Hatte ich in Amor nun das gefunden, was ich an Marian verloren hatte? Ich wusste es nicht, aber dieser Gedanke setzte sich in mir fest, ob ich es wollte oder nicht. Irgendwie war ich doch wie jeder Mensch auf der Suche nach dem großen Glück. Es ist wahr, ich hatte das Glück mit Marian verloren. Zwei Jahre nach seinem Tod begab ich mich in eine Ehe, die mich ganz und gar nicht ausfüllte. Ich glaubte damals wohl, dass die große Liebe niemals wieder

zurückkommen würde und gab mich mit einem Leben zufrieden, das eigentlich nicht mein Leben war. Die Ehe scheiterte, als unser Sohn zwei Jahre alt war.
Und jetzt lag ich hier in einem fremden Land auf einem zigtausend Mal benutzten Hotelbett und die Tränen liefen mir über das Gesicht. Ich hatte die Erinnerung an all das Tragische in den letzten Jahren total verdrängt. Die Arbeit und mein Sohn hatten mich gerettet. Und irgendwann heiratete ich dann schließlich meinen Verleger, mit dem ich einige Jahre ohne Trauschein zusammengelebt hatte, und war zufrieden. Ich liebte ihn auch und mehr noch als das. Ich hatte großes Vertrauen in den Mann gesetzt, mit dem ich mein Leben beschließen wollte.
Irgendwie war ich noch immer in dem Glauben, dass mich nichts mehr so leicht aus der Fassung bringen könnte. Hätte ich geahnt, dass ich allein aus Mangel an Zärtlichkeit so völlig aus der Bahn geworfen werden könnte, ich hätte doch versucht, mir diese Zärtlichkeit, die ja die ersten Jahre mit meinem Mann durchaus vorhanden war, zu erhalten. Was nur um alles in der Welt hatte uns dazu gebracht, uns so auseinander zu leben?
Und nun saß ich wieder vor den Scherben eines dahingegangenen, wenn auch im Vergleich zu Marian nur bescheidenen Glücks und träumte von der großen Liebe. Aber ich war doch um Himmels willen kein Kind mehr. Ich versuchte mir einzureden, dass ich nicht von Illusionen leben konnte. Sollte ich wirklich meinen Gefühlen nachgeben, würde ich in eine äußerst ungewisse und fragliche Beziehung rennen, aus der es kein Zurück in die gewohnte, ach so bequeme Sicherheit gab. Was wollte ich denn eigentlich? Ich hatte alles, wovon andere Frauen nur träumen. Einen jungen, gutaussehenden, erfolgreichen Mann, ein schönes Haus, einen Beruf, der mich ausfüllte, Ansehen in der Stadt, viele ebenfalls erfolgreiche Freunde, eigentlich alles, was man sich nur wünschen kann. Und nur wegen des fehlenden Quäntchen Glücks sollte ich nun alles hinschmeißen? Nur aus Mangel an Zärtlichkeit sollte ich all die Bequemlichkeit vergessen, die mich an der

Seite meines Mannes umgab? Auf der anderen Seite wäre es meinem Mann gegenüber unfair gewesen, nur der Bequemlichkeit halber bei ihm zu bleiben.
Gedanken über Gedanken durchfuhren mich in dieser Nacht. Spontaneität war immer meine große Schwäche gewesen. Diesmal aber wollte ich ihr nicht zum Opfer fallen. Ich wollte vernünftig sein, versuchen, mein Leben zu ordnen. Vielleicht gab es noch eine Chance für meine Ehe, ich sollte zumindest versuchen, sie zu retten.
Aber wie konnte man denn etwas retten, was schon lange zerstört war? Und wie mit dem wunderbaren Gedanken, dass es irgendwo auf der Welt einen Mann gab, der das große Glück zurückbringen konnte?

Der Morgen dämmerte schon, als ich immer noch in meinen Gedanken versunken und mit geschwollenen, von Tränen gezeichneten Augen über die Terrasse zum Meer hinunterging. Der Wind fing sich in meinem Bademantel. Die Frische, die er brachte, tat mir wohl. Ich setzte mich vor die zärtlich plätschernden Schaumkrönchen. Das Rauschen, das aus der Tiefe des Meeres zu kommen schien, lullte mich ein und als ich den Kopf wieder hob, der auf meinen angezogenen Knien lag, stieg gerade die Sonne aus dem Meer. Aber ich wusste immer noch nicht, wie ich Amor an diesem Tag begegnen sollte. Als die ersten Frühaufsteher an den Strand kamen, um ihr morgendliches Jogging zu leisten, ging ich zurück in mein Zimmer, warf mich auf das Bett und schlief fest ein.

Wieder riss mich ein Klopfen aus dem Schlaf. Ein Blick auf die Uhr. 12.30 Uhr. Mein Gott, habe ich lange geschlafen. Birgit stand aufgeregt an der Tür.
„Was ist los, Sabrina? Wo warst du?“
„Hier. Ich war die ganze Zeit hier.“
„Hast du keinen Hunger?“

„Nein, eigentlich nicht. Aber ich komme, ich muss ja was essen." Birgit setzte sich auf das Bett, während ich unter die Dusche ging. „Wo warst du gestern Abend? Amor hat dich gesucht", rief sie mir zu.
„Amor?"
„Ja, er wartete die ganze Zeit auf dich. Warst du denn nicht mit ihm verabredet?"
„Nein, wir waren nicht verabredet."
„Jetzt wartet er, glaube ich, auch auf dich."
„Jetzt? Muss er denn nicht arbeiten?"
„Weiß ich nicht. Aber irgendwie scheint er nervös zu sein. Hattet ihr Probleme?"
Jetzt kam ich aus der Dusche und zog mich an.
„Nein, eigentlich nicht. Aber ich werde mal zu ihm gehen. Gehst du schon in den Speisesaal, ich komme gleich. Wo ist Amor denn?"
„In der Bar."
„Okay, bis gleich, bestell doch schon mal die Suppe für mich."
Schnurstracks ging ich auf die Bar zu. Amor saß in einer Ecke und lass eine Zeitung, zumindest tat er so, denn er erblickte mich sofort, als ich den Raum betrat.
Ich setzte mich ihm gegenüber hin und schwieg. Er sah mich durchdringend an, als er langsam das Wort erhob:
„Warum bist du nicht gekommen gestern Abend?"
„Wir waren nicht verabredet."
„Aber wir waren jeden Abend zusammen."
„Gestern nicht. Ich habe geschlafen. Ich war müde."
„Und heute? Bist du heute Abend auch müde?"
„Amor, ich habe Angst."
„Wovor?"
„Vor meinen eigenen Gefühlen. Lass mir Zeit. Ich kann jetzt nichts sagen."
„Du gehst morgen nach Deutschland?"
„Ja, ich muss gehen."

„Bitte bleibe noch. Du kannst machen Verlängerung – nur eine Woche. Ich kann nicht bleiben ohne dich."
„Bitte Amor, bedränge mich nicht. Was machst du hier, musst du nicht arbeiten?"
„Ich kann nicht arbeiten mit Gedanken in Kopf. Ich heute einen Tag Urlaub."
„Gut, dann treffen wir uns in einer Stunde an der Apotheke. Wir können in die Berge spazieren und darüber reden."
„Gut, ich werde auf dich warten."
Ich stand auf und ging in den Speisesaal. Ich wusste, dass seine Augen mich verfolgten, zwang mich aber, mich nicht umzudrehen.
„Stimmt etwas nicht?" fragte Martin.
„Es ist alles in Ordnung. Ich glaube nur, Amor hat sich verliebt. Er kann deshalb heute nicht arbeiten."
„Du lieber Himmel, wenn jeder, der sich verliebt …" er unterbrach sich und starrte mich an.
„Ja", sagte ich, ohne die Frage, die ihm im Gesicht stand, abzuwarten, „ja, ich habe mich auch verliebt."
Beide starrten mich an.
„Ich wollte es nicht", sprach ich weiter, „aber es ist eben passiert."
„Was war zwischen euch?" fragte Birgit langsam.
„Nichts, was ich zu bereuen hätte. Das ist es ja eben. Er hat mich nicht angefasst. Er will mich heiraten."
„Was?"
„Ja, er will mich heiraten."
„Und du ihn auch?"
„Aber ich bin doch verheiratet. Und außerdem, ich weiß es nicht."
„Sabrina, bitte, es geht mich zwar nichts an, aber wir haben dich in unser Herz geschlossen und deshalb möchte ich dir einen guten Rat geben."
„Und der wäre?"
„Vergiss es. Wenn nichts zwischen euch war, wirst du es schnell vergessen. Es wird höchstens eine schöne Erinnerung bleiben.

Aber stürze dich nicht ins Unglück."
„Glaubt ihr denn, dass es ein Unglück wäre?"
Birgit umfasste sanft mein Handgelenk. „In den meisten Fällen, also in fünfundneunzig Prozent gehen solche bi-nationalen Ehen in die Brüche. Die Mentalitäten sind zu verschieden. Du könntest in dieser ganz anderen Kultur nicht überleben. Bedenke das bitte."
„Ja, ihr habt sicher Recht. Und außerdem bin ich elf Jahre älter als er, das kann nicht gut gehen."
„Du denkst ja ernsthaft darüber nach", sagte Martin erschrocken.
„Das mir das passieren muss, ich verstehe es selbst nicht. Aber es würde wohl auch nicht helfen, wenn ich mich dafür ohrfeigen würde, oder?"
„Du bleibst doch wohl nicht hier?"
„Nein, das sicher nicht. Ich werde morgen abreisen. Zusammen mit euch."
Beide atmeten erleichtert auf und konzentrierten sich auf den Rinderbraten.

Eine Stunde später schlenderte ich mit Amor über den schmalen, von hohen Agaven gesäumten Weg, der hinauf ins Berberdorf führte. Eine halb verschleierte Frau mit vier Ziegen an einer Leine kam uns entgegen. Sofort ließ Amor meine Hand los. Als sie außer Sicht war, nahm er sie wieder und hielt sie jetzt umso fester. Er sprach kein Wort und sah unendlich traurig aus. Auch ich hatte einen dicken Kloß im Hals, mir war hundeelend zumute und auch ich brachte keinen Ton heraus.
Er zog mich vom Weg in eine kleine, von Felsen gesäumte Schlucht hinunter. Ich musste aufpassen, dass ich nicht stolperte. Ich konnte nichts sehen, denn mir waren schon vor einer Weile die Tränen in die Augen geschossen. Ich versuchte, sie zu unterdrücken und es gelang mir irgendwie. Unten angekommen, blickte ich um mich. Wir befanden uns inmitten einer kleinen, giftgrünen Oase. Zwei Palmen ragten über uns empor. Die Erde unter

meinen Füßen war feucht, und das satte Grün des Grases stach mir in die Augen. Wir setzten uns auf einen kleinen Steinwall und betrachteten die Gegend.

„Wir haben gespielt hier, als wir Kinder“, sagte Amor.

„Es ist schön hier, so ruhig und überhaupt kein Müll.“

„Warum denkst du jetzt an Müll?“

„Weil überall auf dem Weg hierher viel Müll auf dem Weg lag. Und überhaupt liegt viel zu viel Müll auf euren Straßen.“

„Ja, das schade, Leute werfen alles weg.“

„Das ist auch ein Grund, weshalb ich nicht hier leben könnte.“

„Du gewöhnst dich an Müll.“

„Nein. Niemals.“

„Sabrina, willst du mich wegen Müll verlassen?“

„Das ist vielleicht wieder eine Logik. Fällt dir nichts Besseres ein?“

„Nein, ich kann nicht denken, seit ich weiß, du gehst morgen nach Deutschland.“

„Aber das hast du doch immer gewusst.“

„Ich hatte gehofft, du bleibst noch.“

„Das würde doch nichts ändern. Es würde nur noch schlimmer werden. Und dann, was soll dann werden?“

„Du gehst also?“

„Ja.“

„Wann kommst du wieder?“

„Ich weiß es nicht.“

„Aber du kommst wieder?“

„Ja, ich glaube schon, aber ich verspreche es nicht. Ich muss mir erst klar werden über meine Gefühle. Und ich kann nicht einfach alles so liegen- und stehen lassen. Habe ich dir erzählt, dass ich einen Sohn habe?“

„Ja, hast du, aber schon erwachsen. Braucht nicht mehr dich.“

„Na ja, ein bisschen schon noch, zumindest muss ich noch seine Ausbildung mitfinanzieren.“

„Ist sicher teuer. Das ich kann nicht, wenn du hier.“

„Siehst du, da fangen die Schwierigkeiten schon an."
„Du könntest hier auch arbeiten."
„So, was denn?"
„In Hotel an Rezeption."
„Und was würde ich verdienen?"
„Hundertzwanzig Dinare bezahlen für Frauen."
„Das sind nicht einmal zweihundert Mark. Das reicht gerade für Zigaretten und Benzin, wenn ich mich einschränke."
„Ich verstehe. Aber ihr habt Geschäft, dein Mann, er muss dir bezahlen etwas, wenn du gehst weg."
„Nein, mein Mann ist alleiniger Geschäftsführer. Es liegt ganz alleine an ihm, ob er mir etwas bezahlt."
„Wird er nicht?"
„Nicht, wenn ich ihn wegen eines anderen Mannes verlasse."
„Ich kann verstehen."
„Hast du sonst kein Geld auf Bank für deinen Sohn?"
„Doch, ein bisschen schon."
„Das gib ihm, und wir können leben, von Geld, was ich verdiene. Du kannst auch arbeiten als Reiseleiter hier. Dann bekommst du nach deutschem Geld deinen Lohn."
„Amor, erwartest du nicht etwas viel von mir?"
„Ich nur nicht wissen, wie ich dich hier halten. Aber wir werden schaffen das."
„Du träumst."
„Ja, aber du auch."
Ich schlang meine Arme um seinen Hals und legte meine Wange an die seine. Nun endlich presste er mich fest an sich und vergrub seine Lippen in meinem Haar.
„Sabrina, Sabrina", flüsterte er, „ich kann nicht leben ohne dich. Verlass mich nicht einfach so, bitte verlass mich nicht so."
Alleine wie er meinen Namen aussprach, ließ mich schon die Fassung verlieren.
„Sieh mich an, Liebling, bitte." Ich schob ihn etwas von mir und blickte ihm ins Gesicht. Er hatte Tränen in den Augen.

„Du weinst ja, Amor."
„Verzeihung bitte, ich bin sehr traurig."
„Ich bin auch traurig, aber ich kann nicht bleiben. Das musst du verstehen."
Seine Tränen nahmen mir alle Zweifel. Dieser Mann liebte mich wirklich. Was sollte ich nur tun? Einfach bleiben? Ich schob den Gedanken sofort wieder weg. Nein, so etwas ließ meine ordentliche, deutsche Erziehung nicht zu. Sicher, ich neigte zu Spontanität, aber das ginge doch eine Spur zu weit.
„Ich komme wieder, Amor", hörte ich mich plötzlich sagen, „ich komme wieder, ich verspreche es dir."
Nun riss er mich wieder ganz fest in seine Arme und küsste mir freudig das ganze Gesicht ab. Die Nase, die Augen, die Ohren, das Kinn, und dann trafen seine Lippen auf die meinen und wir küssten uns lange und vergaßen die Welt um uns.
Als wir uns voneinander lösten, sagte er leise, aber bestimmt: „Du bist jetzt meine Frau. Niemand darf dich jetzt noch anfassen. Nur ich, für alle Zeit."
„Spinnst du?" rief ich erschrocken. Ich konnte nicht anders. „Du vergisst, dass ich noch verheiratet bin. Was soll das? Du kannst nicht einfach über mich bestimmen."
„Verzeih bitte, hatte vergessen, dass du Deutsche. Bei uns Frauen verheiratet, wenn sie küssen einen Mann."
„Amor, du machst mir Angst mit solchen Worten."
„Keine Angst. Ich dir niemals Schmerzen bereite. Ich dir niemals Befehle gebe, ich verspreche, aber ich möchte, dass du mir treu."
„Das ist nichts Außergewöhnliches. Deutsche Männer erwarten von ihren Frauen auch, dass sie treu sind. Und auch umgekehrt. Männer müssen auch treu sein."
„Wenn man liebt, dann automatisch treu, oder?"
„Ja, ich denke schon. Ich jedenfalls war meinen Männern immer treu."
„Deinen Männern? Wie viele Männer?" Seine Augen funkelten.
„Spielt das eine Rolle?"

„Nein, entschuldige, ich weiß, du Europäer und modern. Ich akzeptieren das."
„Wirklich?"
„Ja, ich schwöre. Ich alles vergessen, was vor mir war. Ist weg aus meinen Gedanken. Ich liebe dich, das ist alles, was wichtig."
„So, und nun wollen wir vernünftig sein, ja? Wir gehen heute Abend zusammen etwas essen und trennen uns dann ohne Schmerz."
„Ja, du kluge Frau, wir werden machen so."
Ich machte mich besonders schick für diesen Abend. Und auch Amor erschien in seiner wohl besten Kleidung, einer leichten schwarzen Hose und einem blauen Seidenhemd. Bewundernd sah er mich an, als wir die Treppe zum besten Restaurant der Stadt hinaufstiegen.
„Du bist schön", sagte er strahlend. Ich hatte ein jadegrünes Seidenkostüm und ein extravagantes Top aus weißer und goldener Spitze gewählt. Meine langen Haare hatte ich sorgfältig gebürstet und offen gelassen. Ich wollte schön sein für ihn, denn so sollte er mich in Erinnerung behalten.
Wir aßen Scampi, Salat, gegrillte Seezunge und hinterher eine leckere Caramelcrème. Das Essen war vorzüglich und der Wein richtig temperiert. Ich war zufrieden.
Die drei Kilometer zum Hotel zurück waren, obwohl wir sie zu Fuß zurücklegten, viel zu kurz. Ich hätte ewig mit ihm durch die Nacht gehen wollen. Am Tor umarmten wir uns kurz und heftig und gingen dann ohne ein weiteres Wort auseinander.

Den Rest des Abends verbrachte ich mit meinen neu gewonnenen Freunden in der Hotelbar. Wir sprachen kein Wort mehr über Amor. Als ich auf mein Zimmer kam, lag ein kleiner Oleanderzweig auf meinem Bett, daneben ein gelber Zettel. Den Oleander stellte ich in die Vase zu den anderen Blumen, den Zettel steckte ich zusammengefaltet, wie er war, in meine Handtasche. Ich musste mich allerdings zwingen, ihn nicht sofort zu lesen. Der Schlaf stellte sich nur langsam ein.

Ich saß bereits vor Birgit und Martin im Bus, als ich Amor entdeckte. Er lehnte an der großen Dattelpalme rechts neben dem Hoteleingang, die Arme vor der Brust verschränkt, und schaute zu uns herüber. Wahrscheinlich hatte er schon die ganze Zeit dort gestanden. Ich sah ihm direkt in die Augen und er in die meinen, lange – bis sich der Bus in Bewegung setzte und er aus meinem Blickfeld verschwand. Jetzt nahm ich den Zettel aus der Handtasche, entfaltete ihn mit unendlicher Vorfreude, Amors letzten Gruß zu lesen und war baff erstaunt, als ich statt dessen etwas ganz anderes in Händen hielt. In großen Buchstaben war dort zu lesen:

„Wollen Madame letzte Abend mit mir am Strand? Wenn Sie sagen ja, dann kommen Sie bitte in Bar. Ich warte dort.
Achmed von Cafébar.“

Ich konnte mich nicht beherrschen und fing plötzlich laut zu lachen an.

„Sabrina“, rief Birgit, „was ist mit dir?“

Wortlos reichte ich ihr den Zettel. Sie las ihn, gab ihn ihrem Mann und beide mussten ebenfalls lachen.

***

Zwei Monate später. Wieder landete ich auf dem kleinen Flughafen Djerba/Zarzis, und konnte nicht abwarten, Amor in der Halle zu sehen. Aber ich sah ihn nicht. Gestern hatten wir noch telefoniert, und er freute sich wahnsinnig auf meine Ankunft. Aber er war nicht da.
Ich wartete eine halbe Stunde, dann nahm ich ein Taxi nach Houmt Souk und fuhr von dort mit einem Überland-Taxi die sechzig Kilometer nach Zarzis. Was sollte ich auch anderes tun? Irgendetwas wird ihm wohl dazwischengekommen sein.
Es regnete in Strömen, und irgendwie schien mir alles ganz anders, als ich es in Erinnerung hatte. Alles war grau und schmutzig. Die Straßen standen unter Wasser, und es war keine Menschenseele zu sehen.
Ich ließ mich direkt zum Zarzis-Hotel fahren und wollte gerade aussteigen, als die Tür aufging und Amor zu mir auf den Rücksitz sprang. Ein paar schnelle Worte zu dem Fahrer und schon ging es wieder los.
„Hallo Liebling“, begrüßte er mich und legte kurz seine Hand auf meine Schulter. „Bitte Entschuldigung, ich heute früh den Bus verpasst und dann einfach niemand gefunden, der mich zum Flughafen bringen. Bei diesem Wetter will niemand auf Straße.“
„Du hättest doch ein Taxi nehmen können“, sagte ich etwas vorwurfsvoll.
„War leider schon zu spät. Vielleicht wärst du dann weg gewesen, und wir hätten uns verfehlt. Also warten ich hier, weil ich wusste, du kommen zuerst hierher.“
„Gut geraten“, sagte ich noch immer etwas verärgert.
Das Taxi hielt an der Straße vor einem Gebäude an.
„Wir sind da. Hier ist Wohnung, die du gemietet hast.“
„Ich hatte dich gebeten, ein Haus am Strand zu mieten.“
„Habe leider nichts bekommen. Diese Wohnung war das einzige.“
„Nun gut, gehen wir hinauf.“
Er bezahlte das Taxi, nahm die Koffer, ging mit mir die Treppe hinauf, schloss die Tür auf und schob mich hinein. Die Wohnung

war groß und hell. Weiße Wände, Kuppeln und Bogenfenster. Er schob mich weiter, ließ meinen Koffer fallen und lehnte mich an die Wand. Seine nasse Lederjacke klatschte gegen meinen Körper. Er riss mich in seine Arme und küsste mich leidenschaftlich. Mir verschlug es den Atem. Das hatte ich von ihm nicht erwartet. So kannte ich ihn gar nicht.
„Amor“, rief ich, „ich bekomme keine Luft!“
„Verzeih“, keuchte er, „aber ich kann nicht länger warten. Immer habe ich nur geträumt von deine Körper, jede Nacht, ich fast verrückt geworden.“
„Amor, lass uns erst die nassen Sachen ausziehen und …“
Er ließ mich nicht ausreden, packte mich am Handgelenk, zog mich in ein Schlafzimmer, riss sich seine Kleidung bis auf den Slip vom Leib und schickte sich dann an, mich zu entkleiden.
„Amor, bitte warte. Nicht so schnell.“
Ich blickte mich schnell um. Die Matratze war voller eindeutiger Flecken. Keine Bettwäsche. Ich war schockiert.
„In dieses Bett gehe ich nicht!“ rief ich laut, und nun hörte er mir zu.
„Amor, sieh dir dieses Bett an. Es ist schmutzig. Wo ist saubere Bettwäsche?“
„Bettwäsche? Gibt es nicht.“
„Habe ich mir gedacht. Dann hole bitte meinen Koffer.“
Er holte ihn. Ich öffnete ihn und zog ein schneeweißes Laken daraus hervor. Dann noch Kissen- und Bettbezug und ein paar Handtücher.
„Bitte dreh mal die Matratze um und bezieh schon das Bett, ich mache mich etwas frisch. Wo ist das Bad?“
„Vorne rechts“, rief er und fing an, das Bett zu beziehen.
Leider fand ich im sonst relativ sauberen Bad nur eiskaltes Wasser vor. Nun gut, das lässt sich nicht ändern, fürs erste genug. Ich spürte zwei warme Hände an meinem Bauch, als ich vor dem Waschbecken stand. Und dann seinen heißen Atem in meinem Nacken. Er drehte mich zu sich um und küsste mich auf die Brust.

Ich erstarrte. Dann trug er mich kurzerhand ins Schlafzimmer zurück, legte mich sanft auf das nun frischbezogene Bett und versetzte mich in eine Welt der Zärtlichkeit, wie ich sie seit vielen, vielen Jahren oder vielleicht noch niemals erlebt hatte. Er war der vollkommenste Liebhaber, den sich eine Frau nur wünschen kann. Unwahrscheinlich zärtlich und einfühlsam.
Irgendwann schliefen wir erschöpft ein und erwachten erst, als der Abend dämmerte. Noch immer lag ich in seinen starken Armen. Er hatte mich nicht einen Augenblick losgelassen.
„Musst du denn nicht arbeiten heute?" fragte ich ihn.
„Ich gehen erst um acht Uhr. Habe jetzt Arbeit Abend in Disko, damit ich bin am Tag bei dir."
„In welcher Diskothek?" fragte ich erstaunt.
„In meine Hotel. Mache jetzt Musik in Disko, nicht mehr Rezeption."
„Nur wegen mir hast du die schöne Arbeit an der Rezeption verlassen?"
„Ist egal. Gleicher Lohn. Aber weniger Stunden Arbeit."
„Wie lange musst du denn abends arbeiten?"
„Nur bis zwölf Uhr. Dann ich komme schnell zurück. Hotel gleich um Ecke."
„Meinst du nicht, dass wir vorher etwas essen sollten?"
„Ja, aber ich nicht haben Geld für Restaurant heute. Erst in zwei Tage ich bekomme Geld von Hotel."
„Das macht nichts, ich habe doch Geld. Komm, ich lade dich ein. Morgen kann ich ja selbst etwas kochen. Hier gibt es doch wohl eine Küche?"
„Ja, komm, ich zeigen dir."
Er führte mich in die Küche, und mich traf fast der Schlag.
„Die ist ja total verdreckt. In dieser Küche kann ich nicht kochen."
Ich öffnete den Kühlschrank und wich automatisch zurück. Der penetrante Schimmelgeruch war unerträglich. Es gab auch eine Kaffeemaschine, aber die war unbrauchbar. Der Gasherd starrte vor Dreck und verkrusteten Essensresten.

„Warum tust du mir das an, Amor? Ich habe dir fünfhundert Mark geschickt, damit du für die zwei Wochen, die ich hier bin, eine schöne, gemütliche Wohnung für uns suchst. In dieser Küche kann ich ja noch nicht mal Frühstück machen."
„Tut mir leid. Schlüssel für die Wohnung ich habe erst heute früh bekommen. Ich wusste nicht, dass so schmutzig. Ich gehe zu Besitzer. Er schickt Frau für saubermachen."
„Ja, bitte gleich morgen früh. Und zeig mir bitte, wie dieser komische Boiler im Bad funktioniert, damit ich nachher heißes Wasser zum Baden habe."
„Ich weiß nicht, wie funktioniert, muss auch fragen Besitzer."
„Dann geh bitte gleich, ich brauche doch warmes Wasser."
„Okay, warte hier, ich komme gleich."
Nach fünfzehn Minuten kam er mit dem Wohnungsbesitzer zurück, ließ sich den Boiler erklären und zeigte ihm die schmutzige Küche. Der Mann zuckte lediglich mit den Schultern und sagte irgendetwas auf Arabisch, das ich nicht verstand. Dann verschwand er wieder.
„Was hat er gesagt?"
„Er sagen, dass Küche schmutzig, nicht sein Problem. Haben Vormieter gemacht."
„Ja und ?"
„Müssen machen selber sauber."
„Das kommt überhaupt nicht in Frage. Ich bezahle doch nicht so viel Geld für zwei Wochen, wenn ich die Küche nicht benutzen kann."
„Ich machen gleich morgen früh. Sei still, nicht ärgern, alles in Ordnung und kein Problem."
Sein treuer und liebevoller Blick beruhigte mich, und ich sagte mir, dass er vielleicht wirklich keine Schuld hatte.
Wir gingen etwas essen. Amor ging dann ins Hotel und ich in ein Geschäft, um Putzmittel zu besorgen. In der Wohnung schrubbte ich die Badewanne aus, ließ mir heißes Wasser einlaufen und legte mich hinein.

Nun war ich also wieder hier. Bei dem Mann, der mich so sehr liebte. Kann ein Mann denn sonst so zärtlich sein? Er musste mich lieben, denn was ich an diesem Nachmittag erlebte, war so wunderbar und berauschend. Der ganze Ärger von heute war wie weggeblasen bei dem Gedanken.
Oh nein, die Entscheidung war mir wirklich nicht leicht gefallen. Als ich ihn vor zwei Monaten verließ, blutete mir das Herz. Aber ich wollte vernünftig sein. Und ich war auch vernünftig. Zumindest eine Zeit lang. Ich versuchte ihn aus meinen Gedanken zu verdrängen, aber es gelang mir nicht. Nach zwei Wochen erzählte ich alles meinem Mann, weil ich es für fair hielt.
„Und wie war er? Ich meine im Bett oder am Strand oder wo auch immer."
„Ich habe nicht mit ihm geschlafen."
„Das kannst du deiner Großmutter erzählen."
„Ich habe keine Großmutter und ich habe wirklich nicht mit ihm geschlafen."
„Dann erzähle es deiner Putzfrau. Ich glaube dir kein Wort. Du hast, seit du hier bist, auch nicht mit mir geschlafen."
„Hätte ich dich darum bitten sollen? Und überhaupt, vielleicht erinnerst du dich daran, dass wir auch vor meiner Reise nach Tunesien schon monatelang nicht miteinander geschlafen haben."
„Was soll das? Das wolltest du vor deiner Reise doch auch nicht."
„Ich glaube, wir sollten uns trennen, endgültig", sagte ich plötzlich, ohne dass ich es eigentlich wollte.
Mein Mann sah mich erstaunt an und sprach dann leise weiter:
„Ich habe für uns eine Reise nach Florida gebucht. Zwei Wochen, zusammen mit unseren Freunden."
„Und du meinst, das würde helfen, unsere Ehe zu retten? Warum hast du nicht für uns alleine gebucht? Ich weiß doch genau, dass ihr Männer die ganze Reise lang nur über Geschäfte sprecht."
„Überlege es dir, Sabrina, ich wäre bereit, deine Affäre mit diesem Araber zu vergessen, wenn du es auch kannst."

„Danke, das ist nett von dir, aber du glaubst mir sowieso nicht, und deshalb ist es wohl sinnlos."
„Sei nicht bockig und benimm dich nicht wie ein Kind. Der Mann wäre ja nicht normal, wenn er zwei Wochen mit dir am Strand verbringt, jeden Abend, ohne etwas von dir zu wollen."
„Er hat Respekt vor mir, weil er mich heiraten will."
„Wie bitte, bist du noch gescheit?"
„Ich weiß nicht, ob ich noch gescheit bin. Ich weiß nur, dass ich verliebt bin."
„Wie seid ihr denn dort verblieben?"
„Gar nicht. Ich habe ihm gesagt, dass ich mich bei ihm melde, wenn ich mir über meine Gefühle im Klaren bin."
„Und, bist du dir im Klaren?"
„Ich glaube schon. Ich kann ihn nicht vergessen."
„Obwohl du nichts mit ihm hattest. Mach dich doch bitte nicht lächerlich."
Ich bereute schon, dass ich ihm überhaupt etwas gesagt hatte; es war sicher ein Fehler, und wenn ich es mir recht überlegte, war es auch schwer zu verstehen, besonders für einen Mann. Ich senkte den Kopf und gab keine Antwort mehr.
„Ich muss jetzt zu einer Besprechung, Sabrina, wenn ich zurückkomme, reden wir weiter."
„Ja, geh nur, dir war immer alles wichtiger als ich."
„Ja, diese Besprechung ist sehr wichtig. Also warte bitte auf mich."
Ich wartete zwei Stunden. Es wurde neunzehn Uhr, und plötzlich griff ich zum Telefonhörer.
„Zarzis Hotel?"
„Oui."
Ich verlangte nach Amor.
„Moment."
Und dann war er am Hörer.
„Amor, ich bin es, Sabrina."
„Sabrina, wie schön, deine Stimme zu hören. Wann kommst du?"
„Ich weiß es noch nicht. Ich habe viel Arbeit. Aber ich melde mich

wieder bei dir."
„Liebst du mich noch, Sabrina?"
„Würde ich sonst anrufen?"
„Ich liebe dich auch. Lass mich nicht solange warten, bitte. Ich halte nicht aus ohne dich."
„Bis bald, Amor, ich melde mich."
„Bis bald, mein Liebling."
Ich legte auf, rauchte eine Zigarette und machte dann das Abendessen für mich und meinen Mann.

Das Telefon klingelte gerade in dem Moment, als auch mein Mann die Küche betrat. Er lief hinaus und nahm den Hörer ab.
„Es ist für dich, ein Ferngespräch."
„Wer ist es, ich gieße gerade Tee auf."
„Ich glaube, dein arabischer Lover."
Ich sah ihn verdutzt an.
„Aber er hat doch gar nicht meine Telefonnummer", sagte ich und nahm den Hörer.
„Hallo Sabrina, ich habe vergessen, dir zu sagen, dass Vater einverstanden, wenn ich heirate deutsche Frau."
„Amor, woher hast du meine Telefonnummer?"
„Von Auskunft. Deine Adresse hier bei uns in Rezeption."
„Ja, natürlich. Es ist nett, dass du anrufst." Ich wusste nicht, was ich sagen sollte, so einfach in Gegenwart meines Mannes.
„Ist alles in Ordnung?" fragte Amor.
„Ja, es ist alles okay. Ich melde mich bei dir, bitte habe doch etwas Geduld."
„Ja gut, ich warte, bis bald, ich liebe dich, Ciao!" Er hatte aufgelegt.
Wortlos deckte ich den Tisch, und wortlos setzten wir uns nieder.
„Eine bodenlose Frechheit ist das, das der hier anruft", sagte mein Ehemann, und seine Fingerknöchel, die sich um das Besteck spannten, waren weiß. „Was denkt der sich nur? Ich bin am Apparat und er verlangt einfach dich."

„Er wollte ja auch mich sprechen."
„Was wollte er?"
„Nichts Besonderes. Er hat nur keine Geduld."
„Ich verliere auch bald die Geduld. Also was ist, kommst du mit nach Florida oder gehst du wieder bumsen in Afrika?"
Das reichte. Ich stand auf und ging in mein Zimmer. Hätte er mich gebeten, bei ihm zu bleiben, hätte er nur ein einziges Mal gesagt, dass er mich noch lieb hat oder irgendetwas Nettes, ich wäre sicher nicht einfach davongelaufen, aber so änderte er nichts. Auch in den nächsten Wochen sagte er nichts, was mich hätte umstimmen können. Mir tat das alles so schrecklich leid. Ich verkniff mir meine Sehnsucht nach Amor, rief ihn nicht an und glaubte immer noch, ich könnte ihn vielleicht doch vergessen. Ich ging meiner Arbeit nach, meinen Mann der seinen, und vier Wochen später flog er alleine mit unseren Freunden nach Florida. Er hatte kurzerhand mein Ticket abbestellt und kein Wort mehr darüber verloren. Ich rief Amor an und bat ihn, für die nächsten zwei Wochen ein kleines Strandhaus zu mieten, schickte das Geld dafür per Postexpress und flog drei Tage später nach Djerba.
Ja, und nun lag ich in dieser hässlichen Badewanne und erholte mich von dem wunderbaren Nachmittag mit Amor. Noch immer spürte ich seine warmen Hände auf meinem Körper. Ich bereute nichts. Fünf Minuten nach zwölf küsste mich Amor leidenschaftlich.

Es wurden zwei wunderbare Wochen. Die grauen, verregneten Straßen verwandelten sich wieder in die, welche ich vor zwei Monaten gesehen hatte, und die Sonne lachte schon am frühen Morgen. Gemeinsam schrubbten wir die Küche, verbrachten die Tage an einsamen Stränden, ich lernte ein paar Worte Arabisch und er besseres Deutsch. Seine Auffassungsgabe war wesentlich besser als die meine, und ich bewunderte ihn, wie schnell er lernte. Er war überhaupt sehr sprachbegabt. Sein Französisch und auch sein Italienisch waren ebenso gut wie sein Deutsch.

Eines Nachmittags brachte er mich zu seiner Mutter. Mir klopfte das Herz, aber als sie mich gleich freundlich an die Hand nahm und mich in ihr Haus führte, war alle Scheu wie weggeblasen. Sie legte ihre Hand auf mein Herz und sagte: „Amor“.
Ich verstand sofort. „Ja, da drin Amor“, sagte ich.
Sie nickte mit dem Kopf und sah mich freundlich an. Wir setzten uns, und sie kochte auf ihrem kleinen Holzkohleöfchen herrlich duftenden Pfefferminztee. Sie sah zufrieden aus, die kleine rundliche Frau, die einmal sehr hübsch gewesen sein muss. Sie trug die für diesen Teil des Landes typische Kleidung. Ein mit zwei goldenen Spangen über der Brust zusammengehaltenes Wickelgewand aus buntem Baumwollstoff, das sie Fuder nannte. Auf dem Kopf ein großes, lose herunter hängendes Tuch, das bis in die Stirn herein gezogen war. Ich sah mich in dem Raum um. Hier war eigentlich nichts. Ein kleines Fenster ohne Scheibe. Dicke Mauern. Die Wände halbhoch bespannt mit einem bunten Teppich aus Kunststoff. Auf dem nackten Zementfußboden ebenfalls Kunststoffteppiche, darüber ein paar Schaffelle. Ringsum bunte, dicke Matratzen darauf. In einer Ecke stapelten sich Decken und Kissen bis fast unter die Decke, an der lediglich eine nackte Glühbirne an einer Strippe hing.
„Dar arabisch“, sagte sie.
Ich verstand sie sogar. Dar heißt Haus.
„Hi“, sagte ich, „behe“. Das heißt „Ja, gut.“ Ich war stolz auf meine erste arabische Unterhaltung. Amor sah mich strahlend an. Seine Mutter reichte mir ein kleines Gläschen Tee.
„Schukran“, dankte ich, und auch sie war sichtlich erfreut darüber, dass ich versuchte, in ihrer Sprache zu sprechen. Amors Mutter war ich also sympathisch. Mir fiel ein Stein vom Herzen. Dann kam der Vater herein. Er reichte mir die Hand und sagte: „Guten Tag, wie geht es?“
„Guten Tag“, sagte ich, „Sie sprechen ja Deutsch.“
„Ja, ich schon viele Jahre fahren Kutsche mit Touristen.“
Er setzte sich aber nicht nieder, sondern sah mich noch einmal

kurz an und ging dann wieder hinaus. Ich warf Amor einen fragenden Blick zu.
„Alles in Ordnung, kein Problem. Wäre er nicht einverstanden, dass du hier, er wäre nicht gekommen."
„Ich muss noch viel lernen über Eure Sitten und Gebräuche."
„Du wirst lernen."
Später zeigte mir Amor sein Haus. Es stand nicht weit von dem seiner Eltern entfernt. Ein neues Haus aus stabilen, natursteinernen, dicken Mauern.
Ein langer, breiter Flur, drei Räume, eine große, nach draußen führende Küche, die ein windschiefes gekacheltes Spülbecken, einen Gasherd und einen Kühlschrank aufwies. Ein leerer Wandschrank mit nur einem einzigen Brett darin, sonst nichts. Kein Tisch, kein Stuhl. Auch das übrige Haus war leer. Aber es hatte ein winziges, blau gekacheltes Badezimmer mit einem ebenso winzigen Fensterchen ganz oben unter der Decke.
Einzig die Terrasse war wirklich sehr schön. Maurische Bögen und ringsum mit hübschen, orientalisch wirkenden Kacheln verkleidet.
„Warum habt ihr es denn so komisch gebaut? Der Flur ist viel zu groß und das Bad viel zu klein, man kann sich ja kaum darin umdrehen."
„Alle Häuser sind hier so, sie sind alle gleich."
„Hast du denn keine Möbel?"
„Möbel erst, wenn ich heirate. Jetzt ich schlafe vorne bei Familie. Gefällt dir meine Haus?"
„Na ja, mit ein bisschen Phantasie könnte man schon etwas daraus machen."
„Möchtest du hier leben?"
„Ich weiß nicht, Amor, ich glaube nicht, dass ich so leben kann wie die Menschen hier. Ich brauche schon etwas mehr Luxus. Zum Beispiel gibt es hier kein heißes Wasser und auch keine Blumen rings ums Haus. Nur Sand, überall nur Sand."
„Blumen bringen Käfer und Fliegen."

„Aber ohne Blumen wirkt dieser riesige Garten so öde."
„Wir machen Blumen; wann kommst du?"
„Bald, Amor, es gibt noch viel zu regeln in Deutschland. Aber fürs erste könnte ich wohl hier leben, wenn man das Haus ein bisschen herrichtet und ein paar Möbel hineinstellt."
Ich dachte, man kann eben nicht alles haben. Die große Liebe und den Luxus. Nein, da werde ich mich schon für die Liebe entscheiden, denn den Luxus hatte ich ja in Deutschland. Und war ich dort vielleicht glücklich? Und gemütlich kann man dieses Haus sicher auch machen.
Ach, es stürzte alles so über mich herein. Plötzlich war ich ganz sicher, ich würde mit Amor hier leben. Egal unter welchen Bedingungen. Ob mit oder ohne Möbel, ob Blumen oder keine Blumen im Garten. Ich wollte nur ihn und mit ihm das Quäntchen Glück, nachdem ich immer gesucht hatte. Hier an diesem Ort würde es auf mich warten, ganz bestimmt. Ich sah diese zwei Wochen in der gemieteten Wohnung als eine Art Probezeit, und als sie fast zu Ende waren, gab es nichts mehr, was mich davon abgehalten hätte, in kürzester Zeit mit Sack und Pack in dieses Land zu kommen. Der Abschied von Amor fiel mir diesmal nicht schwer, wusste ich doch, ich würde bald kommen. Am Flughafen umarmte er mich ganz fest und sagte, dass er sehr glücklich sei und alles tun würde, dass auch ich glücklich werde.
In Deutschland kam dann allerdings die Ernüchterung. Mein Haustürschlüssel passte nicht mehr. Mein Mann hatte das Schloss auswechseln lassen. Zum Glück hatte ich mein Auto, das ich die zwei Wochen am Flughafen hatte stehen lassen. Ich fuhr zu einer guten Freundin und erzählte alles. Sofort war sie bereit, mich für die nächste Zeit in ihrem Haus, in dem sie, weil sie geschieden war, alleine lebte, aufzunehmen. Wir riefen meinen Noch-Ehemann im Verlag an und vereinbarten einen Termin, an dem ich meine Sachen aus dem Haus holen konnte. Er entschied sich aber dann doch dafür, mir einen Schlüssel zu überlassen, denn ich konnte ihn ja schlecht wegen jeder Kleinigkeit, die ich benötigte,

nach Hause zitieren. Wir vereinbarten, dass ich nur tagsüber ins Haus gehen sollte, und so geschah es dann auch. Ich wollte jeden unnötigen Ärger vermeiden und erklärte mich sogar bereit, bei der Scheidung auf alles zu verzichten. Wenn ich meinen Mann schon gegen seinen Willen verließ, wollte ich wenigstens fair zu ihm sein.

Alles klappte dann wie am Schnürchen. Drei Wochen später hatte ich einen Lademeter einer internationalen Spedition mit Büro in Tunis angemietet. So waren eine neue Waschmaschine, Kisten mit Wäsche und Handtüchern, Geschirr, Bücher, Schreibmaschine und ein kleiner Fernseher bereits nach Tunesien unterwegs, als ich die Fähre Genua-Tunis buchte und meinen Geländewagen vollpackte.
Richard, der mir seit langem ein guter Freund war, kam mit mir auf diese Reise, um mich wohlbehalten in meiner neuen Heimat abzuliefern. Mir war es recht, denn noch niemals war ich mit so viel Gepäck solange alleine mit dem Auto unterwegs gewesen. Ich überließ meinem Mann das Haus, die Möbel und alles andere und erhoffte dafür eine faire Scheidung. Gemeinsam waren wir bei einem befreundeten Anwalt, der alles für uns regeln sollte. Und dann stand ich mit meinem Freund Richard an der Reling des großen tunesischen Fährschiffes Habib Burghiba und wartete darauf, dass auch die letzten Mitreisenden die Rampe zur Unterdeckgarage herauf fuhren und dass wir endlich ablegen konnten. Die elf Stunden Fahrt bis Genua hatten uns beide schon ganz schön geschafft. Und dann fünf Stunden auf das Einschiffen warten. Ob ich das alleine durchgestanden hätte? Alle Formalitäten erledigte Rico, und so war ich doch heilfroh, dass er mitgekommen war. Mir war eigentlich gar nicht bewusst, wie uneigennützig Rico damals handelte und warum er das tat. Irgendwie war es für mich selbstverständlich, dass er mit mir kam, betrachtete ich ihn doch als meinen besten Freund. Nun, er hatte viel Spaß auf dieser Reise und er benutzte sie auch, um etwas abzuschalten. Hatte er doch in

letzter Zeit viel Stress gehabt. Eine Woche wollte er noch bei mir bleiben und dann nach Hause zurückfliegen. Wir genossen dann die vierundzwanzigstündige Fahrt auf dem Schiff und kamen am nächsten Tag gegen siebzehn Uhr in Tunis an.

***

Schon drei Stunden standen wir in der endlosen Schlange am Zoll in Tunis, bis sich der arrogante Zöllner endlich einmal bemühte, an unseren Wagen zu kommen. Wie alle anderen Ankommenden auch, hatten wir das Auto total entladen, so dass der Beamte nur noch einen Blick auf den Inhalt zu werfen brauchte. Dennoch ging er immer und immer wieder an uns vorüber, schien uns total zu ignorieren, bis Richard der Kragen platzte und er ihn auf seine, wie es sich für einen Journalisten gehört, aufdringliche Art und Weise zu uns hin redete. Drei Stunden hatten wir gewartet, alles ausgeladen, und was sagte uns dieser Zöllner?
„Alles wieder einladen, Sie können fahren." Er warf nicht einmal einen Blick auf unser Gepäck. Warum, um alles in der Welt, hat er uns nicht gleich fahren lassen? Inzwischen war es stockdunkel geworden, und als wir den Fährhafen La Goulette verlassen hatten und durch die Hauptstadt Tunis in Richtung Autobahn Sousse einbogen, waren wir beide so müde, dass wir beschlossen, uns dort eine Bleibe für die Nacht zu suchen, bevor wir die 600 Kilometer nach Zarzis in Angriff nahmen.

Das kleine, schneeweiße Hotel am Strand glitzerte im Mondlicht. Wie selbstverständlich nahmen wir ein Doppelzimmer, machten uns etwas frisch, genossen ein typisch tunesisches Abendessen, tranken dazu eine Flasche Mornag und spazierten danach Hand in Hand am Strand entlang.
Es war eine herrliche laue Sommernacht. Ein warmer Wind kam vom Wasser herauf. Das Rauschen des Meeres hatte etwas unendlich Beruhigendes.
„Du weißt hoffentlich, worauf du dich da einlässt, Sabrina?"
Seine Stimme kam wie eine vorsichtige Drohung durch die Stille, und zum ersten Mal hatte ich ein unbehagliches Gefühl. Ob ich wohl doch einen Fehler gemacht hatte? Nein, sofort verwarf ich den Gedanken wieder. Amor liebte mich, und ich liebte ihn.
„Rico, ich denke, ich bin alt genug, das selbst zu entscheiden."
„Nach deinem Pass ja, aber manchmal kommst du mir wie ein

kleines Mädchen vor, das irgendwelchen Träumen hinterherläuft."
„In gewisser Weise ist es wohl auch so. Man sucht eben solange nach dem Glück, bis man es gefunden hat."
„Und du glaubst, du hast es gefunden dort unten in Zarzis?"
„Ich denke schon."
„Woher nimmst du diese Sicherheit?"
„Ich weiß nicht Rico, es ist eben einfach so ein Gefühl."
„Du und deine Gefühle."
„Ich glaube, niemand kennt mich so gut wie du."
„So wird es wohl sein. Du bist ein eigenartiges Mädchen. Aber ich bewundere deinen Mut, deine gesicherte Existenz in Deutschland für einen Traum hinzuschmeißen."
„Glaubst du, dass es nur ein Traum ist?"
„Ich weiß es nicht. Ich weiß nur, dass ich dich sehr gerne habe und nicht zusehen werde, wie du in dein Unglück rennst."
„Bist du deshalb mitgekommen?"
„Na ja, ich will mir deinen „Lawrence von Arabien" zumindest mal ansehen. Ich denke, ich habe genug Menschenkenntnis, um festzustellen, ob er dich verdient hat."
„Du bist ein wahrer Freund."
„Ich weiß."
Er sah mich eigenartig an, der große plumpe Kerl, den ich meinen besten Freund nannte.
Als wir in dem großen Doppelbett lagen, suchte ich nach seiner Hand. Er drückte sie fest und ließ sie nicht mehr los.

Am nächsten Nachmittag erreichten wir Zarzis. Mein Herz klopfte wie verrückt. Aber als wir in die Einfahrt zum Anwesen von Amors Familie einbogen, erwartete uns niemand. Der Diesel machte zwar ordentlich Krach, aber niemand erschien. Da saßen wir beide nun im Wagen und warteten eine Weile.
„Ich hatte geglaubt, hier sei alles mit Blumen ausgelegt für deine Ankunft", sagte Richard.

Ich sagte nichts, aber meine Enttäuschung konnte ich wohl nicht verbergen. Endlich bog Amors Mutter um die Ecke. Sie sah uns, hob die Arme und kam auf mich zugerannt. Ich war inzwischen ausgestiegen.
Sie umarmte mich und begrüßte dann höflich, aber distanziert Richard. Zusammen gingen wir auf das Haupthaus mit der großen Veranda zu. Jetzt erhob sich hinter dem schmiedeeisernen Geländer die Gestalt von Amor. Er hatte außer Shorts nichts auf dem Leib. Über das Geländer hinweg nahm er mich kurz in die Arme und begrüßte Richard mit einem Handschlag.
„Schön, dass ihr endlich da seid“, sagte er. „Ich habe geschlafen bis jetzt, damit die Zeit nicht zu lange“, sagte er und streifte sich nun ein T-Shirt über.
„Ich hatte dir doch am Telefon gesagt, dass wir am Nachmittag kommen“, sagte ich ihm.
„Ja, und jetzt seid ihr da“, war sein Kommentar.
„Wir haben sie mitten in ihrer Siesta erwischt“, flüsterte Richard mir zu.
„Na und, ist das ein Grund, uns nicht zu erwarten?“
„Ich weiß nicht recht.“
„Amor, können wir erst mal unser Gepäck ins Haus bringen? Ich würde auch gerne mal kurz duschen. Es war doch ziemlich heiß unterwegs.“
„Aber ja, natürlich. Warte, ich hole den Schlüssel. Ihr könnt inzwischen mal abladen.“ Amor lief ins Haus, holte den Schlüssel für sein Haus und trug dann mit Richard die Koffer nach hinten. Er schloss die Tür auf, und wir gingen hinein.
„Und wo bitte schön sollen wir schlafen?“ fragte ich baff und schaute in das leere Haus. Alles war noch genauso wie vor Wochen, als ich mit Amor hier gewesen war.
„Kein Problem“, sagte Amor, „hole Betten, später.“
Ich stand da wie vor den Kopf geschlagen. Und ein wenig schämte ich mich vor Richard. Ich hatte ihm doch erzählt, wie sehr Amor mich lieben würde. Und nun dies.

„Ich habe nichts anderes erwartet", sagte Richard. „Damals, als ich in Algerien war, lernte ich bereits die Mentalität der Araber kennen. Sie machen alles erst dann, wenn es eigentlich schon zu spät ist."
„Na, du hast Humor", stotterte ich. „Ich bin total verschwitzt und hatte mich nun auf eine Dusche gefreut. Aber dieses Badezimmer müssen wir ja erst mal reinigen lassen. Es ist alles voller Staub."
„Es ist ja auch seit langem nicht benutzt worden", sagte nun Amor und zuckte mit den Schultern.
Mir platzte der Kragen. Ich öffnete meinen Koffer, holte einen Badeanzug und ein großes Handtuch heraus und sagte Richard, er solle das gleiche tun.
„Amor", sagte ich, „wir gehen jetzt erst mal eine Stunde ans Meer und erfrischen uns. Wenn wir zurückkommen erwarte ich, dass dieses Haus einigermaßen bewohnbar ist. Ich habe nicht diese weite Reise gemacht, um mich gleich bei meiner Ankunft zu ärgern."
„Liebling, nicht ärgern, es kommt alles in Ordnung, ich verspreche. Wenn ihr kommen von Strand, dann Betten da und alles in Ordnung."
Das Meer war herrlich erfrischend, und mein Ärger verflog rasch wieder. Langsam schwammen wir Seite an Seite hinaus.
„Ich hatte dir doch gesagt, dass du nicht zu viel erwarten sollst", sagte Richard. „Glaube mir, ich kenne die arabische Mentalität. Es ist schon in Ordnung so. Wegen mir braucht deine, na sagen wir mal, neue Familie keine Umstände zu machen. Du weißt, ich war immer ein Weltenbummler und ich bin schon mit den unmöglichsten Situationen fertig geworden. Du dagegen bist ein verwöhntes, kleines Biest. Du wirst es hier manchmal sehr schwer haben."
Mitleidig sah er mich an. Nun wollte ich mir aber keine Blöße geben und warf stolz den Kopf in den Nacken.
„Keine Angst, ich werde schon damit zurechtkommen. Ich muss halt umdenken lernen."

„Ja, das wirst du müssen."
„Was hältst du von Amor?" fragte ich vorsichtig.
„Er scheint ganz in Ordnung zu sein. Ich habe mich jedenfalls gewundert, dass er nicht gleich in die Luft ging, als du ihm vorgeschrieben hast, dass das Haus in einer Stunde bewohnbar sein soll. Normalerweise reagiert ein Araber anders, das kannst du mir glauben."
„So, wie denn?"
„Aggressiv, liebste Sabrina, aggressiv."
„Nein, Amor ist nicht aggressiv. Ich sagte dir doch, er ist sehr lieb und geduldig und er würde mir niemals wehtun."
„Wollen wir hoffen, dass das auch so bleibt."
„Du bist ja noch eine Woche hier. Mit deiner Erfahrung kannst du dir sicher ein besseres Bild machen als ich. Außerdem bist du doch unvoreingenommen."
„Zumindest habe ich keine rosarote Brille auf."
„Jetzt übertreibst du aber."
„Ganz und gar nicht. Ich sehe doch, wie verliebt du bist."
Nach einer Stunde kamen wir ins Haus zurück. Das Bad war sauber ausgespritzt, der Flur und die Küche gefegt. Im großen Schlafzimmer standen, wie ein Ehebett zusammen geschoben, zwei Betten. Auf den Kopfkissen lagen frische Oleanderzweige. Im kleinen Zimmer ein Eisenbett mit dicker Matratze und frischem Laken für Richard.
„Das hast du aber schnell geschafft", strahlte ich Amor an.
„Ich habe doch gesagt, dass das kein Problem."
„Und wo ist ein Schrank, ich meine, wo soll ich meine Kleidung hintun?"
„Schrank haben wir nicht. Aber ich hole noch Stühle. Kannst du darauf legen Kleider."
Richard lachte und legte seinen Arm auf Amors Schulter. „Sie ist eine verwöhnte Frau, Amor, du wirst es mit ihr schwer haben."
„Ja, ich weiß, aber ich liebe sie, und sie wird werden meine Frau."
Amor wandte sich nun ganz Richard zu.

„Sabrina mir gesagt, du wie ein Bruder zu ihr. Ich danke dir, dass du sie hast gebracht zu mir. Du immer willkommen in meinem Haus, wir werden sein gute Freunde."
„Wir sind schon lange gute Freunde, Sabrina und ich. Und für mich war es eine willkommene Abwechslung, diese Reise mit ihr zu machen."
Skeptisch sah Amor ihm in die Augen.
„Freundschaft zwischen Mann und Frau es gibt nicht bei uns. Gibt es eigentlich überhaupt nicht."
„In Deutschland sind alle Menschen gleich. Egal, ob Mann oder Frau. Bei uns können Frauen ohne Scheu in die Augen eines Mannes sehen. Sie haben vor uns genauso wenig oder genauso viel Respekt, wie vor sich selbst. Es gibt da keinen Unterschied."
„Bei uns Frauen sind schlecht, wenn sie sehen fremde Mann in die Augen."
„Weil sie so erzogen sind, nicht weil sie schlecht sind, Amor. Wenn Sabrina jetzt mit einem fremden Mann hierher kommt, was denken dann die Leute?"
„Leute denken, du Bruder von Sabrina. Sie begreifen nicht, wenn ich sage, du Freund von Sabrina."
„Und deine Eltern, glauben die das auch?"
„Ich sagen nichts. Aber wenn sie fragen, dann ich sage, du Freund. Ich lüge nicht an meine Familie."
„Also glauben sie auch, ich sei ihr Bruder?"
„Ja."
Jetzt mischte ich mich in die Unterhaltung, während ich mich auf das große Bett legte, um mich ein wenig auszuruhen.
„Soll unser Leben denn gleich mit einer Lüge beginnen? Das finde ich nicht gut."
„Du sei still Liebling, das ist Sache von Männern. Ich mache schon, dass alles richtig."
„Ach so, ich darf nicht darüber sprechen, ob Richard mein Freund oder mein Bruder ist?", sagte ich schon wieder etwas aufgebracht.

„Du verstehen das nicht, Liebling. Bei uns Frau ist Hure, wenn sie mit fremden Mann macht eine weite Reise."
„Dann bin ich eben eine Hure. Außerdem sieh Richard doch mal an. Sieht er vielleicht aus wie mein Bruder? Er hat schwarze Haare und dunkle Augen wie du. Er ist Halbitaliener. Ich werde jedenfalls nicht lügen, wenn mich jemand fragt."
„Dich fragt niemand."
„Wieso?"
„Weil hier bei uns immer zuerst fragen den Mann. Egal was es ist. Mann immer gibt Antwort für seine Frau."
„Heißt das, dass ich keine eigene Meinung haben darf?"
„Du schon, Sabrina, du Europäer. Aber Leute wissen nicht, wie in Europa ist, deshalb sie fragen mich."
„Na, mit der Zeit werden sie schon merken, dass man mit mir sprechen kann. Als erstes lerne ich arabisch."
Alle drei lachten wir jetzt. Richard und Amor hatten sich nun zu mir aufs Bett gesetzt, und wir erzählten von der Reise.
Am Abend aßen wir mit Amors Familie Couscous und saßen noch lange beim obligatorischen Tee zusammen. Dazu hatte sich auch der Rest der Familie eingefunden. Amors Vater, der kleine Chamseddine, den ich bereits kannte, die beiden anderen Brüder Achmed und Habib und Mabruka, die Schwester von Amors Mutter mit ihrer Tochter Samira. Rico und ich packten die Gast-Geschenke aus, die wir aus Deutschland mitgebracht hatten, und jeder hatte seine Freude daran. Die schönen, bedruckten Baumwollstoffe und goldbestickten Hausschuhe für die Frauen, Hemden für die Männer und T-Shirts für die Jungs.
Wie selbstverständlich legte sich Amor in dieser Nacht mit mir in das Ehebett, und endlich konnte ich wieder seine langersehnte Zärtlichkeit spüren.

Am nächsten Morgen erst fiel mir auf, dass Amor überhaupt keine Anstalten machte, zur Arbeit zu gehen.
„Musst du denn nicht ins Hotel?" fragte ich ihn.

„Ich arbeite nicht mehr dort", sagte er knapp.
„Wieso? Heißt das, du hast jetzt keine Arbeit mehr?"
„Hatte Probleme im Hotel. Ich jetzt nicht mehr arbeiten. Und außerdem, ich lassen dich nicht alleine ganzen Tag."
„Aber Amor, wovon willst du denn leben?"
„Wir immer genug zu essen. Kein Problem. Wenn Richard weg, ich suche andere Arbeit."
„Hast du deine Arbeit wegen Rico hingeschmissen?"
„Ich nicht möchte, dass du hier mit ihm alleine."
„Verdammt Amor, hast du denn nicht begriffen, was wir gestern gesprochen haben?"
„Doch, aber da schon keine Arbeit mehr. Jetzt ich weiß, dass Richard ist nur guter Freund. Aber vorher ich habe nicht gewusst."
„Hast du geglaubt, ich fahre mit einem Geliebten zu dir? Hast du denn kein Vertrauen zu mir? Ich hatte dir doch gesagt, dass ich mit einem guten Freund komme."
„Ich habe gemacht Fehler. Verzeihung. Ich werde wieder machen in Ordnung."
„Oh, Amor, was soll ich nur mit dir machen?" seufzte ich.
„Liebe, Sabrina, wir machen nur Liebe."
Dazu fiel mir nichts mehr ein. Ich schmiegte mich an ihn, und er streichelte mich zärtlich. Ich holte die Kaffeemaschine, den Kaffee und die Filtertüten aus dem Geländewagen. Amor holte frisches Brot, Käse und Milch, und Richard versuchte, Teller, Messer und ein paar Tassen bei Amors Mutter aufzutreiben, was ihm offensichtlich gelang, denn kurze Zeit später breitete er alles auf dem Fußboden auf der Terrasse aus. Ein Geschirrtuch aus meinem Koffer benutzte er als Tischtuch.
Nach dem Frühstück fuhren wir zusammen in die Stadt, kauften einen Tisch, vier Stühle und etwas Geschirr. Bei einem Schreiner bestellten wir einen Schrank, der am nächsten Tag geliefert werden sollte.
„Ich komme mir vor wie in meiner Jugendzeit, als ich meine erste Bude einrichtete", sagte ich zu Richard, nachdem Amor das Haus

verlassen hatte, um ein paar Kleiderbügel zu besorgen.
„Du musst hier ganz von vorne anfangen, Sabrina."
„Ja, nur, dass ich jetzt das nötige Geld habe. Damals hatte ich es nicht."
„Ich gebe dir den guten Rat, sage niemandem, dass du Geld hast. Und zeige es bitte auch nicht. In arabischen Familien gehört alles der ganzen Familie, egal wer es verdient hat."
Verdutzt sah ich ihn an.
„Glaubst du, dass sie mich ausnutzen werden?"
„Ich weiß es nicht, aber ein bisschen Vorsicht kann nicht schaden, oder? Hast du viel mitgebracht?"
„Nein, zweitausend ungefähr in bar."
„Das ist ein Jahresgehalt für einen Tunesier. In ihren Augen bist du schwerreich. Alleine schon der Geländewagen."
„Daran hab' ich gar nicht gedacht. Was rätst du mir?"
„Sei nicht verschwenderisch. Kaufe nur, was unbedingt nötig ist und versuche ihnen begreiflich zu machen, dass du jetzt kein Geld mehr verdienst und dass das, was du hast, lange reichen muss. Da Amor jetzt keine Arbeit hat, wirst du wohl auch für ihn sorgen müssen."
„Der isst sowieso bei seiner Mutter, und was brauchen wir sonst?" Wir müssen keine Miete bezahlen. Das bisschen Strom und Wasser werde ich wohl bezahlen können."
„Es geht mich zwar nichts an, aber wie sehen deine finanziellen Verhältnisse denn nach der Scheidung aus? Soviel ich weiß, hat dein Mann dir aus dem Verlag nichts gegeben."
„Das braucht er auch nicht. Ich habe noch 50 Prozent Anteile an dem Anzeigenblatt, das ich vor zehn Jahren gegründet habe. Du weißt doch, vor fünf Jahren habe ich einen Partner mit rein genommen, weil ich nicht gleichzeitig in zwei Städten tätig sein konnte. Ich lass' mir ein monatliches Gehalt auf mein Konto in Deutschland überweisen. Falls ich was brauche, habe ich Eurocheques."
Ich setzte mich auf den neuen Plastikstuhl. „Ich werde mich mit meinem Partner dort einigen müssen. Wie du weißt, ist er mit einer

Spanierin verheiratet, und sie würden gerne die Winter in Barcelona verbringen. Wie es aussieht, werden wir uns wohl die Geschäftsleitung teilen. Er im Sommer und ich im Winter."
„Weiß Amor das schon?"
„Nein, ich will diesen Sommer erst mal abwarten, ob ich hier leben kann und ob es überhaupt gut geht mit ihm. Ich kann nicht einfach alles hinwerfen."
„Du bist ja vernünftiger, als ich dachte. Also hast du gar nicht vor, für immer hier zu bleiben und Amor zu heiraten?"
Für einen Augenblick glaubte ich, Erleichterung in seiner Stimme zu hören.
„Wie gesagt, ich weiß es noch nicht. Ich werde das nach diesem Sommer entscheiden. Das habe ich auch zu meinem Partner in Deutschland gesagt, und er ist einverstanden."
„Dann weiß Amor auch gar nicht, dass du noch Anteile an dem Geschäft hast?"
„Nein, wieso auch? Wir haben nie über Geld gesprochen."
„Das ist gut so. Überstürze bitte nichts. Wenn du nach ein paar Monaten mit ihm immer noch glaubst, hier leben zu können, dann lass uns noch mal darüber reden. Okay?"
„Ja, Rico, du bist wirklich ein Freund."
Manchmal nannte ich ihn Rico, weil es so herrlich italienisch klang und ich Italien von jeher liebte. Ich liebte auch Rico, nur war mir niemals in den Sinn gekommen, in dem lockeren und stets zu Abenteuern bereiten Junggesellen etwas anderes als einen Freund zu sehen. Auf dieser Reise waren wir uns bedeutend näher gekommen. Aber keiner von uns beiden verlor ein Wort darüber.

Die Woche verging wie im Fluge. Wir fuhren mit Richard nach Matmata und zeigten ihm die nähere Umgebung von Zarzis. Amor war tagsüber der geborene Gastgeber und Fremdenführer, nachts der vollkommenste Liebhaber. Ich fühlte mich sehr wohl zwischen den beiden Männern und von mir aus hätte es immer so weitergehen können.

Als ich Richard zum Flughafen brachte, war ich sehr traurig. Irgendwie hatte ich das Gefühl, einen guten Freund zu verlieren. Spontan nahm er mich vor der Passkontrolle in die Arme und küsste mich auf den Mund.
„Schreib mir, Kleines, wir bleiben in Verbindung, okay?"
„Ja, und danke für alles; du hast wirklich viel für mich getan."
„Wir sehen uns wieder, spätestens im Herbst."
Dann ging er in die Abfertigung, und ich fuhr zurück. Die Tränen in meinen Augen wollten nicht weichen.

Meine Sachen, die ich mit der Spedition geschickt hatte, waren am Ende der Woche immer noch nicht eingetroffen und ich musste, ob ich wollte oder nicht, zum ersten Mal im Leben die Wäsche mit der Hand waschen. Heißes Wasser gab es in Amors Haus noch nicht. Der versprochene Boiler ließ auf sich warten. So erhitzte ich Topf für Topf auf dem Gasherd und kippte das Wasser in die Badewanne.
Ich erinnerte mich daran, dass meine Mutter es nach dem Krieg ebenso gemacht hatte, sie hatte es immer erzählt. Ein Anruf im Speditionsbüro in Tunis ergab, dass die Sachen zwar eingetroffen waren, aber im Zoll unter Verschluss standen. Ich müsste entweder Zoll, und zwar hundert Prozent des gesamten Wertes, entrichten oder aber eine Bestätigung bringen, dass ich einen festen Wohnsitz in Tunesien habe.
„Haben Sie das denn vorher nicht gewusst?" fragte ich.
„Unser Büro in Deutschland hat da einen Fehler gemacht. Am besten, Sie kommen nach Tunis, da können wir die Sache vor Ort klären."
Inlandflüge waren damals sehr billig, und deshalb flog ich mit Amor eines Morgens von Djerba nach Tunis. Es war so, wie der tunesische Direktor der Speditionsniederlassung am Telefon gesagt hatte. Meine Sachen blieben unter Verschluss. Ich sah beim besten Willen nicht ein, dass ich fünftausend Mark Zoll bezahlen sollte. Da hätte ich mir alle Sachen auch in Tunesien kaufen können.

Der Direktor empfahl uns einen Transiteur, der sich um alle Formalitäten kümmern sollte und stellte sogleich eine Verbindung mit ihm her. Er brachte uns sogar mit seinem eigenen Wagen in dessen Büro. Weil aber die Sache an einem Tag nicht zu klären war, lud er uns abends noch in ein Restaurant ein und sorgte dafür, dass die Spedition die Rechnung für das Hotel übernahm, in dem wir nächtigten.
Amor und ich wurden getrennt, denn es war nicht erlaubt, im *Ibn Kaldoun* unverheiratet zusammen zu schlafen. Als Amor nachts heimlich zu mir kam, lachte er über das ganze Gesicht.
„Ich habe sie dafür bestraft, dass sie uns getrennt haben."
„So, wie denn?"
„Ich habe in meinem Zimmer alle Wasserhähne aufgedreht und den Fernseher und das Radio laufen lassen."
„Liebling, wenn das Zimmer morgen früh unter Wasser steht, bist du der Bestrafte. Sie werden dir nämlich die Rechnung schicken. Du hast doch im Hotel gearbeitet. Weißt du das nicht?"
So schnell sah ich meinen Amor noch nie aus dem Bett springen.
„Ich mach' schnell das Wasser zu. Aber Strom lasse ich an."
„Kindskopf!"

Pünktlich um acht Uhr am nächsten Morgen holte uns der Transiteur vom Hotel ab, und dann ging es in die Tretmühle der tunesischen Bürokratie. Am Mittag waren wir am Ende unserer Kraft. Weder gute Worte noch sonst was half, meine Sachen aus dem Zoll zu bekommen. Sie blieben unter Verschluss. Man schleppte uns von einem ins andere Büro, man wollte wissen, wozu ich eine Waschmaschine benötigte und weshalb ich Bücher und Bettwäsche einführen wollte.
„Aber das ist doch nur zu meinem persönlichen Gebrauch" argumentierte ich. „Ich bleibe jetzt vier Monate in diesem Land und da muss ich doch mal die Bettwäsche wechseln können."
Amor versicherte den verschiedensten Beamten, dass er mich heiraten wollte und sich dann das Verzollen persönlicher Gegen-

stände sowieso erübrige. Nichts half, man wollte irgendetwas Schriftliches.

„Sie brauchen eine Carte de Séjour", sagte dann endlich nach vier Stunden eine Beamtin.

„Was ist eine Carte de Séjour?" fragte ich.

Niemand meiner Begleiter wusste es.

„Das ist eine Art tunesischer Ausweis", sagte die nette Frau ruhig. „Das bekommen ausländische Personen mit festem Wohnsitz in Tunesien. Das ist eine gelbe Karte. Wenn Sie verheiratet sind, dann bekommen Sie eine blaue."

„Aha, also eine Aufenthaltserlaubnis. Und wo bekomme ich so eine Karte?"

„Bei der für Sie zuständigen Ausländerbehörde in Medenine."

„Warum hast du das nicht gewusst, Amor? Und warum haben Sie das nicht gewusst?" fragte ich den Transiteur. Beide zuckten mit den Schultern. Amor und der Transiteur hatten inzwischen Freundschaft geschlossen und sprachen nur noch über Fußball. Auf Arabisch selbstverständlich. Am Nachmittag flogen wir zurück nach Djerba, bestiegen den Jeep und fuhren nach Hause.

„Morgen früh fahren wir gleich nach Medenine", sagte Amor.

„Meinst du, ich fahre bei dieser Hitze wieder achtzig Kilometer, ohne zu wissen, was ich dort für Papiere brauche?"

„Das wird der Mann uns sagen."

„Man kann sich doch vorher erkundigen, oder nicht?"

„Wo denn?"

„Das weiß ich doch nicht. Im Rathaus vielleicht."

„Das gute Idee, dort arbeitet Fußballfreund von mir."

„Also dann sprich mit ihm."

„Was ich alles für dich tun muss!"

„Du wolltest doch, dass ich hierher komme."

„Ja, du, aber nicht Waschmaschine und Bücher und so."

„Ich kann aber nicht ohne Waschmaschine leben."

„Meine Mutter auch keine Waschmaschine. Waschen Wäsche immer mit Hand. Sie kann waschen auch deine Wäsche."

„Du hast vielleicht eine Logik. Willst du dem Zoll meine Sachen schenken? Außerdem möchte ich nicht, dass deine Mutter meine Wäsche wäscht."
„Nein, das nicht gut, sie macht kaputt. Wir machen schon."
Es war schwer, Amor am nächsten Morgen aus dem Bett zu bekommen. Er wollte nicht aufstehen.
„Wir gehen morgen zum Rathaus."
„Nein, wir gehen heute. Ich brauche meine Sachen. In den Kisten sind viele Dinge, die ich hier gut gebrauchen kann. In deinem Haus gibt es absolut nichts. So kann ich nicht hier leben."
Er stand auf. Wir frühstückten und fuhren zum Rathaus. Sein Freund war nicht da, obwohl er längst an seinem Arbeitsplatz sitzen müsste.
„Wir kommen morgen wieder", sagte Amor.
„Nein, wir warten, bis er kommt oder wir fragen jemand anders."
Amor fragte nach seinem Freund und erfuhr, dass er im Café sitzt. Wir gingen zum Café. Und da saß er. Wir setzten uns und bestellten ebenfalls Kaffee. Amor und sein Freund palaverten und palaverten. Ich verstand nur immer wieder „Cora", das heißt Fußball.
„Amor", unterbrach ich ihn, „hast du ihn gefragt?"
„Langsam, Liebling, gleich." Er wandte sich wieder seinem Torwart zu. Nach zwanzig Minuten kam er endlich auf den Punkt. Ich merkte es daran, dass mich der Freund plötzlich ansah und nickte.
„Stell dir vor, er kennt den Chef der Fremdenpolizei in Medenine. Das ist genau der Mann, den wir brauchen. Er stellt die Karten aus."
„Na prima, dann sage deinem Freund, er soll ihn fragen, was ich für Papiere brauche."
„Der Mann wohnt hier in Zarzis, wir gehen heute Abend zusammen zu ihm. Mein Freund kommt mit."
„Gut, das ist gut", sagte ich erleichtert.
Den Tag verbrachten wir zusammen am Strand und am Abend, nachdem ich nun den dritten Tag hintereinander Couscous essen musste, fuhren wir zu dem Polizeichef. Er bewohnte ein sehr

schönes Haus. Französisch eingerichtet. Große kitschige Gardinen und überdimensionale Polstermöbel. Er ließ uns von seiner Tochter Tee bringen, und ich wartete geduldig, bis die drei Männer auspalavert hatten. Nun endlich sah er mich direkt an.
„How are you?“ fragte er, und ich war froh, dass er Englisch sprach. So konnte ich ihn zumindest direkt nach den Papieren fragen, was ich auch sofort tat.
„Madam“, antwortete er ruhig auf Englisch, „sie brauchen eine Wohnsitzbestätigung und ein Devisenkonto auf einer hiesigen Bank.“
„Aber ich habe noch keinen Wohnsitz hier, ich wohne bei Amor.“
„Dann lassen sie sich einen provisorischen Mietvertrag ausstellen. Mit dem gehen sie zur Bank. Zahlen sie ungefähr tausend Deutsche Mark ein und lassen sie sich dann eine Bestätigung geben, dass sie ein Devisenkonto haben. Mit diesen Papieren und zwei Passbildern kommen sie dann zu mir nach Medenine.“
„Das ist ja mal eine konkrete Auskunft, ich danke ihnen.“
„Was hat er zu dir gesagt?“ fragte Amor. Sein Blick verriet mir, dass es ihm nicht gefiel, dass ich mit dem Mann Englisch sprach. Der Beamte erklärte nun alles noch mal auf Arabisch. „Wir machen einen Mietvertrag, gut. Du hast doch eine Schreibmaschine“, sagte Amor.
„Amor, die Schreibmaschine steht beim Zoll in Tunis.“
„Ach ja, ich habe vergessen. Es geht aber auch mit Schrift von Hand, viele Leute hier haben nicht Schreibmaschine.“
„Du hast ein Gedächtnis wie ein Sieb.“
„Das ist lustig, ein Sieb mein Gedächtnis. Du sagst manchmal komische Sachen, Liebling.“
„Allerdings muss dieser Mietvertrag auf mindestens ein Jahr lauten und amtlich beglaubigt sein“, sagte der Mann noch.
„Das dürfte kein Problem sein“, sagte ich auf Englisch. Wieder warf mir Amor einen missmutigen Blick zu.
Zu Hause setzte ich mich sogleich hin und entwarf einen Mietvertrag für das Haus zwischen Amor und mir.

„Das geht nicht", meinte Amor, „Mietvertrag du musst machen auf Namen von Vater."
„Wieso, ich denke, das ist dein Haus."
„Das schon, aber laufen auf Namen von Vater."
„Na schön, dann machen wir einen Mietvertrag mit deinem Vater."
„Das ein Problem."
„Wieso?"
„Vater unterschreiben nichts."
„Wie bitte? Was soll das? Du kannst ihm doch wohl erklären, worum es hier geht und dass ich anders nicht an die Aufenthaltserlaubnis und somit an meine Sachen komme."
„Ich will versuchen. Aber Sidi, er kann nicht schreiben und lesen."
„Das erklärt alles. Aber dein Vater musste doch sicher schon öfters etwas unterschreiben. Macht er dann Kreuze?"
„Nein, wird gemacht mit Abdruck von Daumen. Aber er kann nicht lesen."
„Du kannst ihm doch sagen, was da steht, er wird ja wohl Vertrauen zu seinem Sohn haben. Warum machst du nur alles so kompliziert?"
„Ich nicht kompliziert, mit dir man hat viele Probleme."
„Amor, ich bitte dich, denke doch jetzt mal nach, was du sagst."
Auch an diesem Abend gab es im Familienkreis wieder nur Couscous.
„Amor, ich kann dieses Zeug nicht schon wieder essen. Gibt es denn bei euch niemals etwas anderes als Couscous?"
„Doch, manchmal es gibt Makkarone; oder Murga."
„Ich kann jedenfalls heute nicht schon wieder dieses Zeug essen. Bitte lass uns eine Pizza essen gehen."
„Gut, gehen wir essen Pizza."
„Siehst du denn nicht, wie wichtig es ist, dass ich meine Kisten aus Deutschland bekomme? Dort ist alles drin, was ich zum Kochen brauche, inklusive einiger Konserven für den Notfall. Du

hast ja nicht einmal eine Pfanne, keinen Kochlöffel und keinen einzigen Topf."
„Ja, ist wichtig. Ich spreche gleich mit Vater. Wir gehen morgen früh zum Standesamt für Beglaubigung Unterschriften."
„Ich glaube aber nicht, dass die diesen Mietvertrag anerkennen. Er ist in Deutsch. Du musst ihn übersetzen."
„Ich kann nicht übersetzen."
„Wieso, du sprichst doch ausgezeichnet Französisch."
„Ja, ich sprechen, aber ich kann nicht schreiben Französisch."
„Das verstehe ich nicht."
„Ich habe Sprache nur gelernt von Hören. Ich kann schreiben nur Arabisch."
„Und was machen wir jetzt?"
„Gibt Schreibbüro in Zarzis, wir fahren morgen früh hin, die machen Mietvertrag."
„Warum hast du das denn nicht gleich gesagt?"
„Ich habe vergessen, dass man haben muss in Französisch."
„Geht es auch in Arabisch?"
„Geht schon, aber sie nicht beglaubigen dann deine Unterschrift, weil du nicht lesen kannst Arabisch."
„Ja, aber Französisch kann ich doch auch nicht lesen."
„Das macht nichts. Französisch ist europäisch und du Europäer, das geht."
„Mit eurer Logik soll sich einer auskennen. Also gut, fahren wir zum Schreibbüro."
Wir fuhren wieder einmal zu der schönen Pizzeria auf der Dachterrasse des Hotels Oamarit. Ich erinnerte mich an die Pizza mit dem rohen Ei und sagte dem Kellner genau, was ich auf meiner Pizza haben wollte. Und diesmal klappte es gut. Ich genoss ein Glas Rotwein und freute mich über den herrlichen Abend. Die Sonne versank gerade hinter den Palmen, und ich wollte nach diesem anstrengenden Tag eigentlich an nichts mehr denken – und dennoch, ich dachte darüber nach, was mein geliebter Amor doch eigentlich für eine sonderbare Logik hatte. War das ein Teil der

arabischen Mentalität, oder war Amor einfach nur dumm? Zum ersten Mal sah ich ihn mit etwas anderen Augen. Ich würde es herausfinden, dachte ich und schob den Gedanken beiseite. Diesmal schob ich Amor kein Geld hinüber, sondern bezahlte die Rechnung selbst. Aber auch das war ihm nicht peinlich.

Vier Tage später hatte ich alle Papiere, um die „Carte de Séjour" zu beantragen, und wir fuhren deshalb gleich am frühen Morgen nach Medenine. Kurz vor neun Uhr saßen wir im Büro des netten Beamten und legten alles vor. Er füllte den Fragebogen aus, klebte die Passbilder darauf, heftete den Mietvertrag und die Bestätigung der Bank bei und legte die ganze Akte in seine Schublade.
„Ja und?" fragte ich auf Englisch. „Bekomme ich jetzt die Karte?"
„No, Madame, not today. "
„Why not? "
Er erklärte mir, dass die gesamte Akte mit der morgigen Post nach Tunis gehe und ich in etwa zwanzig Tagen damit rechnen könne.
„Twenty Days?" fragte ich ungläubig. Nun mischte sich Amor ins Gespräch.
„Was soll das, was redest du mit dem Mann?"
„Amor, er hat mir gesagt, dass es zwanzig Tage dauert, bis ich die Karte bekomme, das ist fast ein Monat."
„Wenn er es sagt, dann es stimmt."
„Soll das heißen, dass ich noch wochenlang auf meine Sachen warten muss?"
Amor und der Beamte unterhielten sich auf Arabisch. Ziemlich lange sogar. Schließlich erklärte mir Amor, dass der Polizeichef eine Bestätigung ausstellen könnte, dass meine Karte genehmigt und in Arbeit ist. Vielleicht würde das dem Zoll genügen.
„Wir können es ja versuchen", sagte ich resigniert.
Der nette Mann stellte ein entsprechendes Papier aus und überreichte es mir. Er wünschte uns Glück und lächelte.
„Gut", sagte Amor, „fliegen wir morgen nach Tunis und versuchen."

„Oh nein, wir fliegen nicht.“ Ich war ziemlich aufgebracht.
„Warum nicht?“
„Weil ich nicht umsonst dorthin will. Machst du dir eigentlich keine Gedanken darüber, wie viel das alles kostet?“
„Du hast Recht, wir warten zwanzig Tage.“
„Amor, wir warten nicht zwanzig Tage.“
„Ja, was denn?“ Ungläubig sah er mich an.
„Wir haben doch die Telefonnummer von diesem Transiteur. Du rufst ihn jetzt an und sagst ihm, dass er sich beim Zoll erkundigen soll, ob sie mit der Bestätigung einverstanden sind.“
Natürlich war man beim Zoll nicht damit einverstanden, und so blieb mir weiter nichts übrig, als die zwanzig Tage abzuwarten. Ich versuchte, das Beste daraus zu machen, kaufte das Nötigste für das Haus und rang mich dazu durch, meine Wäsche mit der Hand zu waschen. Zum Glück war es sehr heiß, und man brauchte nicht allzu viel.
Die Tage in Amors Haus vergingen, ohne dass er irgendwelche Anstalten machte, eine neue Arbeit zu suchen. Wir lebten in den Tag hinein, verbrachten die meiste Zeit am Strand, gingen abends gemütlich essen und ich genoss die Zeit und seine Zärtlichkeiten. Irgendwie war es wie ein schöner Urlaub. Immer war Amor bei mir. Von Tag zu Tag gewöhnten wir uns mehr aneinander. Er lernte, mir zuzuhören, ich lernte, ihn und seine so ganz andere Mentalität zu verstehen. Zumindest glaubte ich damals, ihn verstehen zu können. Und dann kam endlich der Tag, an dem die Aufenthaltsgenehmigung in Medenine vorlag. Stolz hielt ich sie in den Händen und las sie sorgfältig durch. Ein bisschen Französisch konnte ich, und so fiel mir auf, dass man bei der Berufsangabe „ohne“ hingeschrieben hatte.
„Warum steht da, ich hätte keinen Beruf?“
„Das ist besser so, Liebling. Beamte sagt, dass es nicht gut in unserem Land, dass du ausländische Journalistin. Du würdest viele Probleme und viele Fragen bekommen.“
„Na gut, ich kann hier sowieso nicht arbeiten, vielleicht hast du

recht. Ich brauche die Karte ja nur für meine Sachen. Ich frage mich nur, weshalb du einfach über meinen Kopf hinweg entschieden hast, „ohne“ hinzuschreiben.“

Amor gab mir keine Antwort.

So flogen wir also wieder nach Tunis, holten den Transiteur, fuhren zum Zoll, und nach endlosem Warten und Formulare Ausfüllen wurden wir ins Lagerhaus gefahren. Ich traute meinen Augen nicht, als ich die riesigen Hallen, vollgestopft mit Waren aller Art und aus aller Herren Länder sah.

„Mein Gott“, fragte ich, „hat man das alles irgendwelchen Leuten einfach weggenommen? Und was passiert damit? Sieh dir nur an, was hier alles liegt. Sogar jede Menge Kleidung und Schuhe. Diese Waren sind doch gar nicht zu verzollen, weshalb lässt man das den Menschen nicht?“

„Das geht uns nichts an. Staat wird schon richtig machen“, meinte Amor und zerrte mich hinter dem Zollbeamten und dem Transiteur her.

Der Beamte suchte in dem heillosen Durcheinander nach meinen Kisten. Ich entdeckte sie zuerst und musste enttäuscht feststellen, dass alle geöffnet oder von Mäusen zerfressen waren.

„Das darf nicht wahr sein.“ Ich schluckte aber meinen Ärger hinunter, als ich sah, dass die Kiste mit der Waschmaschine unbeschädigt war. In den stabilen Kartons, die nur mit Hausrat verzeichnet waren, fehlten diverse Dinge. Die Konserven und der gute italienische Wein waren ebenfalls verschwunden.

„Na, was soll es“, sagte ich. „Ist wohl sinnlos nachzuforschen, womöglich dauert das dann nochmal einen Monat.“

Mit dieser Vermutung lag ich genau richtig. Der Zollbeamte und auch der Transiteur waren mit mir einer Meinung. Nur Amor war nicht ganz damit einverstanden. Im Grunde hatte er Recht. Man sollte dagegen angehen und die Schuldigen finden, aber es schien mir sinnlos. Kein tunesischer Zollbeamter verrät einen Kollegen wegen eines Bügeleisens, eines Radios und diverser Kleinigkeiten von einer Deutschen, die ohnehin genügend hatte.

Ich verzichtete also auf eine Verlustmeldung. Der Transiteur leitete nun alles in die Wege. Die Sachen wurden auf einen von ihm bestellten LKW verladen, und ab ging's nach Zarzis. Amor und ich nahmen die Abendmaschine nach Djerba, und als wir in Zarzis ankamen, stand der kleine LKW mit meiner lang ersehnten Waschmaschine und der Wäsche, die ich so nötig brauchte, bereits auf dem Hof.

Ich war noch nicht ganz aus dem Bett, als am nächsten Morgen Amors Mutter, die beiden Tanten und drei Nachbarinnen mit riesigen Bündeln Wäsche vor der Tür standen. Ich rannte ins Schlafzimmer zurück, Amor lag noch im Bett.
„Hilf mir, Amor, sie bringen alle ihre schmutzige Wäsche."
Er kam langsam hoch. „Musst du waschen Wäsche."
„Amor, bitte, wenn ich das jetzt tue, werde ich in Zukunft meine Tage nur noch mit Waschen verbringen. Ich will nicht die Wäsche der ganzen Familien hier waschen. Außerdem ist die Maschine ja noch gar nicht angeschlossen. Du musst einen Installateur holen, wir brauchen einen zusätzlichen Wasserhahn, und das Bidet muss weg, damit die Maschine Platz hat."
„Ich kann nicht holen Installateur."
„Warum nicht?"
„Muss erst fragen Papa."
„Warum musst du deinen Vater fragen, das ist doch dein Haus."
„Bei uns immer entscheidet Vater, wenn etwas gemacht wird."
„Dann frag deinen Vater."
Das Geschnatter vor dem Haus wurde immer lauter.
„Amor, geh jetzt und schick die Frauen weg."
Er zog sich an, und wir gingen hinaus. Er redete lange auf die Frauen ein. Ich verstand kein Wort. Aber plötzlich drehten sie sich um und gingen, weiter schnatternd davon.
„Was hast du ihnen gesagt?"
„Habe gesagt, dass Maschine nur einmal in Woche laufen darf, sonst es kostet zu viel Strom und sie geht zu schnell kaputt. Und

einmal in Woche, das reicht nur für unsere Wäsche."
„Das haben sie dir geglaubt?"
„Wenn ich es sage, dann sie glauben das."
„Na gut, danke. Aber jetzt hol bitte den Installateur."
„Ich kümmere mich darum."
Es dauerte aber noch drei Tage, ehe die Maschine nach einem ewigen Palaver zwischen Amor, seinem Vater und dem Installateur an ihrem Platz stand. Der Vater wollte die Maschine draußen auf dem Hof an den Wasserhahn anschließen. Es hatte einige Zeit gedauert, bis wir ihm klarmachen konnten, dass der Sand und eventueller Regen die Maschine kaputt machen würden.
Als die Maschine endlich lief, saßen natürlich die Frauen davor und starrten auf die sich drehende Trommel.
„Sie haben nie gesehen Waschmaschine, du musst das verstehen."
Amor hatte wohl recht, und ich ließ die Frauen gewähren. Ich ließ sie eigentlich viel zu oft gewähren. Sie waren natürlich auch dabei, als ich die übrigen Kisten auspackte. Alles nahmen sie in die Hände, drehten es und begutachteten es genau. Sie lachten über die Eierbecher und Kaffeefilter, wunderten sich über die Küchenmaschine, die ich sofort vorführen musste. Dass das Ding Zwiebeln, Tomaten, Paprikaschoten und Gurken für den Salat in Sekunden schnelle zerkleinerte, wofür sie stundenlang schnippeln mussten, begriffen sie ja noch, als ich aber vorführte, wozu meine Mikrowelle imstande war, gingen sie doch einige Schritte rückwärts. Sie konnten nicht begreifen, dass die Milch in einer halben Minute heiß war, während die Tasse kalt blieb. Das grenzte nun doch an Zauberei. Innerhalb kürzester Zeit war in der Nachbarschaft bekannt, dass die deutsche Frau von Amor eine Zaubermaschine besaß, die jeder sehen wollte.
Der August wurde unerträglich heiß. Ich konnte es nur noch am Strand, wo immer eine frische Meeresbrise zu spüren war, oder im Haus aushalten. Wir hielten jetzt tagsüber die Fensterläden geschlossen, das Haus blieb dadurch wunderbar kühl. Zu Hause aber hatte ich absolut keine Ruhe. Amors Mutter und die Tanten

kamen und gingen wie sie wollten. Ohne anzuklopfen kamen sie in alle Räume. Stand ich in der Dusche, kam Mutter, um mir den Rücken zu waschen. Ständig kämmten und flochten sie mir die Haare, zogen mir tunesische Kleidung an, um mich damit in der Nachbarschaft herumzuzeigen und ununterbrochen fütterten sie mich mit irgendwelchen tunesischen Gerichten. Wollte ich zum Strand, versuchte Amors Mutter mich davon abzuhalten. Wenn ich trotzdem ging, schlug sie jedes Mal die Hände über dem Kopf zusammen und jammerte.

Eines Tages brachte mich Amor auf den Berg über unserem Dorf. Es waren nur fünfzehn Minuten Fußweg, aber der hatte sich gelohnt. Die Aussicht von dort oben war phantastisch. Die weißen Häuser strahlten in der Sonne mit ihren Kuppeln unter den Palmen, und dahinter erhob sich das türkisfarbene Meer wie eine Wand, die bis zum Horizont glitzerte. Das leuchtende, intensive Blau des Himmels bedeckte das alles wie eine schützende Umhüllung. Ich verliebte mich sofort in dieses Panorama.
„Wunderschön“, sagte ich zu Amor, „hier oben würde ich gerne wohnen wollen.“
„Warum nicht? Das Land, auf dem wir stehen, gehört meinem Vater, wir können hier bauen ein Haus.“
„Das wäre phantastisch. Diese Ruhe, dieser Ausblick, wir beide ganz alleine. Ohne deine Mutter, ohne deine Tanten …“
„Was hast du gegen meine Mutter?“ Amor war etwas aufgebracht.
„Wieso? Ich habe nichts gegen deine Mutter. Sie lassen mich nur niemals in Ruhe, wenn du weg bist. Ich weiß, sie meinen es gut, aber ich würde auch gerne mal ein paar Stunden alleine sein. Seit Wochen komme ich nicht zum Lesen. Sie versucht ständig, mich daran zu hindern, an den Strand zu gehen. Ich muss immer ihr öliges Zeug essen und überhaupt …“
„Es ist die Pflicht der Mütter, auf die jungen Frauen im Haus aufzupassen. Sie weiß es nicht anders.“
„Auf mich braucht niemand aufzupassen. Aber wenn wir schon

dabei sind. Mir ist auch aufgefallen, dass immer einer deiner Brüder in der Nähe ist, wenn ich zum Einkaufen oder an den Strand gehe. Sie beobachten mich Tag und Nacht, das gefällt mir nicht."
„Sie passen nur auf, dass dir nichts passiert. Hier es gibt schlechte Leute."
„Ach Quatsch, niemand würde mir etwas tun. Und warum will deine Mutter nicht, dass ich an den Strand gehe?"
„Hast du gesehen tunesische Frau am Strand?"
„Nein, eigentlich nicht. Nur abends kommen sie manchmal mit der ganzen Familie, um zu baden. Sie gehen dann mit ihren Kleidern ins Wasser."
„Siehst du. Der Strand ist nicht gut für Frauen."
„Das ist doch Unsinn. Die Männer sind doch auch am Strand. Und warum sollen sich die Frauen in dieser Hitze nicht erfrischen dürfen?"
„Sie haben Dusche zu Hause."
„Ich verstehe schon, du brauchst nicht weiterreden. Ich bin keine tunesische Frau und ich gehe an den Strand und niemand von euch wird das je verhindern können."
„Ich weiß, Liebling. Ich verbiete dir auch nicht. Meine Eltern schimpfen mit mir deshalb. Sie verstehen nicht, dass ich es dir erlaube."
„Es wäre wohl besser, wenn wir ein Haus für uns alleine und weg von deiner Familie hätten. Würden sie mich denn hier oben in Ruhe lassen?"
„Natürlich, Frauen kommen nicht alleine auf den Berg. Nur, wenn ich sie hole oder Bruder sie bringt."
„Das klingt verlockend. Au ja, Amor, wir bauen hier oben ein Haus."
„Vater, er wird uns schenken das Land zur Hochzeit."
„Woher weißt du das? Habt ihr bereits darüber gesprochen?"
„Ja, weil ich weiß, du kannst nicht leben mit meiner Familie zusammen."
„Eine Zeitlang war es ja ganz interessant, aber du hast Recht, im-

mer könnte ich nicht so leben. Stell dir vor, sie gehen einfach in alle Zimmer, nehmen aus meinem Schrank, was sie brauchen, ich kann nicht einmal alleine duschen."
„Ich weiß, du bist das nicht gewohnt, aber bei uns es ist so. Frauen sind immer zusammen, wenn Männer weg."
„Und hier oben? Du meinst, sie würden mich wirklich in Ruhe lassen?"
„Ja, wenn wir selbst bauen, dann es gehört nicht Papa, steht dann unser Name auf Papier, und wir bestimmen, wer kommt in unser Haus."
„Das wäre zu schön. Wie viel kostet ein Haus hier?"
„So groß wie mein Haus unten, ungefähr dreißigtausend Dinare."
„Das ist nicht viel. Ich glaube, das könnten wir schaffen. Aber nur, wenn du auch arbeitest."
„Natürlich, ich gehe arbeiten. Ich arbeite und spare Geld für bauen das Haus."
„Abgemacht, lass uns mit deinem Vater über das Land sprechen."
Ich konnte mir nicht helfen, aber ich hatte den Eindruck, dass das alles längst besprochen war. Amors Papa sagte, dass er uns das Land zur Hochzeit schenken würde.
„Und wenn wir nicht heiraten? Ich meine, es könnte doch etwas dazwischen kommen."
„Wenn ihr nicht heiratet, dann du musst kaufen das Land."
„Wie viel kostet dein Land?"
„Es sind fünftausend Meter. Hälfte bekommt Habib."
„Das ist zu viel. Was soll ich mit zweitausendfünfhundert Quadratmetern?"
„Du kannst kaufen tausend Meter, Rest wir behalten für Mandeln und Feigen."
„Und wie viel kostet hier Land?"
„Dort oben auf Berg nicht teuer. Zwölf Dinare für Meter, das üblicher Preis."
„Jetzt reicht es", mischte sich nun Amor ein, „du kaufst gar nichts, wir heiraten nächstes Jahr. Dann bekommt Achmed mein Haus,

und mir steht das Land dort oben sowieso zu."
„Stimmt das?" wollte ich vom Vater wissen.
„Ja, das stimmt genau. Wir haben so geteilt."
„Wenn Habib und Amor das Land dort oben bekommen und Achmed das Haus hier unten, was bekommt dann Chamseddine?"
„Chamseddine jüngster Sohn. Er bekommt Haus und Hof von Eltern, das ist immer so."
„Dann ist ja alles geregelt."
Der Plan, dieses Haus auf dem Berg zu bauen, reifte in meinen Gedanken. Ich stellte es mir wunderschön vor, wenn ich morgens auf die Terrasse komme würde und dieses wunderschöne Panorama vor mir hätte. Am Abend sah man die Lichter des Dorfes und der Stadt Zarzis bis zum Hafen hinunter. Ein wunderbares Fleckchen Erde.

Amor schleppte Steine heran, die er in die Furchen legte, die ich in den Sand zog. Wir wollten uns ein Bild darüber machen, wie unser Haus stehen sollte, als plötzlich Chamseddine keuchend vor uns stand. Er musste den ganzen Berg herauf gerannt sein. Er sagte etwas zu Amor. Ihre Gesichter waren ernst.
„Was ist los?" wollte ich wissen.
„Du musst sofort bei deiner Familie in Deutschland anrufen. Deine Mutter ist sehr krank. Dein Bruder hat bei Onkel angerufen."
„Dann muss es ernst sein, ich hatte die Telefonnummer nur für Notfälle hinterlassen."
Wir fuhren sofort den Berg hinunter zum nächsten Taxiphon-Laden.
Um meine Mutter stand es schlecht. Sie hatte vor Monaten eine harmlose Gallenoperation, bei der aber leider eine eingekapselte Krebsgeschwulst freigelegt wurde, was niemand wusste. Und nun hatte sich der Krebs im Körper verbreitet und es gab keine Rettung mehr.
„Ich komme so schnell ich kann. Sobald ich einen Flug habe, rufe ich wieder an."

Wir fuhren sofort zu Onkels Reisebüro in die Stadt. Aber es war in den nächsten Tagen kein direkter Flug zu bekommen. So kaufte ich ein Ticket, das mich am nächsten Tag von Djerba nach Tunis, von Tunis nach Rom, von Rom nach Paris und von dort mit einer kleinen Maschine nach Nürnberg bringen sollte.
„Aber das ist viel zu teuer", jammerte Amor.
„Meine Mama liegt im Sterben, Amor, ich kann nicht anders."
„Aber ich will nicht, dass du morgen fliegst."
„Ich muss, ich komme ja wieder. Würdest du nicht zu deiner Mutter wollen, wenn du in Deutschland wärst und sie wäre so krank?"
„Doch, natürlich, aber ich bin Mann, ich kann machen das."
„Hör auf, Amor, ich kann dieses unlogische Zeug jetzt nicht ertragen. Lass uns nach Hause fahren. Ich muss einen Koffer packen."
„Wann kommst du zurück?"
„Ich weiß es nicht. Ich werde dich übermorgen beim Onkel anrufen. Geh am Abend dorthin."
Am Flughafen gab es noch erhebliche Probleme wegen meines Autos, das ja in meinem Pass eingetragen war und deshalb mit außer Lands sollte. Mir ging das ewige Palaver, das zwanzig Minuten vor Abflug noch immer nicht beendet war, so auf den Wecker, dass ich kurzerhand die Autoschlüssel und die Papiere auf den Schreibtisch des Zollbeamten warf. „Behalten Sie das Auto, bis ich zurück bin. Nehmen Sie es in Verwahrung, das muss doch gehen. Ich muss jetzt zu meiner Maschine."
Der Beamte ließ sich meine Worte noch mal von Amor übersetzen und war sofort einverstanden. Amor war sauer, dass er und Chamseddine jetzt mit dem Bus nach Hause fahren mussten.
„Mit dir, ich habe nur Probleme", sagte er zum Abschied. Ich musste lachen, diese Worte kannte ich.
„Nimm es leicht, Liebling", sagte ich, „ich bin bald zurück, und bei der Gelegenheit kann ich gleich etwas Geld für die Grund mauern unseres neuen Hauses mitbringen."
Nun strahlte mein Amor wieder, dass seine Zähne nur so blitzten.

Gegen zweiundzwanzig Uhr landete ich in Nürnberg. Zwölf Stunden war ich nun unterwegs und ziemlich kaputt. Mein Bruder und seine Frau holten mich am Flughafen ab, und wir fuhren direkt die hundert Kilometer bis zur Klinik.
Der Anblick meiner Mutter erschütterte mich sehr. Blass wie ein Leinentuch, mit eingefallenen Wangen lag sie im Bett. Ihre Augen hatte sie geschlossen. Der Arzt meinte, dass sie eigentlich schon hinübergegangen sein müsste, aber dass sie auf alle ihre Kinder warten wollte. Meine Schwester aus Texas war noch vor mir eingetroffen, obwohl ihr Weg viel weiter gewesen war. Meine Mama konnte mich nicht mehr ansehen, aber ihr sanfter Händedruck sagte mir, dass sie mich erkannte. Noch in der gleichen Nacht verstarb sie. Bis zum Schluss saßen wir um ihr Bett, und ich hielt noch lange ihre eine, meine Schwester ihre andere Hand. Ich war froh, dass ich noch rechtzeitig gekommen war.

Die ganze Woche zog wie in Trance an mir vorüber. Ich konnte nicht einmal weinen. Zwei Tage nach der Beerdigung flog ich nach Tunesien zurück, holte mein Auto aus dem Zoll und fuhr nachhause. Komisch, dass ich Tunesien bereits als mein Zuhause betrachtete.
Irgendwie war Deutschland jetzt in weiter Ferne. Ohne meine Mutter war es nicht mehr das, was es einmal war. Das Wort Heimat musste ich nun völlig neu einordnen. Was war eine Heimat ohne Eltern, zu denen man immer zurückkehren konnte? Mein Vater war schon vor langer Zeit verstorben, und mit dem zweiten Mann meiner Mutter hatten meine Schwestern und ich kein besonders herzliches Verhältnis. Unsere Stiefgeschwister, die ich alle vier sehr mochte, waren dagegen sehr froh, ihren geliebten Vater noch zu haben. Ich tröstete mich damit, dass ich ja noch alle meine Geschwister hatte, aber das war nicht dasselbe.

Amor war nicht zu Hause, aber seine Mutter kam mit ausgebreiteten Armen auf mich zu. Sie drückte mich fest an sich und sagte leise:

„Ich jetzt deine Mama."
Nun endlich konnte ich losheulen. Ich weinte und schrie mir den Schmerz hinaus. Diese Frau verstand es und sie ließ stundenlang niemand an mich heran. Sie hatte mich in ihr Schlafzimmer geführt und auf das Bett gesetzt. Dort blieb ich, bis ich mich beruhigt hatte.
Die ganze Familie hatte sich auf der Terrasse versammelt, jeder nahm mich in die Arme, als ich herauskam. Amor brachte mir Kaffee und redete leise tröstend auf mich ein. Amors Vater kniete sich vor mir nieder und sagte:
„Allah nimmt die guten Menschen von uns, wenn die Zeit gekommen ist, du wirst darüber hinwegkommen. Deine Familie ist jetzt hier, du bist mir als Tochter willkommen."
„Ich danke dir", sagte ich. Das waren die nettesten Worte, die ich seit langem gehört hatte, und dass sie gerade aus dem Mund des Familienoberhauptes kamen, machte mich stolz.

***

Nun endlich nahm mein Traum vom Haus im Süden Formen an. Anfang September war das siebzig Zentimeter hohe Fundament aus Natursteinen in den Sand zementiert, und die Grundmauern aus roten Ziegelsteinen hatte man tatsächlich nach meinem Plan gemauert. Jeden Mittag brachten wir das Essen für die Maurer, das Amors Mutter gekocht hatte, und ich freute mich über jeden Stein, der auf den anderen gesetzt wurde. Ich zeichnete Pläne und malte mir aus, wie ich das Haus gestalten und einrichten würde. Über einer Ecke des großen Salons sollte eine arabische Kuppel thronen, in der Rundung drei hübsche Bogenfenster und darunter eine gemauerte runde Sitzbank, wofür ich Polster arbeiten ließ, die mit wunderbaren Brokatstoffen in orientalischen Mustern bezogen werden sollten. Aus dem gleichen Stoff die Schals für die Fenster.
Zwei gedrehte Säulen sollten die Rundung links und rechts beschließen. Auf der anderen Seite des Salons der Tresen aus Marmor, der den Salon von der Küche trennt, die ich von einem Schreiner aus Naturholz arbeiten ließ. Außerdem zwei geräumige Schlafzimmer und ein großes Badezimmer mit allem Komfort. Ich war voll in meinem Element, voller Träume und Pläne, bis ich bemerkte, dass die Maurer mein geplantes großes Fenster im Badezimmer einfach wegließen und statt dessen nur eine kleine Luke fast oben unter der Decke offen ließen.
Natürlich reklamierte ich sofort, bekam aber nur zur Antwort, dass das Amors Vater so angeordnet hatte. Sofort ging ich zu ihm und stellte ihn zur Rede.
„Bei uns macht man keine Fenster in das Bad, die Leute sollen nicht schauen, wenn du in die Dusche gehst.“
„Aber das ist doch Unsinn. Ich mache doch Gardinen, und außerdem läuft doch niemand in unserem Garten herum und sieht durch die Fenster, das ist weitab von der Straße und außerdem noch durch die Mauer geschützt.“
„Wir machen kein Fenster im Bad“, sagte er noch mal und warf mir einen strengen Blick zu.

„Ist das mein Haus oder deines?“ fragte ich herausfordernd. Er gab mir keine Antwort mehr, sprach aber mit Amor darüber. „Vater will, dass wir uns nach tunesischen Regeln richten, und Regel sagt, dass kein Fenster im Badezimmer sein darf“, sagte Amor mit strengem Gesicht.
„Ach, wo stehen denn diese Regeln geschrieben? Ich möchte ein großes Fenster im Bad, Amor. Überlege bitte, dass das Badezimmer dreimal so groß ist wie eure winzigen Bäder, da muss ein großes Fenster hinein.“
„Du musst machen, was Vater sagt, Sabrina, sonst er böse.“
„Gut, dann muss er aber den Bau bezahlen, dann kann er auch bestimmen. Bei uns ist derjenige der Chef, der bezahlt, und hier bezahle ich und möchte deshalb, dass nach meinen Plänen gebaut wird. Wenn es deinem Vater nicht passt, dann soll er bezahlen.“
„Du machst nur Probleme, immer es muss alles nach deinem Kopf gehen.“
„Ja, in diesem Fall schon. Denn ich möchte in diesem Haus leben, nicht dein Vater.“
Das Fenster wurde also so gebaut, wie ich es geplant hatte, und kaum hatte ich meinen Willen durchgesetzt, sah ich, dass das mittlere der drei Bogenfenster unter der Kuppel einen Stein kleiner war als die anderen beiden.
„Was soll das?“ fragte ich den Maurer. „Die drei Fenster müssen gleich groß sein.“
„Ja, müssen gleich sein, aber jetzt sie sind nicht gleich, weil der Junge eine Reihe zu viele Steine gemauert hat.“
„Dann müsst ihr es wieder ändern und die Reihe Steine wegnehmen.“
„Das, es geht nicht, ist schon gemauert. Jetzt, es bleibt so.“
Basta! Nun packte mich die Wut, nahm den großen Vorschlaghammer und fing an die Steine eigenhändig weg zu klopfen. In diesem Moment kam Amor und die drei Maurer liefen zusammen. Alle vier Männer standen nun hinter mir und sahen mir fassungslos zu.

Amor nahm mir nun den Hammer aus der Hand und schüttelte den Kopf. „Was machst du da?“ funkelte er mich an.
„Wenn die Leute nicht ordentlich arbeiten, dann mache ich es selbst. Ich will alle drei Fenster gleich groß haben, der Maurer aber sieht das nicht ein.“
„Lass die Leute in Ruhe arbeiten, sie machen schon richtig.“
„Nein, das machen sie eben nicht. Und dich scheint es auch nicht zu stören, dass die Fenster nicht gleich sind.“
„Das macht nichts, wenn ein Fenster kleiner, “ sagte nun auch Amor.
„Verdammt Amor, entweder wird hier ordentlich gebaut oder gar nicht. Wenn dieser Maurer es nicht kann, dann hole gefälligst einen anderen. Dieses Haus soll schön werden und ich will mich nicht später ewig an den Pfuschereien ärgern müssen.“
Die drei Maurer standen immer noch wie die Ölgötzen hinter uns, nur der junge Hilfsarbeiter, der den Schaden verbockt hatte, grinste in sich hinein. Nun nahm ich kurzerhand Amor den Hammer wieder aus der Hand und drückte ihn dem Grinsling in die Hand. „So, du machst jetzt alle Fenster gleich groß, oder du gehst nach Hause, verstanden?“
Er sah mich mit großen Augen an und richtete dann seinen Blick auf Amor, der zustimmend mit dem Kopf nickte. Die Leute machten sich wieder an die Arbeit und wir verließen die Baustelle.
„Bei uns eine Frau sie darf nicht Befehle geben an Arbeiter, das sie nicht akzeptieren.“
„Ach, aber mein Geld akzeptieren sie, wie? Amor, wenn du dich darum kümmern würdest, dass alles nach Plan verläuft, dann bräuchte ich nicht zu schimpfen. Ich hoffe, das war dir eine Lehre und du kontrollierst in Zukunft besser, was die Leute machen.“
„Ja, das werde ich“, versprach er.

Ende September überließ ich nun den Bau Amors Obhut und kehrte mit meinem Geländewagen nach Deutschland zurück,

um meinen halbjährigen Dienst bei meiner Zeitung anzutreten. zunächst mietete ich mir ein gemütliches Zimmer in einem Landgasthof und machte mich neben meiner Arbeit auf die Suche nach einer kleinen Wohnung, die ich auch recht bald fand und einrichtete.
Der Abschied von Amor und Tunesien war mir schwer gefallen. Zusammen mit einem Freund hatte er mich bis zum Fährhafen La Goulette nach Tunis begleitet. Wir verbrachten die letzte Nacht in einem hübschen Hotel in Sidi Bou Said, und ich versprach Amor, dass ich ihm die nötige Einladung für sein Visum nach Deutschland schicken würde, sobald ich eine neue Wohnung gefunden hätte. Als ich dann die Rampe zum Fährschiff hinauffuhr und mich nochmals umdrehte, waren Amor und sein Freund, die an der Absperrung gestanden hatten, bereits verschwunden.

Erst zwei Monate später schloss mich Amor am Flughafen in München wieder in seine Arme. Sein Touristen-Visum galt drei Monate, und er wollte diese Zeit bei mir in Deutschland verbringen. Der Versuch, ihm für diese Zeit Arbeit zu vermitteln, scheiterte kläglich. Mehrere Unternehmer hatten ihn für einige Tage – wohl mehr aus Freundschaft zu mir – unter ihre Fittiche genommen, aber keine Arbeit war meinem Amor gut genug. Mein Job beanspruchte mich zu sehr, und mir blieb nur wenig Zeit für ihn. Also fügte er sich schließlich in die Rolle des Hausmannes und schien sich ganz wohl darin zu fühlen. Ich ging täglich in meine Redaktion, Amor kochte und machte sauber. Ein teurer Spaß, dieser Haushälter, denn aus lauter Langeweile rief er alle seine Freunde in ganz Deutschland an und telefonierte fast täglich nach Tunesien. Als ich ihm die Sechshundert-Mark-Rechnung schließlich unter die Nase hielt, behauptete er doch glatt, er habe nicht gewusst, dass das so teuer sei. Aber auch im nächsten Monat gab es eine satte Rechnung. Ich liebte meinen Amor und ließ ihm deshalb so viel durchgehen, was ich unter normalen Umständen sicher nicht geduldet hätte.

Dann wurde ich plötzlich sehr krank. Tagelang hatte ich bereits starke Beschwerden, und als ich es nicht mehr aushielt und mich vor Schmerzen krümmte, bat ich Amor, den Notarzt zu rufen. Fünfzehn Minuten später war er da und entdeckte ein pflaumengroßes Geschwür am Enddarm. Amor freute sich über die Tatsache, dass es sich bei dem Notarzt um einen Araber handelte und wollte anfangen, mit ihm zu palavern. Der Arzt sah aber die Dringlichkeit und schickte mich sofort ins Krankenhaus. Amor wusste überhaupt nicht wie ihm geschah und trottete mir hinterher wie ein verunsichertes Kind. Der diensthabende Arzt ließ sofort die Notoperation vorbereiten, während Amor weinend im Warteraum saß. Drei Stunden später lag ich im Krankenzimmer, und Amor hielt mir, noch immer weinend, die Hände. Nur mit knapper Not war ich einem Darmverschluss entkommen.
„Sabrina, Sabrina“, jammerte Amor, „was soll ich nur machen, ich kann dir nicht helfen, und du bist so krank.“
„Beruhige dich, Liebling, es ist ja alles gut gegangen. Aber du musst jetzt alleine zurechtkommen, denn ich muss noch mindestens zwei Wochen hier bleiben.“
„Aber das geht nicht. Ich muss doch nächste Woche nach Tunesien zurück, und wer soll mich denn zum Flughafen fahren?“
„Na, du hast vielleicht Sorgen, Amor. Bitte lass mich jetzt schlafen, ich bin noch so müde.“ Und noch während ich diese Worte sprach, muss ich wohl eingeschlafen sein. Als ich wieder erwachte, war es bereits stockdunkel draußen. Amor saß noch immer an meinem Bett.
Er strahlte übers ganze Gesicht, als ich die Augen aufschlug. Die Nachtschwester erschien und kontrollierte meinen Puls und den Tropf, der an meinem Arm hing. Sie warf Amor einen finsteren Blick zu und sagte dann leise: „Ich habe dem jungen Mann schon ein paar Mal gesagt, dass er nach Hause gehen muss, aber er weigert sich und sagt, er will hier bleiben, bis sie wieder gesund sind.“
Ich musste lächeln. Einerseits war ich glücklich über seine Besorgnis, andererseits aber war sein Verhalten reichlich kindisch.

„Amor", flüsterte ich und zog ihn ein wenig zu mir herab, „du musst jetzt nach Hause, du musst dich ausschlafen und morgen früh kannst du wiederkommen. Du darfst nicht die ganze Nacht hier bleiben."
„Ich kann ja draußen auf dem Flur warten."
„Das ist wirklich nicht nötig. Geh schlafen, mir geht es gut und ich werde hier gut versorgt."
Schweren Herzens erhob er sich, küsste mich noch mal auf die Stirn und verließ das Zimmer.
„Ruf mich aber gleich an, wenn irgendetwas ist, versprech mir das, ja?"
„Ja, natürlich, du erfährst es als erster." Als er die Tür hinter sich geschlossen hatte, atmete die Schwester auf.
„Hatten Sie Ärger mit ihm, Schwester?"
„Und ob, er sagte, er würde die Polizei rufen, wenn ich ihn nach Hause schicke, und das Krankenhaus verklagen."
„Was?"
„Ja, so etwas habe ich noch nicht erlebt. Außerdem wollte er alles besser wissen. Erst sagte er, dass der Tropf zu langsam läuft, dann meinte er, man müsse sie zwischendurch wecken, dass sie nicht wieder in die Narkose zurückfallen, und dann verlangte er eine Thermoskanne voll Kaffee, weil er dachte, dass sie ihn gleich nach dem Aufwachen brauchen."
„Nehmen sie es ihm bitte nicht übel, Schwester. In seinem Land ist die Krankenhauspflege nicht so perfekt wie bei uns. Da müssen die Angehörigen für ihre Kranken sorgen."
„Aber wir sind in Deutschland, nicht in Arabien. Er ist doch Araber, oder?"
„Ja, er ist Araber, ein hundertprozentiger sogar."
„Da haben sie sicher nicht viel zu melden bei ihm."
„Machen sie sich nur keine Sorgen, ich komme schon klar mit ihm. Er liebt mich, und sie sehen ja selbst, wie er um mich besorgt ist."
„Ja, einem deutschen Mann würde so etwas nicht einfallen."
Die Uhr an der Wand gegenüber meinem Bett zeigte halb elf, und

nachdem sich die Nachtschwester verabschiedet hatte, angelte ich mit meiner freien Hand das Telefon von meinem Nachttisch und wählte Ricos Nummer. Er meldete sich gleich.
„Ich brauche deine Hilfe, Rico“, sagte ich nur und erzählte, wo ich war, und dass er sich um Amor kümmern müsse.
„Ich komme morgen zu dir, dann besprechen wir alles. Gute Nacht, Kleines, schlaf gut.“
Bereits um acht Uhr morgens saß Amor wieder an meinem Bett und wollte auch nicht weichen, als die Ärzte zur Visite kamen. Der Chefarzt, der mich operiert hatte, forderte ihn dann höflich, aber bestimmt auf, den Raum für eine Weile zu verlassen. Zähne knirschend ging er hinaus.
„Ein hartnäckiger Bursche“, bemerkte der Arzt und lächelte mich an, „da haben sie ja einen richtigen Bodyguard.“
„So habe ich das noch gar nicht gesehen“, antwortete ich lächelnd. Der Arzt war zufrieden mit meinem Zustand und meinte spitzbübisch, dass verliebte Frauen schneller genesen. Die Ärzte waren noch nicht ganz aus dem Zimmer, schon schlängelte sich Amor wieder an ihnen vorbei und blieb vor meinem Bett stehen.
„Du musst ihnen sagen, dass ich dein Mann, dann sie dürfen mich nicht wegschicken, wenn sie dich untersuchen. Bei uns bleibt der Mann immer dabei, wenn fremder Doktor seine Frau ansieht.“
„Amor, bitte, du bist nicht in Tunesien und du bist nicht mein Mann. Du kannst froh sein, dass ich Privatpatientin des Chefarztes bin, denn sonst könntest du mich nur eine Stunde am Nachmittag besuchen, und jetzt setz dich und beruhige dich. Die Ärzte haben mir nichts abgeschaut.“
„Aber du schämst dich nicht, dass Ärzte schauen auf dein Po?“
„Angenehm ist diese Krankheit gerade nicht, das gebe ich zu, aber es ist nun mal erforderlich, dass der Arzt hinsehen muss, wenn er mich untersucht.“
Amor brummelte noch etwas in seinen Bart und gab sich dann zufrieden. Mittags aß Amor in der Krankenhauskantine und war dann sofort wieder bei mir.

„Ich bin noch sehr müde von der Operation, Amor, lässt du mich ein bisschen schlafen? Du kannst doch ein wenig an die frische Luft gehen."
„Schickst du mich weg?"
„Nein, du kannst auch hier sitzen bleiben, aber ich möchte ein bisschen schlafen."
„Na gut, schlaf, ich sehe dir zu." Er setzte sich nun in den kleinen Sessel am Tischchen unter dem Fenster und nahm eine Zeitung. Ich schlief ein, und als ich erwachte, saß Rico an meinem Bett. Amor saß immer noch im Sessel. Er funkelte mich an.
„Hallo Kleines!" sagte mein Freund Rico zur Begrüßung. „Ich bin gerade gekommen. Was kann ich für dich tun?"
Amor meldete sich sofort zu Wort.
„Woher weißt du, dass Sabrina hier ist?" fragte er ihn.
Rico schaltete und behauptete kurz, dass er in der Redaktion angerufen hätte und man ihm dort erklärt habe, was passiert sei.
„Ach so", sagte Amor beruhigt, „ich dachte schon, sie hat dich hinter meinem Rücken angerufen."
„Amor, selbst wenn es so wäre, Sabrina ist ein freier Mensch, sie kann anrufen, wen sie will. Du solltest dir die arabische Denkweise abgewöhnen, wenn du eine deutsche Frau haben willst."
„Ja, entschuldige, ich werde versuchen deutsch zu denken."
Ich war etwas geschockt von Amors Worten, wollte aber nicht wahrhaben, dass er sie aus purem Egoismus aussprach. Ich freute mich aber so sehr über Ricos Besuch, dass ich Amor für ein paar Minuten vergaß. Ich sah auf den großen Blumenstrauß auf meinem Nachttisch und bedankte mich mit einer kurzen Umarmung, soweit ich das im Liegen vollbringen konnte. Amor und ich erzählten Rico von unserem Haus in Tunesien, dass bis zum Dach fertig war und dass wir Anfang April weiterbauen würden.
„Das werde ich mir sicher demnächst mal ansehen", versprach er. Dann verabredete er mit Amor, dass er ihn in der nächsten Woche zum Flughafen nach Frankfurt bringen würde, und Amor atmete erleichtert auf.

„Hattest du Angst, du müsstest mit der Bahn fahren und würdest den Flughafen dann nicht finden?"
„Ja, ich würde nicht finden alleine."
„Ach, Amor, Sabrina ist den ganzen Weg von Tunesien alleine mit dem Auto hier hergekommen, da wirst du wohl den Bahnhof und den Flughafen finden. Du bist nur zu bequem, deinen Koffer zu tragen", sagte Rico lachend, und Amor stimmte in das Gelächter ein. Er wusste, dass Rico Recht hatte, und ich wusste es auch. Aber noch immer verzieh ich ihm alles.
Eine Woche später verabschiedeten wir uns unter Tränen an meinem Krankenbett. Amor versprach, die zwei Monate zu nutzen und fleißig zu sein, damit unser Haus bis zu meiner Ankunft bezugsfertig war. Rico musste ihn förmlich zur Tür hinausziehen, denn er wollte und wollte nicht gehen.
Die Ruhe nach seiner Abreise tat mir gut, und ich erholte mich relativ schnell, ging meiner Arbeit nach und telefonierte einmal wöchentlich nach Tunesien. Ich verkaufte den schweren Landcruiser und erwarb einen kleinen Peugeot, den ich Anfang April mit allen möglichen Gegenständen für das neue Haus belud, und machte mich abermals auf die Reise nach Genua, wo das Fährschiff auf mich wartete, das mich in meine neue Heimat bringen sollte.

Diesmal traute ich meinen Augen nicht, als ich in Zarzis ankam. Amor hatte den Weg zu seinem Haus mit Blumen bestreut. Alles war sauber hergerichtet, und die ganze Familie wartete, um mich in die Arme zu schließen. Ich freute mich sehr über diesen herzlichen Empfang und fühlte mich auf Anhieb zuhause.
Amor war sehr enttäuscht darüber, dass ich den Geländewagen verkauft hatte. „Leute denken, du hast nicht mehr Geld, und das nicht gut."
„Aber es stimmt, Amor, ich habe den großen Wagen verkauft, damit ich Möbel für unser neues Haus kaufen kann."
„Du kluge Frau, manche Leute sie denken, dass großes Auto wichtiger als Möbel."

„Du denkst auch so, gib es ruhig zu."
„Na ja, ich brauche keine Möbel, für mich ist genug eine Matratze zum Schlafen."
„Ich möchte Möbel und Gardinen und schöne Teppiche."
„Na gut, wir gehen kaufen das."
In unserem neuen Haus waren gerade die Maler am Werk, als wir dort ankamen. Die Innenräume waren bereits fertig, alles blendend weiß. Der Fußboden war total mit Sand bedeckt, auf dem überall Farbkleckse zu sehen waren.
„Warum ist hier so viel Sand, Amor?"
„Das machen wir, damit der neue Fußboden nicht voll Farbe wird."
„Aber es ist doch viel zu umständlich, den ganzen Sand hereinzubringen und dann wieder hinaus zuschaufeln. Warum nehmt ihr keine Plastikfolie?"
„Kaum du bist hier, du weißt alles besser", brummte er.
„Ist ja schon gut, ich meinte es nur gut und wollte den Leuten Arbeit ersparen."
Draußen strich ein junger Maler gerade die Fensterrahmen mit Lackfarbe. Die Lamellenfensterläden waren ausgehängt und lehnten übereinander gestapelt an der Wand, frisch gestrichen. Ich ging hinüber und fasste den Laden an, weil ich die plötzliche Eingebung hatte, dass die Farbe noch zu frisch sein könnte. Und tatsächlich, mein Finger klebte am frisch gestrichenen Holz.
„Du tickst wohl nicht richtig!" herrschte ich den Maler an. „Du kannst doch nicht die frisch gestrichenen Teile übereinander stapeln, das klebt doch alles zusammen."
Der Maler starrte mich an und sah dann fragend zu Amor. Amor kam zu mir herüber, und ich sagte ihm, er solle die Läden anfassen.
„Ja und?" fragte er.
„Ja und? Siehst du denn nicht, was er getan hat?"
Amor wechselte ein paar Worte mit dem Maler und sah mich dann wieder an.

„Das ist nicht schlimm, Maler sagt, dass das der erste Anstrich. Muss noch einmal streichen, dann alles gut.“
„Amor, die Fensterläden kleben zusammen. Wenn man sie jetzt auseinander nimmt, reißt man die frische Farbe wieder mit ab, und wenn dann der zweite Anstrich draufkommt, wird alles uneben und hubbelig.“
„Er macht mit Sandpapier wieder glatt.“
„Ach, und dann schleift er dabei die Farbe wieder ab. Ihr seid ja so was von dumm. Sag dem Maler, dass er die Läden auseinander nehmen soll und in Ordnung bringen muss, ich will ordentlich gestrichene Fenster.“
„Nein, das macht er nicht, lass die Leute in Ruhe arbeiten.“
„Amor, die Lackfarbe ist sehr teuer. Wenn wir alles wieder abschleifen müssen, müssen wir auch neue Farbe kaufen, aber das ist dir anscheinend egal, dein Geld kostet es ja nicht.“
„Ja, du hast Recht, ich werde es ihm sagen, aber beruhige dich.“
Ich inspizierte das Haus und musste feststellen, dass einiges nicht so war, wie ich es mir eigentlich vorgestellt hatte, aber gut, ich wollte nicht noch mehr Ärger mit Amor und war still. Ich dachte, dass ich später alles nach und nach wieder in Ordnung bringen konnte.
Jedenfalls war das Haus soweit fertig, dass wir in ein paar Tagen einziehen konnten, und ich freute mich darauf. Der Schreiner, den Amors Vater ausgesucht hatte, war ein ungehobelter und äußerst unsympathischer Mann. Er hatte während meiner Abwesenheit die Fenster und Türen eingebaut und sollte nun die Einbauküche fertigen. Er nahm die Zeichnung, die ich dafür angefertigt hatte und schaute sie grimmig an. Dann sagte er einige Worte zu Amor, die ich nicht verstand. Amor antwortete ihm, und der Schreiner wollte gehen.
„Was hat er gesagt, Amor?“
„Er sagt, dass er runde Ecken an Hängeschränke nicht machen kann.“
„Und du, was hast du ihm gesagt?“

„Ich habe gesagt, dass das in Ordnung."
„Nein, das ist nicht in Ordnung. Ich möchte als Abschluss des Schrankes ein halbrundes Regal, das sieht viel hübscher aus."
„Aber er sagt, das er macht nicht."
„Dann macht es eben ein anderer Schreiner."
„Sabrina, du bist nicht in Deutschland; bei uns muss Frau machen, was Mann sagt."
„Und ich bin keine tunesische Frau. Ich möchte meine Küche nach meinem Geschmack."
„Okay, okay, ich werde es ihm sagen, aber nicht jetzt. Du bekommst rundes Regal."
„Dann ist es ja in Ordnung. Wann du es ihm sagst, ist mir egal. Ich weiß auch, weshalb du es ihm nicht jetzt sagen willst. Er soll nicht denken, dass du nach meinem Willen handelst, stimmt's? Später sagst du ihm, dass du es dir anders überlegt hast."
„Du lernst schnell."
Ich richtete mich in Zukunft danach, Amor meine Wünsche mitzuteilen, damit er sie später als seine Idee weitergeben konnte. So waren wir beide zufrieden.
Dann war es soweit. Das neue weiß-goldene Schlafzimmer, das ich ausgesucht hatte, wurde geliefert. Ich stellte meine Nähmaschine, die ich aus Deutschland mitgebracht hatte, auf den neuen Esstisch und nähte hauchzarte, türkisfarbene Chiffongardinen, die ich mit goldenen Bändern verzierte. Es sah sehr schön und sehr orientalisch aus, und ich war stolz auf meine Arbeit.
Auch Amor war begeistert, und nun wollten wir die erste Nacht in unserem neuen Haus verbringen. Das Abendbrot nahmen wir noch bei Amors Mutter ein, dann wollten wir nach Hause fahren, aber es entbrannte innerhalb der Familie eine Diskussion, der ich nicht folgen konnte. Amor verließ das Haus, seine Mutter rannte hinterher.
In der Hand hielt sie etwas, was in Packpapier eingewickelt war.
„Mama will sehen neues Schlafzimmer", sagte er zu mir, als ich ihm einen fragenden Blick zuwarf, während Mama sich auf den

Rücksitz unseres Autos zwängte.
„Dann musst du sie eben nachher wieder zurückfahren, das ist doch kein Problem“, besänftigte ich ihn.
Wir fuhren also mit Mutter ins neue Haus. Ich gönnte der kleinen Frau die Freude. Ihre Augen leuchteten, als sie den großen Salon betrat. Außer dem großen, runden, weißen Esstisch mit den schöngeschnitzten weißen Stühlen und den türkisfarbenen Polstern darauf stand noch nichts im Raum, aber es gefiel ihr. Sie packte ihr Päckchen aus und holte daraus eine rötlich-braune Masse hervor, die sie auf ihren Fingern verschmierte. Ich beobachtete sie sehr genau, und als sie anfangen wollte, die schönen neuen Möbel mit der Masse zu beschmieren, konnte ich sie gerade noch stoppen.
„Amor, was macht sie da?“
„Sie macht Henna, das bringt Glück und lassen nicht ins Haus bösen Blick.“
„Was? Henna? Die Farbe geht ja nie wieder weg. Verbiete es ihr. Ich will nicht, dass meine schönen weißen Möbel voll Henna geschmiert werden.“
Mutter stand steif zwischen uns und blickte uns abwechselnd an.
„Siehst du, deshalb ich wollte nicht, dass sie kommt in unser Haus. Jetzt sie muss machen Henna, sonst sie geht nicht.“
„Dann machen wir einen Kompromiss. Sag ihr bitte, sie soll ein bisschen Henna unter die Tischplatte und unter die Stühle machen und dorthin, wo man es nicht sehen kann. Das wird auch gehen.“
Er sagte es ihr. Sie zuckte mit den Schultern, war aber zufrieden, dass sie ihre Pampe verschmieren konnte. Ich bereitete eine warme Milch mit Honig auf dem neuen Gasherd zu und verteilte sie in drei Gläser, während Mutter im Schlafzimmer am Werk war.
„Amor, pass bitte auf, dass sie nirgends etwas verschmiert, wo man es sehen kann“, rief ich hinüber.
Als sie wieder in den Salon kam, servierte ich die Milch und ein paar deutsche Schokoladenkekse. Sie freute sich über diese Köstlichkeit. Dann wünschte sie uns eine gute Nacht und Amor brachte sie nach Hause.

Ich ging zum ersten Mal unter die neue Dusche, die ich am Nachmittag vom restlichen Bau- und Malerdreck befreit hatte und freute mich über die Tatsache, dass die Solaranlage, die mir Amor und sein Vater auszureden versucht hatten, so gut funktionierte. Das Wasser war wunderbar heiß, und ich genoss es unendlich, denn der versprochene Heißwasserboiler in Amors Haus war niemals eingebaut worden. Bis Amor zurückkam, hatte ich geduscht und mir ein zartes, zur Bettwäsche passendes, türkisfarbenes Spitzenhemdchen und den dazugehörigen Slip angezogen, sorgfältig meine langen Haare gebürstet, und legte mich nun auf das neue Bett. Ich stellte mir vor, dass die erste Nacht in unserem eigenen Haus die schönste meines Lebens sein müsste. Und Amor machte auch große Augen, als er mich so liegen sah. Er zog sich aus, sprang schnell unter die Dusche und schlüpfte dann zu mir ins Bett unter das Moskitonetz. Gerade als er mich zärtlich umarmte, stieg ein eigenartiger Geruch in meine Nase. Er irritierte mich, und ich sah um mich.

„Was ist, Liebling?" flüsterte Amor.

„Riechst du es nicht?"

„Was?"

„Na, es stinkt irgendwie."

„Was soll in einem neuen Zimmer stinken?"

Der Geruch wurde penetranter. Das zärtliche Gefühl, das ich noch vor einem Augenblick für Amor empfunden hatte, war plötzlich wie weggeblasen. Ich sprang aus dem Bett und suchte den Raum ab. Jetzt konnte ich den Geruch definieren. Es roch nach Fisch, nach fauligem Fisch.

„Amor, es riecht nach einem verfaulten Fisch."

Nun sprang auch er aus dem Bett, sah mich an und klatschte seine Handfläche auf die Stirn, so, als ob ihm gerade etwas eingefallen wäre. Er bückte sich, fasste unter das Bett und zog den toten Fisch darunter hervor. Baumelnd hing er zwischen seinen Fingern. Ich starrte das Ding fassungslos an.

„Das war Mama", sagte er. „Das ist gegen böse Geister. Sie kom-

men in der ersten Nacht in ein neues Haus, wenn Mann und Frau erste Mal zusammen schlafen.“
„Aber Amor, das ist doch Unsinn, bitte bringe den Fisch hinaus.“
„Ich kann nicht, Mama wird böse.“
„Wir brauchen es ihr ja nicht zu sagen. Bitte bring ihn hinaus.“
„Gut, aber wenn böse Geister kommen, dann du bist schuld.“
„Ich habe geglaubt, du bist ein modern denkender Mensch, also lass den Unsinn. Das ist alles nur Aberglaube.“
Er brachte den Fisch hinaus, und ich schrubbte die Stelle am Fußboden, auf der er gelegen hatte, mit Scheuerpulver ab. Dann wuschen wir uns beide die Hände und gingen wieder ins Bett.
„Wird das immer so gemacht, wenn ein junges Paar sein neues Schlafzimmer einweiht?“
„Nein, wenn alles in Ordnung, dann nicht. Dann böse Geister haben keinen Grund zu kommen.“
„Was heißt das? Was ist nicht in Ordnung bei uns?“
„Wir nicht verheiratet. Das ist Sünde.“
„Aber wir schlafen doch nicht das erste Mal in einem Bett zusammen. Warum hat sie dann unten bei dir keinen Fisch unters Bett gelegt, als wir dort zum ersten Mal zusammen waren?“
„Damals es war Rico in unserem Haus, weißt du noch? Mama sie wollte nicht, dass fremder Gast hat schlechten Geruch in Nase. Aber sie hat viel Henna gemacht in Bett.“
„Ich werde das nie verstehen“, sagte ich nur noch und schmiegte mich dann in seine Arme. Die erste Nacht in unserem neuen Haus war dann aber doch von Zärtlichkeit erfüllt, und ich war unsagbar glücklich.

Während ich nun das neue Haus weiter einrichtete und ausschmückte, war Amor unterwegs, sich Arbeit zu suchen. Er fragte in allen Hotels nach, aber es klappte anscheinend nichts. Ich musste lernen, mit den Lebensmitteln, die damals in den Geschäften zur Auswahl standen und die dem Angebot eines europäischen Supermarktes nicht annähernd standhielten, auszukommen. Aber

mit viel Phantasie gelang es mir dennoch, schmackhafte Speisen zuzubereiten.
Alles das, was das Kochen in Deutschland so bequem machte, war eben einfach nicht da. So gut wie keine Konserven, keine Fertigsoßen, keine Pulver, kein vorbereitetes Gemüse, schon gleich gar keine Tiefkühlkost. Ich konnte langsam verstehen, weshalb einheimische Frauen immer nur Couscous oder Makkaroni kochten. Es gab aber viel Geflügel und manchmal auch Rindfleisch, jede Menge frisches Gemüse; aber alles das, was die Küche fein macht, wie verschiedene Käsesorten, Dressings, Gewürzgurken, Champignons und so weiter stand nicht zur Verfügung. Aber ich lernte schnell und war mit dem, was ich hatte zufrieden.

Außer zur Familie hatte ich zu keinem Menschen Kontakt, und mir wurde bewusst, dass das nicht so weitergehen durfte. Ich wollte nicht vereinsamen und nahm mir vor, täglich zwei bis drei Stunden an den Strand zu gehen. Dort gab es immer genug Europäer, mit denen man sich anfreunden oder auch nur unterhalten konnte. Ich sprach mit Amor darüber, und zu meinem Erstaunen wollte er sofort abblocken.
„Ist nicht gut am Strand für dich, dort viele schlechte Leute."
„Amor, erinnerst du dich daran, was du mir damals gesagt hast? Du hast gesagt, ich könne immer gehen, wohin ich will. Du würdest mich niemals einsperren."
„Ich verbiete dir nicht. Du kannst gehen, aber besser du gehen mit mir an einsamen Strand in Hassi Djerbi."
„Das können wir gerne machen, aber ich brauche Kontakt zu anderen Menschen. Es gibt hier sicher noch mehr deutsche Frauen, die mit Tunesiern verheiratet sind oder zusammenleben. Kennst du welche?"
„Nein, ich kenne nicht, nur eine, aber die Familie nicht gut."
„Amor, warum sagst du immer, dass andere Leute nicht gut sind? Meinst du, nur eure Familie ist gut?"
„Das hat nichts zu tun mit unserer Familie. Hier nicht üblich, dass

Frauen gehen zu anderen Familien in Haus."
„Ich will ja nur etwas Kontakt zu anderen Frauen. Man kann sich dann auch gegenseitig mal helfen."
„Was helfen? Hilfe du hast von unserer Familie."
„Ach Amor, du willst mich nicht verstehen. Ich gehe heute an den Strand und ich werde suchen, bis ich die deutschen Frauen, die hier leben, gefunden habe."
Er konnte es mir nicht ausreden, und so brachte er mich täglich nach dem Frühstück an den Hotelstrand und holte mich am Nachmittag wieder ab. Die Tatsache, dass Einheimische den Hotelstrand nur bis fünf Meter vom Wasser betreten durften, kam mir dabei sehr zugute. So konnte ich mich auch mal in der Hotelanlage ungestört mit Touristen unterhalten, ohne ständig das Gefühl zu haben, beobachtet zu werden. Denn das war es, was mir Unbehagen bereitete.
Überall wo ich ging und stand, hatte ich Amor, einen seiner Cousins oder Brüder im Blickfeld. Zuerst hielt ich es für Zufall, aber diese Zufälle häuften sich so sehr, dass ich daran zweifelte. Nach zwei Wochen wusste ich, dass ich auf Schritt und Tritt beobachtet wurde. Ich weiß nicht weshalb, aber ich vermied es, mit Amor darüber zu sprechen. Dann fiel mir eines Tages eine junge, blonde Frau auf, die ich schon oft gesehen hatte. Für eine Touristin war sie schon zu lange da. Und mir fiel auf, dass auch sie ständig unter Beobachtung stand. Sie hielt sich meist in der Nähe der Sportschule am Strand auf, lag unter einem Sonnenschirm und las.
Ich sammelte meinen Mut und ging auf sie zu.
„Sie sind keine Touristin, habe ich Recht?"
Sie lächelte mich an. „Sie haben Recht, ich bin keine Touristin. Aber woran haben sie das gemerkt?"
„Sie werden beobachtet, genau wie ich."
„Setzen sie sich bitte, darüber müssen wir uns unterhalten."
So, nun hatte ich sie gefunden, meine Leidensgenossin – nur, dass es zum Leid werden würde, das habe ich damals noch nicht gewusst. Sie hieß Julia, kam aus dem Norden von Deutschland, war

dreißig Jahre alt und seit einem Jahr mit Mohamed, dem Pächter einer Autovermietung, verheiratet. Wir verstanden uns auf Anhieb und waren beide sehr froh, einander gefunden zu haben. Dass wir uns dann sofort duzten und zu Verbündeten wurden, ergab sich alleine schon aus der Tatsache, dass wir beide aus demselben Grund hier waren. Beide hatten wir uns in einen Tunesier verliebt und beide waren wir bereit, in diesem Land zu leben.
Aus unseren Unterhaltungen konnten wir entnehmen, dass sich unsere Männer sehr ähnlich waren, wir kamen aber zu dem Schluss, dass dies einfach an der arabischen Mentalität lag, die für uns moderne, selbstständig denkende Frauen nur schwer zu verstehen war. Es war wunderbar, mit Julia über tägliche Probleme zu sprechen, die der Umgang mit den Familien unserer Männer so mit sich brachte. Julia verdeutlichte mir so manche Dinge, die ich bisher noch nicht begriffen hatte. Zum Beispiel erklärte sie mir, dass es in diesem Land als sehr unhöflich gilt, wenn ein Mann eine Frau direkt ansieht, wenn er sie begrüßt. Ich glaubte eigentlich, dass mich manche Männer absichtlich nicht ansahen, während sie mir die Hand reichten, weil sie es nicht gut fanden, dass Amor mit einer deutschen Frau liiert war. Nun aber wusste ich, dass sie mir den nötigen Respekt zollten, weil sie mich nicht ansahen. Sie sagte mir auch, dass ich beim Betreten des Elternhauses immer zuerst den Schwiegervater zu begrüßen hätte; dann die Brüder des Mannes,
dann die Mutter und Großmutter und zum Schluss die jüngeren Frauen.
„Glaubst du, dass Amors Vater mir böse ist, weil ich bisher immer zuerst seine Frau begrüßt habe?“
„Nein, böse ist er dir sicher nicht, er hält dich nur für dumm. Außerdem bist du mit Amor ja noch nicht verheiratet. Diese Regeln werden dir erst beigebracht, wenn ihr verheiratet seid.“
„Das hat noch Zeit“, sagte ich, „ich möchte Amor erst noch besser kennenlernen.“
„Seine Eltern werden aber darauf drängen, denn es ist in den Au-

gen der Leute hier wirklich schlecht, wenn ihr unverheiratet zusammen in einem Haus lebt."
„Wir werden sehen", blockte ich etwas ab und wechselte das Thema.
„Willst du mal mit mir einkaufen fahren, Julia? Das wäre sehr schön. Du könntest mir zeigen, wo man was am besten bekommt, und es wäre sicher auch spaßig."
„Ja gerne, ich werde mal mit Mohamed darüber sprechen. Du weißt ja sicher, dass man hier immer zuerst den Mann fragen muss, wenn man etwas möchte."
„Ja, das hat Amor mir gesagt, aber ich nehme das nicht so ernst. Ich will mich auf keinen Fall unterdrücken lassen."
„Du wirst besser mit ihm auskommen, wenn du ihn fragst."
„Ach, und was mache ich, wenn er nein sagt?"
„Dann kannst du immer noch mit ihm darüber streiten. Irgendwann, wenn es ihm zu anstrengend wird, wird er dann nachgeben. Araber haben keine Geduld und auch keine Ausdauer, wenn es um Frauen geht."
„Ich werde deine Worte beherzigen. Ich frage Amor heute, und wir treffen uns morgen wieder am Strand."
Am Abend sprach ich mit Amor über Julia.
„Ich will nicht, dass du dich mit ihr triffst."
„Warum nicht?"
„Weil diese Familie nicht gut ist. Und Julia ist auch keine gute Frau."
„Woher willst du das wissen, du kennst sie doch gar nicht."
„Natürlich, ich kenne sie schon lange, ich …"
Ich unterbrach ihn: „Soll das heißen, du wusstest, dass es so eine nette Deutsche hier gibt und du hast mir das bewusst verheimlicht? Also hast du mich belogen, als du sagtest, es gäbe hier keine deutschen Frauen."
„Ich will nicht, dass du mit ihr sprichst. Ich verbiete es dir."
„Du hast mir nichts zu verbieten. Wir sind nicht verheiratet. Ich bin froh, dass ich nun endlich eine Freundin gefunden habe und

ich werde mich auch weiterhin mit ihr treffen, ob du es willst oder nicht."

Amor funkelte mich an. „Das werden wir sehen, ich werde sprechen mit ihrem Mann."

„Auf diese Weise wirst du mich nur böse machen, Amor. Lass mich bitte alleine entscheiden, mit wem ich sprechen will oder nicht. Ich rede dir da auch nicht hinein. Oder hast du von mir schon einmal gehört, dass ich dir verboten hätte, mit bestimmten Leuten zu sprechen?"

Er lachte. „Du bist eine Frau, du kannst nichts verbieten einem Mann."

Nun lachte ich auch. „Du hast sie ja nicht alle." Und damit schloss ich die Diskussion ab und ging unter die Dusche.

Am nächsten Tag wollte mich Amor nicht zum Strand bringen. Er meinte, ich solle zu Hause bleiben.

„Das kommt überhaupt nicht in Frage. Wenn du mich nicht bringst, lässt du mein Auto hier, und ich fahre alleine."

„Na gut, ich fahre zum Strand, aber wir gehen zusammen vorne an andere Seite vom Hotel. Wir können uns dort unter die Palmen legen und auch zusammen schwimmen."

„Aber du wolltest doch nie mit mir zusammen schwimmen. Du bist doch lieber mit deinen Freunden unterwegs als mit mir am Strand."

„Heute ich will mit dir zusammen am Strand liegen."

„Na gut, Amor, ich weiß zwar, was du damit bezwecken willst, aber ich gehe gerne mit dir an den Strand."

Wir fuhren also zusammen und legten uns unter die Palmen, etwa zweihundert Meter von Julia entfernt.

„Amor", sagte ich, als wir eine Weile zusammen dort gesessen hatten, „ich gehe mal rasch zu Julia und sage ihr, dass ich heute mit dir am Strand bin. Ich will nicht, dass sie vergeblich auf mich wartet."

„Du brauchst ihr nichts zu sagen, sie weiß schon, dass du nicht kommst."

„So, woher denn?“
„Ihr Mann, er hat ihr das gesagt.“
„Woher weiß er es denn?“
„Wenn sie gestern Abend mit ihm über dich gesprochen hat, so wie du mit mir über sie, dann er hat ihr auch verboten, dass sie sich mit dir treffen kann.“
„Das ist mir nicht ganz klar, Amor. Ihr könnt doch nicht über unsere Köpfe hinweg bestimmen. Ich glaube nicht, dass Julia sich das verbieten lässt. Genauso wenig wie ich.“
„Bei uns ist das so. Männer entscheiden immer, was ihre Frauen machen.“
„Aber ihr beide habt eine deutsche Frau. Und beide deutsche Frauen haben einen eigenen Kopf und sind gewohnt, ihre Entscheidungen selbst zu treffen. Ihr werdet nicht verhindern können, dass wir uns treffen. Und außerdem finde ich es ganz schön gemein von dir, dass du mir so etwas überhaupt zumutest. Du hast mir früher immer gesagt, dass du mir niemals Vorschriften machen würdest und dass ich tun und lassen könne, was ich will. Also hör jetzt bitte auf mit diesem Unsinn. Ich gehe jetzt zu ihr und bin in einer halben Stunde wieder hier.“
Ich stand auf, lief hinunter zum Wasser und lief am Strand entlang, ohne mich noch einmal umzublicken. Irgendwie spürte ich aber seinen wütenden Blick in meinem Nacken.
So, wie Amor es vorausgesagt hatte, empfing mich Julia mit einem traurigen Blick, und ich wusste sofort, was geschehen war.
„Dein Mann hat dir verboten, mit mir zu sprechen, nicht wahr?“ fragte ich.
Sie nickte. „Er hat gesagt, Amors Familie ist eine schlechte Familie und du wärst auch eine schlechte Frau.“
Ich lachte. „Genau dasselbe hat Amor von Mohamed und eurer Familie behauptet. Ich glaube, das sagen sie immer, wenn ihnen nichts anderes einfällt.“
„Das denke ich auch“, sagte sie ruhig. „Was sollen wir machen?“
„Wir dürfen uns das nicht nehmen lassen. Wo kämen wir denn

hin, wenn unsere Männer zu bestimmen hätten, mit wem wir sprechen. Außerdem verstehe ich nicht, was das soll. Was ist denn schlecht daran, wenn wir hier zu zweit unter dem Schirm sitzen, statt alleine?"
„Weißt du, Sabrina, sie haben Angst, wir könnten uns zu viel erzählen. Vielleicht denken sie, wir würden ihre Familiengeheimnisse ausplaudern, oder sie befürchten einfach nur, dass wir zu viel erfahren könnten. Sie wollen nicht, dass ihre Frauen Freundinnen haben, damit sie ihnen Lügen erzählen können."
„Meinst du, dass dein Mann dich belügt?"
„Sicher lügt er. Ich frage ihn oft nach bestimmen Dingen, die seine Familie oder finanzielle Dinge betreffen, aber ich bekomme niemals eine vernünftige Antwort. Ich glaube manchmal, er will mich einfach dumm halten."
„Das ist mir an Amor auch schon aufgefallen. Ich denke aber, dass wir uns das auf keinen Fall gefallen lassen dürfen. Bitte Julia, wir müssen da zusammenhalten, sonst sind wir verraten und verkauft."
„Das denke ich auch. Ich bin froh, dass ich mit dir über solche Dinge sprechen kann. Nur dürfen wir unseren Männern niemals sagen, worüber wir uns unterhalten."
„Ja, da hast du sicher recht. Wir sagen einfach, wir sprechen über Mode und Deutschland und Essen kochen, okay?"
„Ja, das ist gut, das nehmen sie uns auch ab. Du weißt ja sicher, dass sie uns für dumm halten."
„Ja, das habe ich schon mitbekommen." Ich blickte nach oben und sah Mohamed auf uns zukommen. „Dein Mann kommt", sagte ich leise. Sie lächelte und erzählte mir plötzlich etwas über bunt bedruckte Stoffe, die sie letzte Woche in der Stadt gesehen hatte. Mohamed begrüßte mich sehr höflich. Er gab mir die Hand und erkundigte sich danach, wie es mir in Tunesien gefällt und ob ich das Klima vertrage.
„Danke, mir geht es sehr gut, und seit ich deine Frau kenne, geht es mir noch besser. Ich war etwas einsam. Es ist nicht schön,

wenn man ganz alleine in einem fremden Land ist."
„Das ist wahr", sagte er, „ich habe mich in Deutschland auch immer gefreut, wenn ich einen Tunesier getroffen habe."
„Man braucht eben ab und zu einen Menschen, mit dem man ein bisschen quatschen kann. Ich bin froh, dass du das verstehst."
Er verabschiedete sich mit einem freundlichen Lächeln von uns beiden und ging wieder zu seinem Auto, das er direkt am Strand geparkt hatte.
„So ein elendiger Heuchler", flüsterte Julia. „Was glaubst du, was der gestern für ein Theater gemacht hat, als ich ihm von dir erzählt habe."
„Wir sollten das ganze einmal umgekehrt machen. Du kommst mal zu mir da vorne an den Strand nachher. Vielleicht verhält sich Amor dir gegenüber genauso. Dann haben wir beide doch da, wo wir sie haben wollen, oder?"
„Wir können es versuchen. Geh jetzt lieber wieder. Ich komme etwas später. Mohamed schläft mittags immer etwas, dann komme ich."
„Was hat Mohamed gesagt, als du mit seiner Frau unter dem Schirm warst?" wollte Amor sofort wissen, als ich zurückkam.
„Woher weißt du, dass er mit uns gesprochen hat? Von hier aus kannst du das doch gar nicht sehen."
„Ich weiß es eben; also, was hat er gesagt?"
„Lässt du mich beobachten?" fragte ich provokativ.
„Du sollst sagen, was er gesagt hat!" Amor wurde jetzt wütend.
„Er war sehr nett und sehr höflich. Ich glaube, er ist viel netter als du. Er hat überhaupt nichts dagegen, dass ich mit seiner Frau spreche. Er hat sogar gesagt, dass er froh ist, dass sie nicht so alleine ist." Er sah mich ganz schief von der Seite an, gab aber keine Antwort mehr.
Eine Stunde später schlenderte Julia auf uns zu, und ich gab Amor einen kleinen Schubs in die Rippen, weil er eingeschlafen war.
„Wach auf, Liebling, wir bekommen Besuch."
„Wie? Wer? Wer besucht uns?"

„Julia kommt.“
Amor setzte sich auf, und ich sah, dass er seine Faust ballte. Als Julia aber fast bei uns angekommen war, lockerten sich seine angespannten Muskeln und er lächelte ihr freundlich entgegen.
„Hallo“, rief Julia, „ich habe mir gedacht, dass ich noch ein Weilchen mit dir plaudern könnte, aber ich habe nicht gewusst, dass dein Amor noch bei dir ist.“
„Das macht doch nichts“, sagte Amor freundlich. „Wie geht es dir, Julia; ich weiß, du bist Mohameds Frau. Gefällt es dir in Tunesien und verträgst du das Klima gut?“
Julia und ich sahen uns eine kurze Weile an, und beide wussten wir, dass wir wohl das gleiche dachten.
„Danke, Amor, mir geht es sehr gut und ich bin froh, dass ich Sabrina getroffen habe. Jetzt bin ich nicht mehr so alleine.“
„Ja, das auch gut für meine Frau. Aber ich muss jetzt gehen.“
Er stand auf und verabschiedete sich von Julia. Er sagte mir, dass er mich in einer halben Stunde abholen würde, er hätte noch etwas zu erledigen.
„Na, wie hat das funktioniert?“ fragte ich.
„Warten wir's ab. Das Ganze ist mir nicht ganz geheuer. Es war zu einfach.“
„Es ist eigentlich schlimm, dass alles so verlogen ist. Warum sagt jeder vom anderen, dass er schlecht ist und grinst ihm dann freundlich ins Gesicht?“
„Das ist arabisch. Du wirst hier niemals eine ehrliche Antwort bekommen. Dein Amor würde es niemals wagen, unhöflich zu mir zu sein, ganz egal, was er denkt. Und Mohamed kann ebenfalls nicht unhöflich zu dir sein.“
„Warum?“
„Weil wir uns natürlich bei unseren Männern darüber beschweren würden, und das wirft dann ein schlechtes Licht auf die Familien.“
„Ja, aber dann können wir sie doch total austricksen, indem wir sie mit ihren eigenen Waffen schlagen.“

„Wir müssen aber sehr vorsichtig sein. Und wir müssen bezüglich unserer Unterhaltungen lügen. Auch dürfen wir niemals sagen, dass unsere Männer etwas Schlechtes über die jeweils andere Familie gesagt haben, selbst wenn sie es getan haben."
„Ich verstehe. Ich habe Amor vorhin gesagt, dass dein Mann sehr nett und höflich zu mir war und sich darüber freut, dass du nicht mehr so alleine bist. Und siehst du, Amor hat dir das gleiche gesagt."
„Weißt du, ich sehe das so. Wenn arabische Männer ihren Frauen verbieten, mit einer bestimmten Person zu reden, dann gehorchen sie natürlich sofort und unterlassen es. Sie brauchen sich auch nachher nicht damit auseinanderzusetzen, weil es niemals zu einer Begegnung kommen würde. Wir beide haben nicht gehorcht, und schon stecken sie in der Zwickmühle. Einerseits wollen sie uns voneinander fernhalten, andererseits aber können sie nicht unhöflich sein, wenn es ihnen nicht gelingt."
„Also können wir sie tatsächlich mit ihren eigenen Waffen schlagen?"
„Ja, und das ist traurig genug."
„Vertrauen zwischen Männern und ihren Frauen scheint es nicht zu geben."
„Nein, und auch keine echte Liebe."
„Ich denke aber schon, dass Amor mich liebt."
„Das habe ich von Mohamed auch geglaubt, aber seit wir verheiratet sind, ist er nicht mehr so wie früher. Nicht mehr so rücksichtsvoll und längst nicht mehr so zärtlich. Er versucht ständig, mir Vorschriften zu machen und schimpft wegen kleiner Dinge. Ich muss wegen jeder Kleinigkeit fragen und kann nichts, aber auch gar nichts alleine entscheiden. Ich habe immer das Gefühl, als wolle er mich erziehen. Und das Schlimmste ist, ich stehe ständig unter Beobachtung."
„Das kann ich bestätigen. Auch ich kann nirgends hingehen, ohne irgendein Gesicht dieser Sippe zu entdecken. Ich gebe auch zu, dass Amor versucht, mich umzuerziehen, aber er weiß, dass er

das nicht kann und er hat mir auch versprochen, mich zu nichts zu zwingen, was ich nicht will."
„Kann ich nur hoffen, dass es gut geht – bei uns beiden. Bei mir ganz besonders."
„Weshalb?"
„Weil ich bereits im vierten Monat schwanger bin. Ich erwarte ein Baby von Mohamed."
Julia strich sich bei ihren Worten zärtlich mit der Handfläche über den Bauch.
„Ich gratuliere dir. Freust du dich darüber?"
„Ich habe gemischte Gefühle. Du weißt ja sicher, dass die Kinder in moslemischen Ländern nach dem Gesetz zum Mann gehören. Was mache ich also, wenn es schief geht?"
„Das hättest du dir früher überlegen sollen. Jetzt ist es reichlich spät dafür. Ich denke aber, dass Mohamed dir auch weiterhin deine Freiheiten lässt. Na ja, ein paar Kompromisse müssen wir halt machen. Schließlich waren wir beide uns ja darüber bewusst, was es heißt, sich mit einem Moslem einzulassen."
„Das mache ich auch. Ich benehme mich sehr anständig. Ich gehe niemals in kurzen Hosen aus dem Haus, setzte mich niemals alleine in ein Café, rauche nicht in der Öffentlichkeit und auch nicht vor seiner Familie, trinke keinen Alkohol, wenn andere dabei sind und, und, und."
Ich war sehr schweigsam an diesem Abend. Zum ersten Mal kamen ganz kleine Zweifel in mir auf. Hatte ich doch einen Fehler gemacht? War Amor wirklich der Mann, mit dem ich mein zukünftiges Leben verbringen wollte? Jetzt konnte ich noch zurück, noch waren wir nicht verheiratet. Als mich Amor in dieser Nacht aber zärtlich in seinen Armen hielt, vergaß ich meine Bedenken.
Am nächsten Morgen klopften zwei Nachbarinnen ans Tor. Sie hielten Schüsseln in den Händen. Amor ließ sie herein und erklärte, dass sie Geschenke brachten und dafür erwarteten, dass sie unser neues Haus anschauen dürften.
„Das gibt es bei uns in Deutschland auch. Lass sie nur herein."

„Sie sind nur neugierig. Sie haben nie gesehen ein Haus europäisch.“
„Na, um so besser, dann sehen sie mal, wie wir deutschen Frauen leben.“
Amor ließ sie also herein, und ich begrüßte sie freundlich. Sie reichten mir die Schüsseln mit Psisa und Someta, die ich auf dem Küchentresen abstellte. Dann führte ich die beiden halbverschleierten, jungen Frauen durchs Haus. Ich versuchte ihnen zu erklären, dass die Einrichtung noch nicht komplett war, aber das schienen sie gar nicht zu bemerken. Sie erfreuten sich an dem, was sie zu sehen bekamen. Als sie das Badezimmer betraten, stieß die ältere der beiden Nachbarinnen einen kleinen Schrei aus und fing an, mit den Händen zu fuchteln. Sie plapperte ununterbrochen, aber ich konnte sie nicht verstehen und rief deshalb Amor, der sich aus Höflichkeit in die Garage verzogen hatte.
„Bitte Amor, ich weiß, dass ihr es als unhöflich empfindet, aber du musst mir helfen. Ich kann die Frauen nicht verstehen und ich möchte wissen, was sie sagen.“
Amor sprach die Frauen an, ohne sie anzusehen, und sie antworteten mit vorgehaltener Hand, zwischen ihren Fingern den Zipfel ihres großen Kopftuches, das auf diese Weise das halbe Gesicht bedeckte.
„Nachbarin sagt, dass sie auch so eine Badewanne haben will.“
„Dann muss sie mit ihrem Mann sprechen. Sie ist doch die Frau von dem Fliesenleger, oder? Der verdient doch gut und kann ihr eine Badewanne kaufen.“
Amor sagte irgendetwas zu der Frau, und sie schien zufrieden. Dann verabschiedeten sich die beiden höflich und luden mich zu einem Gegenbesuch in ihr Haus ein. Ich nahm dankend an und brachte sie lächelnd zum Gartentor.
„Es war sehr nett von den beiden, mich einzuladen“, sagte ich zu Amor.
„Sie wollen nur Geschenke.“
„Wie meinst du das?“

„Sie haben gebracht Someta und Psisa, du musst Schüsseln zurückbringen und Geschenke dazu, so ist das üblich bei uns."
„Na gut, du musst mir halt sagen, wie eure Sitten und Gebräuche sind, ich lerne sehr gerne dazu."
„Gut, dann sage ich jetzt, dass du, wenn du Schüsseln zurückbringst, Kuchen mitnimmst und etwas Schokolade und nicht länger als zehn Minuten in ihrem Haus bleibst. Danach du gehst nie wieder dorthin."
„Aber dann ist doch der Kontakt gleich wieder kaputt."
„Man hat nicht Kontakt zu Nachbarn. Wir gehen nicht in fremde Häuser und sitzen auf Terrasse oder in Zimmer. Nur, wenn Leute gehören zu Familie."
„Aber warum kommen sie dann zu einem Besuch, wie die beiden gerade?"
„Das nur aus Neugier, hat nichts zu bedeuten."
„Das ist doch unlogisch."
„Ja, ist unlogisch, aber ist so. Also merke dir, gehe nicht einfach zu Nachbarn in Haus, und wenn du eingeladen, dann du musst eine Ausrede haben für nicht kommen."
„Aber wenn man eine Ausrede hat, sind sie dann nicht böse?"
„Nein, nicht böse. Sie wollen, dass du eine Ausrede hast, dann sie müssen dich nicht bewirten."
„Dann brauchen sie mich doch gar nicht erst einzuladen."
„Das nicht höflich."
„Aber das ist doch verlogen."
„Nein, das arabisch!"
Am Nachmittag stellte mich Julia am Strand einem deutschen Ehepaar vor, das schon einige Zeit in diesem Land lebte.
„Das sind Irmi und Harry", sagte Julia. „Sie wissen viel über Land und Leute und haben auch schon Einiges durchgemacht hier."
„Ich freue mich, dass ich euch kennenlerne", sagte ich begeistert und war sofort neugierig auf die Geschichte der beiden, die sie mir auch sofort erzählten. Irmi und Harry waren gerade in den Ruhestand getreten und wollten ihr Rentnerdasein fortan im Sü-

den verbringen. Sie hatten schon vor Jahren ein Haus am Strand gebaut, um das sie schändlich betrogen worden waren. Nach vielen Streitereien und nervenaufreibenden Umständen konnten sie einen Teil ihres Geldes retten und sich davon ein kleineres Haus oben auf dem Berg ganz in meiner Nähe bauen.
„Komm mal bei uns vorbei, dann werden wir dir Einzelheiten erzählen“, lud mich Irmi ein, und ich sagte zu, zu kommen. Ich fand es schön, dass man sich hier sofort mit allen Leuten duzen konnte und lernte am selben Tag auch noch Brigitte, die österreichische Frau des Hoteldirektors kennen. Auch eine nette,
junge Frau. Sie hatte bereits ein zweijähriges Mädchen mit ihrem arabischen Mann. Ich war mit meinen neuen Bekanntschaften so richtig zufrieden und strahlte Amor an, als er mich zur verabredeten Zeit an der Hoteleinfahrt abholte.
„Du siehst glücklich aus, Liebling.“
„Das bin ich auch. Ich habe heute noch ein deutsches Ehepaar und die Frau des Hoteldirektors kennen gelernt.“
„Meinst du Brigitte?“
„Ja, kennst du sie?“
„Ja, sie ist Frau von meinem früheren Chef.“
„Ja, sie ist sehr nett.“
Amor gab mir keine Antwort darauf, wollte aber noch wissen, wer das deutsche Ehepaar sei.
„Irmi und Harry, sie wohnen auch oben auf dem Berg.“
„Ja, ich kenne sie, sie sind in Ordnung. Das heißt, Harry, er ist in Ordnung. Seine Frau, sie reden zu viel.“
„Das haben wir deutschen Frauen so an uns, das weißt du doch“, sagte ich lächelnd und gab ihm einen Kuss auf die Wange.
„Schön, dass du glücklich. Morgen wir besorgen Papier beim Standesamt für heiraten.“
Erstaunt sah ich ihn an, ohne ein Wort zu sagen.
„Ja, jetzt Juni, und im August wir machen Hochzeit.“
„So schnell? Wir können doch noch etwas warten.“
„Leute, sie reden schon. Ist besser wir heiraten, sonst ich kann im

Winter nicht mit dir nach Deutschland und dann alles wieder so schwierig."

Ich dachte darüber nach, wie ich wohl sechs Monate ohne meinen Amor auskommen sollte, und mir wurde bei dem Gedanken, ihn hier zurücklassen zu müssen ganz mulmig.

„Amor, erkundige dich bitte erst mal beim Standesamt, was wir für Papiere für unsere Hochzeit brauchen. Ich weiß es nicht, weil ich noch nie einen Ausländer geheiratet habe."

„Heißt das, du bist einverstanden mit Hochzeit?" Seine Augen strahlten und er lachte übers ganze Gesicht.

„Na ja, es ist schließlich nur ein Stückchen Papier. Aber es kann verhindern, dass wir uns trennen müssen."

Ich sagte dies und bemerkte sofort, dass ich es auch so meinte. Die Ehe war doch wirklich nur ein Stückchen Papier.

In diesen Tagen kam auch ein junger Mann zu uns ins Haus, den Amor als seinen Cousin Rhiad vorstellte. Er war Buchhalter in einem großen Hotel, redegewandt und sehr gepflegt. Zunächst sprach er mit Amor nur arabisch, aber ich verstand den Namen Margarete und wurde hellhörig.

„Wer ist Margarete?" fragte ich, als ich den Kaffee servierte.

„Warum fragst du?" wollte Amor wissen.

„Weil Margarete ein deutscher Name ist und ihr euch über sie unterhalten habt."

„Margarete ist eine Verwandte", sagte Amor knapp.

„Wir haben eine deutsche Verwandte in der Familie, und du hast mir das nicht gesagt?"

„Ich wusste nicht, ob ihr Mann das wollte."

„Und will er es?"

„Nein, Margarete, sie will dich kennen lernen."

„Woher weiß Margarete von mir?"

„Mama, sie hat gesprochen mit Mabrouks Mutter."

„Und wer ist Mabrouk?"

„Mabrouk ist Bruder von Rhiad und Mann von Margarete."

„Und wie seid ihr verwandt?"

„Vater von Rhiad und Mabrouk sind Brüder von Mama."
Ich wandte mich nun an den Cousin: „Hat Margarete dich hergeschickt?"
„Ja, sie möchte dich kennen lernen."
„Und warum hast du mir das nicht gesagt?"
„Ich musste erst Amor fragen."
„Bin ich kein Mensch?"
„Du bist Frau."
„Versteh' ich nicht, du lässt dich von einer Frau zu mir schicken und fragst dann Amor? Er ist nicht mein Mann. Ich kann selbst bestimmen."
„Margarete hat auch erst ihren Mann gefragt, ob sie mich schicken darf."
„Ach, hören wir auf, das ist mir zu kompliziert. Wann kann ich zu Margarete?"
„Willst du dorthin?" fragte nun Amor.
„Ja, natürlich will ich dort hin."
„Gut, dann ich erlaube es dir, wir gehen zusammen heute Abend."
„Sehr gnädig, lieber Amor, ich danke dir vielmals." Meine Worte klangen sicher sehr ironisch, aber ich glaube nicht, dass er das bemerkt hat.

Die Begegnung mit Margarete war sehr schön. Sie war genauso alt wie ich, ebenfalls blond und sehr, sehr schön. Sie trug einen reich bestickten blauen Kaftan. Ihre Haare hatte sie hochgesteckt. Ich mochte sie sofort, und auch sie war mir von Anfang an sehr zugetan.
Nun hatte ich also eine Verbündete in der Familie. Sie wohnte mit ihrem Mann und ihrem Sohn in einem wunderschönen Haus direkt am Meer, sie sah aus, als wäre sie glücklich. Ich hütete mich aber, direkte Fragen zu stellen, solange unsere Männer bei uns saßen. Mabrouk, ihr Mann, hatte eine Ausbildung in Deutschland gemacht und dann ein Geschäft in Zarzis eröffnet. Die beiden waren bereits über fünfzehn Jahre verheiratet.

Als wir uns verabschiedeten, forderte mich Mabrouk auf, seine Frau doch nachmittags mal zu besuchen, damit sie nicht immer alleine sei. Ich sagte, dass ich gerne kommen würde, und Amor lud beide dann zu einem Gegenbesuch in unser Haus ein.
Auf dem Nachhauseweg machte ich Amor bittere Vorwürfe, dass er mir Margaretes Existenz einfach verschwiegen hatte. Er äußerte sich nicht dazu. Überhaupt war er seltsam still an diesem Abend.
„Was hast du?"
„Es gefällt mir nicht, wie Mabrouk mit mir gesprochen hat – er ist ein Angeber."
„Was hat er denn gesagt?"
„Er will mir erzählen, wie man mit einer deutschen Frau umgehen muss, wenn man heiratet."
„So, wie denn?"
„Er sagt, dass ich niemals böse sein darf zu dir, sonst du läufst weg. Und er sagt, dass ich dir Freiheit lassen muss."
„Das klingt, als wäre dieser Mann sehr vernünftig. Du siehst ja auch, dass die beiden eine gute Ehe führen. Das könnten wir auch."
„Mabrouk, er hat lange in Deutschland gelebt, über zehn Jahre, er hat gelernt dort. Und Margarete, sie hat ihm gegeben einen Sohn, sie ist gute Frau."
„Und warum bist du dann so sauer?"
„Weil ich nicht will, dass mir mein Cousin macht Vorschriften."
„Er macht dir keine Vorschriften, Amor, das waren nur gut gemeinte Ratschläge. Er ist einige Jahre älter als du und er hat Erfahrung mit einer deutschen Frau. Du kannst von seinen Erfahrungen nur profitieren."
„Ich will selbst machen meine Erfahrung."
„Du könntest aber gravierende Fehler vermeiden, wenn du auf ihn hören würdest. Ich jedenfalls werde mit Margarete über eure Mentalität sprechen. Ich bin sicher, ich kann von ihr eine Menge lernen. Vielleicht kann ich dich dann besser verstehen."

„Ich will nicht, dass du mit ihr über mich sprichst."
„Siehst du, du kapierst es nicht. Mabrouk scheint da wesentlich vernünftiger zu sein."
„Was willst du mit Mabrouk?"
„Du solltest öfter mal nachdenken, bevor du solche Fragen stellst, du Holzkopf." Ich streichelte ihm die Wange und küsste ihn auf die Nase.
„Ich werde lernen, Sabrina, ich verspreche."
„Ich auch, Amor, wir beide müssen lernen."

Und ich lernte auch. Margarete erzählte mir, dass es anfangs zwischen ihr und Mabrouk auch Schwierigkeiten gegeben hätte, aber dass sie beide bereit waren, Kompromisse zu machen und aufeinander zuzugehen. Sie widersprach ihm niemals in der Öffentlichkeit, und er bemühte sich, sie auch in Anwesenheit anderer zu respektieren.
Es gab bei den beiden keine Verbote und keine wirklich bösen Worte. Sie liebte ihn, und er dankte es ihr, indem er gut für sie und seinen Sohn sorgte. Er versuchte, ihr jeden Wunsch zu erfüllen und sie dankte ihm das, indem sie sich an gewisse arabische Regeln hielt.
Nun war Margarete auch von Natur aus ein sehr häuslicher Typ und eine perfekte Hausfrau. Ihr fiel es also nicht schwer, die meiste Zeit zu Hause zu bleiben. Den Strand hatte sie genau vor der Tür, wenn sie schwimmen wollte, brauchte sie nur hinauszugehen. Zum Einkaufen fuhren sie meistens zusammen; das einzige, was ihr fehlte, war ab und zu ein gutes Gespräch von Frau zu Frau. Mabrouk bemühte sich zwar, so ab und an deutsche Gäste ins Haus zu bringen, aber das war eben nicht dasselbe. Wir verabredeten, uns nun regelmäßig zu treffen. Da Margarete kein Auto besaß, weil Mabrouk damit ins Geschäft fuhr, kam ich dann stets zu ihr, was Mabrouk auch lieber war.
Meinen Geburtstag im Juli feierte ich erstmals in meinem neuen Haus und ich lud dazu alle deutschen Freunde ein, die ich bereits

kennen gelernt hatte. In Tunesien feiert man keinen Geburtstag, deshalb fühlte sich auch keiner von Amors Brüdern beleidigt, weil ich sie nicht eingeladen hatte. Amor sagte, er mache für seine Frau ein deutsches Fest, damit sie Freude habe. Seine Brüder lachten ihn dafür aus; er sagte, dass sie dumm seien.
Mein Amor schien zu lernen. Julia und Mohamed, Irmi und Harry, Margarete und Mabrouk und Brigitte waren gekommen, deren Mann leider arbeiten musste. Es war ein schöner Abend. Zwar hatten sich die Männer nach arabischer Manier in eine andere Ecke der Terrasse zurückgezogen, um zu palavern, aber das machte uns nichts aus. Harry, der gute deutsche Mann, blieb bei uns, aber wohl nur aus dem Grund, weil er bei den Tunesiern sowieso kein Wort verstanden hätte.

Ich weiß nicht, aus welchem Grund ich mit meinen neu gewonnenen Freunden nicht über meine geplante Hochzeit sprach. So ganz im Unterbewusstsein bereitete mir der Gedanke auch etwas Unbehagen. Dennoch schien mir eine Heirat vernünftig. Schließlich würde sie vieles vereinfachen.

Das Standesamt in unserem Dorf verlangte ein Ehefähigkeitszeugnis. „Was ist das?“ fragte ich Amor.
„Das ist eine Bescheinigung, die sagt, dass du in Deutschland frei bist von allen familiären Pflichten und dort nicht verheiratet.“
„Und wie bekomme ich das?“
„Müssen wir machen über die deutsche Botschaft.“
Wir erledigten also den gesamten Papierkram und bekamen vom Standesamt einen Termin für Mitte August.

***

Eines Morgens rief jene Nachbarin, die bei der Hausbesichtigung so begeistert von meiner Badewanne war, am Tor meinen Namen. Ich ging hinaus, und sie deutete mir an, mit ihr zu kommen. Ich folgte ihr in ihr Haus, das noch im alten arabischen Stil gebaut worden war: ein kleiner Innenhof, umringt von einigen Zimmern. Die Küche befindet sich jeweils außerhalb des Gebäudes, so auch bei dieser Familie. Sie führte mich in die Küche, und ich starrte entsetzt auf ein großes Loch in der Mauer. Es war einfach so herausgeschlagen. Hinter diesem Loch befand sich der Ziegenstall. Nun stand unter diesem Loch, halb in der Küche, halb im Stall, eine Badewanne. Die junge Frau zeigte auf ihre neue Errungenschaft und strahlte mich glücklich an. Ich schluckte den Kloß, der sich durch diesen Anblick in meinem Hals festgesetzt hatte, hinunter und musste unwillkürlich schmunzeln. Ich suchte nach der Wasserleitung. Es gab keine. Meine Nachbarin verstand, was ich meinte unddemonstrierte mir, indem sie den Gartenschlauch durch die Luke in der Wand in die Wanne gleiten ließ, wie sie diese mit Wasser zu füllen gedachte. Dann lief sie mit mir um die Küche herum zum Ziegenstall. Dort standen die Ziegen und beugten ihre Hälse in die Badewanne.
Praktisch, dachte ich. Vorne füllt sie das Badewasser hinein, und hinten trinken es die Ziegen wieder aus. Ich stellte mir vor, wie meine nette Nachbarin in ihrer Wanne badete und auf der anderen Seite der Mauer die Ziegen an ihren Zehen knabberten. Ich konnte mich kaum zurückhalten und hätte einfach laut loslachen wollen, aber ich beherrschte mich dann doch, weil ich sah, wie glücklich sie über ihre Badewanne war. Ich lief zurück zu meinem Haus, holte eines der großen Badetücher aus meinem Schrank und brachte es ihr. Sie verstand mich ohne Worte und legte ihre Hand auf mein Herz.
„Sabrina, behe“, sagte sie und freute sich sehr über das Geschenk. Wir tranken noch einen Pfefferminztee zusammen, den sie auf ihrem kleinen Holzkohleöfchen stehen hatte, und ich dachte darüber nach, wie ursprünglich diese Menschen doch eigentlich noch

waren. So absurd mir diese Badewannengeschichte auch erschien, sie zeigte mir doch, dass es in diesem Land noch Menschen gab, die sich richtig freuen konnten. Diese Frau hatte sich mit ihrer Beharrlichkeit, eine Badewanne besitzen zu wollen, einen großen Wunsch erfüllen können, und es störte sie nicht im Geringsten, dass ihr „Badezimmer“ eigentlich keines war.

Ich erzählte Julia von der Geschichte, und wir mussten sehr darüber lachen, als wir uns vorstellten, wie die Ziegen an den Zehen knabberten, während der Mauerputz auf die badende Frau herabfiel.
Julia und ich planten, unsere Männer dazu zu überreden, mit uns auszugehen. Wir hatten von Irmi und Harry von dem neuen Palmengarten-Restaurant im französischen Club gehört und dass es dort eine hervorragende Küche geben sollte.
„Wir laden einfach unsere Männer zu einem Essen in den Club ein; ich denke, sie werden uns den Gefallen schon tun.“
Und so war es dann auch. Das gemütliche Essen zu viert entpuppte sich dann am Ende aber als ein Essen zu zweit. Amor und Mohamed verschwanden kurz nach dem Essen in der Hotelanlage, um mit irgendwelchen Kollegen zu palavern. Julia und ich blieben alleine zurück.
„Hauptsache, die beiden kommen miteinander klar“, sagte ich etwas kleinlaut, weil ich mir den Abend etwas anders vorgestellt hatte.
„Du weißt doch, wie sie sind“, tröstete mich meine Freundin. Auch sie war etwas enttäuscht vom Verhalten unserer Männer, vor allem deshalb, weil sie seit langem nicht mehr am Abend aus dem Haus gekommen war.
„Abend für Abend sitze ich alleine in unserem Haus, während Mohamed sich mit seinen Freunden in den Cafés und Bars herumtreibt“, beschwerte sie sich leise bei mir.
„Ich bin auch oft alleine. Ich kann dich ja auch besuchen, wir können zusammen fernsehen. Ich habe einige schöne Videofilme,

oder wir können uns auch nur unterhalten, wenn du magst."
„Das wäre schön. Ich bin manchmal recht einsam und jetzt besonders. Ich bin nun im sechsten Monat, und mir geht es manchmal nicht sehr gut."
„Warst du bei einem Arzt? Ist alles in Ordnung?"
„Ja, das schon. Mohamed war erst vorgestern mit mir in der Klinik. Das ist es nicht. Ich habe nur einfach das Gefühl, dass sich mit dieser Schwangerschaft auch meine Ehe verändert."
„Wie meinst du das?"
„Mohamed fasst mich seit einiger Zeit schon nicht mehr an. Er sagt, dass eine schwangere Frau unberührbar sein soll, oder so ähnlich. Jedenfalls behandelt er mich, als sei ich seine Schwester oder Mutter. Er ist auch überhaupt nicht mehr lieb zu mir, kein nettes Wort und nur ständig Vorschriften."
„Das tut mir leid. Wir sollten miteinander darüber reden. Ich meine, wir alle vier."
Julia lachte auf. „Du glaubst doch nicht im Ernst, dass sich unsere Männer über so ein Thema mit uns unterhalten."
„Wieso nicht? Wir fangen einfach davon an, wenn sie wieder hier sind, und irgendwie müssen sie sich dann ja dazu äußern. Schaden kann es doch nicht, oder?"
Nach eineinhalbstündiger Abwesenheit tauchten unsere Männer wieder bei uns auf, setzten sich an den Tisch und palaverten zusammen weiter, auf arabisch natürlich.
„Hey, wir sind auch noch da!" Warf ich dazwischen und stieß Amor mit dem Ellenbogen in die Rippen. Er sah mich knapp an, machte eine wegwerfende Handbewegung und wandte sich weiter Mohamed zu. Ich versuchte es noch mal. Wieder ein kleiner Stoß in seine Rippen und unter dem Tisch ein Tritt gegen sein Bein. Er unterbrach seinen Redefluss und sah mich wütend an.
„Was willst du?" fragte er ziemlich ungehalten.
„Vielleicht erinnert ihr beide euch bitte mal daran, dass wir aus Anlass unseres Geburtstages zusammen hergekommen sind. Wenn ihr aber lieber alleine sein wollt, so ist es vielleicht besser,

ihr beide setzt euch an einen anderen Tisch", antwortete ich ebenso giftig.
„Entschuldigt bitte", sagte nun Mohamed. „Es tut mir leid, aber ich hatte mit Amor ein interessantes Thema, und du weißt ja, wie das manchmal ist, da vergisst man eben vieles. Und außerdem haben wir euren Geburtstag doch schon bei euch gefeiert."
„Ja, meinen, aber Julia hatte einen Tag vor mir, und keiner hat es gewusst. Ich habe es erst nachher erfahren."
Beide Männer schenkten uns nun wieder ihre volle Aufmerksamkeit, tranken mit uns eine Flasche Champagner auf unseren Geburtstag und gingen dann zusammen mit uns Arm in Arm die Treppen zur Disco hinunter. Amor und Mohamed überschlugen sich fast vor Charme und Höflichkeit, aber wohl mehr deshalb, weil einer den anderen übertrumpfen wollte. Wir saßen in einer gemütlichen Ecke, genossen die Drinks und tanzten hin und wieder miteinander.
In den europäischen Clubs galten die tunesisch-moslemischen Gesetze nicht mehr, hier konnte ein Mann seine Frau berühren, ohne dass es respektlos gewesen wäre. Erst im Morgengrauen verließen wir den Club. Unser wichtiges Gespräch unter acht Augen musste wohl auf einen anderen Zeitpunkt verlegt werden.

Sehr zu meiner Freude verhielt sich Amor in den nächsten Wochen äußerst umgänglich. Er verbrachte viel Zeit mit mir, war am Abend oft mit mir zu Hause, unternahm kleinere Ausflüge mit mir und stellte mich seinen Verwandten vor.

Seine Cousine Jamila gefiel mir besonders gut. Sie lebte mit ihrer Mutter, der ältesten Schwester von Amors Vater, und zweien ihrer Brüder auf einem ziemlich einsamen, landwirtschaftlichen Hof in der Nähe von Chammakh. Die Familie lebte vom Anbau von Feigen, Melonen und köstlichen Trauben. Ihr ältester Bruder Hassan war Lehrer am Gymnasium in Houmt Souk und ihr jüngster Bruder noch zuhause. Jamel, der mittlere der drei Cousins studierte

Medizin in Damaskus. Von Zeit zu Zeit besuchte ich die Familie auch alleine, und Jamila freute sich jedes Mal sehr über meinen Besuch. Sie war bereits sechsundzwanzig und noch immer nicht verheiratet. Amor sagte einmal, dass sie bereits zu alt sei für eine Heirat und wohl keinen Mann mehr finden würde.
„Aber sie ist doch bildhübsch und außerdem auch sehr nett. Da wird sich doch ein Mann für sie finden. Sie kann doch nicht ein Leben lang auf diesem einsamen Hof verbringen."
„Wie soll sie kennenlernen einen Mann. Ihr Bruder, er lässt sie niemals weggehen."
„Sie tut mir leid. Vielleicht können wir sie öfter mal in unser Haus einladen, und vielleicht kann sie ja auch mal mit mir nach Djerba fahren, ein bisschen bummeln und so."
„Jamila bummeln? Das geht nicht. Sie ist ein arabisches Mädchen und war niemals woanders als zu Hause."
In mir reifte eine Idee, wie ich Jamila zu einem schönen Tag verhelfen konnte. Eine Woche vor unserer Trauung sagte ich zu Amor, dass ich nach Djerba fahren wollte, um mir ein Kleid für die Hochzeit zu kaufen. Zu diesem Zeitpunkt schlug mir mein Fast-Ehemann absolut keinen Wunsch ab und ließ mich eines Morgens alleine nach Djerba fahren. Auf dem Weg lag Jamilas Zuhause, und ich fuhr kurzerhand dorthin. Ich wusste, dass nur die beiden Frauen zuhause waren und sagte Jamila so gut ich konnte, dass sie sich schnell etwas Hübsches anziehen sollte, weil ich sie mit nach Midoun nehmen wollte, um mein Hochzeitskleid zu kaufen. Sie starrte mich an und begriff.
„Frag deine Mutter", sagte ich. „Wenn deine Brüder nicht da sind, kann sie das wohl entscheiden."
Amors Tante überlegte nicht lange und gönnte ihrer einzigen Tochter das Vergnügen. Jamila hatte einen hübschen bunten Rock, eine langärmlige Bluse und ein farblich dazu passendes Kopftuch gewählt. Sie sah sehr hübsch aus und schwang sich fröhlich auf den Beifahrersitz meines Autos. Und dann bummelten wir ausgelassen durch die Straßen Midouns. Mit großen Kinderaugen

betrachtete Jamila die Auslagen der Geschäfte und war kaum zu bändigen, als wir die Textilgeschäfte nach einem passenden Hochzeitskleid durchstöberten. Wir fanden nichts in Midoun, und ich entschloss mich, die paar Kilometer bis nach Houmt Souk weiterzufahren.
Jamila sah mich ängstlich an. Sie hatte wohl Angst, ihrem Bruder dort begegnen zu können.
„Aber der ist doch in der Schule und spaziert bestimmt nicht durch die Stadt“, beruhigte ich sie. An der Hand zerrte ich sie dann auch in ein kleines, von Touristen belagertes Café, und sie war sehr erstaunt darüber, wie viel Frauen dort saßen.
„Cafés sind nicht nur für Männer“, sagte ich ihr. „Frauen haben auch mal Durst.“
Sie lachte, und ich konnte mich an ihrer Freude gar nicht satt sehen. Schließlich fanden wir auch ein hübsches, leuchtend blaues Chiffonkleid, einen passenden, schmalen goldenen Gürtel und goldene Sandaletten. „Ja, das ist schön“, sagte ich, „das wird Amor gefallen.“ Jamila war ganz begeistert, als sie sich dann auch noch einen goldbestickten Kaftan aussuchen durfte, den sie sich schon so lange gewünscht hatte. Lachend schlenderten wir zum Auto zurück und blieben wie angewurzelt stehen, als wir Amors Bruder Habib sahen. Lässig lehnte er am Kotflügel.
„Was hat Jamila hier verloren?“ herrschte er mich an.
„Sie hat gar nichts verloren. Sie war mit mir mein Hochzeitskleid kaufen, und du tätest besser daran, ruhig zu sein.“
„Dir kann ich keine Vorschriften machen, obwohl du nun auch bald meine Schwägerin bist, denn du bist Europäer. Aber Jamila darf nicht einfach alleine in die Stadt.“
„Sie ist nicht alleine, sie ist mit mir.“
„Zwei Frauen alleine, es geht auch nicht. Warum habt ihr nicht gefragt. Ich wäre mit euch gekommen, oder Amor.“
„Bestimmt nicht. Wenn wir gefragt hätten, hätte Jamila gar nicht erst mitgedurft, das weißt du genau. So, und nun sei bitte so nett und lass uns in Ruhe. Verrate es wenn du willst ihrem tyranni-

schen Bruder und mach ihr nur unnötig das Leben schwer. Sie hatte wenigstens einmal einen schönen Tag. Wie kommst du eigentlich hierher?"
„Ich bin mit Touristen unterwegs und habe zufällig Amors Auto hier gesehen."
„Amors Auto?" fragte ich zickig.
„Na ja, euer Auto."
„Also, was ist nun, verrätst du Jamila?"
„Ich werde es mir überlegen. Wenn ihr versprecht, dass ihr jetzt sofort nach Hause fahrt, werde ich nichts sagen."
„Okay", versprach ich, „wir fahren direkt nach Hause."
„Und nehmt niemanden unterwegs mit", befahl er.
„Wen sollten wir denn mitnehmen?"
„Männer."
„Du hast eine schmutzige Phantasie. Warum sollten wir Männer mitnehmen?"
„Weil Frauen schlecht sind, sobald man sie aus den Augen lässt."
„Wenn das wirklich deine Meinung ist, dann tust du mir leid. Dann solltest du nämlich mal einen Psychiater aufsuchen, Habib."
„Sprich nicht so mit mir. Vergiss nicht, dass ich dein Schwager bin."
„Noch nicht", grinste ich ihn an, „und jetzt lass uns einsteigen und kümmere dich um deine Touristen, sonst geht dir noch ein Geschäft durch die Lappen."
Jamila stand die ganze Zeit mit gesenktem Kopf neben mir. Sie wagte es nicht, Habib anzusehen. Erst als wir angefahren waren und er außer Sichtweite war, konnte ich sie deutlich aufatmen hören.
„Keine Angst, Jamila, er wird nichts sagen." Vorsichtshalber erzählten wir aber Jamilas Mutter von der Begegnung mit Habib.
Zwei Tage später musste ich aber eine schlimme Erfahrung machen, als ich am Nachmittag Jamila besuchen wollte. Man wollte mich nicht zu ihr lassen. Ihr jüngerer Bruder versperrte mir den Weg zum Innenhof und funkelte mich an.

„Lass mich zu Jamila und deiner Mutter!“ herrschte ich ihn an. Wie konnte sich ein siebzehnjähriger Junge überhaupt erdreisten, mich so zu behandeln? Dennoch, er gab den Weg nicht frei. Ich rief laut nach der Tante, und sie kam auch sofort aus der Tür.
„Was ist los? Warum lässt man mich nicht zu Jamila?“
Sie sah mich nur traurig an und antwortete mir nicht. Ich wusste nun, dass irgendetwas nicht stimmte, schubste den Jungen zur Seite und ging in den Raum, in dem Jamila zusammen mit ihrer Mutter schlief. Das Mädchen saß zusammengekrümmt auf einer Matratze und starrte vor sich hin. Sie lächelte mich aus dick geschwollenen, blau verfärbten Augenhöhlen an, ihre Lippen waren blutunterlaufen. Ich war entsetzt und wusste sofort, was passiert war, stürmte auf sie zu und nahm sie behutsam in die Arme.
„Das wollte ich nicht, Jamila, es tut mir so leid; wenn ich gewusst hätte, dass du so für unseren kleinen Ausflug bezahlen musst, dann hätte ich dich sicher nicht mitgenommen.“
„Habib!“ sagte sie nur und ballte die kleinen Fäuste.
„Habib, Akbar Haluf“, sagte ich, und das war genau das, was ich dachte. Mein zukünftiger Schwager Habib war ein großes Schwein. Ich erfuhr nun, dass Habib uns bei Jamilas großem Bruder Hassan verraten hatte und dieser wie wild auf seine Schwester eingeschlagen hatte.
„Mein Gott“, fragte ich, „was ist so schlimm daran, dass wir beide zusammen einkaufen waren? Ich verstehe das nicht.“
In diesem Moment kam Hassan auf den Hof gefahren. Jamila blickte mich ängstlich an und meinte, ich solle mich verstecken.
„Nein, Jamila, ich verstecke mich nicht, ich werde mit Hassan sprechen.“
Der große, hässliche Lehrer kam geradewegs auf uns zu, zerrte Jamila von ihrer Matratze und schlug ihr mitten ins Gesicht. Dann ließ er sie los und wandte sich mir zu. Ich sah, dass er zu einem Schlag ausholen wollte. Stocksteif stellte ich mich vor ihn hin und funkelte ihn an.

„Wage es nicht“, sagte ich langsam und drohend. Er ließ die Hand sinken und trat einen Schritt zurück.
„Sabrina“, sagte er nun ernst, „ich will nicht, dass du Jamila noch mal besuchst.“
„Warum nicht?“ wollte ich wissen.
„Du bringst sie durcheinander. Sie hat schlechte Gedanken, seit sie dich kennt. Sie will plötzlich Dinge, die sie sonst nicht wollte.“
„Was will sie? Ein bisschen Freiheit? Mein Gott, Hassan, Jamila ist sechsundzwanzig und sie hat noch nicht einmal den Hof alleine verlassen. Du lässt sie nicht mal zum Kaufmann, um Milch und Brot zu holen. Ist sie denn deine Gefangene?“
„Das verstehst du nicht; du bist modern erzogen, sie nicht, sie wird übermütig, wenn ich sie Brot holen lasse. Du weißt, wir haben keinen Vater mehr, ich bin für Jamila verantwortlich und ich will nicht, dass man schlecht über sie redet.“
„Aber Hassan, was hat sie denn Schlechtes getan? Wir waren nur mein Hochzeitskleid kaufen, sie hat mit keinem Menschen außer mit mir gesprochen.“
„Sie hat den Hof ohne meine Erlaubnis verlassen, das war schlecht.“
„Aber wir haben deine Mutter gefragt, und sie hat es erlaubt.“
„Meine Mutter ist dumm, sie weiß nicht, was passieren kann, wenn junge Frauen alleine in die Stadt gehen.“
„Verdammt, was kann denn passieren? Niemand außer Habib hat uns belästigt, und dass dieses Schwein uns gleich verraten hat, werde ich ihm niemals verzeihen.“
„Auch das verstehst du nicht. Er musste mit mir darüber sprechen. Es war seine Pflicht.“
„Sag mal, hättest du Jamila mitfahren lassen, wenn ich dich gefragt hätte?“
„Nein, natürlich nicht.“
„Siehst du, darum haben wir nicht gefragt. Du bist Lehrer, Hassan, ein gebildeter und auch einigermaßen moderner Mensch.

Du kleidest dich modern, du hast ein Auto, einen Fernseher und einen Videorecorder, du gehst in Restaurants und Bars, du trinkst Alkohol und rauchst ausländische Zigaretten, aber deine Schwester behandelst du wie eine Sklavin. Das ist unlogisch und zeugt von einer verbohrten Intoleranz."
„Du verstehst das nicht. Ich will Jamila nächstes Jahr verheiraten. Ich habe einen Mann gefunden, der bereit ist, sie zu nehmen, obwohl sie nicht mehr jung ist. Da muss ich jetzt darauf achten, dass nichts schief geht und er nicht schlecht von ihr denkt."
„Wer ist dieser Mann?"
„Er ist Professor an meiner Schule. Er hat dieses Jahr seine Frau verloren und er braucht neue Frau für sein Haus."
„Wie alt ist dieser Mann?"
„Schon alt, fast sechzig, aber gesund, und er will noch einen Sohn."
„Arme Jamila", sagte ich.
„Sie hat Glück, dass der Professor sie will."
„Du bist herzlos und gemein, Hassan, wenn du Jamila mit diesem alten Mann verheiraten willst. Meinst du nicht, dass auch sie etwas Glück verdient hätte?"
„Aber das ist doch Glück, wenn sie den Professor heiratet. Er ist kein armer Mann und er ist ein guter Mann. Er wird sie nicht schlagen."
Ich sagte nichts mehr, weil es doch sinnlos gewesen wäre.
„Nur noch eines, Hassan, erlaubst du, dass ich Jamila weiterhin besuche?"
„Nur, wenn du mir versprichst, ihr keine modernen Sachen in den Kopf zu setzen."
„Okay, ich verspreche es. Aber du musst mir versprechen, sie nie wieder zu schlagen."
„Was geht dich das an? Ich schlage meine Schwester, wenn sie nicht gehorcht, sonst nicht."
Jamila freute sich, dass ich weiterhin zu Besuch kommen durfte. Aber ich hütete mich von nun an, ihr irgendwelche Dinge in den Kopf zu setzen; ich wusste genau, sie würde dafür mit Schlägen

bestraft werden. Ohnmächtige Wut durchdrang meinen Körper. Und wieder einmal tröstete ich mich mit dem Gedanken, dass ich schließlich in einer anderen Welt lebte. Ich musste versuchen, die arabische Mentalität, die Sitten und Gebräuche dieses Landes zu verstehen und schließlich zu akzeptieren. Ich musste versuchen, es zu lernen, wenn ich hier leben wollte.
Diese und mehr Gedanken gingen mir in der Nacht vor meiner Hochzeit durch den Kopf. Was sollte werden, wenn ich nicht lernen konnte, diese Menschen und ihren Kulturkreis zu verstehen? Aber was gab es hier zu verstehen? Diese Welt schien nur aus Männern zu bestehen. Für die Gefühle, die Ängste und berechtigten Sorgen einer Frau war hier kein Platz. Nicht das geringste Aufbegehren wurde zur Kenntnis genommen, weibliche Beschwerden und Tränen rücksichtslosniedergetrampelt. Konnte ich wirklich in so einer Welt überleben? Immer wieder sagte ich mir, dass mich das alles ja nichts anging. Ich lebte alleine, ohne arabische Familie, mit meinem modernen Mann im eigenen Haus. Niemand würde uns Vorschriften machen, niemand, das hatte Amor mir versprochen. Er wollte genau wie ich, unabhängig von Familie und Tradition, ein harmonisches, ruhiges Leben in unserem schönen Haus genießen. Das hatte er mir immer und immer wieder so gesagt, und ich glaubte ihm.
Ich glaubte ihm auch noch, als ich mich am nächsten Morgen im Spiegel betrachtete. Ich hatte das blaue Chiffonkleid angezogen und meine Haare sorgfältig am Hinterkopf geflochten, als Amor das Badezimmer betrat.
„Gefällt dir mein Hochzeitskleid?" fragte ich.
„Ja, es ist hübsch, und ich habe Glück, denn du bist die schönste Frau in Zarzis."
„Na, nun übertreibe mal nicht. Was ziehst du denn zur Trauung an?"
„Ich? Ich meine Jeans und Hemd, was sonst?"
„Was? Nein, Amor, bitte mach dich schick. Zieh eine schwarze Hose und das gelbe Seidenhemd an, ja?"

„Ja, wenn du willst, aber ist nicht nötig auf Standesamt."
„Wer kommt denn zur Hochzeit? Weiß deine Familie denn überhaupt Bescheid?"
„Achmed und Habib, sie sind unsere Zeugen …"
„Habib?" unterbrach ich ihn.
„Ja, meine beiden Brüder."
„Nein, nicht Habib, ich kann ihn nicht leiden, er hat uns verraten, Jamila und mich."
„Aber das ist vorbei, sei nicht albern. Meine Brüder sind schon eingetragen beim Standesamt."
„Na, ist egal", sagte ich, weil ich mir die Laune nicht verderben lassen wollte. Eine Stunde später saßen Amor, Achmed und ich auf dem Bänkchen vor dem Standesamt und warteten auf Habib. Achmed hatte mir ein paar Oleanderblüten mitgebracht und strahlte mich an.
„Du bist eine schöne Schwägerin", sagte er zu mir und dann zu seinem Bruder: „Wo hast du den Hochzeitsring?"
„Welchen Ring?" fragte dieser.
„Na, du musst deiner Frau einen Ring geben am Hochzeitstag."
Amor sah seinen Bruder verdutzt an. „Aber ich habe keinen Ring, sie braucht auch keinen Ring, sie hat viele Ringe."
Ich sagte nichts. Nein, sicher hatte ich auch keinen Ring erwartet, aber dass Achmed darauf zu sprechen kam und sein Bruder das so lapidar abtat, versetzte mir schon einen kleinen Stich in die Magengrube.
„Wo ist der Rest der Familie?" fragte ich.
„Sie nicht kommen zum Standesamt. Das nicht üblich."
„Na, wenn du meinst, ich kenne mich mit euren Sitten und Gebräuchen nicht aus."
Aber auch Habib erschien nicht. Zur vereinbarten Zeit betraten wir nun ohne Habib das spärlich eingerichtete Büro des Standesbeamten. Achmed legte dem Mann eine Plastiktüte auf den Schreibtisch, und dieser bedankte sich.
„Was ist da drin?" wollte ich wissen.

„Das ist nur Cola und Kuchen. Man bringt das für die Angestellten im Standesamt, wenn man heiratet.“
„Ach so, und wo ist nun unser zweiter Trauzeuge? Da siehst du mal wieder, wie du dich auf deinen Habib verlassen kannst.“
Habib kam nicht, und so ging Achmed hinaus und holte einen völlig fremden Mann von der Straße. Das heißt, für mich war er fremd. Er hieß Mohamed Ali, war Teppichhändler und nun unser zweiter Trauzeuge. Mein Schwager Achmed diente gleichzeitig als Übersetzer, denn die Trauung wurde in arabischer Sprache vorgenommen.
Man fragte mich vor der Trauung, ob ich gewillt sei, den moslemischen Glauben anzunehmen und mit meinem Mann in dessen Sinn zu leben.
„Aber du hast mir nie gesagt, dass man mich so etwas fragen würde“, fuhr ich meinen Amor an.
„Das habe ich nicht gewusst“, log er. Dass es eine Lüge war, konnte ich ihm deutlich ansehen.
„Nein, ich möchte keine Muslimin werden“, sagte ich laut und deutlich an den Standesbeamten gerichtet. Achmed übersetzte, und alle Männer verstummten. Der Beamte erklärte dann, dass es nicht Vorschrift sei, muslimisch zu werden, aber man würde es doch erwarten. Ich sagte nochmals, dass es nicht mein Wunsch war, mich einer für mich völlig fremden Religion zu unterwerfen und dass ich nur gekommen sei, um Amor zu heiraten.
Schließlich akzeptierte der Beamte meinen Entschluss und setzte die Heiratsurkunde auf. Er ließ die Zeugen und uns unterschreiben. Dann hielt er noch einen Vortrag auf arabisch, von dem ich so gut wie nichts verstand, und nach einer halben Stunde verließen wir als Mann und Frau das Gebäude mit der roten Staatsflagge, die ein Halbmond und ein Stern ziert.
Niemand erwartete uns, niemand war gekommen um zu gratulieren, und Amor machte keinerlei Anstalten, irgendetwas Feierliches zu sagen.
Was hast du erwartet? fragte ich mich selbst, aber ich wusste dar-

auf keine Antwort. Wir fuhren nach Hause, es war Mittag geworden. Amor zog sich seine Hochzeitskleidung aus, machte sich in der Küche ein Brot und legte sich dann auf die Terrasse.
„Ich bin müde, ich schlafe etwas. Heute Abend gehen wir mit meinen Brüdern und Freunden ins 'Abou Nawas' und feiern etwas", sagte er, schon halb eingeschlafen.
Ich saß immer noch auf dem Stuhl vor dem Küchentresen, immer noch hatte ich Achmeds Blumen in der Hand. Ich sagte kein Wort. Ich hatte darauf gewartet, dass mich Amor zumindest einmal in die Arme nehmen, mich küssen oder irgendetwas Nettes sagen würde. Aber es kam nichts außer seinem leisen Schnarchen von der Terrasse. Kurz entschlossen entledigte ich mich meines Hochzeitskleides, schlüpfte in eine Jeans nebst T-Shirt, schnappte meine Badetasche und den Autoschlüssel und fuhr an den Strand. Ich suchte nach Julia und fand sie am Rand des Swimmingpools in der Hotelanlage.
„Hallo Sabrina", strahlte sie mich fröhlich an, „schön dass du hier bist, ich dachte schon, du kommst heute nicht. Was hast du heute gemacht?"
„Lass uns eine Runde schwimmen, Julia", sagte ich und sprang in den Pool.
Sie kam hinterher. „Was ist los, du siehst so komisch aus?"
„Es ist nichts, ich habe heute Vormittag nur geheiratet", rief ich zurück, weil ich schon drei Meter vor ihr schwamm. Ich ließ etwas von dem entsetzlichen Chlorwasser in meinen Mund laufen und schluckte es tapfer hinunter, weil mir ein richtig dicker Kloß im Hals steckte. Julia holte mich ein und hielt mich am Arm fest.
„Aber warum hast du mir gestern nichts gesagt, und überhaupt?"
„Lass uns einen Kaffee trinken, Julia, ich werde es dir erklären."
Wir stiegen aus dem Wasser, trockneten uns ab und setzten uns auf eine der weiß-blauen Hollywoodschaukeln im Palmengarten.
„Ich konnte einfach nicht darüber reden", begann ich. „Irgendwie ist das komisch. Weißt du, ich hatte immer das Gefühl, dass ich mit dieser Heirat einen Fehler mache, aber andererseits konnte

ich mich nicht dagegen wehren. Mir ist, als hätte man mir den Boden unter den Füßen weggezogen, es war wie ein Zwang. Noch heute früh habe ich mich gefragt, ob ich das Richtige tue, aber ich sah mich einfach nicht in der Lage, nein zu sagen."
„Du liebst Amor sehr, stimmt's?"
„Ja, das tue ich. Manchmal habe ich das Gefühl, dass er völlig von mir Besitz ergriffen hat und dass ich zu keiner eigenen Entscheidung mehr fähig bin. Na, zumindest habe ich heute einmal nein sagen können. Hat man dich bei eurer Hochzeit auch gefragt, ob du zum moslemischen Glauben konvertieren möchtest?"
„Nein, wir haben doch in Deutschland geheiratet."
„Ach ja, das hatte ich vergessen."
„An deinem Hochzeitstag solltest du aber glücklicher sein. Was ist passiert?"
„Nichts. Amor fuhr mit mir nach der Trauung nach Hause und legte sich schlafen. Für heute Abend hat er einen Tisch im 'Abou Nawas' bestellt."
„Wie hattest du dir denn deine Hochzeit vorgestellt?"
„Zumindest nicht so. Ich wollte ja nichts Besonderes daraus machen, aber ich habe zumindest geglaubt, dass Amors Familie anwesend sein würde und dass es ein bisschen feierlicher zugehen würde. Für Amor war das, glaube ich, ein Tag wie jeder andere, er hat sich nicht einmal gefreut, er hat mich nicht einmal in den Arm genommen und mir überhaupt nichts Nettes gesagt nach der Trauung."
„Aber ich sage dir jetzt etwas Nettes. Ich wünsche dir alles Glück der Welt, Sabrina. Ich habe dich sehr lieb und ich wünsche mir, dass du immer meine Freundin sein wirst."
„Das werde ich, Julia; ich bin froh, dass es dich gibt", sagte ich leise und ich spürte, wie mir die Tränen die Wangen hinunterliefen. Ich streichelte über die leichte Rundung ihres Bauches.
„Für dich und das Baby wünsche ich auch nur das Beste."
„Ich habe mich entschlossen, das Kind in Deutschland zur Welt zu bringen. Erstens, weil ich kein Vertrauen zu diesen Ärzten hier

habe, und außerdem wird es dann als deutscher Staatsbürger in meinen Pass eingetragen. Irgendwie gibt mir das mehr Sicherheit."
„Womit du sicher nicht unrecht hast. Ach, Julia, wenn ich doch nur glauben könnte, dass wir beide mit unseren Männern hier glücklich werden."
„Glaube es doch einfach. Und wenn es schief geht? Na und, dann lassen wir uns eben scheiden, hier gibt es auch Gesetze und Gerichte. Du hast mir doch mal gesagt, dass die Ehe nur ein Stückchen Papier ist, hm?"
„Ja, du hast Recht. Ich bin heute etwas durcheinander. Vielleicht auch nur enttäuscht, weil ich mir meine Hochzeit mit Amor etwas romantischer vorgestellt hatte. Diese verfluchten Emotionen. Ich wünschte, du wärst heute Abend mit bei unserem Hochzeitsessen."
„Ich wünschte dass auch, aber du weißt, dass das nicht geht. Seit unserem Geburtstag sind wir nie wieder zu viert ausgegangen. Amor will es nicht und Mohamed auch nicht. Und beide weigern sich, darüber zu reden. Sie grüßen sich nicht einmal."
„Na, macht nichts", sagte ich im plötzlichen Stimmungswandel. Ich bestellte beim vorüber laufenden Kellner ein Piccolo Champagner und stieß mit Julia auf unsere Freundschaft an.
„Zum Teufel mit den Männern und der Hochzeit", sagte ich und versuchte, wieder fröhlich zu sein. Aber es kam nur ein gequältes und irgendwie unnatürliches Lachen aus meinem Mund.

Unser Hochzeitsessen wurde ein reines Männerfest. Amor, seine Brüder und Freunde tranken zu und nach dem Essen Unmengen von Bier und unterhielten sich nur auf Arabisch. Ich saß da, als würde ich nicht dazugehören. Nur der nette Wirt des Lokals gratulierte mir herzlich und überreichte mir einen Blumenstrauß. Irgendwie sah er mich dabei seltsam an. Nach zwei Stunden stand ich auf und wollte gehen.
„Wo willst du hin, Liebling?" fragte Amor mich schon leicht besäuselt.

„Ich fahre nach Hause, du kannst ja mit deinen Freunden deine Hochzeit weiterfeiern."
Ich sah, dass ihn sein Bruder Achmed in die Rippen stieß, als er gerade ansetzen wollte, mich anzufahren. Ich drehte mich um und ging. Er kam mir hinterher und hielt mich am Arm fest.
„Was soll das? Warum machst du so vor meinen Freunden, wenn ich meine Hochzeit mit ihnen feiern will?"
„Das war auch meine Hochzeit, mein lieber Mann. Aber ich zähle wohl nicht."
Amor schluckte. „Es tut mir leid, ich habe vergessen. Ich fahre mit dir nach Hause."
„Gut, dann geh hinein und sage, dass die Hochzeit vorbei ist, und bezahle die Rechnung für dein Fest. Ich warte hier."
„Aber du musst mir geben Geld, ich habe nichts."
„Ich habe das Essen nicht bestellt und ich habe auch niemanden eingeladen, und es war offensichtlich auch nicht mein Fest. Diesmal bezahle ich nicht."
„Du bist traurig?"
„Ja, es war keine schöne Hochzeit für mich, es war wohl doch ein Fehler, dich zu heiraten."
Nun machte er große Augen und begriff, was er angerichtet hatte.
„Warte", sagte er, „ich bringe schnell in Ordnung da drin und komme gleich."
Er war auch fünf Minuten später wieder da und setzte sich auf den Beifahrersitz. Ich startete und fuhr nach Hause. In dieser Nacht konnten keine zärtlichen Gefühle in mir aufkommen. Ich lag im Bett und weinte. Amor versuchte mich zu trösten, entschuldigte sich hundertmal, aber nichts half. Ich wollte auch irgendwie die Beleidigte spielen.

Amors Mutter schenkte mir am nächsten Tag, als wir zum Tee hinfuhren, einen kleinen, bunt gewebten Teppich und nahm mich kurz in die Arme. Sie faselte irgendetwas von „Mariage", was Hochzeit hieß. Amors Vater sagte keinen Ton, begrüßte mich aber freundlich.

In der Nachbarschaft schrien ein paar Frauen. Es war so ein durchdringendes, bedrohliches Schreien. Meine Schwiegermutter horchte auf und lief davon.
„Was ist das?“ fragte ich Achmed, der gerade gelaufen kam.
„Es ist jemand gestorben, die Frauen schreien so, wenn jemand stirbt.“ Auch er lief jetzt davon. Ich lief hinterher. Die Schreie kamen aus dem Haus des Bäckers. Ich ging zu Achmed und sah, dass auch Amor bereits dort war.
„Wer ist gestorben, Amor?“
„Die junge Frau. Man hat sie gebracht aus dem Hospital.“
„Aber sie war doch hochschwanger. Ist sie bei der Geburt des Kindes gestorben?“
„Ja. Aber gehe jetzt nach Hause, Sabrina. Die Leute, sie lesen jetzt gleich Koran. Du bist nicht moslemisch, es ist besser, du gehst, alte Leute wollen nicht, dass Fremde dabei sind.“
„Na gut, wenn du meinst. Aber kann ich denn nichts tun? Ich meine, bei der Beerdigung?“
„Beerdigung machen nur Männer hier. Papa und die anderen Alten aus der Moschee, sie bringen sie zum Friedhof.“
„Gleich jetzt?“
„Ja, wir beerdigen unsere Leute immer am selben Tag wie gestorben.“
„Warum?“
„Weil das so Tradition, frag jetzt nicht viel, ich erzähle dir am Abend.“
„Wann kommst du nach Hause?“
„Wird spät heute, lesen lange Koran, man muss bleiben bis zu Ende.“
„Na gut, dann gehe ich jetzt ein bisschen an den Strand, und wir treffen uns dann am Abend zu Hause.“
„Gut, bleib nicht solange in Sonne, heute es wird sehr heiß.“
„Ja, ich bleibe mit Julia unter dem Schirm am Wasser, okay?“
Julia wusste schon von der toten jungen Frau.
„Weißt du denn, weshalb sie gestorben ist? Sie war erst dreiund-

zwanzig und sie hatte schon zwei kleine Kinder."
„Ja, ich weiß. Sie sollte nun Zwillinge bekommen. Es gab Schwierigkeiten. Sie mussten einen Kaiserschnitt machen. Sie muss furchtbar geblutet haben und sie hätte eine Bluttransfusion gebraucht."
„Ja und, wo war dann das Problem?"
Julia sah mich lange an und sagte nichts.
„Julia, sag schon."
„Ihr Mann hat die Transfusion nicht erlaubt, sie ist verblutet."
„Was? Aber das gibt es doch nicht."
„Doch, hier schon. Wenn der Ehemann es nicht erlaubt, kann der Arzt nichts machen. Religiöse Belange stehen an erster Stelle."
„Ist das wirklich wahr? Woher weißt du das?"
„Mohameds Cousin ist Krankenpfleger im Hospital. Er hat es mitbekommen."
„Aber das ist ja furchtbar."
„Nach meiner Ansicht ist das Mord."
„Ja, das ist eiskalter Mord. Wie kann ein Mann nur so etwas tun? Was ist mit den Kindern?"
„Das eine Baby konnten sie retten. Es ist ein Junge. Das Mädchen ist tot."
Mir lief es eiskalt den Rücken hinunter, obwohl das Thermometer im Hotel achtunddreißig Grad im Schatten anzeigte.
Wir waren beide so erschüttert und in unsere Gedanken vertieft, dass wir gar nicht merkten, dass sich Irmi und Harry zu uns gesetzt hatten.
„Lasst uns bloß in den Schatten", sagte Irmi, „es ist ja unerträglich heiß heute."
„Was ist denn euch für eine Laus über die Leber gelaufen?" fragte Harry. Julia erzählte die Geschichte noch einmal.
„So etwas könnte in Deutschland nicht passieren. Bin ich froh, dass ich einen deutschen Mann habe", prustete Irmi.
„Wenn ich so etwas höre, wird mir angst und bange", sagte Julia und schaute auf ihren schon ordentlich gerundeten Bauch hinunter.

„Mach dir man keine Sorgen“, meinte Irmi aufmunternd, „dein Mohamed wird sicher nicht so böse sein wie dieser Kerl. Wer weiß, vielleicht wollte er seine Frau loswerden, weil er schon längst eine andere hat. Das ist doch hier nichts Ungewöhnliches. Außerdem bist du Deutsche, er könnte gar nicht so eine Entscheidung treffen. Das würden die Ärzte sicher nicht zulassen, du bist keine Muslimin.“
„Gott sei Dank“, sagte Julia.
Mir hatte es die Sprache verschlagen, nicht nur wegen dieser schrecklichen Geschichte an sich, sondern auch, weil Julia und Irmi überhaupt die Möglichkeit in Betracht zogen, dass es Julia genauso ergehen könnte wie dieser armen jungen Frau.

Im Hause meiner Schwiegereltern war man auch etwas bedrückt. Ich konnte mich nicht beherrschen und fragte meinen Schwiegervater, weshalb man so etwas zulassen konnte.
„Allah hat es so gewollt“, sagte er.
„Allah will, dass eine junge Frau und Mutter von vier Kindern von ihrem eigenen Mann umgebracht wird? Das glaube ich nicht.“
„Wer sagt, dass er sie umgebracht hat?“
„Was ist es dann, wenn er seiner Frau die lebensnotwendige Bluttransfusion verweigert?“
„Das ist sein Glaube, nicht Mord. Er hat Allah gehorcht.“
„Sidi, bitte sag mir – würdest du auch so entscheiden, wenn deine Frau Blut brauchen würde, um zu überleben?“
„Nein, ich gehöre nicht in diese Glaubensrichtung. Bei uns ist fremdes Blut nicht verboten.“
„Das verstehe ich nicht.“
„Du weißt, es gibt verschiedene moslemische Glaubensrichtungen, ist genau wie bei den Christen. Sein Glaube sagt, dass kein fremdes Blut in den Körper darf. Man muss das akzeptieren.“
„Bei den Zeugen Jehovas ist fremdes Blut auch verboten, aber um ein Leben zu retten, schaut man schon mal darüber hinweg.

In diesem Fall kann ich dann nur sagen, dass sein Allah ein böser Gott ist."
„Sabrina", wurde der Vater nun streng, „du darfst so etwas nicht sagen, Allah verzeiht nicht solche Worte."
„Mir schon, denn ich bin ein unwissendes und dummes Weib."
Mein Schwiegervater sah mich an und schmunzelte. Er hatte meine Ironie verstanden.

Im Oktober kehrten Amor und ich nach Deutschland zurück. Wir ließen unsere Ehe beim Standesamt eintragen, so dass wir auch nach deutschem Recht verheiratet waren, und besorgten die Arbeitserlaubnis für Amor. Mein Dienst bei meiner Zeitung nahm mich so in Anspruch, dass ich für eine Weile die furchtbaren Ereignisse in Tunesien vergaß.

Zwei Monate waren wir nun als Ehepaar in Deutschland. Amor hatte seine Aufenthaltsgenehmigung und sogar eine Arbeit bei einem Heizungsbaubetrieb. Ich fuhr täglich in meine Redaktion, er auf seine Baustellen, und es lief eigentlich alles bestens. Dass Amor sich in keiner Weise an den Haushaltskosten beteiligte, registrierte ich zwar, ließ ihm gegenüber aber kein Wort darüber verlauten. Ich gestand es ihm zu, dass er sich mit neuer Kleidung eindeckte und teure Geschenke für seine Familie kaufte.

Kurz vor Weihnachten verkaufte ich den kleinen Peugeot, kaufte einen großen, gebrauchten BMW, belud ihn bis unter das Dach mit Wäsche, Geschirr und vielen Dingen aus meinem Haushalt, und wir fuhren damit nach Tunesien. Wir hatten geplant, den Wagen mit Gewinn nach Libyen zu verkaufen, um von dem Geld eine Garage und eine Grillecke für unser neues Zuhause bauen zu lassen.
Amor versicherte mir, dass man in Libyen mindestens den doppelten Preis für den Wagen bekommen könne, und so ließ ich mich auf diesen Kurztrip ein, zumal ich auf diese Weise auch

viele nötige Dinge nach Tunesien bringen konnte, die ich normalerweise im Flug zeug hätte nicht transportieren können.
Aber es kam mal wieder alles ganz anders. Ich wusste gar nicht, wie kalt Tunesien im Winter sein kann. Unser Haus war sehr ausgekühlt, die Fußbodenfliesen fühlten sich wie Eisplatten an, denn in der Nacht sank das Thermometer oft auf nur sechs bis zehn Grad. Ich fror wie ein Schneider, und ehe ich Amor dazu brachte, einen Gasofen mit Propanflasche zu kaufen, vergingen vier Tage. Ich holte mir einen ordentlichen Schnupfen und schlüpfte schon um acht Uhr am Abend in mein Bett, um nicht zu frieren.

***

Mein lieber Amor führte unterdessen den Luxuswagen stolz allen seinen Freunden als sein neues Auto vor, anstatt sich um den Verkauf zu kümmern. Er wusste, wir hatten nur zwei Wochen Zeit, und ich ärgerte mich sehr über ihn, als ich bemerkte, dass er keinerlei Anstalten machte, den Wagen auf den Automarkt zu bringen.
„Weißt du eigentlich, wie viel Geld mich das Auto, die internationale Zollnummer mit Versicherung, die Passage und die Rückflüge gekostet haben?“ fragte ich ihn in der zweiten Woche. „Wenn du jetzt den Wagen nicht sofort verkaufst, werde ich wirklich das erste Mal richtig böse mit dir.“
„Ja, ja, ich mach schon, morgen ich fahre mit Achmed nach Ben Guerdane.“
Einen Tag vor unserem Abflug stand das Auto noch immer auf dem Hof.
„Und was machen wir jetzt, Amor? Das Auto ist in meinem Pass eingetragen, und ich kann nicht fliegen, wenn der Stempel nicht ausgetragen ist.“
„Gut, wir fahren zum Zoll und machen Plombage.“
„Was machen wir?“
„Das Auto, es kann verplombt werden. Dann wird Stempel ausgetragen und wir können fliegen.“
„Ach, und was passiert dann mit dem Auto?“
„Es bleibt in Garage von Vater, bis wir zurück sind, dann wir werden es verkaufen.“
„Nie wieder, Amor, werde ich auf dich hören. Alles, was du machst, kostet mich eine Menge Geld.“
Wir fuhren also zum Zollamt nach Djerba, ließen uns eine Bescheinigung für die Plombage geben und warteten dann zu Hause in Zarzis auf einen Zollbeamten, der den Wagen in der Garage verplombte. Er kritzelte etwas in meinen Pass und sagte, wir könnten nun ohne Probleme fliegen.
„Na siehst du“, strahlte Amor, „es ist überhaupt kein Problem.“
„Nein“, konterte ich, „es hat mich nur zehntausend Mark gekostet, die mir jetzt fehlen.“

„Du bekommst das wieder im April, wenn wir zurückkommen."
„Da bin ich gespannt." Ein Stückchen von dem Vertrauen, das ich zu Amor hatte, war mit dieser Sache verloren gegangen.

Drei Wochen nach unserer Rückkehr nach Deutschland machte mir mein Kollege das Angebot, meine Anteile an der Zeitung zu kaufen. Ich versprach ihm, darüber nachzudenken. Ich grübelte zu Hause und grübelte. Einerseits würde mir der Verkauf die Möglichkeit geben, ganzjährig in Tunesien zu leben und mir mit dem Geld dort eine kleine Existenz aufzubauen, andererseits aber wäre das ein Schritt, den ich so schnell eigentlich nicht vollziehen wollte. Die Halbjahreslösung gefiel mir eigentlich ganz gut. Der Gedanke, meine Heimat für immer zu verlassen, brauchte Zeit, und ich beschloss deshalb, zunächst nicht mit Amor darüber zu sprechen.
Dann aber, schneller als ich ahnte, eröffnete mir mein lieber Mann, dass er seine Arbeit verloren hätte.
„Was ist passiert?"
„Die Kollegen verlangten von mir, dass ich Leberkäse essen sollte, obwohl sie wissen, dass ich Moslem bin."
„Ja und? Deshalb verliert man doch keine Arbeit."
„Der eine, er hat mich nicht in Ruhe gelassen, und da habe ich ihn geschlagen."
Ich schloss für einen Augenblick die Augen, weil ich einfach nicht begreifen konnte, dass mein sanftmütiger Amor zuschlug. Ich antwortete nicht, sah ihn nur fassungslos an.
„Ich wollte sowieso nicht mehr dort arbeiten", fuhr er fort, „ich suche neue Arbeit."
„Wie schlimm hast du diesen Mann geschlagen?"
„Schlimm, seine Nase ist gebrochen."
„Was? Er wird dich anzeigen."
„Nein, das nicht. Alle Kollegen, sie haben gesagt, dass er mich provoziert hat. Er macht keine Anzeige, aber Chef sagt, dass er keine Schläger in seiner Firma will und hat mich entlassen."

Wir suchten also nach neuer Arbeit, aber wir fanden keine. Drei Wochen lang rannte Amor zum Arbeitsamt, aber niemand wollte ihn einstellen.
„Ich habe von Deutschland die Nase voll", sagte Amor eines Abends. „Es ist besser, wir gehen für immer nach Tunesien, dort ist Leben leichter."
„Da magst du Recht haben, aber ist es das wirklich, was du willst?"
„Ja, ich ganz sicher, ich kann nicht bleiben in Deutschland und immer leben auf deine Kosten; in meiner Heimat wir können besser leben."
„Amor, wenn ich nur sicher sein könnte. Ich würde gerne ganz in Tunesien leben. Wir könnten eine Ferienwohnung oben auf unser Haus bauen und von Vermietungen leben. Du könntest doch sicher wieder im Hotel arbeiten, und so hätten wir beide unser Auskommen."
„Ja, das ist gut. Aber wir haben kein Geld, zu bauen die Wohnung."
„Vielleicht findet sich eine Möglichkeit. Ich könnte meine Anteile an der Zeitung verkaufen."
Er strahlte übers ganze Gesicht, nahm mich in die Arme und küsste mich.
„Ja, Liebling, das machen wir. Ich verspreche, ich werde immer für dich gut sorgen und nie mehr böse mit dir sein. Wir machen jetzt alles so, wie du es willst, du denkst besser als ich."
„Ich liebe dich Amor, aber ich habe Angst, hier alles aufzugeben. Schließlich bin ich dir dann ganz ausgeliefert."
„Unsinn, ich werde dir eine Garantie geben."
„Welche Garantie?"
„Vater, er hat uns geschenkt das Land zur Hochzeit. Ich werde ihm sagen, er muss es eintragen lassen in Grundbuch auf unsere Namen, auf deinen und meinen."
„Und ich möchte, dass auch vermerkt wird, dass ich das Haus gebaut und finanziert habe. Du wirst verstehen, dass ich ein bisschen

Sicherheit brauche, wenn ich alles Geld nach Tunesien bringe."
„Ja, das verstehe ich, wir werde so machen das. Ich werde mit Vater sprechen."

Ich verkaufte also unsere Möbel, den Hausrat und die Anteile an der Zeitung und überwies einen Teil des Geldes auf mein Devisenkonto nach Zarzis. Vor unserer Abreise wollte Amor das Geld sehen, das ich mitzunehmen gedachte.
„Du musst verstecken das Geld, es ist nicht erlaubt, soviel Geld mitzunehmen."
„Sag mal, hältst du mich für dumm? Ich habe nicht vor, irgendwelches Bargeld mitzunehmen. Das habe ich nie getan. Auch das Geld für unser Haus habe ich damals per Banküberweisung nach Tunesien gebracht."
„Ja, du kluge Frau", sagte er nur kurz, und ich wunderte mich über seinen komischen Gesichtsausdruck. Irgendwie war es wohl eine Eingebung, dass ich alle Bankbelege und Rechnungen für den Bau unseres Hauses und auch die neuen Auslandsanweisungen bei meinem Bruder deponierte, ohne es Amor zu sagen.

Anfang April bestiegen wir dann mit hundert Kilo Gepäckübergewicht das Flugzeug nach Djerba und ließen, so glaubte ich damals, Deutschland für immer hinter uns.

Die Freude bei der Familie war groß, waren wir doch mit vielen Geschenken gekommen, und die Tatsache, dass wir in Tunesien bleiben wollten, schien Amors Mutter sehr zu gefallen. Sie umarmte uns beide und weinte und lachte gleichzeitig. Wir ließen den BMW entplomben, und von nun an war Amor nur noch unterwegs, um angeblich Arbeit zu suchen.
Ich hatte viel Arbeit im Haus und Garten, wollte ich doch jetzt alles so schön wie möglich haben. Ich ärgerte mich sehr darüber, dass Amor es nicht einmal für nötig hielt, mir etwas zur Hand zu gehen, wenn es um schwere Gartenarbeit ging und auch jedes Mal ver-

schwunden war, wenn ich das Auto gebraucht hätte, um etwas einzukaufen. Er versprach ständig, die nötigen Dinge mitzubringen, tat es aber nicht. Schließlich fuhr ich mit dem Taxi in die Stadt und besorgte meine Einkäufe. Auf der Post stand eine lange Schlange, aber da ich schon mal da war, wollte ich gleich Briefmarken besorgen. Als die Reihe endlich an mir war, riss mich jemand an der Schulter und zog mich zurück. Ich drehte mich um und blickte in das wütende Gesicht eines alten Mannes. Er trug die für Zarzis typische Einheitskleidung, die aus einer hellen Pluderhose, einem grauen Arbeitsmantel und dem roten Fes bestand. In der Hand hielt er mit drohender Gebärde seinen Stock.
Für einen Augenblick sah ich ihn noch an und wollte mich dann wieder dem Schalterbeamten zuwenden, als ich einen heftigen Schmerz auf meinem Schienbein spürte. Der alte Mann hatte mir seinen Stock mit voller Wucht dagegen geschlagen. Für einen Moment sah ich Sterne vor den Augen. Gleichzeitig schubste mich der Mann auf die Seite und brüllte irgendetwas für mich Unverständliches. Es war wohl mehr ein Reflex, aber ich schubste den Alten zurück. Darauf hob er den Stock und hätte wohl blindlings auf mich eingeschlagen, wenn ihn nicht zwei junge Männer kurzerhand links und rechts unter die Arme gegriffen und zurückgezogen hätten.
Der Schmerz an meinem Bein war höllisch. Ich nahm meine Briefmarken und setzte mich erst einmal auf eine Bank am anderen Ende der Halle, um meine Jeans hochzukrempeln und mein Bein zu betrachten. Die Stelle war ziemlich rot und schwoll zusehends an.
Tränen standen mir in den Augen, als die zwei jungen Männer, die den Alten nach draußen verfrachtet hatten, plötzlich vor mir standen. Jetzt erkannte ich, dass es Angestellte der Post waren. Einer der beiden kniete nieder und betrachtete mein Bein. „Das wird eine große Beule geben", sagte er in überraschend gutem Deutsch und schüttelte dabei verständnislos mit dem Kopf.
„So ein verrückter Alter."
„Warum hat er das getan?" wollte ich wissen.

„Er sagte, dass er es nicht dulden würde, dass eine Frau und noch dazu eine Ungläubige vor ihm bedient werde. Sie können ihn anzeigen, wenn Sie wollen."
„Und was passiert, wenn ich ihn anzeige?"
Der Mann zuckte mit den Schultern. „Weiß ich nicht, aber sicher bekommt er eine Strafe. Mein Kollege und ich haben alles gesehen, wir können mit Ihnen zur Polizei gehen."
„Danke, das ist sehr nett, aber ich glaube, das ist nicht nötig. Falls ich dem alten Muselmann noch mal begegne, werde ich einen großen Bogen um ihn machen."
Ich hatte mich wieder gefasst und stand auf.
„Können wir sie in ihr Hotel zurückbringen?" fragte er freundlich.
„Ich wohne nicht im Hotel, ich bin hier verheiratet."
„Mit einem Tunesier?" Seine Augen wurden jetzt größer.
„Ja."
„Dann entschuldigen sie bitte, dass ich ihr Bein angefasst habe, es tut mir leid."
„Wäre es ein Unterschied, wenn ich ein Tourist wäre?"
Er sagte nichts mehr, aber ich konnte doch deutlich spüren, dass es ihm unangenehm war.
„Keine Angst", sagte ich lächelnd, „ich werde meinem Mann nichts sagen. Bitte seien sie so nett und holen sie mir ein Taxi, ich glaube, ich kann jetzt keinen Schritt laufen, es tut ziemlich weh."
„Sie sollten vielleicht zum Arzt gehen."
„Nein, ich habe Salbe zu Hause, die wird genügen, vielen Dank."
Die beiden jungen Männer halfen mir die Treppe hinunter, hielten eine Taxe an und setzten mich hinein. Ich winkte ihnen noch kurz zu und fuhr nach Hause. In welches Land bin ich da nur geraten, fragte ich mich unterwegs und beschloss, künftig vorsichtiger zu sein. Am Abend erzählte ich Amor von dem Vorfall. Er wurde wütend und fragte, weshalb ich es ihm nicht gleich gesagt hätte.
„Hätte ich dich mit dem schmerzenden Bein suchen sollen? Du bist doch nur mit dem Auto unterwegs und kümmerst dich nicht um mich."

„Ich werde den Alten finden und bestrafen. Niemand darf meine Frau anfassen, und was haben die beiden Postangestellten von dir gewollt?"
„Nichts. Sie haben nur den Alten davon abgehalten, mich zu verprügeln und mich dann gefragt, ob alles in Ordnung ist."
„Haben sie dich angefasst?"
„Nein, natürlich nicht", log ich. „Was soll diese Frage? Du solltest den beiden dankbar sein, dass sie mir geholfen haben."
„Ich werde bald wissen, ob du gelogen hast, bestimmt es haben viele Leute gesehen."
„Ach, lass es, Amor, besser wird sein, wenn du mich künftig beim Einkaufen begleitest, dann können mir solche Sachen nicht passieren."
„Du solltest dich arabisch kleiden, dann passiert das auch nicht. Leute fassen nicht an arabische Frau."
„Ja sicher, ich werde mich von Kopf bis Fuß in vier Meter Stoff hüllen und nur verstohlen mit einem Auge heraus linsen."
„Ja, das machst du, dann passiert nichts mehr."
„Ich glaube, du spinnst. Du glaubst doch nicht im Ernst, dass ich das mache?"
Aber wir hatten keine Zeit mehr, darüber zu diskutieren, denn ein Polizist überbrachte uns eine Vorladung zum Zollamt.
„Jetzt ich bekomme Probleme wegen dir", sagte Amor trocken.
„Warum?"
„Wir müssen bezahlen Zoll für den BMW, das Auto es ist schon zu lange hier."
Zum ersten Mal gerieten wir uns nun böse in die Haare.
„Bezahle den Zoll", bestimmte Amor.
„Nein, bezahle ich nicht."
„Warum nicht?"
„Weil ich das Geld für die Ferienwohnung brauche. Und außerdem hatten wir vereinbart, dass der Wagen nach Libyen verkauft wird."
„Aber das geht nicht. Dann habe ich kein Auto, was sollen die Leute denken?"

„Mir ist egal, was die Leute denken. Ich habe sowieso nichts von dem Auto. Vielleicht hast du bemerkt, dass ich nicht einmal damit gefahren bin. Du lässt es sogar zu, dass ich mit dem Taxi zum Einkaufen muss. Ich sehe also nicht ein, dass ich eurem Staat so viel Geld in den Rachen stopfe, nur damit du mit einem Luxusschlitten herumkutschieren kannst und den großen Mann spielst."
„Nimm dich in Acht, was du sagst, ich bin dein Mann, du darfst nicht so mit mir sprechen."
„Und du darfst mich nicht zwingen, dir sechstausend Dinare für den Zoll zu geben. Überlege mal, das sind zehntausend Deutsche Mark für nichts."
„Es ist besser, wir gehen zur Bank, und du machst eine Prokuration für mich, dass ich auch Geld nehmen kann."
„Wenn ich sehen würde, mein lieber Mann, dass du dich bemühen würdest zu arbeiten, um etwas zu unserem Lebensunterhalt beizutragen, dann würde ich es tun. Aber du denkst gar nicht daran. Du willst ein dickes Auto fahren, machst dir aber keine Gedanken darüber, wer die Steuern, die Versicherung und das Benzin bezahlen soll. Für dich ist es einfach selbstverständlich, dass ich bezahle. Damit ist jetzt Schluss."
„Was soll das heißen?"
„Dass ich den geforderten Zoll nicht bezahle. Verkauf das Auto nach Libyen und such dir eine Arbeit. Von mir bekommst du keinen Millime mehr. Du hast wohl vergessen, was du mir in Deutschland versprochen hast, ehe ich meine Existenz dort aufgab."
Wütend sah er mich an und ballte die Fäuste. Ich hatte Amor niemals so gesehen und war entsetzt. Ich drehte mich um und wollte den Salon verlassen. Er riss mich an der Schulter herum und versetzte mir ohne Vorwarnung einen kräftigen Schlag mitten ins Gesicht. Ich taumelte und musste mich an der Tischkante festhalten. Wie erstarrt blieb ich stehen. Er holte aus und schlug nochmals zu, dann noch einmal und noch einmal. Als sich meine Erstarrung löste, hörte ich mich schreien. Ich schrie wie am Spieß, und das

machte Amor noch wütender. Wieder schlug er zu und erst, als ich regungslos am Boden lag, kam er zu sich. Er hob mich auf, trug mich ins Schlafzimmer und legte mich aufs Bett. Ich weinte hemmungslos und rief nach meiner Mutti, obwohl ich doch wusste, dass sie mir nicht helfen konnte, sie war doch schon lange tot. Amor schloss mich in seine Arme und hielt mich ganz fest.
„Es tut mir leid“, stammelte er, „es tut mir so leid, ich wollte das nicht, verzeih mir bitte, bitte Liebling …“
Nein, das konnte ich nicht verzeihen, niemals. In diesem Moment war die Liebe in mir erloschen, und ich konnte nur noch Verachtung für meinen Mann empfinden. Ich blieb drei Tage und drei Nächte in meinem Bett, verweigerte jegliche Nahrungsaufnahme und sprach kein Wort. Was Amor auch versuchte, es half nichts. Er brachte seine Mutter, aber auch ihre Worte und Gesten waren kein Trost. Dann verlangte ich nach Jamila. Man brachte sie, und sie blieb bei mir. Mit Amor sprach ich kein Wort mehr. Er kam und ging wie ein Mensch, dem man die Seele aus dem Leib gerissen hatte. Er wagte es kaum, mich anzusehen. Aber immer wieder beschwor er mich, ihm zu verzeihen, er kniete an meinem Bett, legte seinen Kopf auf die Bettdecke und weinte.

Jamila versorgte mich wie eine Schwester. Sie salbte die Wunden, die mein Mann mit seinen Fäusten in meinem Gesicht hinterlassen hatte und schlief nachts neben mir im Bett.
Amor verließ am Abend das Haus und verbrachte die Nächte bei seiner Familie. Dann sagte er mir, dass er nach Libyen fahren würde, um den Wagen zu verkaufen, und ich sah ihn eine Woche nicht wieder.
Ich erholte mich etwas. Die Wunden in meinem Gesicht heilten, und als schon fast nichts mehr zu sehen war, besuchte mich mein Schwiegervater. Er versicherte mir, dass so etwas niemals wieder vorkommen würde. Er habe mit seinem Sohn darüber gesprochen, und dieser hatte ihm versprochen, mich niemals wieder zu schlagen.

„Wer einmal schlägt, wird es immer wieder tun“, sagte ich traurig.
„Nein, nicht Amor, er wird es nicht wieder tun, garantiert nicht. Wenn er es tut, er ist nicht mehr mein Sohn, das habe ich ihm gesagt, und das ist mein Ernst. Du bist meine Tochter, ich werde es nicht zulassen, dass Amor dich kaputt macht. Ich habe meine Frau niemals geschlagen und ich dulde es nicht, dass meine Söhne so etwas tun. Glaubst du mir?“
Ich sah ihn lange an und weil ich doch wusste, dass er ein gläubiger Mann war, der fünfmal am Tag seiner Gebetspflicht nachging, glaubte ich ihm.
„Sidi“, sagte ich, „ich glaube dir, aber ich habe kein Vertrauen mehr zu deinem Sohn. Ich möchte deshalb, dass du mir das Papier für das Land und mein Haus gibst. Ich brauche jetzt mehr denn je eine Sicherheit.“
„Ja“, sagte er, „du wirst es bekommen. Aber die Behörden arbeiten nicht so schnell. Es wird einige Zeit dauern, aber ich verspreche dir, dass alles in Ordnung kommt. Ich werde dir die Papiere geben. Das ist dein Land, genauso wie Amors, und das ist dein Haus. Du kannst mir vertrauen, ich schwöre es bei Allah.“
Komisch, ich glaubte dem alten Mann damals. Niemals hätte ich ihm zugetraut, dass er zu einem Betrug oder auch nur einer Lüge fähig wäre.
Am gleichen Nachmittag bekam ich Besuch von Irmi und Harry. Sie hatten sich Sorgen gemacht, weil sie mich eine Woche nicht am Strand gesehen hatten. Ein Blick genügte, und sie wussten, was geschehen war. Mein rechtes Auge war noch etwas geschwollen, und die lila-gelbliche Verfärbung meines Wangenknochens war ebenfalls nicht zu übersehen. Es war beiden wohl etwas peinlich, mich in einem so desolaten Zustand anzutreffen, und der Anstand verbot es dem netten Paar, mich auszufragen. Wir verstanden uns aber auch ohne Worte, und ich freute mich über ihren Besuch.

Auch Julia und Mohamed waren inzwischen aus Deutschland zurückgekehrt. Sie hatten einen kleinen Sohn und nannten ihn Sa-

mir. Als es mir besser ging und die Spuren der Schläge verheilt waren, besuchte ich Julia in ihrem Haus. Die Freude war bei uns beiden sehr groß. Wir umarmten uns heftig, aber sofort merkten wir beide, dass etwas nicht stimmte. Julias Oberarme waren übersät mit blauen Flecken, und am Hals zeigte sich ein roter Striemen.
„Schlägt dich Mohamed?“ fragte ich geradeheraus.
„Ja, wir haben jetzt einen schlimmen Machtkampf. Er will, dass ich im Haus bleibe, verbietet mir den Strand und auch alles andere. Und dir, wie geht es dir?“
„Auch nicht so gut. Amor ist nicht mehr der liebe, sanfte Mann, den ich geheiratet habe.“
„Hat er dich auch geschlagen?“
Ich nickte mit dem Kopf. „Weißt du noch, was wir ausgemacht hatten?“ fragte ich.
„Ja, sich niemals unterkriegen zu lassen. Aber das ist leichter gesagt als getan.“
„Wir müssen jetzt mehr denn je zusammenhalten, Julia, wir brauchen einander. Und versprich mir bitte, dass du mich irgendwie verständigst, wenn du meine Hilfe brauchst. Ich werde mit Mohamed am Strand reden. Er lässt dich dann sicher mit dem Baby unter unserem Sonnenschirm sitzen.“
„Aber sag ihm bitte nicht, dass ich dich darum gebeten habe.“
„Das hast du ja nicht. Außerdem wissen wir beide, wie man mit diesen Typen umgehen muss. Glaube mir, ich habe in der letzten Zeit viel gelernt und ich überlege, ob ich dieses Land nicht wieder verlassen sollte.“
„Aber du hast doch nun das Haus fertig und so viel Geld investiert. Und nicht nur das. Überlege einmal, wie viel Liebe und Arbeit du hineingesteckt hast.“
„Ja, das ist richtig. Mir tut heute noch der Rücken weh, wenn ich alleine an das Umgraben und Bepflanzen des Gartens denke.
Wochen lang habe ich geackert, um mir mein Paradies zu schaffen.

Wie viele Stunden habe ich gesessen, um Gardinen und Polster zu nähen, wie viele Tage damit verbracht, Fenster und Türen zu streichen, die der hirnlose Maler damals versaut hatte."
Ich erzählte ihr, dass ich meine Existenz in Deutschland nun endgültig an den Nagel gehängt hatte und eigentlich vorhatte, eine Ferienwohnung oben auf unser Haus zu bauen, und auch, was mir mein Schwiegervater gesagt hatte.
„Glaubst du ihm?"
„Na ja, eigentlich schon. Er ist ein guter und gläubiger Mensch. Ich denke nicht, dass er lügt."
„Nein, das glaube ich auch nicht. Mein Schwiegervater geht auch beten und er hat immer gehalten, was er versprochen hat."
„Du hast aber nicht so viel Geld hier hergebracht und auch das Haus nicht gebaut."
„Das stimmt, ich brachte nur meine Möbel und mein Auto mit in die Ehe. Ich hatte ja kein Geld."
„Ach Julia, ich weiß jetzt wirklich nicht, was ich tun soll. Ich kann Amor diese Schläge nicht verzeihen, und er hat damit so viel zerstört."
„Sieh es positiv, Sabrina, irgendwann würde die Liebe sowieso nachlassen, das ist nun mal so, in jeder Beziehung. Mach das Beste daraus. Du hast ein wunderschönes Haus, lebst im Süden, kannst täglich an den Strand gehen, dich in den Pools und Thermalquellen tummeln und hast auch finanziell keine Sorgen."
„Das ist aber nicht das, was ich eigentlich wollte. Ich wollte mit Amor leben."
„Das kannst du immer noch, du musst dich nur dazu durchringen, ihm diese Schläge zu verzeihen. Wenn es ein einmaliger Ausrutscher war, wirst du es eines Tages vergessen."
„Kannst du das denn? Kannst du Mohamed verzeihen, dass er dich misshandelt?"
„Tief im Inneren wird immer etwas bleiben, aber ich muss damit leben, denn ich habe meinen kleinen Sohn."
„Aber du wirst kaputt gehen, wenn er dich einsperrt."

„Ich hoffe nicht, dass es wirklich soweit kommt. Das kann er einfach nicht tun."
„Ich werde dir dabei helfen, gleich morgen werde ich Mohamed nach dir fragen."
„Nicht so, das wäre dumm, er wird erfahren, dass du heute bei mir warst. Denk daran, dass alle Augen auf uns gerichtet sind. Ich muss ihm sowieso sagen, dass du nur gekommen bist, um Samir zu sehen, das wird er verstehen."
„Ich werde mir etwas einfallen lassen. Verlass dich darauf. Ich werde ihm nicht sagen, dass du mich über seine Absicht, dich im Haus zu halten, informiert hast."
„Ja, das ist gut, sag ihm, dass es gut für Samir ist, wenn er an die frische Luft am Meer kommt, oder so etwas."
Am nächsten Vormittag kam Amor zurück. Er legte mir wortlos einen Berg riesiger, bunter Geldscheine auf den Tisch.
„Aber das sind ja libysche Dinare", sagte ich, „was soll ich denn damit? Warum hast du keine Dollar oder zumindest tunesische Dinare gebracht?"
„Wir können tauschen das Geld."
„Ich glaube nicht, dass das eine Bank hier tauscht. Zumindest zur Zeit nicht, und du weißt auch, dass wegen des Embargos in Libyen der Kursverfall gravierend ist."
„Warum hast du nicht vorher gesagt, dass ich anderes Geld bringen muss für BMW?"
„Ich habe nicht gewusst, dass du so dumm bist." Meine Worte klangen eiskalt.
„Was soll ich jetzt machen mit Geld?" Er klang ziemlich kleinlaut.
„Lass dir etwas einfallen. Erkundige dich, wer schwarz tauscht. Wie viel hast du bekommen?"
„So viel, wie du für das Auto und den Transfer hierher bezahlt."
„Hattest du mir damals nicht gesagt, dass du in Libyen mindestens das Doppelte für den Wagen bekommen kannst?"
„Ja, aber das es ist nicht mehr so. Bin froh, dass ich so viel bekommen habe."

Nun zog er ein kleines, braunes Stoffsäckchen aus seiner Hosentasche und gab es mir. „Ich habe gekauft für dich Geschenk in Libyen, weil ich …“, er stotterte etwas, „… weil ich mich schäme für Schläge und ich damit Verzeihung will.“
Ich öffnete das Säckchen und fand einen wunderschönen goldenen Armreif, reich verziert und sehr schwer.
„Ist gutes Gold, siebenhundertfünfziger und sehr wertvoll.“
„Woher hattest du das Geld für dieses Geschenk?“
„Hab' ich genommen von Geld für Auto.“
„Ach, du stiehlst mir Geld, kaufst mir davon ein Geschenk und glaubst dann auch noch, dass damit deine Prügel verziehen sind?“
„Ja, das ich glaube.“
Ich warf den Armreif auf den Tisch und sagte, obwohl es mir angesichts dieses außergewöhnlichen Stückes sehr schwer fiel: „Ich will dieses Gold nicht. Verkauf es mit Gewinn und bring mir das Geld und dann kümmere dich darum, dass du das libysche Geld gewechselt bekommst, sonst wird es nichts mit unserer Ferienwohnung.“
„Du verzeihst mir also nicht?“
„Nein, das kann ich nicht. Niemals im Leben hat mich jemand geschlagen. Nicht einmal dann, wenn ich es verdient hätte.“
„Ich werde es nie mehr machen, das ich verspreche bei Allah.“
„Lass mich mit deinem Allah zufrieden, wo war er denn, als du mich geschlagen hast? Ich gehe jetzt zum Strand.“
„Ja, ist gut, Liebling, gehe nur zum Strand, es ist gut für dich.“
„Du Heuchler.“
„Was ist das, Heuchler?“
„Das wirst du nie begreifen. Ach, noch etwas, ich habe nicht vor, jetzt jeden Tag den langen Weg zum Strand zu Fuß zu gehen. Schau dich doch bitte mal nach so einem kleinen Motorroller für mich um, wirst du das für mich tun?“
„Aber Sabrina, Frauen sie fahren nicht mit Vespa, das nicht anständig.“
„Amor, bitte, ich will damit ja nur zum Strand fahren und ich finde es nicht unanständig.“

„Aber Papa wird schimpfen.“
„Muss ich denn wirklich alleine gehen und so ein Ding kaufen? Ich werde es tun, wenn du mir nicht hilfst. Ich werde dann Julias Mann fragen, ob er mir einen besorgt.“
„Das wirst du nicht tun. Ich werde besorgen Vespa.“
„Dann ist es ja gut.“ Einer plötzlichen Eingebung folgend, nahm ich das Armband und steckte es in meine Badetasche.
„Ich gehe beim Juwelier vorbei und lasse es schätzen.“
„Das mache ich schon. Ich weiß, wie viel Wert es hat. Ich hab’ geschmuggelt das aus Libyen, ist verboten, weil dort das Gold billiger.“
„Na, umso besser, dann kann man es ja mit Gewinn verkaufen.“
„Das ist nicht fair, es sollte sein ein Geschenk für dich.“
„Ach, aber du bist fair, ja? Sieh mein Gesicht an, deine Schläge sind noch immer etwas zu sehen.“
Er senkte den Kopf und blieb still, packte das Geld in eine Plastiktüte, und zusammen gingen wir dann schweigend den Berg hinunter. Er zu seiner Familie, ich an den Strand.
„Kommst du nicht mit zu Mama und Papa?“ fragte er an der Abzweigung.
„Nein, sie glauben sonst noch, ich hätte dir verziehen.“
„Ich bin froh, dass du wieder mit mir sprichst, ich liebe dich, bitte glaube mir.“ Er fasste mich an der Hand, aber ich riss mich los und ging zum Strand hinunter, schnurstracks auf Mohamed zu, der auf der Reling eines Motorbootes saß.
„Hallo Mohamed“, sagte ich und streckte ihm die Hand entgegen.
„Hallo Sabrina, wie geht es dir?“
„Danke, mir geht es gut. Ich habe gestern Julia und deinen Sohn besucht. Er ist ein wunderschöner Junge, ich gratuliere dir, du kannst stolz auf ihn sein.“
„Danke“, sagte er und strahlte übers ganze Gesicht.
„Ich freue mich, dass ihr wieder hier seid, nun bin ich nicht mehr alleine am Strand.“
„Irmi und Harry sind doch da“, wollte er ablenken.

„Ja, aber du weißt, dass ich gerne mit Julia zusammen bin, wir verstehen uns sehr gut, und deinem Sohn wird die salzige Luft hier unten gut tun, sie ist sehr gesund für Babys."
„Wirklich?"
„Ja, natürlich, das kräftigt seine Lungen."
„Meine Mutter sagt, dass es nicht gut für Babys ist."
„Aber Mohamed, du weißt, dass die alten Leute hier nicht alles wissen, was moderne Ärzte herausgefunden haben. Du kannst ja einen Arzt fragen, wenn du es nicht glaubst."
„Das werde ich tun", sagte er und drehte sich um, weil in diesem Moment gerade ein Freund von ihm antrabte.
„Kommt Julia morgen zum Strand?" fragte ich schnell noch.
„Mal sehen", war seine Antwort. Aber Julia kam nicht. Es vergingen Tage, und ich wurde unruhig. Nach einer Woche ging ich zu ihrem Haus. Die Haustür war verschlossen. Die Fenster hinter den verzierten Eisengittern standen offen. Ich rief ihren Namen.
„Komm hierher, Sabrina". Ihre Stimme kam von der Rückseite des Hauses. Ich lief herum und sah sie dann hinter dem Gitter zum Kinderzimmer.
„Ich bin eingesperrt, er lässt mich nicht hinaus", sagte sie leise und legte ihren Zeigefinger auf ihren Mund.
„Was ist los?"
„Seine Schwester drüben beobachtet uns. Sei leise, bitte."
„Julia, bist du schon die ganze Woche im Haus?"
„Ja, ich habe keine Chance. Er sagt, er lässt sich scheiden und nimmt mir mein Baby weg, wenn ich nicht gehorche."
„Aber das ist doch absurd. Ich meine, er kann dich doch nicht einfach einsperren, einer modernen, deutschen Frau kann man doch so etwas nicht antun."
„Das siehst du ja. Hilf mir bitte. Ich kann es nicht ertragen, so zu leben."
„Das werde ich, Julia, sofort werde ich dich hier herausholen."
Ich drehte um und ging zum Strand hinunter. Mohamed saß im Strandcafé und turtelte mit einer deutschen Touristin. Ich nahm

all meinen Mut zusammen, ging auf ihn zu und sagte, ohne ihn zu begrüßen, dass ich ihn sofort sprechen müsste. Ich hatte mich zumindest soweit in der Gewalt, dass ich nicht sofort vor dieser Touristin loslegte. Er stand auf und ging mit mir ein paar Schritte hinter die Cafébude.
„Gib mir sofort den Schlüssel für euer Haus“, fuhr ich ihn an.
„Was erlaubst du dir? Was geht es dich an?“
„Viel, ich werde es nicht zulassen, dass du Julia einsperrst. Und wenn du nicht willst, dass ich im Dorf ein großes Theater mache und zur Polizei gehe, dann gib mir den Schlüssel, sofort.“ Ich streckte ihm meine Hand entgegen.
„Ich habe sie nicht eingesperrt. Hat sie das gesagt?“
„Mohamed, da genügte ein Blick. Und wenn Julia mir die Tür nicht aufschließen kann, wenn ich sie besuche, dann ist sie wohl eingesperrt.“
„Vielleicht will sie deinen Besuch nicht.“
„Okay, ich merke, mit dir ist nicht zu reden, ich werde die deutsche Botschaft anrufen und zur Polizei gehen. Du hast kein Recht, Julia im Haus gefangen zu halten.“
Ich ließ ihn stehen und ging die Strandstraße hinauf. Auf halbem Weg kam er mir hinterher.
„Warte, Sabrina, ich werde mitkommen.“
„Zur Polizei?“
„Nein, wir gehen zu meinem Haus. Ich werde aufschließen.“
„Na also. Ich verstehe dich nicht, Mohamed. Merkst du denn nicht, dass du mit solchen Geschichten eure Ehe zerstörst?“
„Sie macht Schwierigkeiten. Sie gehorcht nicht.“
„Sie muss nicht gehorchen. Sie ist nicht deine Sklavin und sie wird auch niemals gehorchen. Zumindest nicht, wenn du ihr verbietest, das Haus zu verlassen. Du kannst eine deutsche Frau nicht einsperren, das funktioniert nicht.“
„Ja, aber sie ist jetzt Mutter von meinem Sohn, sie muss im Haus bleiben.“
„Aber das ist doch Unsinn. Bitte, Mohamed, denk doch darüber

nach. Was ist denn schlimm daran, wenn sie am Strand mit dem Baby unterm Sonnenschirm sitzt und auf der Hotelterrasse einen Kaffee mit mir trinkt? Das ist doch nicht böse und auch nicht unanständig."

„Ich sehe das ein, aber jetzt ich kann nicht anders. Wenn ich nachgebe, dann denkt sie, ich bin schwach. Aber ich bin der Mann und ich bestimme, was gemacht wird."

„Du kannst ja auch bestimmen. Aber du musst deiner Frau ein paar Freiheiten lassen. Sie will doch weiter nichts, als sich frei bewegen zu können. Sie ist immer anständig gekleidet, sie geht in kein Café an der Straße, sie spricht nicht mit anderen Männern, was willst du denn mehr?"

Wir näherten uns nun seinem Haus. Ich hatte den Eindruck, dass er sich inzwischen beruhigt hatte. Er schloss die Tür auf, und wir gingen hinein. Julia kam uns auf dem Flur entgegen und sah uns ängstlich aus tief verschwollenen Augen an. 'Dieses Schwein hat sie schon wieder geschlagen', dachte ich, sagte aber kein Wort.

„Setzen wir uns in den Salon", befahl Mohamed.

Wir folgten ihm.

„Hol etwas zu trinken, Julia", befahl er weiter.

Sie stand wieder auf und verschwand in der Küche. Wir sagten keinen Ton, bis sie zurück war.

„Julia, ich habe beschlossen, dich wieder an den Strand zu lassen."

Seine Worte kamen sehr gönnerhaft und arrogant. Am liebsten hätte ich ihn ins Gesicht geschlagen. Ich rührte mich aber nicht. Julia sah mich an und schloss für einen Augenblick die Augen. Nun wusste ich, welche Angst meine Freundin während ihrer einwöchigen Gefangenschaft ausgestanden hatte.

„Deine Freundin hat mir gedroht, zur Polizei zu gehen, das werde ich ihr nicht verzeihen", sprach er weiter, „und sicher erzählt sie es Amor und seiner Familie."

Verächtlich sah er mich an.

„Nein, Mohamed, wenn du versprichst, dass du Julia nicht mehr

einschließt, dann werde ich niemandem etwas erzählen, auch nicht Amor."
„Versprichst du das wirklich?"
„Ja, das verspreche ich."
„Gut, dann werde ich nicht mehr schimpfen, wenn ihr zusammen am Strand seid. Aber wenn ich sage, dass du nach Hause musst, Julia, dann musst du gehorchen."
Julia nickte mit dem Kopf.
Jetzt legte Mohamed den Hausschlüssel auf den Tisch, stand auf und ging aus der Tür, ohne ein weiteres Wort zu sagen. Wir warteten eine Weile, dann stand ich auf und ging zum Fenster. Erst als ich Mohamed die Straße hinunterlaufen sah, drehte ich mich wieder um.
„Er ist weg", sagte ich.
„Danke, danke Sabrina, das war großartig von dir. Ich wäre verrückt geworden, wenn ich hier weiter eingesperrt gewesen wäre."
„Du hättest das gleiche für mich getan, stimmt's?"
„Ja, aber Amor sperrt dich nicht ein."
„Noch nicht. Aber weiß ich, was noch kommt? Lass uns mit Samir ein bisschen spazieren gehen, Julia, es wird euch beiden gut tun."
Sie holte das Baby aus dem Kinderzimmer, zog es an, machte sich selbst ein bisschen zurecht, und wir schoben los, den kleinen Samir vor uns im Kinderwagen. Beide hatten wir große Sonnenbrillen auf der Nase, damit niemand die Spuren der männlichen Gewalt sehen konnte.
Julia kam jetzt zwar nicht täglich, aber doch in regelmäßigen Abständen zum Strand. Es schien alles gut zu gehen.

Währenddessen hatte sich Amor noch immer keine Arbeit gesucht, die nutzlosen libyschen Dinare lagen noch immer irgendwo bei seinem Vater, und der Motorroller ließ auch auf sich warten. Ich fuhr mit dem Taxi in die Stadt und sah mich bei entsprechenden Händlern um. Neben Mabrouks Laden verkaufte ein Mechaniker gebrauchte Fahrräder, Mofas und Motorroller. Ich erblickte den roten Peugeot-Roller in dem Moment, als Mabrouk aus seinem Geschäft kam.

„Hallo, Sabrina“, begrüßte er mich freundlich.

„Hallo, Mabrouk, schön dass ich dich gerade treffe. Ich wollte mir den Roller ansehen, vielleicht kannst du für mich übersetzen.“

„Ja gerne, wenn ich dir damit helfen kann.“

Er fragte seinen Nachbarn nach dem Fahrzeug, und ganz schnell hatten wir uns auf einen Preis geeinigt.

„Aber ich habe jetzt nicht so viel Geld dabei“, sagte ich.

„Das macht nichts. Nimm den Roller mit nach Hause und wenn du das Geld hast, dann bring es vorbei.“

„Das ist nett.“ Ich freute mich über den niedlichen Roller und Mabrouk erklärte mir kurz die Funktion. Ich machte eine kleine Probefahrt die Straße hinauf und wieder zurück, und es machte mir richtig Spaß. Also fuhr ich damit zum Haus der Schwiegereltern, weil ich Amor dort vermutete. Er saß mit seinem Vater vor dem Geschäft. Als sie mich sahen, sprangen beide sofort auf und standen auch schon vor mir, als ich anhielt.

„Wem gehört das Mobilett?“ fragte der Vater.

„Mir, ich habe ihn gerade gekauft.“

„Was hast du?“ fragte nun Amor.

„Ich habe den Roller gekauft; du hast mir doch keinen besorgt, obwohl ich dich mehrmals darum gebeten hatte.“

„Du kannst nicht einfach losgehen und einen Roller kaufen.“

„Warum nicht?“ Ich erzählte nun die Geschichte und dass mir Mabrouk geholfen hatte.

„Das kommt überhaupt nicht in Frage“, sagte Amor. „Mabrouk geht das überhaupt nichts an, wie kommt er dazu, dir zu helfen?“

„Das war doch nett von ihm.“

„Nein, das war es nicht. Ich werde das Ding jetzt zu ihm zurückbringen.“

Ohne dass ich noch irgendwelche Einwände machen konnte,

nahm er mir das Fahrzeug weg, setzte sich darauf und fuhr in Richtung Stadt davon. Wütend starrte ich ihm hinterher.
„Amor hat recht, du kannst nicht einfach ein Mobilett kaufen, das ist Sache von Männer“, murmelte Schwiegervater. Ich gab ihm keine Antwort, sondern ging zu Schwiegermutter ins Haus, setzte mich auf den Rand der Terrasse und wartete. Irgendwann musste Amor ja zurückkommen, dann wollte ich ihm sagen, dass ich nicht bereit war, mich weiterhin von ihm bevormunden zu lassen. Eine halbe Stunde später kam er auf einem blauen Honda-Roller zurück.
„Der ist für dich“, sagte er, „ich habe ihn für dich besorgt, und er kostet weniger als der Peugeot.“
„Er ist auch nicht so neu, und außerdem bekomme ich sicher eher für den Peugeot Ersatzteile als für den Japaner, wenn mal etwas kaputtgeht.“
„Das ist Honda, nicht Japaner und für Honda es gibt Garage in Houmt Souk.“
Ich klärte ihn nicht über seinen Irrtum auf, sollte er doch dumm bleiben.
„Was hat Mabrouk gesagt?“ fragte ich.
„Warum willst du das wissen? Was geht dich an Mabrouk?“
„Ich werde mich bei ihm für dein Verhalten entschuldigen müssen, denn schließlich hatte ich den roten Peugeot schon gekauft.“
„Aber noch nicht bezahlt, das war nur eine Probefahrt. Jetzt probiere Honda, und dann wir gehen bezahlen.“
Ich beruhigte mich, weil ich doch eigentlich erreicht hatte, was ich wollte. Ich hatte meinen Motorroller.
Nur leider nicht lange. Das Fahrzeug war niemals da, wenn ich es brauchte. Entweder waren Amor, sein Vater oder irgendeiner seiner Brüder damit unterwegs. Und wieder gab es Streit. Ich beschwerte mich, dass man mir ständig den Roller wegnahm und dass ich ihn doch eigentlich für mich selbst gekauft hatte.
„Ist nicht gut, dass Frau fährt mit Mobilett“, sagte mein Schwiegervater, und Amor pflichtete ihm bei.

„Ach? Aber bezahlen darf ich das Ding, was?“ Ich wurde jetzt sehr wütend. „Ihr seid doch wirklich Banditen, alle zusammen. In Zukunft bleibt mein Roller bei mir. Ich habe jetzt genug von euch. Kauft euch selbst einen, wenn ihr fahren wollt.“
Ich nahm den Roller und fuhr ohne ein weiteres Wort davon. In meiner Wut beachtete ich nicht, dass aus der Seitenstraße ein kleiner LKW kam. Erst im letzten Moment sah ich ihn und bremste so scharf, dass der Roller einen Satz machte und ich vornüber stürzte. Mit beiden Händen versuchte ich instinktiv, meinen Kopf zu schützen und schrammte mir damit beide Arme böse auf.
Mein Mann und mein Schwiegervater kamen sofort angelaufen, hoben mich auf und setzten mich auf die Treppe des Milchgeschäftes, das nur zwei Meter neben der Straße lag.
„Siehst du, das passiert, wenn Frauen Motorroller fahren!“ brüllte Amor.
„Ach halt die Klappe, das war einfach nur Pech. Bring mich lieber nach Hause, damit ich die Wunden säubern kann.“
Tränen der Wut brannten mir in den Augen, als Amor mir zu Hause die Wunden desinfizierte und verband.
„So, nun hast du hoffentlich genug von Motorroller.“
„Das glaubst aber auch nur du, morgen fahre ich wieder.“
„Du hast einen dicken Kopf. Was soll ich nur mit dir machen?“
„Du sollst mich einfach in Ruhe lassen und mir nicht ständig Vorschriften machen, ich bin kein kleines Kind.“
Ich nahm den Schlüssel des Rollers und ging damit ins Schlafzimmer. Noch bevor Amor hinterherkam, hatte ich ihn versteckt.
„Gib mir den Schlüssel“, sagte er.
„Nein, das ist mein Roller.“
„Aber ich bin dein Mann.“
„Davon merke ich nichts. Wo ist denn deine Liebe geblieben, die du mir vorgeheuchelt hast?“
„Und du, wo ist deine Liebe?“
„Die hast du aus mir heraus geprügelt.“
„Kannst du das denn nicht vergessen?“

„Nein.“
„Denk darüber nach, und morgen wir fangen an mit Bauen für Ferienwohnung. Ich habe bestellt Material.“
„Dann bestell es wieder ab, ich baue jetzt gar nichts.“
„Wieso nicht? Du hast doch gesagt, dass wir bauen.“
„Erst, wenn du das libysche Geld getauscht hast. Damit können wir eine Menge Material kaufen.“
„Aber ich habe das Material bestellt.“
„Ach, und jetzt schämst du dich, es wieder abzubestellen? Warum hast du mich nicht gefragt?“
„Ein Mann, er fragt nicht seine Frau.“
„In unserem Fall musst du wohl fragen, denn ich soll das ja bezahlen, oder? Außerdem habe ich mir überlegt, dass ich erst weiterbaue, wenn ich die Papiere vom Grundbuchamt habe, die ihr mir seit Monaten versprecht, du und dein Vater.“
„Hast du kein Vertrauen mehr zu uns?“
„Ist das ein Wunder? Ihr nehmt mir doch alles weg. Du hast mir das Auto ständig vorenthalten, und jetzt nehmt ihr mir ständig meinen Roller weg. Wie soll ich wissen, dass ihr mir nicht eines Tages auch mein Haus wegnehmt?“
„Das musst du nicht sagen. Ich frage jetzt gleich Papa wegen Papiere und komme dann mit Essen zurück. Du kannst nicht kochen mit Schmerzen in Arme. Gib jetzt den Schlüssel.“
„Nein.“
Amor wurde nun wieder wütend, rannte hinaus, und dann hörte ich den Krach. Ich ging zur Tür und starrte entsetzt auf Amor, der mit einem Stein auf dem Zündschloss des Rollers herumschlug. Er hatte bereits das Plastik drum herum weg geschlagen und das Schloss freigelegt.
„Was tust du da? Bist du verrückt geworden?“
„Wenn du mir nicht den Schlüssel gibst, werde ich das Schloss kaputtmachen und kurzschließen.“
Es war zu spät, das große Loch in der Plastikverkleidung war nicht zu übersehen. Nun versuchte er, die Kabel herauszuziehen,

was ihm aber nicht gelang. Er brachte es nicht fertig, das Fahrzeug zu starten. Mit einem kräftigen Fußtritt stieß er den Roller um und rannte zum Tor hinaus.

Der Sommer kam, und ich genoss das Leben am Strand in vollen Zügen. Ich traf mich regelmäßig mit meinen deutschen Freunden und machte viele neue Bekanntschaften. Die Touristen kamen und gingen, und es wurde niemals langweilig. Regelmäßig trank ich mit Julia meinen Cappuccino am Pool des Hotels. Unsere Männer hatten wohl eingesehen, dass sie besser mit uns klarkamen, wenn sie uns unsere Freiheit ließen. Amor und Mohamed hatten sich längst beruhigt und schließlich sahen sie ja, dass wir nichts taten, was dem Ruf der Familien geschadet hätte. Es war nur sehr eigenartig, dass sie niemals miteinander sprachen. Sie grüßten sich jetzt zwar höflich, aber das war auch alles. Weder Julia noch ich konnten herausfinden, was zwischen den beiden vorgefallen war. Aber das war uns letztendlich auch egal, solange sie nicht versuchten, uns auseinanderzubringen.

Ich hatte mich inzwischen mit Amor ausgesöhnt. Er war nett und zuvorkommend, fragte sogar, wenn er den Roller haben wollte. Es klappte alles prima. Das libysche Geld steckte immer noch in der Plastiktüte, und über den Bau der Ferienwohnung verloren wir kein Wort mehr. Daran, dass sich mein Mann eine Arbeit suchen würde, glaubte ich schon lange nicht mehr. Ich gab mir Mühe, sparsam mit dem Geld umzugehen, das ich hierher überwiesen hatte. Mehr als einmal fragte mich Amor, ob ich nicht ein neues Auto kaufen wollte, aber ich lehnte jedes Mal ab und verwies ihn auf die libyschen Scheine. Dann endlich im August gelang Schwiegervater ein Schwarztausch an der libyschen Grenze, und voller Stolz brachte mir Amor nun tunesisches Geld. Durch den weiteren Verfall des Kurses musste ich zwar einen Verlust hinnehmen, aber er hielt sich in Grenzen.

Irgendwann tauchten dann auch drei Männer vom Grundbuchamt auf, um unser Land zu vermessen. Amor, sein Vater und ich standen dabei, als der Mann fragte, wer als Eigentümer eingetragen werden soll. Schwiegervater gab an, dass er uns das Land zur Hochzeit geschenkt hatte, und der Mann schrieb Amors und meinen Namen auf ein Formular. Man verlangte unsere Heiratsurkunde und meine „Carte de Séjour“, und dann war alles erledigt.
„Siehst du, Papa hat gehalten, was er versprochen“, sagte Amor, als die Männer weg waren.
„Das hat auch lange genug gedauert. Wann kommt denn nun die Besitzurkunde?“
„Das dauert auch lange. Hier es geht nichts so schnell.“
„Das habe ich mittlerweile schon kapiert. Hauptsache aber, es ist in Arbeit.“
Nun glaubte ich wirklich, dass Schwiegervater es ernst gemeint hatte und war nun sicher, dass alles rechtens war.
„Nun können wir bauen Ferienwohnung“, meinte Amor.
„Erst brauchst du noch eine Arbeit.“
„Du bist nie zufrieden.“
„Aber Amor, du kannst doch nicht dein ganzes Leben hier herum lungern, du musst etwas dazuverdienen.“
„Ja, ich weiß, aber es gibt keine Arbeit. Ich habe schon gefragt in allen Hotels.“
„Auf Djerba auch?“
„Warum auf Djerba? Wie soll ich dorthin kommen. Ich habe kein Auto.“
„Andere haben auch kein Auto und arbeiten auf Djerba. Dort gibt es genügend Hotels, und Busse fahren auch.“
„Ich kann nicht fahren mit dem Bus. Was sollen Leute denken?“
„Wer bist du, dass du nicht wie jeder andere mit dem Bus fahren kannst?“
„Ich verheiratet mit deutscher Frau, wir haben schönes Haus. Wenn ich fahre mit dem Bus, sie glauben, wir sind arm.“
„Na und? Mir ist egal, was die Leute glauben.“

„Mir nicht. Ich fahre nicht mit Bus." Basta. Mir war klar, dass Amor gar nicht daran dachte zu arbeiten, und das machte mich wütend.
„Wenn du nicht arbeitest, dann baue ich nicht."
„Vielleicht ich werde im Winter arbeiten in Deutschland."
„Ach, und wo willst du dort wohnen? Und sagtest du nicht, du willst nie wieder nach Deutschland?"
„Hier es gibt keine Arbeit. Vielleicht wir können eröffnen ein Geschäft."
„Was für ein Geschäft?"
„Ein Geschäft für Kleidung. Jeans und T-Shirts und Hemden."
„Aber das kostet doch auch Geld. Und einen Laden müssten wir auch mieten."
„Ja, ich schon gesprochen mit Onkel. Er vermietet ein Geschäft in der Stadt in Hauptstraße. Dort gutes Geschäft, es kommen immer viele Leute."
„Das klingt gut. Und wo willst du die Waren herbekommen?"
„Aus Fabrik in Tunis und Sfax. Dort es gibt viele Fabriken."
„Wir können ja mal mit dem Onkel darüber reden."
„Ja, das machen wir gleich morgen. Onkel hat viele Geschäfte, du weißt das, und er kennt sich gut aus. Er wird uns helfen."

Am nächsten Morgen fuhren wir in Onkels Büro, der mit seinen beiden Söhnen über irgendwelchen Abrechnungen aus den Teppichknüpfereien saß. Als Amor seine beiden Cousins sah, drängte er mich wieder aus dem Geschäft und befahl mir in barschem Ton, mit einem Taxi nach Hause zu fahren.
„Ich mache alleine Geschäft mit Onkel."
„Du willst nicht, dass ich dabei bin, weil deine Cousins glauben sollen, dass du alles alleine bestimmen kannst, oder?"
„Ja, ich bin Mann und ich mache Geschäft, nicht meine Frau."
„Na gut, dann mach dein Geschäft alleine, aber überlege dir auch alleine, wo du das Geld dafür herbekommst."
„Du machst mir schon wieder Probleme, warum bist du nur so?"

„Weil ich von Geschäften mehr Ahnung habe als du und weil ich sehen will, wofür ich mein Geld ausgebe, ich bin schließlich keine Millionärin. Man muss alles gut überlegen, letztendlich hängt unsere Zukunft davon ab.“
„Aber ich will, dass das mein Geschäft ist.“
„Bist du nun mit mir verheiratet oder nicht? Andere Männer haben nicht so viel Glück wie du, sie haben nicht einmal die Möglichkeit, ein Geschäft zu eröffnen.“
Nun kam der Onkel heraus und bat uns, mit ihm zu kommen. Er zeigte uns auf der gegenüberliegenden Straßenseite ein leer stehendes heruntergekommenes Geschäft. „Man muss es renovieren. Ein bisschen Farbe und ein neues, großes Fenster, dann ist es okay“, sagte er.
„Und was soll es Miete kosten?“ fragte ich.
Amor stieß mich an, und ich begriff, dass er sprechen wollte. Also blieb ich still. Er fragte nochmals nach der Miete.
„Nicht teuer“, sagte der Onkel, „nur hundertzwanzig Dinare im Monat.“
„Das geht“, meinte Amor. Ich hielt mich heraus.
„Und dann noch zehntausend Dinare Abstand für gute Lage.“ Der Onkel zuckte mit den Schultern und rang die Hände. „Der Preis ist normal hier und üblich.“ Amor schluckte und sagte dem Onkel, dass er darüber nachdenken wolle, und wir verabschiedeten uns.
„Dein eigener Onkel will uns abzocken, ich fasse es nicht“, sagte ich, als wir außer Hörweite waren.
„Das ist normal hier; wenn man ein Geschäft öffnen will, dann man muss erst bezahlen.“
„Ich dachte, dein Onkel will uns helfen?“
„Das tut er auch.“
„Indem er uns zehntausend Dinare für nichts abnimmt? Das Geschäft muss erst mal renoviert werden, also wofür sind die Dinare?“
„Für Vermittlung von Laden.“
„Aber der gehört ihm doch.“

„Das schon, aber wenn wir woanders mieten, dann muss man auch bezahlen Vermittlungskosten."
„Das ist ja wieder eine Logik. Also weißt du, du kannst ja machen was du willst mit deinem Geschäft, Amor, aber ich bezahle das nicht. Ich sehe nicht ein, dass ich dem reichen Knopf auch noch mein sauer verdientes Geld für nichts in den Rachen stopfe."
„Dann es wird nichts mit dem Geschäft?"
„Nein, zumindest nicht mit deinem Onkel. Versuch etwas anderes aufzutreiben. Vielleicht nimmt ein anderer keine Vermittlungsgebühr, oder zumindest nicht so eine Horrorsumme."
„Du bist schwierig, Liebling."
„Nein, ich versuche nur, unser Geld zusammenzuhalten. Ich habe jetzt keine Einkünfte und du verdienst auch nichts."
Erstaunlicherweise gab sich Amor zufrieden, irgendwie aber hatte ich das Gefühl, dass er etwas im Hinterkopf hatte. Er hatte längst einen anderen Plan, den er mir aber noch nicht mitzuteilen wagte.

Es war September geworden, und ich vermisste Julia schon eine Woche. Mit dem Roller fuhr ich zu ihrem Haus. Kurz davor stand Mohameds Mutter auf der Straße. Ich hielt an, grüßte freundlich und fragte nach Julia.
„Julia meride."
„Julia ist krank, aber was hat sie denn?" Die Frau zuckte mit den Schultern. Ich spürte, dass sie mir nichts sagen wollte. Ich stellte den Roller ab und ging zum Haus. Wie damals war die Tür geschlossen. Ich klopfte und rief ihren Namen. Ich hörte ein Geräusch, und es dauerte eine Weile, bis sich die Tür öffnete. Es war dunkel im Haus. Die Läden waren alle geschlossen.
„Komm rein", hörte ich Julia leise sagen, und ich folgte ihr ins Wohnzimmer. Sie ging zum Fenster und öffnete einen Laden. Ich erschrak fast zu Tode, als ich meine Freundin nun richtig sah. Sie trug nur ein leichtes Hemdchen und eine kurze Hose, denn es war unerträglich heiß. Ihr Körper war über und über mit blauen

Flecken bedeckt. Blutunterlaufene Striemen zogen sich vom Hals über ihren Busen, bis sie unter dem Hemdchen verschwanden. Ich starrte sie nur an, brachte kein Wort heraus. Langsam ging ich, mit der Absicht, sie in die Arme zu nehmen, auf sie zu, aber da warf sie sich mir bereits entgegen. Wie ein kleines Kind hing sie an mir und schluchzte herzzerreißend. Ich konnte mich nicht halten und weinte mit ihr. Wir standen lange so, und erst als das Schluchzen nachließ, setzten wir uns auf das Sofa. Samir saß auf dem Teppich und spielte zufrieden mit einem bunten Ring.
„Warum?", fragte ich schließlich, „warum hat er das getan?"
Julia schluckte. Sie suchte nach Worten, fand aber keine. Wieder nahm ich sie in die Arme und klopfte ihr tröstend auf die Schultern.
„Ich kann nicht hier bleiben. Ich hasse ihn, ich will nach Hause", stieß sie nun hervor.
„Erzähl, was passiert ist."
„Ich kam vor vier Tagen mit Samir vom Einkaufen nach Hause. Es war am späten Nachmittag. Als ich die Tür aufschloss, hörte ich ein Geräusch im Schlafzimmer. Erst brachte ich den Kleinen in sein Zimmer und nahm ihn aus der Karre, da hörte ich wieder etwas. Als ich mich umdrehte, kam Mohamed splitternackt aus dem Schlafzimmer und erschrak, weil er mich sah. Dann rannte er ins Bad und schlug die Tür zu. Ich ging hinüber ins Schlafzimmer und …" Sie stockte, und wieder kamen ihr die Tränen.
„Was war da, hatte er eine andere Frau dort?"
„Nein, keine Frau, es war ein Mann in unserem Bett."
„Ein Mann?" Ich war entsetzt. „Mohamed mit einem Mann?"
„Ja, ein großer, dicker, blonder Mann."
„Ein Deutscher?"
„Ja."
„Ja, und dann?"
„Er begrüßte mich ganz frech und tat so, als ob alles ganz normal sei."
„Das ist doch nicht zu fassen."

„Ich war fix und fertig, das kannst du mir glauben. Ich lief ins Kinderzimmer und schloss mich dort mit Samir ein."
„Und dann hat er dich geschlagen?"
„Nein, noch nicht. Sie gingen beide weg, ohne etwas zu sagen. Erst in der Nacht kam Mohamed dann nach Hause, völlig betrunken. Er wollte gleich über mich herfallen. Aber das konnte ich einfach nicht. Ich habe mich so fürchterlich vor ihm geekelt, dass ich ins Bad laufen musste, um mich zu übergeben."
Wieder schluckte Julia einen dicken Kloß hinunter. Ihre Hände hatte sie fest in die meinen gekrallt. Dann erzählte sie weiter.
„Er kam mir hinterher, warf mich auf den Fußboden und wollte mich vergewaltigen. Ich wehrte mich mit aller Kraft, aber ich schaffte es nicht. Ich kratzte und biss ihn, und da fing er an zu schlagen. Er schlug und schlug und hörte nicht mehr auf. Ich schrie und schrie, und dann schrie auch Samir, und dann kamen seine Eltern gelaufen und trommelten an die Tür. Sie riefen, er soll aufhören, und dann war es vorbei."
„Es tut mir so leid, Julia. Ich verstehe, dass du nun nicht mehr hier bleiben kannst."
„Niemals hätte ich vermutet, dass mein Mann bisexuell veranlagt ist. Und stell dir vor, er sagte mir, dass er mit dem Typ nur geschlafen hat, weil dieser ihm einen neuen Motor für sein Auto besorgen will, und ich soll mich nicht so anstellen. Und dann noch diese fürchterlichen Schläge – nein, ich kann nicht mehr. Ich muss einen Weg finden, das Land mit meinem Sohn zu verlassen."
„Ich verstehe. Sag mir, wie ich dir helfen kann."
„Ich weiß es nicht, vielleicht kann die deutsche Botschaft helfen."
„Ich werde dort für dich anrufen und vielleicht auch nach einem geeigneten Anwalt fragen."
„Du meinst, ich soll die Scheidung einreichen?"
„Ich werde den Anwalt fragen. Sagtest du nicht, du hättest ein Papier vom tunesischen Konsulat in Hamburg, dass du jederzeit

mit deinem Sohn das Land verlassen kannst?"
„Ja, das haben wir nach Samirs Geburt ausstellen lassen."
„Und Mohamed hat das unterzeichnet?"
„Ja, ich habe damals, bevor wir nach Tunesien zurückgekommen sind, darauf bestanden."
„Gib mir das Papier und auch deinen Pass, ich werde sehen, was ich tun kann."
„Was würde ich nur ohne dich machen? Er lässt mich jetzt sicher nicht mehr aus den Augen, ich kann wahrscheinlich nicht mal telefonieren."
Sie ging ins Schlafzimmer und kam kurze Zeit später aufgeregt zurück.
„Mein Pass ist weg", rief sie.
„Und das Papier von der Botschaft?"
„Das habe ich, ich hatte es in einem Buch versteckt."
Sie gab es mir, und in dem Moment hörten wir die Tür. Schnell steckte ich das Papier unter mein T-Shirt. Mohamed stand vor uns und starrte uns an.
„Was hat sie dir erzählt?" fauchte er mich an.
„Nichts, sie brauchte nichts zu sagen, jeder Blinde sieht, dass sie geschlagen wurde. Warum hast du das getan?"
„Das geht dich nichts an. Außerdem will ich nicht, dass du noch mal in mein Haus kommst. Es ist nichts wegen dir persönlich, aber es ist besser für Julia."
„Wie meinst du das? Willst du Julia von nun an einsperren?"
„Ja, in Zukunft bleibt sie mit dem Kind im Haus."
„Erinnerst du dich, was ich dir gesagt habe? Mohamed, wenn du das tust, werde ich zur Polizei gehen. Eigentlich sollte ich gleich gehen."
Julias Mann wurde verlegen, wusste nicht, wo er hinsehen sollte.
„Was willst du hier? Warum lässt du uns nicht in Ruhe?"
„Hör auf mit diesem Spielchen. Die Sache ist ernst genug. Du hast deine Frau schwer misshandelt, und wir überlegen, was zu tun ist."

„Was, was wollt ihr tun?“
„Na, jedenfalls können wir das nicht einfach so hinnehmen. Bei nächster Gelegenheit schlägst du sie wieder grün und blau. Ich glaube nicht, dass sie etwas getan hat, was dies rechtfertigen würde.“
„Was weißt du, was sie getan hat.“
„Wieso bist du jetzt eigentlich hier? Hat man dir schnell zugetragen, dass ich bei ihr bin?“
„Ja, ich habe meine Leute. Wir wissen immer, was ihr macht.“
Ich überlegte eine Weile. Ich wollte Julia jetzt nicht alleine lassen, andererseits würde man uns hier nicht mehr aus den Augen lassen.
„Ich nehme Julia und Samir mit zu mir, sie braucht ein paar Tage Ruhe“, sagte ich schließlich.
„Nein, das kommt überhaupt nicht in Frage, sie geht nirgendwo hin ohne meine Erlaubnis.“
„Dann solltest du es erlauben Mohamed. Sie kann jetzt nicht hier bleiben, sie ist fix und fertig, das siehst du doch.“
„Amor wird das nicht erlauben. Es ist hier nicht üblich, dass man sich in fremde Angelegenheiten mischt.“
„Niemand mischt sich ein, und mit Amor werde ich schon klarkommen.“
„Er ist kein Mann. Er tut, was seine Frau sagt.“ Mohamed lachte verächtlich.
„Vielleicht hört er manchmal auf mich, aber immerhin hat er begriffen, wie man mit einer europäischen Frau umzugehen hat, wenn man sie nicht verlieren will.“
„Ich will Julia auch nicht verlieren, sie ist eine gute Frau.“
Ich wurde wütend, weil ich mich gleichzeitig auch an Amors Schläge erinnerte, sprang auf und fuhr ihn an: „Ach, und dafür schlägst du sie halb tot?“
„Ich war betrunken, ich wusste nicht, was ich tat.“
„Das ist keine Entschuldigung, dafür gibt es überhaupt keine Entschuldigung.“ Ich musste mich zurückhalten, wenn ich nicht alles verderben wollte.

„Julia“, sagte ich ruhig, „pack ein paar Sachen für euch, und dann hole ich dir ein Taxi. Ich komme mit dem Roller hinterher.“
„Nein!“ schrie Mohamed. „Nein, wir machen es anders. Julia bleibt hier. Ich verspreche, sie nicht anzurühren, und du kannst jeden Tag kommen sie besuchen.“
Ich sah zu Julia. Sie nickte zustimmend.
„Na gut“, sagte ich, „wenn Julia einverstanden ist, dann bin ich es auch. Wenn aber das Geringste passiert, Mohamed, dann hole ich sie zu mir.“
„Gut, wir machen es so.“
Ich erzählte zu Hause nichts, weil ich Julia auf keinen Fall schaden wollte. Wir mussten jetzt sehr vorsichtig sein und einen Weg finden, Julia und das Baby nach Deutschland zu bringen.
Ich telefonierte aus einer Telefonzelle bei der Post mit der deutschen Botschaft, erklärte die Sachlage und erwartete eigentlich einen guten Rat.
„Ja, ja“, sagte der Sekretär oder wer immer er war, „erst vergucken sie sich in so einen hübschen Tunesier und wenn sie dann nicht weiterwissen, kommen sie zu uns.“
„Was soll das heißen?“ fragte ich, ärgerlich über diese Bemerkung.
„Weil es den meisten deutschen Frauen so geht, aber wir können da auch nicht helfen. Die Frau kann jederzeit das Land verlassen, aber das Kind bleibt beim Vater. Wir können in die tunesischen Gesetze nicht eingreifen.“
„Aber sie hat ein Papier von der tunesischen Botschaft, von ihrem Mann unterzeichnet, dass sie jederzeit das Land verlassen kann.“
„Dann buchen sie einen Flug und versuchen sie es.“
„Ist das alles, was sie mir sagen können?“
„Ich gebe ihnen noch die Telefonnummer eines deutschsprachigen Anwalts, aber mehr kann ich nicht tun.“
„Aber Julia hat keinen Pass. Er hat ihn ihr weggenommen.“
„Da müssen sie zur Polizei. Das ist nicht unsere Sache. Wir können nur einen provisorischen Pass ausstellen, wenn das Original verloren wurde.“

Ich legte den Hörer auf und rief den Anwalt an. Er erklärte mir, dass es nicht ratsam sei, wenn Julia die Scheidung einreichte. In jedem Fall würde man ihr dann das Kind wegnehmen. Und sollte der Ehemann von sich aus die Scheidung beantragen, dann dürfe sie auf keinen Fall einwilligen.
„Aber was soll sie tun?"
„Sie kann sich später in Deutschland scheiden lassen. Dort geht es dann ganz schnell."
„Und das Kind?"
„Ist es ein Sohn?"
„Ja."
„Dann wird es schwierig. Das Kind muss sie hier lassen."
„Gibt es da keine Möglichkeit?"
„Nein, Madame, keine."
Ich bedankte mich für die präzise Auskunft und fuhr direkt zu Julia. Sie war nicht alleine. Mohameds Schwester saß auf dem Sofa. Wir konnten also nicht sprechen. Ich wusste, sie konnte etwas deutsch verstehen.
„Kannst du uns schnell eine Cola holen, Fatila?" fragte ich sie. Sie schüttelte mit dem Kopf. Wir wussten nun, dass sie beauftragt war, auf Julia aufzupassen. Würde sie etwas falsch machen, würde Mohamed sie schlagen. Ich ging also selbst los. Auf der Straße schrieb ich alles, was ich auf der Botschaft und beim Anwalt erfahren hatte auf einen Zettel, dann holte ich die Cola und ging zurück.
Während Fatila Gläser aus der Küche holte, gab ich Julia das Papier, das sie sofort in ihre Hosentasche steckte.
Ich trank das Cola und versprach, am Nachmittag noch einmal vorbeizuschauen. Wir brauchten einen Plan, schnell, denn Julias Zustand beunruhigte mich. Jeden Tag ging ich zu ihr und mit jedem Tag, an dem nichts passierte, veränderte sie sich mehr und mehr. Sie aß fast nichts, magerte zusehends ab und sprach kaum noch.
„Du musst weg von hier, dringend", sagte ich ihr immer wieder,

„notfalls auch erst mal ohne dein Kind.“
„Ich kann mein Baby nicht alleine lassen.“
„Du kannst in Deutschland mehr erreichen, Julia. Es gibt dort gewisse Organisationen, die dich und dein Kind aus dem Land bringen.“
„Ich gehe nicht ohne mein Kind, lieber sterbe ich.“
„Gut, dann müssen wir eine andere Lösung finden; ich werde mit einer Reiseleiterin sprechen. Es gibt sicher ein Flugzeug, das dich mitnimmt. Du musst jetzt Mohamed dazu bringen, dass er deinen Pass herausgibt. Drohe ihm notfalls mit der Polizei und der deutschen Botschaft.“
„Ja, ich werde es versuchen.“
Drei Tage später hatte Julia ihren Pass. Ich hatte einer Reiseleiterin erzählt, dass das Kind einer deutschen Frau schwer krank geworden sei und sie unbedingt mit ihm nach Deutschland müsse. Wir konnten keinen Linienflug buchen, denn das hätte Mohamed sicher erfahren, und die Wahrheit konnte ich der Reiseleiterin auch nicht sagen, da sie sonst mit dem tunesischen Gesetz in Konflikt gekommen wäre.
Es klappte, die Reiseleiterin sagte mir, dass sie für Montagnachmittag ein Ticket am Flughafen Djerba für Julia und Samir bereithalten würde. Wir sollten zwei Stunden vor Abflug dort sein.
Nun ging es darum, Julia unbemerkt zum Flughafen zu bringen. Wir verabredeten, dass sie an diesem Tag unbedingt am Vormittag ganz normal zum Strand gehen sollte. Sie schaffte es, während ich mir unter dem Vorwand, ein Kind ins Krankenhaus bringen zu müssen, den Mietwagen einer Touristin auslieh, um damit am Mittag in die Hotelanlage zu fahren. Punkt zwölf Uhr sollte Julia zur Toilette gehen und dann schnell zum Parkplatz laufen. Aber gerade, als ich mit dem geliehenen Fahrzeug ins Hotelgelände einbog, kam Amor mir entgegen.
„Was ist das für ein Auto?“
„Ich hab’ es mir geliehen; Julias Baby ist krank, ich bring’ sie in die Klinik nach Djerba.“

„Warum du? Julia hat einen Mann.“
„Bitte, Amor, steig ein, ich werd’ es dir erklären, frag jetzt nicht weiter.“
Er stieg ein, und ich fuhr los.
„Wir müssen Julia wegbringen, Amor, bitte, wenn du mir nicht hilfst, verlasse ich dich.“
„Erkläre mir sofort, was hier los ist.“
Ich erzählte also in kurzen Worten, was wir vorhatten.
„Das machst du nicht. Du bringst sie nicht weg.“
„Das mache ich doch, sie braucht mich. Sie wird hier sterben, wenn ich ihr nicht helfe. Sie würde das gleiche für mich tun.“
In diesem Moment kam Julia angerannt. Noch immer trug sie nur den Badeanzug. Auf dem einen Arm trug sie das Kind, unter den anderen hatte sie ein paar Kleidungsstücke geklemmt. Als sie Amor sah, erschrak sie.
„Keine Angst, Julia, er wird uns helfen.“ Ein Blick zu Amor bestätigte meine Aussage.
„Gut“, sagte Amor, „aber ich fahre. Es gibt ein paar Schleichwege. Es ist besser, wenn die Leute auf der Hauptstraße uns nicht sehen.“
Ich überließ ihm das Steuer. Julia legte sich mit dem Kleinen auf die Rückbank, und Amor fuhr los. Erst als wir auf der Landstraße in Richtung Djerba waren, zog Julia die Kleidungsstücke an.
„Warum kommst du im Badeanzug, du solltest doch deine Sachen auf der Toilette deponieren und dich dort umziehen.“
„Das ging nicht. Mohamed hat mich zum Strand gebracht. Ich musste unsere Sachen unter unserem Sonnenschirm lassen und wurde auch die ganze Zeit beobachtet. Am Pool habe ich eine Touristin gefragt, ob sie mir etwas zum Anziehen leihen könnte. Ich habe unsere Sachen alle am Strand gelassen und tat so, als würde ich tatsächlich nur zur Toilette gehen. Die nette Frau hat diesen Rock und das Shirt in die Toilette gebracht. Hast du meinen Pass?“
„Ja, natürlich.“

„Und auch das Schreiben der Botschaft?"
„Ja, auch und auch noch etwas Geld für alle Fälle."
Ich bemerkte, dass Julia am ganzen Körper zitterte, und sie tat mir unendlich leid. Amor fuhr wie der Teufel und sagte kein Wort. Kurze Zeit glaubte ich schon, er würde uns sonst wohin fahren, nur nicht zum Flughafen. Aber ich hatte mich geirrt, er fuhr zum Flughafen.
Dort angekommen, wollte er Julia nur aussteigen lassen und sofort zurück.
„Das geht nicht, Amor. Ich muss zu dieser Reiseleiterin. Julia kennt sie nicht. Bleib du, wenn du willst, im Auto und warte auf mich."
„Na gut, aber macht schnell."
„Julia, versteck dich bitte auf der Toilette, man weiß nie, wer dich hier kennt."
„Ja, du hast Recht."
Ich suchte die Reiseleiterin, fand sie schnell und wollte die Tickets.
„Es gibt noch ein Problem. Von hier aus dürfen wir ja keine Charterflüge verkaufen, nur im äußersten Notfall. Der Flughafenarzt will sich das kranke Kind ansehen, ob es überhaupt flugtauglich ist.
Wo ist es?"
„Verdammt, daran haben wir nicht gedacht."
„Was ist los? Da stimmt doch was nicht", sagte die nette Reiseleiterin.
„Da stimmt vieles nicht", sagte ich resigniert. Ich entschloss mich, die Wahrheit zu sagen. Schließlich war sie eine deutsche Frau, sie würde es verstehen. Und sie verstand auch sofort.
„Ich werde versuchen, etwas für Ihre Freundin zu tun. Bleiben Sie bitte auf der Damentoilette, bis ich komme."
„Danke", sagte ich und ging zu Julia.
„Hast du das Ticket?"
„Nein, leider nicht. Der Flughafenarzt will Samir sehen. Er würde

doch sofort merken, dass das ein tunesisches Kind ist und überhaupt nicht krank."
„Und nun?"
„Wir sollen hier warten, Frau Berger will uns helfen."
Wir warteten sehr lange und befürchteten die ganze Zeit, dass die Maschine ohne Julia abfliegen würde.
„Ich werde nachsehen, wo sie bleibt", sagte ich und machte die Tür auf. Mir stockte der Atem, und ich schlug sie sofort wieder zu.
„Was ist los?" rief Julia.
„Dein Mann und sein Bruder sind draußen."
„Was? Was soll ich jetzt tun? Wenn er mich kriegt, bringt er mich um."
Julia war völlig aufgelöst.
„Er wird dich nicht kriegen, beruhige dich. Aber warum ist er hier? Irgendjemand muss ihn doch informiert haben."
„Amor?" fragte Julia.
„Nein, unmöglich. Amor ist hier. So schnell hätte er nicht herkommen können, wir sind erst zwanzig Minuten hier. Es muss uns jemand im Hotel gesehen haben und gleich zu Mohamed gelaufen sein."
„Mein Gott, was soll ich nur machen?"
„Wir warten, bis Frau Berger zurück ist."
Zehn Minuten später kam sie und forderte uns auf, mit zum Flughafendirektor zu kommen.
„Das geht nicht, Julias Mann ist da draußen, irgendjemand muss uns verraten haben."
„Das wird ja immer schöner. Ich werde zwei Sicherheitsbeamte holen, sie werden uns ins Büro des Direktors begleiten."
Sie tat es. Wenige Minuten später holten uns zwei kräftige, Beamte ab. Julia und ich gingen mit dem Kind in der Mitte. Die zwei Polizisten links und rechts. Hinter uns Frau Berger.
Mohamed und sein ältester Bruder sahen uns und stürmten auf uns zu. Julia schrie auf. Die zwei „Bodyguards" stoppten den auf-

gebrachten Ehemann meiner Freundin. Wir mussten quer durch die Abflughalle, um an die Treppe zur Galerie zu gelangen, auf der sich die Büros befanden. Immer wieder versuchte Mohamed, an Julia heranzukommen. Er wollte ihr Samir aus den Armen reißen. Wären die Beamten nicht gewesen, es wäre ihm gelungen. Ein weiterer Sicherheitsbeamter kam hinzu und hielt Mohamed fest, während wir die Halle durchquerten und schleunigst die Treppe zu den Büros hinaufgingen und hinter einer der Türen verschwanden.

Der Direktor bot uns Platz an und verlangte Julias Pass. Ich sah zu Julia, sie nickte, und ich gab den Pass heraus. Julia legte dann auch noch die Bescheinigung der tunesischen Botschaft vor, die besagte, dass sie jederzeit mit ihrem Kind das Land verlassen könne.

„Wir werden das prüfen", sagte der Direktor auf Französisch.

Frau Berger übersetzte. Überhaupt versuchte die nette Reiseleiterin alles. Sie erzählte dem Direktor die ganze Geschichte und versuchte ihm klarzumachen, dass Julias Leben davon abhing. Die ganze Zeit hatte sie Julias Ticket in der Hand und schaute auf die Uhr. Der Direktor telefonierte, wir warteten.

Frau Berger erklärte uns, dass Mohamed im Nebenraum festgehalten und verhört wurde.

Die Zeit verging. Noch eine halbe Stunde bis zum Abflug. Der letzte Aufruf, dass alle Passagiere für die Maschine nach Hamburg die Passkontrolle passieren sollten.

„Ich muss jetzt gehen", jammerte Julia und sah den Direktor flehend an. Aber der saß da und wartete auf einen Anruf. Noch zehn Minuten bis Abflug.

„Keine Chance", sagte Frau Berger, „aber ich bringe Sie in einer anderen Maschine unter. Es gehen heute noch vier weitere Maschinen nach Deutschland."

Dann kam der Anruf. Das Gespräch wurde auf Arabisch geführt. Der Direktor erzählte dann noch mal alles auf Französisch, und Frau Berger übersetzte für uns.

„Es tut mir leid. Der Direktor sagt, dass das heute nicht zu klären sei. Er wartet auf eine Entscheidung vom Familiengericht, die kommt aber erst morgen.“
„Das Familiengericht? Was hat das Gericht damit zu tun?“ fragte Julia.
„Ihr Mann hat Widerspruch eingelegt und die von ihm unterzeichnete Bestätigung der Botschaft für ungültig erklärt. Er sagt, er widerruft seine Unterschrift.“
„Und das kann er so einfach? Dann ist doch die Ausreiseerlaubnis der Botschaft überhaupt nichts wert!“
Der Direktor bat uns, am nächsten Tag wiederzukommen.
„Aber wie stellen Sie sich das vor, wir können nicht nach Zarzis zurück, sie werden uns schlagen und einsperren.“
„Ich lasse Sie in ein sicheres Hotel bringen. Dort bleiben Sie, bis wir Ihnen Nachricht geben“, sagte der Direktor, stand auf, öffnete die Tür und rief nach den Beamten, die draußen gewartet hatten.
„Amor wartet noch immer auf dem Parkplatz“, fiel mir ein, „mein Gott, ich sollte doch das Auto gleich zurückbringen.“
„Lass mich bitte nicht alleine“, flehte Julia.
„Nein, ich lass dich nicht alleine.“
In der Halle sah ich schließlich Amor. Er hatte uns wohl schon gesucht. Ich bat die Reiseleiterin einen Moment um Geduld, lief zu Amor und erklärte, was passiert war.
„Fahr bitte zurück und bring den Wagen ins Hotel, sonst gibt es Schwierigkeiten. Ich melde mich nachher. Geh bitte ins Café Tunis, ich rufe dich dort an.“
„Sabrina, bitte komm mit mir zurück.“
„Nein, ich kann nicht.“
Er merkte, dass es sinnlos war, mich überreden zu wollen und ging. Frau Berger und die Beamten brachten uns zum Hotel. Mohamed und sein Bruder wurden inzwischen im Flughafen festgehalten. Die Beamten erklärten dem Besitzer des kleinen Hotels in Houmt Souk, dass niemand zu uns dürfe und er niemand Aus-

kunft geben dürfe, falls jemand nach uns fragen sollte. Wir waren sicher. Samir quengelte inzwischen, denn er hatte Hunger. Wir gingen ins Restaurant, bestellten etwas Kartoffelpüree und weich gekochtes Gemüse für Samir und auch für uns eine Kleinigkeit.
„Ich habe keinen Hunger“, sagte Julia.
„Ich auch nicht, aber wir müssen bei Kräften bleiben, wer weiß, was noch kommt.“
Erschrocken sah sie mich an.
„Ich kann nicht nach Hause zurück, auf keinen Fall.“
„Ich weiß. Hoffen wir, dass du morgen ausreisen darfst.“
Ich rief Amor an, sagte ihm aber nicht, in welchem Hotel wir waren. Er ärgerte sich darüber und legte den Hörer auf. Mir war nur wichtig, dass er den geliehenen Wagen ordnungsgemäß zurück gebracht hatte.
„Jetzt bekommst du meinetwegen auch noch Schwierigkeiten mit Amor“, meinte Julia.
„Das gibt sich schon wieder. Du bist jetzt wichtiger.“
Wir wickelten Samir mit einem Hotel-Handtuch, weil wir ja keine Windeln hatten und legten ihn zwischen uns ins große Doppelbett, wo er auch gleich einschlief. Julia und ich fanden keinen Schlaf. Wir hofften und beteten, dass sie morgen das Land mit Samir verlassen konnte.
Wir ließen uns das Frühstück aufs Zimmer kommen und warteten auf den Anruf, der die Erlösung bringen sollte. Um elf Uhr war es endlich soweit. Frau Berger rief an. Als Julia den Hörer auflegte, strahlte sie über das ganze Gesicht. Sie umarmte mich heftig und rief immer wieder: „Wir dürfen ausreisen. Samir und ich können nach Hause.“
„Wann?“ fragte ich.
„Heute Nachmittag. Um vierzehn Uhr holt uns Frau Berger ab und bringt uns zum Flughafen.“
„Find’ ich toll, dass sich Frau Berger so engagiert, und ich freu’ mich für dich, Julia. Schade nur, dass ich jetzt keine Freundin mehr hier habe.“

„Wir werden immer Freundinnen bleiben, wir können uns schreiben.“
„Ja sicher, das tun wir auch.“
Wir umarmten uns ganz fest. Es wurde vierzehn Uhr. Frau Berger kam nicht. Wir warteten an der Rezeption des kleinen Hotels, wurden unruhig. Dann das Telefon. Frau Berger teilte Julia mit, dass sie doch noch nicht ausreisen konnte, und wir sollten uns noch gedulden.
Eine Stunde später kam die nette Reiseleiterin. Ihr Gesichtsausdruck verriet nichts Gutes.
„Was ist passiert?“ Fast gleichzeitig stellten wir diese Frage.
„Das Gericht hat nun doch entschieden, dass nur Sie, Julia, das Land verlassen können. Ihre Maschine geht um Viertel nach sechs.“
„Und Samir?“
„Er muss hier bleiben. Er wird von der Polizei abgeholt.“
„Nein“, schrie nun Julia, „nein, ich fliege nicht ohne mein Kind! Was soll denn aus ihm werden, wenn ich ihn alleine lasse? Ich kann ihn nicht alleine lassen.“
Frau Berger und ich standen vor ihr. Hilflos mussten wir mit ansehen, was Julia durchmachte. Meiner Freundin rannen die Tränen nur so übers Gesicht. Ich konnte mich nun auch nicht mehr beherrschen und heulte los. Auch Frau Berger kämpfte mit den Tränen.
„Ich würde auch nicht anders handeln, keine Mutter würde ihr Kind hier lassen“, sagte sie leise.
„Aber ich kann auch nicht zu Mohamed zurück, er wird mich jetzt erst recht einsperren.“
„Du brauchst nicht zu Mohamed zurück, Julia, ihr beide kommt jetzt erst mal mit zu mir, dann werden wir weitersehen.“
„Und Amor, was wird Amor sagen?“
„Ich glaube, dass er uns helfen wird, sonst verliert er mich auch, er ist mir einiges schuldig.“
„Gut“, sagte Julia an Frau Berger gewandt, „rufen Sie bitte den Flughafen an und teilen Sie dem Direktor mit, dass ich hier bleibe.

Bitte sorgen Sie dafür, dass ich meinen Pass zurückbekomme."
„Ja, ich kümmere mich darum. Wie kommen Sie jetzt nach Zarzis zurück?"
„Ich werde meinen Mann anrufen. Er leiht sich ein Auto und holt uns", sagte ich.
Frau Berger rief den Flughafen an, redete eine Weile und drehte sich dann wieder zu uns um.
„Der Direktor sagte, dass Sie dumm sind, wenn Sie hier bleiben."
„Das kann auch nur ein Araber sagen. Diese Menschen haben wirklich keine Gefühle."
„Das stimmt. Ihm ist doch egal, was aus Ihrem Kind wird. Ihren Pass können Sie sich auf der Polizeistation in Zarzis wieder abholen. Er lässt ihn dorthin bringen."
„Ja gut, ich danke Ihnen, Frau Berger, sie haben uns so viel geholfen." Julia reichte der Reiseleiterin die Hand.
Ich rief Amor an und sagte ihm, dass er mich abholen solle. Von Julia und Samir sagte ich kein Wort.
„Warum hast du ihm nichts gesagt?"
„Er wird es erfahren, wenn er hier ist. Ich kann jetzt niemanden vertrauen, solange du nicht in Sicherheit bist."
Wir ließen uns Kaffee kommen und warteten auf Amor. Frau Berger hatte sich verabschiedet und Julia viel Glück gewünscht.
Nun rief Julia ihre Mutter an. Sie saß in Deutschland wie auf Kohlen. Aber es war verabredet, dass Julia erst anrufen würde, wenn sie außer Landes war, also von einem deutschen Flughafen. Julias Mutter war außer sich und versprach, sich an die deutsche Regierung zu wenden.
Zwei Stunden später kam Amor. Wir erklärten ihm, dass Julia nicht ohne ihr Baby fliegen würde und dass sie jetzt erst mal bei uns wohnen würden. Amor schluckte, sagte aber nichts. Er hatte wohl bemerkt, wie fertig wir waren.
„Ich werde niemandem sagen, dass ihr bei uns seid. Mohamed wird glauben, dass ihr immer noch in einem Hotel auf Djerba seid."

„Das ist wohl am besten so“, meinte Julia.
„Dann müsst ihr aber im Haus bleiben. Es ist gut, dass es jetzt schon dunkel ist, niemand wird uns sehen.“
„Jetzt hast du ja, was du wolltest“, sagte ich zu Amor.
„Was wollte ich?“
„Du wolltest immer, dass ich im Haus bleibe.“
„Ja, aber nicht so.“
Zu Hause gaben wir ihm eine Einkaufsliste. Wir brauchten einige Dinge. Windeln und Babynahrung, ein wenig Kinderkleidung und Essen für Julia und mich.
„Ich kann nicht Sachen für Baby kaufen, Leute sagen es vielleicht Mohamed. Das ganze Dorf spricht schon über euch.“
„Dann kauf die Sachen in Mouensa oder Hassi Djerbi oder sonst wo. Wir brauchen die Sachen. Samir braucht seine Ordnung.“
„Mit euch, man hat nur Probleme.“
Ich musste lachen, irgendwie tat er mir in diesem Moment ein bisschen leid.

Vier Tage lang waren wir schon im Haus verschanzt. Wir hielten die Fensterläden geschlossen. Amor versorgte uns mit Lebensmitteln und Getränken, ließ uns aber ansonsten alleine. Am Morgen des fünften Tages klopfte es an die Tür.
„Wer kann das sein?“ Julia zuckte zusammen.
„Bleib in deinem Zimmer, ich sehe nach.“
„Mach die Tür nicht auf.“
„Nein, ich rufe durchs Fenster.“
Wieder klopfte es. Diesmal etwas lauter. „Wer ist da?“ rief ich durch die Schlitze im Fensterladen.
„Polizei. Machen Sie auf, Madame.“
Ich öffnete den Fensterladen. Zwei Beamte standen davor.
„Was wollen Sie?“
„Ist Madame Julia hier?“ Der eine Polizist sprach gut Deutsch.
„Wer will das wissen?“
„Ihr Mann, er ist draußen auf der Straße.“

Leugnen half nicht, sie würden wahrscheinlich das Haus durchsuchen. „Ja, Madame Julia ist hier. Sie bleibt auch hier. Sie ist mein Gast."
„Ihr Mann will, dass sie und das Kind nach Hause kommen."
„Aber Madame will es nicht. Sie wurde von ihrem Mann geschlagen und eingesperrt, sie will nicht zurück."
„Verstehe, ich werde es ihm sagen."
Er ging zu Mohamed und sprach mit ihm, dann kam er zurück.
„Er verspricht, nicht mehr zu schlagen, wenn sie zurückkommt."
„Dieses Versprechen ist nichts wert. Er lügt. Julia bleibt hier."
„Gut, dann ist das nicht mehr unser Problem. Sie können machen, was Sie wollen."
„Ja, aber bitte sagen Sie Mohamed, dass wir sofort die Polizei informieren, wenn er hier auftaucht. Wir wollen nicht, dass er hier herkommt. Ach, übrigens, Julias Pass ist noch bei Ihnen, kann ich ihn abholen?"
„Nein, das muss Madame selbst machen, sie muss unterschreiben."
„Dann verwahren Sie ihn bitte weiter, bis sie kommt."
Als sie weg waren, riss ich sofort alle Fensterläden auf, öffnete die Terrassentür und ließ Luft herein.
„Endlich sind wir nicht mehr eingesperrt. Wir können jetzt an die Luft und uns frei bewegen."
„Bist du verrückt?" Julia, die alles mit angehört hatte, wollte die Tür wieder schließen.
„Keine Angst. Die Polizei weiß doch jetzt Bescheid. Er wird es nicht wagen, hier herzukommen."
„Hoffen wir es, aber wir müssen uns nun etwas einfallen lassen. Ich kann ja nicht ewig hier im Haus bleiben, das hätte ich zu Hause auch haben können."
„Ja sicher, wir werden etwas unternehmen."
Den ganzen Tag saßen wir auf der Terrasse und dachten uns die abenteuerlichsten Geschichten aus, wie wir Julia und das Kind außer Lands bringen könnten. Wir dachten an ein Motorboot, das

sie nach Malta bringen könnte, an einen Rettungshubschrauber des ADAC, an falsche Pässe und, und, und …

„Es gibt Organisationen, die Frauen und Kinder aus moslemischen Ländern herausholen, Julia. Wir sollten uns darum kümmern. Wir haben keine andere Wahl."

„Ja, ich habe auch davon gehört. Aber diese Leute sind teuer, und ich habe kein Geld."

„Du hast aber eine Familie in Deutschland, die dich liebt. Sie wird dir helfen."

Der Gedanke an diese Organisation ließ uns nicht mehr zur Ruhe kommen. Wir hüteten uns aber, Amor gegenüber irgendetwas in dieser Richtung verlauten zu lassen. Dass es kein Telefon in unserem Haus gab, erschwerte die Sache ungemein. Da ich Mohamed nicht traute, wollte ich Julia auf keinen Fall alleine lassen; wie sollte ich also mit Julias Familie telefonieren?

Unwissentlich kamen uns unsere Männer am nächsten Tag entgegen: Amor brachte Mohamed zu unserem Haus.

„Er will mit Julia sprechen, ich konnte ihn nicht davon abhalten."

„Julia, willst du mit ihm reden?"

„Ich kann wohl nicht anders. Irgendwie muss es ja weitergehen."

Ich bat ihn herein.

„Wo ist mein Sohn?"

„Er schläft", sagte Julia.

„Gut, dann lass uns reden." Amor und ich wollten hinausgehen.

„Nein, bitte bleibt hier. Ich will nicht mit ihm alleine reden. Es ist besser, ihr wisst, was er zu sagen hat", bat Julia.

Wir setzten uns auf die runde Bank unter der Kuppel. Mohamed fiel es sehr schwer, die passenden Worte zu finden. Er stand auf, ging zu Julia hinüber und kniete vor ihr nieder. „Ich habe gemerkt, Julia, dass ich alles falsch gemacht habe. Ich weiß jetzt, dass ich dich nicht einsperren darf. Ich bitte dich um Verzeihung. Ich verspreche, ich werde jetzt immer gut zu dir sein, komm bitte nach Hause."

Julia sagte nichts. Ich konnte spüren, was in ihr vorging. Sie hasste diesen Mann abgrundtief.

„Bitte, sag etwas“, flehte Mohamed.
„Ich werde es mir überlegen“, sagte Julia kurz und sah mich an. Ich spürte förmlich, wie ihr ein ganz bestimmter Gedanke durch den Kopf jagte.
„Wie lange willst du überlegen?“ fragte Mohamed.
„Bis morgen, lass mir bitte einen Tag Zeit.“
„Gut, wie du willst.“
Er verabschiedete sich, und Amor ging mit ihm.
„Was willst du jetzt tun?“ fragte ich vorsichtig.
„Fest steht, dass ich nicht ewig in deinem Haus bleiben kann. Amor gefällt das überhaupt nicht; wie er mich schon immer ansieht.“
„Mach dir keine Gedanken um Amor, du kannst solange bleiben, wie du möchtest, das weißt du.“
„Ja, danke, aber es ist keine Lösung.“
„Nein, das nicht. Also was dann?“
„Ich werde so tun, als ob ich mich mit ihm versöhne. Ich kann auch schauspielern, was meinst du, wie ich das kann! Wenn er sich dann in Sicherheit wiegt, hat meine Familie längst diese Organisation ausfindig gemacht, die uns hier herausholt.“
„Das wäre ein Weg, Julia. Das bedeutet aber auch, dass du wieder mit ihm schlafen musst.“
„Ja, ich weiß. Eine Weile kann ich das sicher hinauszögern. Nach alledem bin ich eben noch nicht bereit dazu. Ich weiß ja nicht, wie lange es dauert, bis man uns holt.“
„Ich wünsch euch Glück“, sagte ich nur, „aber so einfach würde ich es ihm nicht machen. Wir werden die Polizei informieren, dass du wieder nach Hause gehst, und er muss dort unterschreiben, dass er dich nicht mehr misshandelt oder einsperrt.“
„Ja, das ist eine gute Idee, das wird ihn davon abhalten, wieder rückfällig zu werden.“
Am nächsten Tag holte Mohamed seine Frau und seinen Sohn nach Hause. Alles war scheinbar in Ordnung.
Meine Schwiegereltern verhielten sich mir gegenüber etwas zurückhaltend, Leute im Dorf sahen mich komisch an. Ich machte mir

nichts daraus. Ihre Devise, dass man sich aus Angelegenheiten anderer gefälligst herauszuhalten hat, war mir schnuppe.
Jeden Tag holte ich Julia und Samir zu Hause ab, und wir gingen zusammen zum Strand, zum Einkaufen und Telefonieren. Ich passte auf, dass niemand Julias Gespräche mitbekam. Der Plan für einen erneuten Fluchtversuch nahm Formen an.

Amor teilte mir mit, dass er beabsichtige, wieder nach Deutschland zu gehen. Nichts konnte ihn davon abhalten.
„Spätestens im Oktober bin ich hier weg, und du solltest mit mir kommen, ich brauche dich und ich liebe dich. Ruf deine Freunde und Familie an, sie sollen uns eine Wohnung besorgen."
Ich wollte jetzt keinen Streit mit Amor und sagte deshalb, dass die Idee gut sei und dass ich mich darum kümmern würde. Aber solange ich Julia nicht in Sicherheit wusste, würde ich bestimmt nicht abreisen.
Vier Wochen später hatte Julias Familie die Organisation ausfindig gemacht und beauftragt, Julia und Samir aus dem Land zu holen. Es war aber nötig, dass Julia für eine Woche nach Deutschland reisen musste, um Einzelheiten, örtliche Gegebenheiten und konkrete Pläne zu besprechen. Post und Telefon waren dafür zu unsicher. Also rief Julias Schwester bei Mohamed an und erfand eine schlimme Krankheit, mit der Julias Mutter angeblich in eine Klinik eingewiesen werden musste, und dass sie unbedingt ihre Tochter sehen wollte. Nach einigem Hin und Her sah Julias Mann ein, dass man einer schwerkranken Mutter keinen Wunsch abschlagen durfte und kaufte ein Ticket für Julia. Nicht einen Augenblick lang wagte sie zu hoffen, dass er Samir mit auf die Reise schicken würde. Der Kleine sollte solange bei Mohameds Mutter bleiben.
Wir umarmten uns einen Tag vor ihrer Abreise herzlich, und ichversprach ihr, die ganze Woche die Daumen zu drücken, dass alles nach ihren Vorstellungen gelingen würde.
„Siehst du mal nach Samir, Sabrina?"

„Julia, du weißt, dass sie mich niemals zu ihm lassen würden, wenn du nicht da bist, aber mach dir keine Sorgen, sie werden gut für ihn sorgen. Mohameds Familie liebt Samir."
„Ja, du hast sicher Recht, aber er war niemals, nicht eine Minute ohne seine Mutter."
„Ich verstehe dich, aber er wird die eine Woche überstehen, es geht nicht anders."
Ich hatte inzwischen, um Amor hinzuhalten, einer Freundin in meiner Heimatstadt geschrieben, dass wir beabsichtigten, den Winter in Deutschland zu verbringen und dass sie uns über einen befreundeten Makler eine kleine Wohnung besorgen sollte. Da die Post sehr lange unterwegs war, gab mir das genügend Zeit. Amor war ausgesprochen nett und schien glücklich, dass ich mit ihm nach Deutschland zurückkehren wollte. Warum auch nicht; mir erschien der Gedanke, Amor dort eine Arbeit zu besorgen, gar nicht so verkehrt.
Ich überlegte mir, dass ich dann im Frühjahr alleine zurückkehren würde, um die geplante Ferienwohnung zu bauen. Vorausgesetzt natürlich, Amor würde sich in das deutsche Gefüge der Arbeitswelt einleben können.

Julia kam zurück, und wir trafen uns am Strand. Es hatte geklappt. Einzelheiten und wer diese Leute waren, die sie und das Baby holen würden, wollte sie mir aus Sicherheitsgründen nicht sagen.
„Sabrina, das heißt nicht, dass ich dir nicht vertraue, aber je weniger du weißt, desto besser für dich. Wenn wir weg sind, musst du damit rechnen, dass sie dich verhören. Wenn diese Organisation auffliegt, kommt es zur Katastrophe für alle Beteiligten. Wir alle würden wegen Kindesentführung im Gefängnis landen."
„Haben diese Leute das so gesagt?"
„Ja, und sie haben mich eindringlich darum gebeten, mit niemand darüber zu sprechen."
„Ich verstehe, das sind Profis, sie werden wissen, wie sie vorgehen. Sag mir nur, wann es passieren wird, damit ich mich darauf

einstellen kann, dass du eines Tages einfach verschwunden bist."
„Diese Leute haben schon viele Kinder aus moslemischen Ländern herausgeholt. Sie machen das berufsmäßig, und in den meisten Fällen haben sie Erfolg. Ich darf es nicht sagen, aber du sollst wissen, dass sie uns innerhalb der nächsten vierzehn Tage holen."
„Aber wie?"
„Frag doch nicht. Ich verspreche, ich erzähle es dir, wenn ich außer Landes bin."
„Aber nicht brieflich."
„Bist du verrückt? Die werden auf der Post jeden einzelnen Brief von uns kontrollieren."
„Uns wird was einfallen, wie wir uns schreiben können."
„Sabrina, es tut mir leid, dass du wahrscheinlich einem Verhör unterzogen wirst, wenn wir weg sind."
„Das macht nichts, das werde ich überleben. Und schließlich habe ich nichts damit zu tun. Die Hauptsache ist, du wirst wieder in Frieden leben können."
„Und du? Wirst du mit Amor in Frieden leben können?"
„Ich denke schon, sein Verhalten hat sich wesentlich verbessert. Er macht mir auch schon lange keine Vorschriften mehr."
„Er sieht ja auch, dass du nichts Schlimmes machst, mal abgesehen von der Sache mit mir."
„Er versteht, dass ich dir helfen musste. Wenn er alleine in Deutschland wäre und in Not, und ein Landsmann würde ihm helfen, dann würde er diese Hilfe auch zu schätzen wissen."
„Hast du ihm das so erklärt?"
„Ja, und genauso hat er es seiner Familie vermittelt. Ich denke, das ist ausgestanden."
„Noch nicht, es kommt noch etwas, wenn ich weg bin."
„Das kann nicht so schlimm werden."
Im Laufe der Woche wurde Julia immer nervöser. Sie aß nicht, hatte ständig Magenkrämpfe und Brechdurchfall. Täglich kam sie aber an den Strand, um auf der Terrasse des Hotels etwas zu trinken und um zu reden.

„Was ist los? Das kann man ja nicht mehr mit ansehen! Julia, du musst essen."
„Ich kann nicht, ich habe Angst."
„Wovor?"
Sie sah sich um, ob nicht zufällig ein Kellner mit langen Ohren in der Nähe war, dann sagte sie leise: „Ich habe nur noch drei Tage Zeit. Die Leute warten jede Nacht um drei Uhr mit einem Auto an der Straße. Wenn ich es nicht schaffe, innerhalb der nächsten drei Tage mit Samir einzusteigen, reisen sie wieder ab."
„Julia, du wolltest mir nichts sagen."
„Entschuldige, aber ich werde verrückt. Sie haben mir K.O.-Tropfen gegeben, die soll ich Mohamed in ein Getränk schütten, damit er ganz fest schläft. Das Problem ist nur, in unserer Gasse ist eine Hochzeit, und die sitzen die halbe Nacht draußen."
„Dann musst du dich wie eine Tunesierin kleiden. Schlag das Fuder übers Gesicht, niemand wird wagen, dich anzufassen, wenn du dort vorbeigehst."
„Aber irgendjemand könnte mir folgen und nachschauen, wo diese Tunesierin mitten in der Nacht hingeht. Du weißt, dass es nicht üblich ist, dass Frauen in der Nacht alleine auf der Straße sind."
„Du musst es versuchen. Wenn sie dich erwischen, sag einfach, du brauchtest frische Luft."
„Ich habe so schreckliche Angst."
Ich fühlte mit ihr, machte ihr aber immer wieder Mut.
„Wenn ich eines Tages nicht hier erscheine, weißt du, dass ich es entweder geschafft habe oder im Gefängnis bin."
„Wenn du nicht kommst, werde ich auf jeden Fall deine Schwester oder deine Mutter anrufen. Du musst sie sofort informieren, sobald du deutschen Boden betrittst."
„Das verspreche ich."

Die nächsten Nächte konnte ich nicht schlafen. Pünktlich um drei Uhr morgens lief ich wie ein aufgescheuchtes Huhn durchs Haus. Hatte sie es geschafft oder nicht, hatte sie es geschafft oder nicht?

Endlich, nach der letzten Nacht ratterte es morgens um fünf Uhr bei mir am Tor. Amor stand auf, um nachzusehen. Aufgeregt kam er zurück.
„Was hast du wieder angestellt? Mohamed ist mit der Polizei draußen."
Mich durchfuhr eine Welle der Freude. Ich wusste in diesem Moment, sie hatte es geschafft; Julia war mit ihrem Baby in Sicherheit. Locker sprang ich aus dem Bett, zog mir einen Bademantel über und ging hinaus.
„Wo ist sie?" rief mir Mohamed aufgebracht entgegen.
„Wer?" fragte ich geistesgegenwärtig.
„Julia. Sie hat meinen Sohn gestohlen und ist weg."
„Julia? Aber warum? Es war doch alles wieder in Ordnung zwischen euch."
„Ist sie bei dir?"
„Nein, warum sollte sie?"
Die beiden Polizisten sprachen inzwischen mit Amor. Sie bestanden auf eine Hausdurchsuchung.
„Bitte, kommen Sie herein, ich kann auch Kaffee kochen", sagte ich locker. Ich war so glücklich, dass Julia weg war, dass ich fast ausrastete. Ich durfte mir das aber nicht anmerken lassen und fragte dann ganz erschrocken, während die Beamten das Haus durchsuchten:
„Aber wo kann sie denn sein so früh am Morgen? Das verstehe ich nicht. Vielleicht ist sie mit Samir zum Arzt. Sie hatte die ganze Woche etwas Magenbeschwerden."
Mohamed sah mich mit drohendem Blick an. Er hatte wohl fest damit gerechnet, dass sie sich abermals bei mir versteckt hielt.
„Tut mir leid", sagte Amor dann, „aber ihr seht, dass sie nicht hier ist und meine Frau weiß nichts, also sucht woanders."
Sie verabschiedeten sich und gingen.
„Weißt du wirklich nicht, wo sie ist?" wollte Amor wissen.
„Nein", sagte ich kurz und endgültig.
Etwas später fuhr ich zur Post, um Julias Mutter anzurufen. Hier

ist die Freundin. Ist alles okay?“ fragte ich. Wir hatten vereinbart, am Telefon niemals Namen zu nennen.
„Stell dir vor, er hat heute ganz früh angerufen und gesagt, meine Tochter wäre auf der Flucht an der libyschen Grenze erschossen worden. Du kannst dir sicher vorstellen, welcher Schock das für mich war. Gott sei Dank hat sie kurz darauf angerufen, dass sie unterwegs ist.“
„Wunderbar, wo ist sie jetzt?“
„Sie müsste in einer halben Stunde in Frankfurt landen. Ich hoffe, am Flughafen ist alles klargegangen. Ich sitze wie auf Kohlen. Sie ruft gleich nach der Landung an. Ihre Schwester holt sie dort ab.“
„Ich melde mich später noch mal kurz, ich finde auch keine Ruhe, ehe sie nicht in Deutschland ist.“
Als ich die Telefonzelle verließ, stand plötzlich Mohameds Bruder vor mir.
„Mit wem hast du telefoniert?“
„Was geht dich das an?“
„Du hast mit Julia telefoniert.“
„Du spinnst ja, lass mich in Ruhe.“
„Sag sofort, wo sie sich versteckt hält, sie muss noch irgendwo hier sein; die Polizei hat am Flughafen angerufen, sie ist auf keiner Passagierliste.“
„Ich weiß nicht, wo sie ist, lass mich in Ruhe.“
Ich ging etwas einkaufen, dann in ein Café und wartete. Nach einer Stunde ging ich zu einem Taxiphon-Laden, vergewisserte mich, dass ich nicht beobachtet wurde und wählte abermals die Nummer von Julias Mutter.
„Alles okay, liebe Freundin, sie ist hier.“
Mir fiel ein Stein vom Herzen. Gut gelaunt fuhr ich nach Hause. Dort wartete die Polizei.
„Mitkommen“, sagte der junge Polizist auf Arabisch und öffnete die Hintertür des Polizeiautos. Er hatte wohl den Auftrag, mich zu holen. Ich stieg ein, und wir fuhren los.

Im Vernehmungsraum wartete bereits mein Mann. Er saß vor einem Schreibtisch, der Stuhl neben ihm war frei. Ich setzte mich.
„Was ist los?“ wollte ich wissen, obwohl ich genau wusste, was jetzt kommen würde.
„Sie sagen, du und Julia, ihr habt Mohameds Sohn gestohlen.“
„Das soll wohl ein Witz sein.“
„Das habe ich ihnen auch gesagt. Ich habe gesagt, dass du nichts damit zu tun hast; du warst die ganze Nacht zu Hause, als sie verschwunden ist. Und sie haben gesagt, dass du damals schon geholfen hast, als sie versucht hat, das Kind von Djerba aus wegzubringen.“
„Was hast du gesagt?“
„Ich habe die Wahrheit gesagt. Ich habe gesagt, dass du mit Julia nur nach Djerba gefahren bist, weil sie gesagt hat, dass sie mit ihrem Sohn zum Arzt wollte. Du hast nicht gewusst, dass sie zum Flughafen wollte.“
Ich sagte nichts. Der Beamte fragte mich, ob das so stimmt. Ich nickte mit dem Kopf.
„Und warum waren Sie dann mit ihr am Flughafen?“
„Ich konnte sie in diesem Zustand nicht alleine lassen. Sie war völlig durcheinander. Ihr Mann hatte sie misshandelt.“
„Ich verstehe. Sie war dann in Ihrem Haus, und sie haben einen neuen Fluchtversuch geplant.“
„Nein, wie sollte das denn gehen? Ich konnte ihr nicht helfen. Julias Mann hatte der Ausreise seines Sohnes nicht zugestimmt, und sie wollte ohne ihr Kind nicht weg.“
„Wissen Sie, wo sie jetzt ist?“
„Nein.“
„Wann haben Sie sie zuletzt gesehen?“
„Gestern am Strand. Wir haben einen Kaffee zusammen getrunken.“
„Hat sie nicht gesagt, wo sie mit dem Kind hin will?“
„Nein, sie hatte sich mit ihrem Mann versöhnt, und ich dachte, es wäre alles in Ordnung.“

„Sie wissen, dass es ein schweres Vergehen ist, wenn sie helfen, ein arabisches Kind außer Landes zu bringen?“
„Ja, das weiß ich. Ich würde niemals gegen die tunesischen Gesetze verstoßen, ich will ja hier leben.“
„Warten Sie hier“, sagte der Beamte und ging hinaus.
„Du machst mir nur Probleme“, zischte Amor.
„Warum? Ich habe nichts damit zu tun, dass sie weg ist.“
Volle zwei Stunden ließ man uns im Vernehmungsraum warten, ohne dass irgendetwas geschah. Ich hütete mich, auch nur ein Wort zu Amor zu sagen, da ich vermutete, dass man uns belauschen würde. Dann wurden wir nach Hause geschickt, ohne dass noch ein weiteres Wort gefallen wäre. Draußen vor dem Gebäude stand Mohamed und sah uns giftig hinterher.
Erst Tage später hatte ich Gelegenheit, mit Julia ungestört zu telefonieren. Sie erzählte mir, welch schreckliche Angst sie in jener Nacht ausgestanden hatte, in das bereitstehende Auto zu steigen. Sie wurde nach Tunis gebracht und dort mit falschen Papieren durch die Zollabfertigung am Flughafen geschickt. Erst als die Maschine in der Luft war, konnte sie aufatmen. Sie musste sich nun ihre Haare nachfärben lassen, weil sie in jener Nacht schlagartig grau geworden waren.
Julia fehlte mir, und so entschloss ich mich, den Winter nun doch mit Amor in Deutschland zu verbringen. Zwei Monate später hatten wir eine kleine Wohnung in meiner Heimatstadt und für Amor eine Arbeit gefunden.

***

Nun war ich glücklich allein nach Zarzis zurückgekehrt. Dieser Winter in meiner Heimat war entsetzlich. Eigentlich hätte ich nach all diesen Schwierigkeiten mit Amor sofort die Scheidung einreichen müssen. Warum ließ ich mich nur immer wieder von ihm einlullen? Ich wusste ganz genau, dass es nichts anderes war. Noch eine Chance und noch eine Chance; wie viele Chancen willst du denn noch, Amor? Ich fragte mich das immer und immer wieder. Nun, ein letztes Mal wollte ich ihm glauben. Immerhin hatte er jetzt einen guten Job in einer Klinik, eine anständige Wohnung, die Mitgliedschaft in einem Fußballverein und einige Freunde, die sich um ihn kümmerten. Nur mich hatte er nicht mehr. Ich wollte zurück nach Zarzis, um meine eigenen Pläne zu verwirklichen.
Und so hatten wir uns darauf geeinigt, dass ich zurück nach Tunesien ging, die Ferienwohnung baute und für Gäste sorgte, damit wir später einer gemeinsamen und sorglosen Zukunft entgegensehen konnten, Inschallah!
Ich hatte alles Geld, was ich noch hatte, zusammengekratzt und machte mich nach meiner Ankunft sofort an die Arbeit. Ich kaufte Baumaterial, besorgte Handwerker und ließ mir fortan nichts, aber auch gar nichts von Amors Familie hineinreden. Ich managte alles alleine, und es machte mir sogar Spaß. Amors Vater war dies gar nicht recht. Immer wieder versuchte er, meine Pläne nach seinen Wünschen umzulenken. So kam es vor, dass er die Maurer anwies, nach seinen Wünschen zu bauen und glaubte, ich würde das nicht bemerken.
„Wer bezahlt euch eigentlich?“ fragte ich des Öfteren. Und weil sie ihren Lohn ausschließlich von mir erhielten, mussten sie nun wohl oder übel und sehr zum Leidwesen meines Schwiegervaters meine Wünsche akzeptieren. Amors Vater gab schließlich nach und ging schimpfend und in sich hinein brummend von dannen. Nein, dieser Mann war es nicht gewohnt, dass ihm eine Frau widersprach, und es kostete ihn wohl sehr viel Anstrengung, sich entsprechend zurückzuhalten.

„Wenn dein Mann nicht da ist", pflegte er zu sagen, „habe ich über dich zu bestimmen, das ist bei uns so."
„Das mag bei euch so sein", antwortete ich, „ich respektiere das auch. Aber ich bin keine tunesische Frau. Ich entscheide alleine, was mit meinem Geld passiert. Würdest du den Bau bezahlen, so könntest du bestimmen."
Immer wieder sprach ich ihn auch auf die noch ausstehende Besitzurkunde an, und immer wieder beteuerte er, dass die Behörde noch nichts geschickt habe, aber alles in Arbeit sei.
Damit musste ich mich zufrieden geben. Dennoch ließ ich mich auf den Kompromiss ein, dass Chamseddine bei mir mitarbeitete. So war zumindest ein Mann aus der Familie anwesend. Es war eben einfach nicht üblich, dass eine Frau täglich mit fremden Handwerkern im Haus war. So arbeitete also mein junger Schwager als Hilfsarbeiter mit, und die Familie war zufrieden.
Am Abend saß ich dann oft bei der Familie. Wir tranken Tee, und ich gab ihnen das Gefühl, dass ich mich zur Familie dazugehörig fühlte. Manchmal ging ich dem Alten sogar um den Bart, fragte ihn zum Schein um Rat, wenn es um Baumaterial oder Handwerksbetriebe ging, tat aber, sobald ich das Haus verließ, nur das, was ich wollte. Amors Mutter entlastete mich des Öfteren mit der Kocherei, denn jeden Mittag musste für die Männer gekocht werden. Ich lernte, wie man Couscous und andere tunesische Gerichte zubereitet, und bald war ich soweit, dass den Leuten mein Essen wesentlich besser schmeckte als das der Schwiegermutter. Zumindest waren meine Schüsseln immer ratzekahl leer gefuttert, während bei ihr meist die Hälfte zurückblieb. Nun glaubte ich ja, dass dies die Familie erfreuen würde, aber weit gefehlt. Schwiegermutter fing an, eifersüchtig auf meine Kochkunst zu werden. Das äußerte sich in der Form, dass sie, ohne es mit mir abzusprechen, Schüsseln mit Couscous schickte, obwohl ich selbst gekocht hatte. Ich sagte zunächst nichts, ließ ihre Speisen stehen und verfütterte sie heimlich an die Hunde und Katzen. Beim dritten Mal aber schickte ich Chamseddine mit dem Essen zurück.

„Sag deiner Mutter, dass sie es bitte einen Abend vorher mit mir absprechen möchte, wenn sie kochen will."
„Nein", meinte mein Schwager, „koch lieber du, es schmeckt besser."
„Na gut, aber dann sag ihr, dass sie nicht mehr zu kochen braucht. Es ist ja totaler Unsinn, dass wir beide kochen. Denk doch mal daran, was das Fleisch kostet."
„Ich kann es ihr nicht sagen, dann ist sie böse."
Also fuhr ich am Abend hinunter und sprach selbst mit ihr, so gut ich es eben konnte. Keiner der Männer half mir bei diesem Gespräch, weil niemand der Mutter wehtun wollte. Ich einigte mich nun mit ihr, dass sie zweimal die Woche kochen durfte und redete ihr ein, dass das viel zu viel Arbeit für sie sei und sie sich schonen solle. Das kapierte sie dann, und es lief von nun an nach Plan.
Als der Rohbau der oberen Etage hochgezogen, und das Dach auf gesetzt war, musste eine Pause eingelegt werden, damit sich die Betondecke festigen konnte. Ich genoss diese Zeit, ging schwimmen, besuchte meine Freunde und ruhte mich etwas aus. Von meinem Mann hörte ich in dieser Zeit so gut wie nichts. Manchmal richtete mir sein Vater Grüße von ihm aus, denn mit ihm telefonierte er anscheinend regelmäßig. Oft fragte ich am Abend, ob Amor nicht angerufen hätte.
„Doch, er hat angerufen, aber er hat nichts für dich gesagt", war dann die Antwort. Kein Mensch in dieser Familie dachte daran, dass mir das wehtun könnte, und niemand interessierte sich auch nur im Geringsten dafür, was ich fühlte und dachte. Ich war oft sehr einsam in dieser Zeit, aber niemand schien es zu bemerken.

In diesem Frühjahr lernte ich Monika kennen. Schon öfters sah ich sie bei mir vorbeilaufen. Da sie aber nicht grüßte und auch keinen Blick auf mein Haus riskierte, glaubte ich, sie wolle keinen Kontakt. Mir ließ das aber keine Ruhe, und so postierte ich mich eines Tages, als ich sie von weitem kommen sah, an meinem großen Tor und tat so, als ob ich es saubermachen würde. Als sie

herankam, grüßte ich freundlich. Spontan blieb sie stehen, lächelte und grüßte ebenso freundlich zurück.
„Ich sehe Sie öfters hier vorbeilaufen. Warum kommen Sie nicht einmal herein?“ fragte ich.
„Das würde ich gerne, aber ich weiß nicht, ob das erwünscht ist.“
„Na, hören Sie mal, man hat hier ja nicht viel Gelegenheit, mit deutschen Frauen zu sprechen, ich freue mich jedenfalls, dass wir nun miteinander sprechen.“
„Ja“, sagte sie, „ich auch.“
So bat ich sie ins Haus und kochte Kaffee.
Sie saß im Salon und sah mir dabei zu, wie ich eine Kekstüte aufschnitt. „Wissen Sie“, sagte sie plötzlich, „eigentlich darf ich nicht mit Ihnen sprechen.“
„So, warum denn nicht?“
Sie druckste etwas herum, kam dann aber mit der Sprache heraus.
„Man hat mir gesagt, dass es nicht gut wäre, wenn ich mit Ihnen Kontakt hätte.“
„Wer ist man?“
„Nun, mein Freund und seine Familie.“
„Das habe ich mir gedacht“, sagte ich, „das kenne ich. Die Männer hier wollen nicht, dass wir Deutschen untereinander Kontakt haben, weil wir dann zu viel erfahren oder uns gegenseitig helfen könnten. Sicher haben sie auch gesagt, dass ich eine schlechte Frau bin, stimmt's?“
Sie sah mich ganz entsetzt an.
„Woher wissen Sie das?“
Ich musste lachen. „Das sagen sie immer, wenn sie nicht wollen, dass man mit jemandem spricht.“
„Ich habe bemerkt, dass Sie immer alleine hier sind, ist das nicht sehr einsam?“
„Endlich mal jemand, der das bemerkt“, sagte ich und erzählte ihr meine Geschichte.
„Da kann man nur hoffen, dass alles gut geht und ihr Mann sich dankbar dafür zeigt, was Sie alles für ihn tun.“

„Ja“, sagte ich, „ich hoffe, es wird eines Tages so sein, dass wir hier glücklich zusammenleben können.“
Dann erzählte sie mir, dass auch sie mit ihrem Freund zusammen ein Haus gebaut hätte, dass sie aber nicht heiraten wolle, weil sie dann ihre gute Witwenrente verlieren würde.
„Ich kann mit dieser Rente und meiner eigenen das Leben führen, das ich mir wünsche, und ich bin auf niemanden angewiesen. Man müsste mich ja dafür prügeln, wenn ich das aufs Spiel setzen würde.“
„Eine weise Entscheidung“, sagte ich. „Ich wünschte, ich wäre auch in dieser glücklichen Lage.“
Monika war gerade sechzig geworden und in den Ruhestand getreten. Sie kam aus der Frankfurter Gegend und sprach diesen reizenden hessischen Dialekt. Sie war offen und geradeheraus. Eine Frau, die trotz viel Leid mit beiden Beinen fest auf der Erde stand. Ich mochte sie auf Anhieb. Der Nachmittag war noch nicht zu Ende, und wir wussten beide schon ziemlich viel voneinander. Spontan bot sie mir das Du an und versprach, in Zukunft nicht mehr einfachbei mir vorbeizulaufen. Bevor sie ging, legte ich ihr ans Herz, keine Details unseres Gespräches auszuplaudern. Ich kannte die Tunesier inzwischen und wusste, dass man sehr vorsichtig mit irgendwelchen Äußerungen sein musste.
„Was wir miteinander besprechen, bleibt unser Geheimnis“, sagte sie, als sie sich verabschiedete. Ich hatte an diesem Nachmittag eine neue Freundin gefunden. Von nun an kam sie regelmäßig, trank Kaffee mit mir, half mir bei der Gartenarbeit, und ich erzählte ihr dafür, wo in der Stadt man was bekam, wie die Preise der Lebensmittel waren, und wir gingen zusammen einkaufen.
„Das ist ja alles viel billiger, als ich gedacht habe“, sagte sie erstaunt.
„Da kannst du mal sehen, dass dein Nabil auch nicht ganz ehrlich zu dir ist. Vielleicht begreifst du jetzt, warum er immer so darauf erpicht war, alleine einkaufen zu gehen.“
„Na, dem werde ich was erzählen, wenn er nach Hause kommt.“

„Treib es bitte nicht zu toll, du bekommst nur Ärger, und am Ende verbietet er dir womöglich, mit mir zu reden."
„Das kann er nicht."
„Doch, Moni, das wird er tun, wenn du ihn beschuldigst, dich zu betrügen. Am besten, du tust so, als hättest du es nicht bemerkt und sagst nur, dass du in Zukunft gerne alleine einkaufen würdest, weil es dir zu Hause zu langweilig ist."
„Na gut, wenn du meinst, du kennst die Mentalität besser als ich. Aber in Zukunft werde ich besser aufpassen."

Im Haus der Schwiegereltern liefen derweil die Hochzeitsvorbereitungen für Achmed. Der zweite Sohn sollte im August das Mädchen heiraten, das Mutter für ihn ausgesucht hatte. Das Haus, das eigentlich einmal für Amor bestimmt gewesen war, wurde nun neu gestrichen und eingerichtet. Die ganze Familie war dabei, irgendwelche Dinge herbeizuschaffen. Tanten brachten Töpfe und Pfannen, bunte Kissen und kitschige Plastikblumen, die sie wahllos irgendwo im Haus an die Wände hingen. Schwiegervater bat mich, mit ihm nach Ben Guerdane zum großen Arabermarkt zu fahren. Er wollte dort diverses für die große Hochzeit einkaufen. Natürlich wollte Schwiegermutter auch mitfahren.
„Das kommt nicht in Frage", zeterte der Alte.
„Warum nicht?" fragte ich. „Mach doch deiner Frau auch einmal eine Freude. Noch nie im Leben ist sie auf diesem Markt gewesen. Und überhaupt wahrscheinlich auch niemals aus Zarzis herausgekommen. Lass sie doch mit."
„Nein", schrie er, „Fatima braucht nicht mit."
„Na gut, dann fahre ich auch nicht", sagte ich.
„Aber ich habe kein Auto, du musst mit mir fahren."
„Ich fahre nur, wenn Mutter mitkommt", sagte ich beharrlich.
„Mit euch Frauen hat man nur Ärger", sagte er nun, aber seine Stimme wurde schon etwas zahmer. Ich wusste, bevor er sich ein Taxi mieten würde, würde er es lieber in Kauf nehmen, seine

Frau mitzunehmen. Für den Preis der Taxe konnte er ja wer weiß was kaufen.
„Also abgemacht? Sie kann mitfahren?“ Ich sah ihn durchdringend an.
„Na gut, dann kann sie mit.“ Schwiegermutter strahlte übers ganze Gesicht und zupfte mich fröhlich am T-Shirt.
Am nächsten Morgen fuhren wir dann also los. Amors Mutter war ganz aufgeregt und wollte in Ben Guerdane auch sofort aus dem Auto springen, als wir auf dem Parkplatz des Marktes zum Stehen kamen.
„Du bleibst hier“, herrschte er sie an. Dann wandte er sich mir zu und befahl mir, ebenfalls im Auto zu bleiben, bis er alle Einkäufe getätigt habe.
„Was? Wir sollen hier in der Sonne im Auto sitzen bleiben? Das kommt überhaupt nicht in Frage.“
Schnell versperrte ich die Zentralverriegelung. Klack machte es, und auch der liebe Schwiegervater war eingeschlossen.
„Entweder gehen wir alle oder keiner“, sagte ich bestimmt.
Nun wurde er wütend. Mit beiden Händen riss er am Türgriff. Weil er sich mit dem Auto aber nicht auskannte, brachte er es nicht fertig, die Tür zu öffnen, um auszusteigen. Schwiegermutter hielt den Kopf gesenkt, ich grinste ihn an. Endlich wurde er weich.
„Na gut, ihr könnt mitkommen. Aber haltet euch immer hinter mir und lauft mir nicht davon. Es ist gefährlich hier für Frauen.“
„Ja gut, das machen wir“, sagte ich, um ihn zu beschwichtigen. Aber so einfach war das dann gar nicht. Das Gedränge auf dem Markt, auf dem es alles gab, was man sich nur denken konnte, ließ es nicht zu, dass wir ihm immer dicht auf dem Fuß folgten. Aber auch die Neugierde von Fatima war nicht einkalkuliert. Wie ein Kind, das zum ersten Mal ein Spielzeuggeschäft besucht, rannte sie von Stand zu Stand, gegrabschte Stoffe, Geschirr, alte Autoteile, Schaufeln, Besen, Eimer und war ganz hin und her gerissen. Ich bemerkte, dass jetzt nicht wir hinter Vater herliefen, sondern er hinter uns, und das machte mir enormen Spaß. Mutter fing nun

an zu kaufen. Vierzig große Plastikschüsseln, ebenso viele Trinkbecher, diverse Plastikblumen und unnötigen Kitsch, einen riesigen Ballen furchtbar hässlichen Gardinenstoffs mit großen bunten Blumen darauf, etliche schreckliche Nylonunterkleider für die junge Braut, zierliche mit Gold bestickte Pantöffelchen und zwei große Flaschen Blumenwasser. Dazu zwei riesige, mit Taft ausgeschlagene Hochzeitskörbe, in welchen später die Geschenke zur Braut transportiert werden sollten.
Schwiegervater schlug die Hände über dem Kopf zusammen.
„Diese Frau wird mich ruinieren. Sie hat keinen Millime und kauft und kauft und kauft", schrie er.
Ich musste lachen.
„Ach, deshalb wolltest du sie nicht mitnehmen?" fragte ich.
„Das siehst du doch. Ich laufe ihr hinterher und kann immer nur bezahlen."
„Ja, so ist das, wenn ein Sohn heiratet, oder nicht?"
„Ja, so ist das hier."
„Da kannst du ja froh sein, dass du das bei Amor alles gespart hast. Ich wollte nicht so einen Kram. Ich habe alles, was ich brauchte, alleine gekauft."
Verdutzt sah er mich an, wollte etwas sagen, aber da musste er schon wieder in die Hemdtasche greifen und vierunddreißig Dinare, einhundertvierzig Millimes herauszählen. Ich wunderte mich darüber, dass er alles so schnell nachrechnen konnte, wusste ich doch, dass er des Lesens und Schreibens nicht mächtig war. Und dann dieses ewige Palaver um den Preis. Um den Ballen Gardinenstoff stritt er sich mit dem Händler fast zwanzig Minuten und bezahlte am Ende nur zwei Dinare weniger, als dieser anfangs verlangte.
Während seine Frau, die vollkommen in ihrem Element war, weiter von Stand zu Stand rannte, schleppte er die inzwischen erstandenen Sachen immer wieder zum Auto und verstaute sie im Kofferraum. Er hatte Mühe uns dann immer wieder hinterherzukommen.

Bis ihm der Kragen platzte. Obwohl es unüblich und verboten war, seine Frau in der Öffentlichkeit zu berühren, packte er sie schließlich am Arm und schleppte sie kurzerhand zum Auto.
„Jetzt ist genug“, herrschte er sie an, „willst du mich zum armen Mann machen?“
Wortlos ließ sie sich schleppen. Ich schloss den Wagen auf und er schuppste sie ziemlich brutal auf die Rückbank. Mutters Wangen glühten aber immer noch vor Freude. Der grobe Stoß ihres Mannes schien ihr gar nichts auszumachen. Den ganzen Rückweg plapperte die kleine runzelige Frau ununterbrochen. Ich habe nicht viel verstanden, wusste aber, dass ich ihr eine große Freude gemacht hatte, denn ohne meine Sturheit wäre sie niemals auf diesen Markt gekommen. Sie plapperte hinten, er schimpfte vorne neben mir wie ein Rohrspatz und ich amüsierte mich königlich.
„Nie mehr fahre ich mit euch einkaufen“, schimpfte er, „wisst ihr denn, was mich das alles gekostet hat? Nein, das wisst ihr nicht, ihr dummen Frauen könnt ja nicht rechnen und ihr müsst auch nicht arbeiten, um Geld zu verdienen, ihr könnt es nur ausgeben, sonst könnt ihr nichts. Was muss ein anständiger Mann alles ertragen mit einer Frau und so einer Schwiegertochter? Macht ihr euch Gedanken darüber, wie ich das alles wieder verdienen soll? Wahrscheinlich kann ich jetzt wochenlang kein Fleisch kaufen, jawohl, es gibt bis zur Hochzeit nur noch Someta und sonst nichts“, so schimpfte er und schimpfte er, und sie plapperte und plapperte.
Ich zupfte ihn am Ärmel, und er sah auf, ohne seinen Redefluss zu unterbrechen.
„Moment mal bitte“, rief ich etwas lauter, „sei bitte einen Moment still.“
Nun schloss er endlich den Mund und sah mich an. Mutter plapperte immer noch.
„Hör mal“, sagte ich sehr laut, weil er mich sonst wegen des Geplappers von der Rückbank nicht verstanden hätte, „hör mal, das ist nicht wahr, was du da sagst. Ich verdiene mein Geld alles selbst und ich habe niemals, weder von dir noch von Amor, auch

nur einen Millime bekommen; hör bitte auf, mich mit solchen Worten zu beleidigen."
„Ach", sagte er wegwerfend und fuchtelte mit den Armen. Er wusste, dass ich Recht hatte. „Aber du bist Schuld, dass ich jetzt ein Vermögen verloren habe. Niemals mehr geht Fatima einkaufen, das schwöre ich bei Allah", schrie er wieder.
„Na gut, dann bin ich nur froh, dass sie es einmal im Leben geschafft hat."
„Ach", krächzte er wieder und schimpfte dann weiter, bis wir zuhause auf den Hof fuhren. Sofort kamen die Tanten und Nachbarinnen gelaufen, um zu begutachten, was Mutter alles gekauft hatte. Ich half beim Ausladen und sah dann zu, dass ich weg kam, denn das Geschnatter der Frauen ging mir nun wirklich auf den Wecker.

Die folgende Zeit drehte sich alles nur noch um die Hochzeit. Ich fuhr mit Achmed Möbel kaufen. Auch er wollte nur das Feinste und Beste. Ein Hochglanzschlafzimmer für über dreitausend Dinare.
„Dein Vater flippt doch aus, wenn du das kaufst", sagte ich.
„Ja, sicher wird er ausflippen, aber das nützt ihm nichts. Ich habe ihm gesagt, dass ich nicht heirate, wenn ich nicht kaufen kann, was ich möchte."
„Sag mal, hast du auch mal daran gedacht, ob das deiner Frau gefällt, was du da aussuchst?"
„Wieso, ihr braucht es doch nicht zu gefallen. Das ist doch mein Haus."
„Ja, aber sie muss sich doch auch wohl fühlen."
„Wohl fühlen? Wie meinst du das?"
„Also, ich bitte dich, Achmed, ich habe immer geglaubt, du hast eine europäische Einstellung."
„Die habe ich auch. Aber doch meine Frau nicht."
„Na, das ist ja eine tolle Logik. Aber weil wir schon dabei sind, sag mal, liebst du Mongia eigentlich?"

„Aber ja, natürlich, ich bin ganz verliebt in sie. Sie ist sehr schön."
„Und wirst du sie auch zu Hause einsperren und schlagen?"
„Nein, das werde ich nicht tun, sie kann hingehen, wo sie will und auch sagen, was sie will. Ich werde mit ihr immer über alles sprechen."
„Das klingt gut. Darf sie dann auch mit mir an den Strand?"
„Bist du verrückt? Natürlich darf sie nicht an den Strand. Das würde Papa nie erlauben."
„Aber sie ist doch deine Frau, was hat dein Papa damit zu tun?"
„Papa entscheidet alles, was im Haus gemacht wird."
„Er entscheidet wahrscheinlich auch, wann du mit deiner Frau schlafen darfst."
„Das darfst du nicht sagen. Über so etwas spricht man nicht."
„Und darf sie alleine einkaufen gehen?"
„Nein, bei uns kauft alles der Vater."
„Und darf sie denn entscheiden, was gekocht wird?"
„Bei uns entscheidet Mama, was gekocht wird."
„Was darf sie denn dann?"
„Alles, was sie will."
Ich fragte nun nichts mehr, denn es war sinnlos. Stattdessen bot ich ihm an, die Gardinen für das neue Haus zu nähen, worüber er sich scheinbar sehr freute. Ich hatte aber eher den Eindruck, als sei es ihm völlig egal.
Die arme kleine Mongia, dachte ich. Da kommt sie mit ihren siebzehn Jahren unschuldig in diese Familie und wird todunglücklich werden. Immerhin war dieses Mädchen relativ intelligent. Sie hatte bis vor kurzem das Gymnasium besucht, sprach zwei Sprachen und wuchs in einem europäisch angehauchten Haus auf. Ihr Vater arbeitete seit zwanzig Jahren in Paris und war dort sicherlich ein anderes Leben gewohnt. Ob er wusste, was er seiner Tochter da zumutete? Sicher wusste er das.
„Übrigens hat Amor gestern angerufen. Er kommt schon eine Woche vor der Hochzeit. Zusammen mit deinem Bruder und den Kindern."

„Ach, das ist ja nett, dass ich das auch einmal erfahre. Weißt du, Achmed, eigentlich ist es mir egal, ob Amor kommt oder nicht, wenn er es nicht einmal für nötig hält, auch mal mit mir zu sprechen. Immer ruft er nur euch an, und es ist ihm völlig egal, ob es mir gut geht oder nicht."
„Ja, ich weiß, es ist nicht gut, wie er es mit dir macht. Ich werde mit ihm sprechen, wenn er hier ist. Ich weiß, du bist nicht glücklich."
„Ach, du weißt das und hilfst mir nicht?"
„Wie soll ich dir helfen? Das ist Amors Sache."
„Lassen wir das, ich weiß nur, dass ich nicht Amors Frau bleiben kann, wenn er sich nicht ändert."
„Ich verspreche dir, ich werde mit ihm darüber reden."
Die obere Wohnung in meinem Haus war nun bald fertig. Die Wände waren verputzt, und der Fliesenleger war gerade dabei, die letzten Platten auf der Terrasse zu verlegen. Der Schreiner hatte bereits die Fenster und Türen ausgemessen und war in seiner Werkstatt an der Arbeit.

Dann wurde es August, und der Tag kam, an dem ich zum Flughafen fuhr und Amor, meinen Bruder und seine drei Kinder abholte. Meine Schwägerin war nicht mitgekommen, weil sie gerade erst einen Jungen zur Welt gebracht hatte und das Baby noch zu klein zum Reisen war.
Es war eine Freude am Flughafen. Ich hatte noch einen befreundeten Taxifahrer und Chamseddine mitgenommen, weil wir alle keinen Platz in meinem Auto hatten. Amor umarmte mich flüchtig und zog sofort mit Chamseddine und dem Taxifahrer ab. Ich fuhr mit meinem Bruder und den Kindern nach Hause.
„Das war ja eine tolle Begrüßung mit deinem Mann", sagte Ralf.
„Ja, das war's", antwortete ich nur. Ralf musste gespürt haben, dass in unserer Ehe etwas nicht stimmte, denn er schüttelte nur kurz den Kopf. Ich freute mich aber wahnsinnig darüber, Ralf und die Kinder bei mir zu haben. So würden mir die nächsten drei Wochen sicher nicht langweilig werden.

Zu Hause wartete Monika auf uns. Zur Begrüßung meiner Familie hatte sie einen Kuchen gebacken. Das fand ich ganz lieb, und ich kochte gleich eine große Kanne Kaffee. Nur Amor schien es nicht zu gefallen. Er war erst eine halbe Stunde nach uns eingetroffen, weil er sich irgendwo unterwegs mit Bekannten verplaudert hatte.
„Was will diese Frau in meinem Haus?“ fragte er mich in der Küche und deutete auf Moni.
„Das ist mein Haus, Amor, und diese Frau ist meine Freundin.“
„Wir reden später darüber, ich habe jetzt keine Zeit. Gib mir den Autoschlüssel, ich will weg.“
„Du bist doch gerade erst gekommen, wo willst du denn hin?“
„Darf ich nicht zu meiner Familie?“
„Ich bin auch deine Familie.“
„Ich komme ja bald wieder, will nur eben ein paar Leute begrüßen.“
Er nahm den Schlüssel und verschwand, und ich widmete mich wieder meinen Gästen. In meinem Inneren kochte es gewaltig, aber ich wollte mir nichts anmerken lassen. Monis und Ralfs Blicke aber verrieten, dass sie sich ihren Teil dachten.
Stundenlang saß ich an diesem Abend, nachdem die Kinder längst im Bett waren, auf der Terrasse und redete mit meinem Bruder über alte Zeiten. Erst kurz vor Mitternacht gingen wir in unsere Betten.
Amor war bis dahin nicht nach Hause gekommen. Irgendwann mitten in der Nacht riss er mit Gepolter die Schlafzimmertür auf und schwankte herein.
„So, mein Liebling“, lallte er, „nun bin ich bei dir.“
„Verschwinde, Amor, du bist betrunken“, sagte ich ganz ruhig.
„Ich will jetzt mit dir schlafen, das ist mein Recht. Schließlich war ich lange alleine.“
„Ich auch, Amor, aber so habe ich mir unseren ersten Abend nicht vorgestellt. Du bist völlig gefühllos und gemein. Geh jetzt, wir sprechen darüber, wenn du nüchtern bist.“

Er wollte auf mich zustürmen, machte schon einen Ansatz, besann sich dann aber, machte kehrt und ging. Ich hörte die Haustür schlagen. Die Liege auf der Terrasse wurde quietschend in die Ecke gezogen. Dann war Ruhe.
Von da an sah ich meinen Mann überhaupt nicht mehr. Er erklärte mir kurz im Vorübergehen, dass er jetzt keine Zeit für mich habe, weil sein Bruder heirate.
„Na schön", sagte ich nur. In mir war etwas gestorben. Das letzte bisschen Hoffnung, dass ich noch hatte, als ich mit Freude daranging, diese Wohnung zu bauen, um für eine sichere Zukunft zu sorgen, war erloschen. Mir war klar, dass es ein Fehler gewesen war, das letzte Geld aus Deutschland zu holen und diese Wohnung zu bauen.
Na gut, dachte ich, werde ich hier eben alleine leben. Wenn ich genügend Feriengäste hätte, würde mir auch sicher nicht langweilig werden.

An einem Abend vor der Hochzeit lud uns Schwiegermutter zum Essen ein. Mich, meinen Bruder und die Kinder. Es war ein schöner Abend im Innenhof. Wir lagen nach dem obligatorischen Couscous unterm Sternenhimmel auf unseren Madlas und genossen die frische Abendluft. Schwiegervater schenkte mir einen roten, mit Gold und Schwarz abgesetzten Kaftan und sagte, dass er wünscht, dass ich ihn zur Hochzeit trage.
„Ich denke, ich soll einen Videofilm von der Hochzeit machen?"
„Ja, sicher, was hat das mit dem Kleid zu tun?"
„Ich kann mich in dem Ding nicht richtig bewegen. Ich muss wahrscheinlich auf das Dach steigen und mich auch durch die Menge wursteln."
„Na, dann ziehst du es eben an, wenn du gerade nicht filmst."
„Ich werde sehen, aber vielen Dank dafür, ich kann das auch gut im Haus tragen."
Dann wickelte der Alte das Gold aus. Schwere Fuderspangen, breite Armbänder, diverse Ringe, Kopfschmuck und einen brei-

ten Knöchelring. Das alles musste ein Vermögen gekostet haben.
„Das ist alles für die Braut“, sagte er stolz.
„Was habt ihr eigentlich mir zur Hochzeit geschenkt, als ich in euer Haus kam?“ fragte ich so ganz nebenbei.
Sofort war Amor aufgesprungen.
„Bei uns war es etwas anderes, wir haben keine tunesische Hochzeit gemacht.“
„Das weiß ich, aber soweit ich mich erinnere, habe ich nicht ein einziges Geschenk von deinen Eltern erhalten. Sie haben mir nicht einmal zur Hochzeit gratuliert.“
„Ich habe euch das Land geschenkt, auf dem jetzt euer Haus steht“, sagte der Schwiegervater.
„Ach ja? Und wo steht das? Gibt es dafür ein Papier?“
„Ja, das Papier kommt noch, hier dauert alles sehr lange.“
„Und steht in dem Papier auch, dass es uns beiden gehört? Ich meine, sind Amor und ich im Grundbuch eingetragen?“
„Warum willst du das wissen?“
„Na, immerhin habe ich mein ganzes Geld gebracht und damit das Haus gebaut.“
„Es gehört euch beiden“, betonte Schwiegervater, stand dann auf und folgte dem Ruf des Muezzins.
„Warum fängst du heute Abend davon an?“ fragte Amor.
„Nun, weil ich seit Wochen mit ansehen muss, was für ein Theater um Achmeds Hochzeit gemacht wird. Uns hat man nicht einmal gratuliert. Das sagt mir doch nur, wie deine Familie über unsere Ehe denkt.“
„Du hast dich verändert, Sabrina, du bist nicht mehr so lieb wie früher.“
„Das musst gerade du sagen. Du hast mich seit unserer Hochzeit vor zwei Jahren nicht ein einziges Mal einfach so in den Arm genommen. Du warst nicht ein einziges Mal nett zu mir. Du hast nicht das Geringste für mich getan. Im Gegenteil, du hast nur gefordert. Du bist monatelang weg ohne ein Lebenszeichen. Du schreibst nicht, du rufst nicht an, du telefonierst mit deiner Fa-

milie und bestellst höchstens mal einen flüchtigen Gruß. Ist das vielleicht eine Ehe?"
„Viele tunesische Frauen sind jahrelang alleine, weil die Männer in Europa arbeiten."
„Ja, aber wir haben das nicht so geplant. Du weißt genau, was du mir alles versprochen hast, bevor wir heirateten. Und außerdem bin ich keine tunesische Frau, merke dir das endlich. Und ich will nicht alleine hier leben, hast du verstanden?"
„Dann musst du wieder mit mir nach Deutschland."
„Und die Ferienwohnung? Ich habe sie gebaut, weil wir hier von den Vermietungen leben könnten, hast du das vergessen?"
„Das können wir später auch noch, außerdem können sich meine Eltern um die Gäste kümmern, wenn welche kommen."
„Das habt ihr euch ja fein ausgedacht. Dann wollen sie wohl auch die Miete kassieren?"
Er sagte nichts mehr, stand auf, nahm den Autoschlüssel von der Fensterbank und wollte verschwinden.
„Wo willst du hin?"
„Ich habe eine Verabredung mit einem Freund."
„Dann lass bitte mein Auto hier, wir wollen dann nach Hause."
„Ihr könnt zu Fuß gehen, die frische Luft wird euch gut tun."
Er sagte es und verschwand. Ralf klopfte mir auf dem Nachhauseweg auf die Schulter, drückte mich kurz und sprach kein Wort. Ich denke, er wusste damals schon, wie dies alles enden würde. Noch aber wollte er meine Hoffnung, dass doch noch alles gut werden könnte, nicht zerstören.

Während der gesamten Hochzeit, die vier lang Tage dauerte, sah ich meinen Mann nur aus der Ferne oder durch den Sucher meiner Videokamera. Für meinen Bruder und die Kinder war diese tunesische Hochzeit, die nach alter Tradition gefeiert wurde, ein wunderbares Erlebnis. Nicht viele Touristen kommen in den Genuss, alles so hautnah miterleben zu können. Der Tanz der Frauen am ersten Tag, bevor sie ausströmten, um Nachbarn und Freun-

de einzuladen, das Aufbauen des Beduinenzeltes, in dem für die rund zweihundert Gäste gekocht werden sollte. Das endlose Palaver im Familienkreis, das am ersten Tag der Hochzeit stattfand. Während alle männlichen Mitglieder des großen Clans auf der Terrasse über Gott und die Welt diskutierten, waren die Frauen des Hauses im Harem versammelt, wo sie die Vorzüge der jungen Braut und ihr breites Becken, das sicher mehr als sechs Kinder zur Welt bringen konnte, als wichtigstes aller Merkmale herausstellten. Zwischendurch griffen immer wieder einige der Mädchen zu den Trommeln und forderten zum Bauchtanz auf. Männer hatten keinen Zutritt zum Innenhof der Frauen.
Ich saß mit meiner Kamera inmitten der Frauen und filmte munter darauf los. Einige der Frauen, die mich anfangs für eine Touristin hielten, bedeckten voller Scham ihr Gesicht, wenn meine Kamera auf sie traf. Meine Schwiegermutter verkündete dann aber mit lauter Stimme, dass ich die Frau ihres ältesten Sohnes sei, und aller Bann war gebrochen. Von da an hatte ich nur noch nackte, unverschleierte Gesichter vor der Linse.
Am dritten Tag wurde der Lastwagen mit den Geschenken für die Braut beladen. Die unendlich vielen bunten Stoffe, Teppiche und Gebrauchsgegenstände für den jungen Haushalt gingen mit rhythmischem Gemurmel und Gekreische durch unzählige Frauenhände, bevor sie von Männern auf den Wagen verladen wurden. Eine Folkloretruppe aus der Stadt spielte dazu arabische, traditionelle Hochzeitsmusik. Der voll beladene Wagen bildete dann die Spitze des Hochzeitszuges, der durch unser Dorf bis in die Stadt ging, wo die Braut zu Hause war. Wohl dreihundert Menschen liefen schreiend und singend hinter dem Wagen her. Der gesamte Verkehr auf der Hauptstraße wurde lahm gelegt.
Mein Bruder und ich saßen in einer Kutsche, die direkt vor dem Hochzeitszug herfuhr. So konnten wir das ganze Geschehen aus unmittelbarer Nähe filmen. Für mich war es nichts Außergewöhnliches mehr, denn ich hatte schon einige Hochzeiten in diesem Dorf miterlebt. Aber für jeden Touristen und auch für meine

deutsche Familie war es schon etwas Besonderes, das miterleben zu dürfen.

Auf dem Hof der Braut wurden die Geschenke wiederum unter lautem Gebrüll und dem typisch arabischen Zungenträllern der Frauen abgeladen. Man reichte Erfrischungen, und der ganze Hochzeitszug löste sich langsam auf. Im Haus der Braut tanzten die Frauen an diesem Abend ihren Abschiedstanz, bevor sich die Braut selbst einer langen und schmerzhaften Prozedur unterwerfen musste. Sie wurde gebadet, dann wurde ihr ganzer Körper mit einer Masse aus gekochtem Zucker und Zitronensaft enthaart. Danach wurden Hände und Füße mit Henna verziert und schließlich der ganze Körper mit einem wohlriechenden Öl eingerieben. Schließlich gönnte man ihr einige Stunden Schlaf, bevor sie am nächsten Tag für die Hochzeit angezogen und geschminkt wurde.

Auf dem Anwesen des Bräutigams war am Abend die Hölle los. Nach dem Couscous-Essen, für das mehr als zwanzig Schafe ihr Leben lassen mussten, kam der Geldausrufer. Jeder der Gäste konnte nun eine Spende geben. Der Geldausrufer stellte sich auf eine Tonne, nahm jeweils einen Geldschein in die Hände und schrie mit kräftiger Stimme:
„Ali ben Mohamed gibt zehn Dinar. Allah sei ihm gnädig. Ahmed ben Bechir gibt fünfzehn Dinar, Allah sei ihm gnädig."
Und so weiter, und so weiter. Ein Beamter der Gemeindeverwaltung saß neben ihm an einem Tischchen und schrieb sorgfältig alle Spenden in ein großes Buch. Fast zwei Stunden dauerte die Spendenaktion, und am Ende war wohl so viel Geld zusammengekommen, das Achmed locker das teure Schlafzimmer davon bezahlen konnte. Das Buch muss sorgfältig aufbewahrt werden, weil jede Spende nur ein Kredit ist. Sollte im Familienkreis des Spenders ebenfalls eine Hochzeit oder Beschneidung stattfinden, muss die gespendete Summe zurückgezahlt werden.

Ich hatte mich mit meinem Bruder und den Kindern auf das Dach des Hauses zurückgezogen, um von dort oben alles genau filmen zu können. Von dort hatten wir auch einen guten Blick in den Innenhof der Frauen, wo es ebenfalls hoch herging. Der Bauchtanz der Frauen nahm seinen Höhepunkt. Das Trällern der Zungen wurde immer lauter, die Tänze immer schneller. Obwohl kein Tropfen Alkohol gereicht wurde, steigerten sich die Frauen in eine vorher nie gekannte Ekstase und wurden immer ausgelassener, bis sie schließlich irgendwann völlig erschöpft auf die Madlas fielen und einschliefen.

Draußen auf dem Hof packte eine moderne arabische Band ihre Instrumente aus und legte kräftig los. Hunderte von jungen Männern standen im Halbkreis, und nur die unverheirateten Männer der Familie tanzten in der Mitte. Unter ihnen Amor. Seine Ehe mit mir hatte keine Bedeutung. Wir schalteten die Kameras aus und gingen nach Hause. Was tat mir dieser Mann nur an? Auch in dieser Nacht kam Amor nicht nach Hause. Ich existierte für ihn nicht. Wie konnte man einem Araber nur begreiflich machen, wie weh dies alles tat?
Am letzten Tag des Festes wurde der ausgeliehene Mercedes geschmückt und die Autokolonne zusammengestellt, die die Braut abholen sollte. Wir fuhren wieder vor der Kolonne her, um zu filmen, und ich fragte mich, warum ich das eigentlich tat. Irgendwie lief alles automatisch ab, und als wir im Haus der Braut ankamen und die eigentliche Hochzeitszeremonie filmten, lief vor meinem geistigen Auge meine eigene Hochzeit mit Amor ab. Wie schäbig war doch alles im Vergleich zu diesem Aufwand. Man hatte einen goldenen Thron auf rote Teppiche gestellt, auf dem das Brautpaar Platz nahm. Nach einer kurzen Ansprache des Brautvaters wurden die Ringe getauscht. Amor muss inzwischen total alkoholisiert gewesen sein, denn er setzte sich provokativ und zum Entsetzen der Hochzeitsgäste auf den Schoß seines Bruders, dem das ebenfalls sichtlich peinlich war. Ich hielt die Kamera auf ihn,

weil ich glaubte, ihm später sein schäbiges Verhalten vor Augen führen zu können.
In diesem Moment bekam ich einen kräftigen Stoß in den Rücken, dann einen Schlag auf die Kamera. Sie fiel mir aus der Hand und auf den Boden. Nun hatte ich genug. Eine dicke Frau aus der Familie der Braut wollte wohl nicht, dass hier gefilmt wurde. Ich rannte hinaus und direkt auf meinen Schwiegervater zu, der bei dem Brautvater stand und mit ihm diskutierte.
„Wenn du willst, dass wir hier filmen“, sagte ich aufgebracht, „dann sorge auch bitte dafür, dass ich nicht dafür geschlagen werde.“
Er sah mich erschrocken an, und ich musste ihm die Person zeigen, die mir den brutalen Stoß versetzt hatte. Er ging mit dem Brautvater zu ihr, und beide Männer schimpften mit ihr. Kleinlaut zog sie davon. Ich hatte die Lust an der Filmerei verloren, packte meine Kamera ein und setzte mich draußen auf die Treppe. In diesem Moment stolperte Amor an mir vorbei und lief zum Auto. Er beachtete mich überhaupt nicht. Am liebsten wäre ich sofort nach Hause gefahren, um meinen Kummer herauszuschreien, aber ich wollte meinen Bruder und die Kinder nicht enttäuschen, die mit Spannung alles Geschehen verfolgten. Es war auch wunderbar anzusehen. Die herrlichen, reich bestickten Hochzeitsgewänder der schönen, jungen Frauen, die auch ihren gesamten Goldschmuck angelegt hatten. Mongia, die Braut war ganz in rote Seide gekleidet.
Sie hatte so viel Gold am Körper, dass es ihr fast eine Last war. Mir fiel auf, dass sie kaum sitzen konnte. Später sagte sie mir, dass sie bei der Enthaarung große Schmerzen im Schambereich aushalten musste und alles dick geschwollen war. Armes Ding. Tja, und dann wurde das arme Ding in ein weißes Tuch gehüllt und zum Mercedes getragen. Blind fuhr sie neben ihrem Ehemann in eine ungewisse Zukunft. Im Haus des Mannes musste sie auf einem Stuhl im Frauenhof Platz nehmen und geduldig warten, bis alle Hochzeitsgäste gegessen hatten. Sie selbst durfte nichts zu sich

nehmen. Ich beobachtete das Mädchen, das mit ihren siebzehn Jahren fast noch ein Kind war, und sie tat mir entsetzlich leid, wusste ich doch nun, in welche Familie sie hineingeheiratet hatte. Hier würde sie niemals glücklich werden. Dann endlich kam Habib, schmiss sich die junge, total verhüllte Braut über die Schultern, und trug sie geradewegs in ihr neues Heim. Achmed und die ganze Familie liefen hinterher. Im Schlafgemach saßen bereits die drei Hochzeitsweiber, welche die Jungfräulichkeit der Braut bezeugen mussten. Später erfuhr ich von Mongia, dass Achmed ihr brutal den Finger in die Scheide gestoßen hatte. Nachdem sich die Hochzeitsweiber davon überzeugt hatten, dass sie blutete, verließen sie den Raum, und Achmed vollzog die Ehe. Danach klopfte er an die Tür, und die vielen Menschen, die auf der Terrasse gewartet hatten, brachen nun in Jubelschreie aus. Wieder trällerten die Frauen mit den Zungen, und die Hochzeit war zu Ende.

Später am Abend saßen nur noch die Geschwister des Brautpaares, ich und mein Bruder und ein paar Freunde von Achmed mit den Frischvermählten auf der Terrasse. Mongia saß fast regungslos auf einem Stuhl. Ihr waren die Strapazen der Hochzeitstage ins Gesicht geschrieben. Achmed bot uns Getränke an und schickte seine junge Frau in einem rauen Befehlston in die Küche, um sie zu holen. Ich stand auf und wollte ihr helfen.
„Du bleibst sitzen", herrschte mich Amor an. „Sie muss lernen zu gehorchen."
„Aber doch nicht gleich heute, ich helfe ihr", bestimmte ich und lief ihr hinterher.
„Sabrina, du bleibst hier", rief er mir hinterher.
„Lass mich in Ruhe", rief ich zurück.
Als meine neue Schwägerin und ich mit dem Tablett und den Limonadenflaschen zurückkamen, funkelten uns die Männer böse an. Mein Bruder rettete die Situation. Er stand auf, nahm mir das Tablett aus der Hand und stellte es auf das flache Tischchen.
„Bei uns helfen alle Familienmitglieder zusammen", sagte er

ruhig und sah von Amor zu Achmed. Amor war es peinlich, dass ich ihm vor Achmeds und seinen Freunden widersprochen hatte, und sein Blick verriet mir, dass das ein Nachspiel haben würde, wenn ich ihn jetzt nicht beschwichtigen würde.
„Du hast es schwer mit mir, Amor, ich weiß. Aber ich bin es eben nicht gewöhnt, dass mir jemand Befehle gibt. Ich werde es schon noch lernen“, sagte ich, dachte mir aber, dass er mich gerne haben könne. Sein Gesicht hatte ich vor den Freunden gerettet, und das schien ihm zu genügen.
Mongia kam nicht so glimpflich davon. Obwohl sie überhaupt keine Schuld an diesem Vorfall trug, fand ich am nächsten Tag einen geschwollenen blauen Fleck auf ihrer Wange und deutliche Spuren eines festen Griffs auf ihren Oberarmen.
„Hat er dich an eurem ersten Tag geschlagen?“ fragte ich ungläubig. Sie blickte mich traurig an. Am liebsten wäre ich sofort zu Achmed gelaufen, um ihm die Leviten zu lesen, aber ich wusste, ich durfte mich nicht einmischen. Es hätte einen Krieg in der Familie hervorgerufen, dessen Verliererin nur meine junge Schwägerin gewesen wäre, weil sie mir von den Schlägen erzählt hatte.
Amor verbrachte seine letzte Urlaubswoche mit uns am Strand und sogar am Abend saß er manchmal mit uns zusammen. Er hatte mich aber in den letzten zwei Wochen zu sehr verletzt, als dass ich ihn in mein Bett lassen konnte. Nein, er hatte meine Liebe zerstört. Ich sagte es ihm, aber er schien es nicht zu begreifen. Er sah mich mit seinen wunderschönen Augen, in die ich mich damals so verliebt hatte, nur ungläubig an. Er reiste ab, ohne mich nur einmal in seinen Armen gehalten zu haben. Auf dem Flughafen sah ich ihm lange nach, als er durch die Passkontrolle ging.
„Das war's wohl“, sagte ich leise zu meinem Bruder, als dieser sich mit einer herzlichen Umarmung von mir verabschiedete. Er nickte mit dem Kopf. Wir hatten uns verstanden. Heulend sagte ich den Kindern Lebewohl und drückte sie an mich.
„Ich komme im Winter nach Hause“, versprach ich, machte kehrt und verließ das Flughafengebäude.

Die nächsten zwei Monate verbrachte ich wie in Trance, und obwohl es mir sinnlos erschien, ließ ich die Arbeiten an der Ferienwohnung beenden. So sind wir Deutschen eben. Die Schreiner bauten Fenster und Türen ein, der Fliesenleger kachelte das Bad, und ich kochte für die Männer.

Achmed kam mit Mongia, weil auch sie einmal mein Haus sehen wollte. Völlig verschleiert stieg sie aus seinem Auto, und erst als wir die Wohnungstür geschlossen hatten, durfte sie das Tuch vom Kopf nehmen.

„Warum tust du ihr das an?“ fragte ich Achmed.

Er wusste, was ich meinte, gab mir aber keine Antwort, stand auf, ging um den Tresen der Küche herum und nahm die Wasserflasche aus dem Kühlschrank. Er brachte drei Gläser und schenkte uns ein.

„Aha, da hast du etwas von Ralf gelernt.“

„Ja, dein Bruder hat Recht. Die Männer können auch mal was machen.“

„Aber nur, wenn keine Fremden dabei sind, nicht wahr?“ bemerkte ich lächelnd. Er nickte und ging dann hinaus, um den Handwerkern oben zuzusehen.

„Ich will auch so leben wie du, Sabrina, aber Achmed behandelt mich wie eine Sklavin“, sagte sie kleinlaut in ihrem schlechten Englisch. Aber ich verstand sie.

„Ich würde dir so gerne helfen, Mongia, aber du weißt, dass das nicht möglich ist. Du lebst da unten in der Familie, ich kann machen was ich will, weil dieses Haus mir gehört und weil ich mich selbst ernähre. Wenn ich kein Geld hätte, würde es mir genauso ergehen wie dir.“

„Ja, ich weiß“, sagte sie, „aber vielleicht kannst du Achmed fragen, ob ich mit dir in den Hammam gehen darf.“

„Ich werde es versuchen, Mongia, ich denke aber, dass es besser ist, so zu tun, als ob ich unbedingt mit dir gehen möchte. Ich glaube nicht, dass er deine Wünsche erfüllt.“

„Du hast schon viel gelernt über die arabische Mentalität.“

„Ja, es ist schade, dass man hier niemals einfach die Wahrheit sagen darf. Mongia, versprich mir bitte, dass du das mir überlässt, ich denke, ich kann besser damit umgehen.“
„Danke, Sabrina, ich bin froh, dass ich so eine liebe Schwägerin habe. Aber ich weiß auch, dass Amor kein guter Mann ist. Du bist nicht froh hier.“
„Das stimmt, ich bin sehr enttäuscht, und es tut sehr weh.“
„Wir werden zusammenhalten. Ich bin zwar sehr jung, aber ich verstehe dich schon.“
„Du könntest meine Tochter sein.“
„Ja, aber sieh dich an. Du bist wunderschön.“
„Das war ich vielleicht mal. Amor hat mich zerstört, Mongia. Ich habe ihn wirklich geliebt, aber er hat mein Herz gebrochen.“
„Das habe ich schon gemerkt, als ihr zum ersten Mal bei meinen Eltern zu Besuch wart, weißt du noch? Es war im Frühjahr.“
Achmed kam herein und schaute uns wütend an.
„Was ist los?“ fragte ich.
„Ich stehe schon eine ganze Weile vor der Tür. Aber ihr beide sprecht nur englisch, das kann ich nicht verstehen.“
„Anders können wir uns nicht verständigen, ich spreche noch nicht gut genug arabisch. Und was soll das eigentlich. Hast du uns belauscht?“
„Ich muss wissen, was meine Frau redet.“
„Wir haben uns nur über Kochrezepte unterhalten, und Mongia sagte mir, dass sie französische Gerichte kochen kann, aber sie das bei euch nicht darf.“
„Ja, bei uns gibt es immer nur Couscous oder Makkaroni, aber Mutter will es nicht anders.“
Das alles übersetzte ich Mongia noch mal ins Englische, und sie sah mich ganz verschmitzt an. Achmed sah auf die Uhr und sagte zu Mongia, dass sie sich wieder verschleiern müsse, weil sie gehen wollten.
„Aber ich bin doch erst eine halbe Stunde hier“, protestierte sie.
„Ich sage, wir gehen, was willst du?“ herrschte er sie an.

„Lieber Himmel, Achmed, bitte behandle Mongia nicht in meiner Gegenwart so, ich kann das nicht ertragen."
„Behandelt Amor dich anders?"
Darauf wusste ich keine Antwort und schwieg.
Ich besann mich auf Mongias Wunsch bezüglich des Hammams.
„Ach, Achmed, bitte, du hast gesagt, dass du mich gerne hast, willst du mir einen Wunsch erfüllen?"
„Ja sicher, was willst du?"
„Ich möchte so gerne einmal ins arabische Dampfbad. Aber alleine hatte ich nie den Mut. Jetzt habe ich eine Schwägerin und ich möchte gerne mit ihr dorthin gehen. Bitte sag ihr, sie soll mich dorthin führen."
Eine Weile sah er mich erstaunt an. In seinem Kopf rumorte es. Er sah von mir zu seiner Frau. Sie hielt den Kopf gesenkt. „Hast du sie schon gefragt?" entfuhr es ihm.
„Nein, ich wollte zuerst dich fragen, ob du es erlaubst."
Stolz hob er die Brust.
„Du hast gelernt, wie sich Frauen hier verhalten sollen, Schwägerin. Dafür erlaube ich Mongia, mit dir zu gehen. Hole sie morgen mit dem Auto ab, und ihr fahrt direkt ins Bad. Versprich mir aber, dass sie dort mit keiner anderen Frau spricht."
„Wieso nicht?"
„Weil die Frauen verdorben sind, und Mongia ist noch zu jung, um solche Sachen zu hören."
„Welche Sachen?"
„Du weißt schon, Sabrina. Die Frauen sprechen von Sex und anderen schlimmen Sachen."
„Das wusste ich nicht. Aber ich verspreche dir, dass ich aufpasse, dass sie mit niemand spricht."
Dann sagte er Mongia, dass er wünsche, sie solle mit mir morgen den Hammam besuchen. Sie schloss eine Weile die Augen und nickte stumm mit dem Kopf. Meine Schwägerin und ich hatten in diesem Augenblick gelernt, dass wir bei dieser Familie nur mit Lügen durchkamen, und wir wussten, dass wir unsere Intelligenz

gegen sie verwenden konnten. Wenn es denn sein muss, dachte ich, dann werden wir in Zukunft eben lügen.

Im Dampfbad war es äußerst interessant. Mongia traf dort einige Freundinnen, die sie seit ihrer Hochzeit nicht mehr gesehen hatte, weil bei unserer Familie fremde Besucher unerwünscht waren. Ich saß im Schwitzraum und beobachtete sie. Sie war so glücklich, wieder einmal mit ihren Freundinnen schwatzen zu können. Achmed hatte uns drei Stunden gegeben, und wir waren natürlich auch pünktlich wieder zurück.
„Mit wem hat sie gesprochen?“ wollte er sofort wissen.
„Nur mit mir, Achmed, und eine junge Frau hat sie gefragt, wie es ihr geht, und sie hat gesagt, gut! Das war alles.“
„Na gut, dann könnt ihr nächste Woche wieder gehen.“
„Das ist nett von dir, Achmed, weißt du, mir tut das Bad so gut, es treibt meinen niedrigen Blutdruck etwas in die Höhe, und es ist doch besser, wenn ich nicht alleine gehen muss.“
„Ja, Mama und Papa haben es auch erlaubt.“
Ich sagte nichts mehr, bedankte mich aber nochmals.
Ich verbrachte des Öfteren ein paar Stunden bei Mongia und ich erfuhr von ihr, dass sie in diesem Haus nicht glücklich war. Sie wurde von Mutter wie eine Sklavin behandelt, musste nur die schmutzigen Arbeiten verrichten und durfte nichts, aber auch gar nichts selbst entscheiden. Man schrieb ihr sogar vor, wie sie sich zu kleiden hatte. Nicht einmal ihre Familie durfte sie alleine besuchen, und immer passte man auf, was sie dort sprach. Und auch wir mussten sehr vorsichtig sein, wenn wir uns unterhielten, denn irgendeiner der Brüder war dann zufällig immer in unserer Nähe. Aber wir fanden Mittel und Wege, uns ungestört zu unterhalten, wenn es auch manchmal nur einige Minuten waren. Dann wurde sie schwanger, und man verbot ihr, ins Dampfbad zu gehen.

Anfang November packte ich einen Koffer und flog nach Deutschland, ohne Amor vorher zu informieren. Ich weiß nicht, was ich

erwartete, aber da die letzten Freunde abgereist waren und ich das Weihnachtsfest nicht alleine in Zarzis verbringen wollte, schien es mir sinnvoll, wieder einmal frische Winterluft zu atmen und Schnee zu sehen.
Als ich ankam, war niemand in der Wohnung. Amor arbeitete wohl noch. Ich machte mir ein heißes Bad und entspannte mich. Gegen achtzehn Uhr kam er nach Hause. Aber er war nicht überrascht, mich zu sehen. Er wusste bereits, dass ich kam. Seine Familie hatte ihn wohl angerufen.
„Freust du dich gar nicht, dass ich hier bin?“ fragte ich.
„Doch, aber warum hast du nicht angerufen, ich hätte dich vom Flughafen geholt.“
„Du arbeitest doch um diese Zeit, und ich wollte dich überraschen. Aber anscheinend muss sich deine Familie in alles einmischen.“
„Wie meinst du das?“
„Was geht es deine Familie an, wenn ich dich überraschen will. Müssen sie mir denn alles verderben?“
„Du weißt, dass unsere Frauen so eine Entscheidung nicht alleine treffen. Du fliegst einfach hierher, ohne Bescheid zu sagen. Du handelst nach deinem eigenen Kopf, und das geht nicht.“
„Ich lach' mich tot. Es interessiert doch sowieso niemand, was ich mache.“
„Doch, mich schon. Na gut, jetzt bist du hier. Wie lange willst du bleiben?“
„Ich dachte eigentlich an zwei Monate, weil ich Weihnachten mit meiner Familie verbringen möchte.“
„Hast du genug Geld für Essen und so?“
Ich sah ihn traurig an. „Amor, du bist mein Mann, meinst du nicht, dass du dazu verpflichtet bist, mir etwas zu essen zu geben?“
„Ich habe nicht viel Geld. Du weißt, die Miete ist teuer und auch alles andere. Ich komme alleine gerade so über die Runden.“
„Dann werde ich ein bisschen bei meiner Freundin im Café jobben. Das macht außerdem Spaß.“
„Ich will aber nicht, dass du in diesem italienischen Café arbeitest.“

„Wieso nicht?“
„Es gibt zu viele Männer, die dort kommen.“
„Amor, wenn ich mein Essen selbst verdienen muss, ist das die einzige Möglichkeit. Für zwei Monate bekommt man nirgendwo anders eine Arbeit.“
„Du könntest putzen gehen.“
Ich starrte ihn an und wusste darauf keine Antwort. Ich ging zum Telefon und nahm den Hörer ab.
„Ich rufe jetzt erst mal meine Familie an und sage, dass ich hier bin.“
Sofort stand er neben mir, nahm mir den Hörer aus der Hand, zog den Stecker aus der Dose und stellte das Telefon oben auf den Schrank.
„Was soll das?“ fragte ich.
„Das ist mein Telefon, und ich muss die Rechnung bezahlen.“
„Hast du vergessen, dass du drei Jahre lang ausschließlich auf meine Kosten gelebt hast und mich damals Telefonrechnungen von mehreren hundert Mark gekostet hast?“
„Das ist vorbei. Daran brauchst du nicht mehr zu denken.“
„Na gut, Amor, wenn du es so willst, dann werden wir keine Lösung mehr für unsere Ehe finden.“
Ich zog meine Schuhe an, nahm meinen Mantel und meine Handtasche und ging auf die Wohnungstür zu.
„Wo willst du hin?“
„Telefonieren, Amor. Ich gehe zu einer Telefonzelle und anschließend besuche ich meine Familie. Ich weiß nicht, wann ich zurück bin.“
„Ich verbiete dir zu gehen!“ schrie er. Ich antwortete nicht, verließ stattdessen die Wohnung und schlug die Tür mit einem lauten Knall zu.
Mit Tränen in den Augen lief ich die Straße entlang. Mir war hundeelend zumute. Nein, so konnte es nicht weitergehen. Ich musste mich von diesem Mann trennen. Das war weder eine Ehe noch ein Leben. Ich konnte nicht mehr.

Statt zu telefonieren, stieg ich in den Stadtbus und fuhr direkt zu meinem Bruder.
Er und seine Frau jedenfalls freuten sich sehr, mich so überraschend zu sehen. Aber sie sahen auch, dass ich geweint hatte. Und ich erzählte von dem „herzlichen Empfang", den Amor mir bereitet hatte.
„Ich werde mit ihm sprechen", brauste Ralf auf. „So kann es nicht weitergehen. Er behandelt dich ja, als seiest du Dreck. Willst du heute Nacht hier bei uns bleiben?"
„Nein, Ralf, ich muss ihm zeigen, dass ich die Stärkere bin und keine Angst vor ihm habe. Aber es wäre schön, wenn du mich später nach Hause fahren würdest."
Erst weit nach Mitternacht lag ich auf meiner Seite unseres Doppelbettes. Amor schlief tief und fest. Wie konnte dieser Mensch nur so gleichgültig sein? Er hatte nicht einen Funken Gefühl in seinem Leib.
Am nächsten Morgen, Amor war schon lange weg, ging ich zu meiner Freundin ins Café.
„Du kommst gerade recht", rief sie erfreut. „Bleibst du länger hier?"
„Ja, ich dachte an zwei bis drei Monate."
„Das ist ja phantastisch, dann hast du sicher nichts dagegen, mich ein bisschen hier abzulösen. Weißt du, ich muss noch mal in die Klinik für die Nachuntersuchungen. Es ist zwar alles soweit in Ordnung, aber der Arzt meinte, dass es doch besser wäre, die Chemotherapie noch mal zu wiederholen. Du weißt, dass ich während dieser Zeit zu schwach zum Arbeiten sein werde."
„Natürlich werde ich dir helfen." Ich zögerte ein wenig, bevor ich weiter sprach. „Ich muss dir sogar helfen, denn sonst würde ich verhungern." Sie sah mich entgeistert an.
„Du brauchst gar nicht so zu schauen. Amor hat für mich nichts zu essen, das hat er jedenfalls gesagt."
„Das darf doch nicht wahr sein. Er kommt manchmal hierher und erzählt mir immer, wie sehr er dich vermisst und dass er es gar

nicht abwarten kann, dich wieder in seinen Armen zu halten."
Ich lachte auf. „Dieser elende Heuchler."
„Er hat dich ganz schön verletzt, nicht wahr?"
„Ja, er hat mir sehr wehgetan, und ich spiele mit dem Gedanken, mich nun endgültig von ihm zu trennen."
„Aber nun hast du doch gerade das Haus in Zarzis gebaut und auch noch aufgestockt. Ihr wolltet doch von Feriengästen dort leben."
„So war es geplant. Aber anscheinend wollte Amor das nicht wirklich."
„Was will er denn dann?"
„Ich weiß es nicht. Er will jedenfalls immer das Gegenteil von dem, was ich will."
„Das hört sich nicht gut an. Na, dann komm mal gleich morgen zur Arbeit. Da hast du Ablenkung. Und von ihm abhängig bist du dann auch nicht."
„Okay, das ist schön. Ich freue mich darauf."
So ging ich also täglich in das kleine, gemütliche Stehcafé, stand hinter dem Tresen und versorgte die Kunden mit Cappuccino, Espresso und leckeren, kleinen italienischen Spezialitäten. Es machte Spaß, und ich hatte genügend Geld, meine Lebensmittel und sonstige Kleinigkeiten einzukaufen. Bewusst kaufte ich nur Wurst aus Schweinefleisch und Dinge, die Amor nicht mochte. Abends kochte ich nur für mich und ließ ihn eiskalt links liegen.
Nach ein paar Tagen klingelte am frühen Morgen das Telefon. Amor lag noch im Bett, und ich ging ran.
„Guten Morgen", sagte eine Frauenstimme, „ich bin Amors Vorgesetzte und ich müsste ihn sprechen, weil wir unseren Dienstplan ändern mussten." Ich wollte ihn schon rufen, da sprach sie weiter: „Ach, übrigens möchte ich ihnen noch zu den Kindern gratulieren."
„Welche Kinder?" fragte ich unbedarft.
Ich konnte deutlich hören, wie sie stutzte.
„Na, ihre Zwillinge. Amor hat doch gesagt, dass sie letzten Monat

Zwillinge in Tunesien zur Welt gebracht haben. Und wir haben doch alle für das Geschenk gesammelt. Und Amor hat doch Sekt spendiert, weil er sich so über die Kinder gefreut hat."
Ich wusste im Moment gar nicht, was ich sagen sollte.
„Sind sie noch dran? Was ist los, stimmt etwas nicht?"
„Doch, es ist alles in Ordnung", stammelte ich, als ich mich wieder gefasst hatte. „Aber ich muss Ihnen sagen, dass wir keine Zwillinge haben. Ich habe überhaupt keine Kinder mit Amor."
„Wie? Das verstehe ich nicht", hörte ich sie leise sagen, „aber na gut, sagen sie Amor bitte, dass er heute erst um dreizehn Uhr antreten und dann die Abendschicht mit übernehmen muss."
„Ja, das werde ich ihm ausrichten", antwortete ich und verabschiedete mich höflich von Amors Chefin.
Dann rannte ich ins Schlafzimmer, riss Amor die Bettdecke vom Leib und brüllte los.
„Was hast du dir nur dabei gedacht? Du hast jetzt sicher gehört, was los ist. Rede dich nicht heraus. Sag mir ganz einfach die Wahrheit. Warum hast du erzählt, wir hätten Zwillinge bekommen?"
„Mein Geld reicht nie, und da habe ich gedacht, dass ich Kindergeld kassieren könnte. Aber das hast du ja jetzt kaputt gemacht."
„Ja, glaubst du denn, ich mache mich in meinem eigenen Land strafbar? Und weißt du denn nicht, dass man eine Geburtsurkunde für Kinder braucht?"
„Doch, das weiß ich, aber die bekomme ich in Tunesien von einem Freund, der auf dem Standesamt arbeitet."
„Du hättest mich aufklären sollen, Amor, bevor du das geplant hast."
„Du hättest das nicht gemacht."
„Ganz recht, das ist nämlich Betrug. Und dafür kann man ins Gefängnis kommen, und du wirst aus Deutschland ausgewiesen. Hast du dir darüber schon mal Gedanken gemacht?"
„Es wäre nicht herausgekommen, wenn du nicht gekommen wärst. Die Geburtsurkunde kommt nächste Woche aus Tunis."

„Ach, deshalb warst du so sauer, dass ich überraschend gekommen bin!“
„Ja, jetzt hast du alles kaputt gemacht.“
„Gott sei Dank bin ich noch rechtzeitig gekommen, um das Schlimmste zu verhindern.“
„Jetzt kann ich auch nicht mehr zur Arbeit gehen. Sie wissen ja jetzt, dass ich gelogen habe.“
„Dann lass dir mal eine gute Ausrede einfallen. Im Lügen bist du ja Weltmeister.“
Ich war außer mir. Wie konnte er hinter meinem Rücken nur so agieren? Ich setzte mich ins Wohnzimmer und starrte vor mich hin, während Amor ins Bad ging, duschte, sich dann anzog und wortlos die Wohnung verließ. Ich raffte mich auf und ging in mein Café.
Gegen Mittag kam Amor ins Geschäft und legte mir eine gelbe Krankmeldung von einem Arzt auf die Theke.
„Ruf die Klinik an und sage, dass ich krank bin“, forderte er.
„Das wirst du schön selber machen, lieber Amor. Ich habe nicht vor, diese Lügengeschichte zu akzeptieren und dir dann auch noch zu helfen.“
„Na gut, dann fahre ich hin und gebe sie beim Pförtner ab.“
„Tu das, du Feigling.“ Ich musste das einfach sagen, denn ich verachtete ihn dafür, was er getan hatte.
„Willst du heute Abend Couscous mit mir essen?“ fragte er kleinlaut. „Dann koche ich für uns.“
„Nein“, sagte ich bestimmt, „ich treffe heute Abend meine alten Freundinnen im Saunaclub. Und ich weiß noch nicht, wann ich zurück komme.“
Mit halb zugekniffenen Augen sah er mich an, sagte dann aber nichts mehr, weil Kunden den Laden betraten. Er ging und schloss die Tür.
Amor hatte nicht vor, jemals wieder seiner Arbeit in der Klinik nachzugehen. Am Jahresende lief sein Vertrag aus, bis dahin wollte er die Krankheit hinausziehen. Er hatte sich beim Fußball-

spielen das Knie verletzt, und sein Arzt wollte ihn schon vor Monaten dazu überreden, es operieren zu lassen. Er besorgte sich also einen Termin im Krankenhaus und bat mich, ihn dorthin zu fahren. Ich fuhr ihn und wünschte ihm Glück.
„Willst du mich nicht besuchen? Ich muss mindestens zwei Wochen hier bleiben."
„Mal sehen, Amor, ich weiß noch nicht." Ich war immer noch böse mit ihm.
„Kannst du mir nicht verzeihen, Liebling? Ich weiß, ich habe einen Fehler gemacht, aber ich will es wieder gutmachen", flehte er.
„Ich komme nach der Operation", sagte ich nur kurz und verließ das Krankenzimmer, in das uns der Pfleger geführt hatte. Tagelang überlegte ich, was ich tun könnte. Schließlich hatte ich einen Plan und fuhr zu Amor. Er freute sich, mich zu sehen. Wie ein kleiner Junge saß er im Krankenbett, das Knie in einen Schalengips gebettet, und streckte mir die Arme entgegen.
„Es tut mir alles so leid, Sabrina. Ich bitte dich noch mal um Verzeihung. Sag mir, was du nun willst, dann werde ich alles so machen, das verspreche ich, bei Allah."
„Höre auf mit deinem Allah, Amor. An den hast du bei deinen vielen Lügen auch nicht gedacht."
„Ja, ich weiß, aber es wird jetzt alles anders. Ich weiß, ich würde keine bessere Frau als dich bekommen und ich weiß, ich werde dich verlieren, wenn ich jetzt nicht vernünftig werde."
„Das stimmt, ich bin gekommen um dir deine allerletzte Chance zu geben. Hör mir bitte genau zu, Amor, ich sage das nur einmal."
„Ja, ich werde genau zuhören."
„Gut, dann werden wir zum Jahresende die Wohnung kündigen, unsere Sachen verkaufen, ein einigermaßen vernünftiges Auto kaufen und mit Sack und Pack nach Tunesien fahren. Dort richten wir die Ferienwohnung ein, und du wirst dir dort eine Arbeit suchen. Mit dem, was du verdienst und den Vermietungen können wir beide wunderbar leben. Ich frage dich auch nicht, ob du es so willst, denn ich weiß, dass das die einzige vernünftige Lösung für uns ist."

„Ja gut, wir machen es so, wie du willst. Du hast ja Recht. Du hast dein ganzes Geld nach Tunesien gebracht und alles so gut geplant. Wir werden dort zusammen leben und eine gute Ehe führen."
„Gut, dann informiere deine Familie darüber. Ich werde inzwischen die Wohnung kündigen und einen Nachmieter suchen."
Amor widersprach nicht mehr und war mit allem einverstanden. Als er aus der Klinik entlassen wurde, blieb er nur noch brav zu Hause, trank keinen Alkohol und benahm sich zum ersten Mal seit langer Zeit wieder wie ein richtiger Ehemann. Während ich noch im Café arbeitete, versorgte er die Wohnung, kaufte ein und kochte Essen. Dennoch, ich traute dem Frieden nicht so recht und war deshalb auch noch sehr zurückhaltend, wenn er mich berühren wollte.

Anfang Januar hatten wir alle Möbel verkauft, die Wohnung übergeben, sämtlichen Kleinkram in einen Peugeot 309 gepackt und befanden uns auf der Autobahn in Richtung Genua, wo das Fährschiff „Habib Burghiba" auf uns wartete, das uns nun endgültig in unser gemeinsames Zuhause bringen sollte.

***

Einen Monat lang war mein Amor der beste Ehemann der Welt. Er half, den Garten auf Vordermann zu bringen, betonierte mit seinem Bruder Chamseddine die Gartenwege, mauerte eine Grillecke und diverse Blumenkübel. Er fuhr angeblich von Hotel zu Hotel und fragte nach Arbeit für die neue Saison. Nur leider klappte da offenbar nichts.
Ich schrieb für ihn einige Bewerbungen an deutsche Reiseveranstalter, denn es wurden auch immer wieder Reiseleiter gesucht, die am Ort wohnten. Die Briefe nahm Amor alle selbst mit zur Post, und ich glaubte ihm sogar, dass er sie eingesteckt hatte.
Nur im Bett wollte es nicht mehr mit uns klappen. Ich hatte versucht, mit ihm zu schlafen, aber ich empfand nichts mehr dabei. Meine Liebe zu ihm war tatsächlich erloschen. Ich tröstete mich damit, dass sie wohl wiederkommen würde, wenn Amor so blieb, wie er sich im Moment zeigte. Er war wieder so, wie er damals, vor unserer Heirat, gewesen war.

***

Ende Februar sollten schmiedeeiserne Gitter an den Fenstern angebracht werden, und Amor wollte den Schmied holen, der auch bei seiner Familie gearbeitet hatte.
„Bitte Amor, hol doch den jungen Kunstschmied, der seine neue Werkstatt da unten an der Straße hat. Ich habe bei ihm wunderbar gearbeitete Gitter gesehen. Ganz anders als das Gelumpe bei euch unten."
„Wann hast du das gesehen?"
„Neulich, als ich dort vorbeilief."
„Ja, den kenne ich, das ist ein Freund von mir. Aber Papa wird das nicht gefallen, dass wir einen anderen Schmied nehmen."
„Bitte, Amor, ich bin deinem Vater zu nichts verpflichtet. Ich bezahle alles alleine. Da werde ich mir wohl auch meine Handwerker alleine aussuchen können, oder? Im Mai kommen die ersten Gäste, da muss alles fertig sein."
„Na gut, ich werde ihn holen zum Ausmessen."
Schon am nächsten Tag brachte er den Kunstschmied. Er gab mir artig die Hand und sah mich nicht dabei an.
„Ich heiße Karim", sagte er. „Dein Mann will, dass ich für euch arbeite."
„Ich will es, Karim; ich will, dass du Gitter für mich arbeitest. Ich habe deine Arbeiten gesehen und sie haben mir gefallen."
Nun warf er mir einen flüchtigen Blick zu und strahlte. Ich gab ihm dann die Zeichnungen und erklärte ihm, was ich mir vorgestellt hatte.
„Ich werde alles so machen, wie du es möchtest", sagte er und gab mir zum Abschied höflich die Hand. Bei seiner Berührung zuckte ich zusammen. Er drehte sich noch mal zu mir um, als Amor bereits ins Auto gestiegen war, und sah mich eine ganze Weile an.
Zwei Wochen später baute Karim die Gitter ein.
„Das ging aber schnell", lobte ich ihn und bewunderte seine Arbeit. „Du kannst das wirklich gut, ich habe hier nie eine so saubere Arbeit gesehen."
Nun mischte sich Amor ins Gespräch.

„Andere machen das auch. Du brauchst ihn nicht zu loben. Er wird dafür bezahlt."
„Bitte, Amor, fass das Eisen an, es ist glatt wie Glas. Und dann fass die anderen Sachen unten bei euch an. Das ist ein himmelweiter Unterschied."
„Ja, du hast ja Recht. Aber jetzt lass uns arbeiten."
Ich ließ sie arbeiten und sah ihnen dabei zu. Karims Hände bewegten sich flink, und jeder Handgriff saß auf Anhieb. Amor dagegen lehnte sich an die Haustür und hielt lediglich einen Laden fest. Karim hätte noch ein paar Hände gebrauchen können, aber Amor war nicht in der Lage, irgendetwas anzufassen. Ich begriff, dass Amor nicht arbeiten wollte.

Im Kassettenrecorder lief ein Klavierkonzert von Tschaikowsky, und Karim spitzte die Ohren. „Die Musik ist wunderschön", sagte er auf Arabisch. Ich verstand es, sagte aber nichts. Ich wollte Amor nicht noch wütender machen. Ich hatte gemerkt, dass es ihm absolut nicht passte, dass ich Karim gelobt hatte.
„Mach andere Musik", sagte Amor zu mir, und ich tat es.

Eines Nachmittags lernte ich bei Irmi und Harry deren neue Nachbarn Horst und Janni kennen. Ein Bremer Ehepaar, das mir auf Anhieb sympathisch war. Ich lud sie in mein Haus ein, und wir tranken von da an des Öfteren mal ein Gläschen Wein zusammen. Nun hatte ich also außer Irmi und Harry, Moni und Margaret auch noch dieses nette Ehepaar gefunden. Ich war froh, inzwischen so viele Freunde zu haben.

Und dann kam alles so, wie es kommen musste. Eines Abends eröffnete mir mein Mann, dass er nach Berlin fliegen würde, um dort zu arbeiten.
„Wann?" fragte ich.
„Nächste Woche. Ich habe alles mit meinem Cousin Raschid abgesprochen. Ich kann bei ihm wohnen und ich bekomme zunächst

Arbeitslosenunterstützung, bis ich Arbeit gefunden habe."
„Amor, ist das dein Ernst?"
„Ja, es ist mein Ernst, ich kann hier nicht bleiben."
„Verdammt, Amor, ich hätte wissen müssen, dass du dein Wort nicht hältst, du gemeiner Lügner. Jetzt habe ich unsere Wohnung in Deutschland aufgegeben, die Ferienwohnung ist für diesen Sommer so gut wie ausgebucht, und nun lässt du mich einfach wieder alleine."
„Du musst das verstehen, ich kann nicht anders. Ich bekomme hier keine Arbeit. Und mein Vater sagt, ich soll in Deutschland arbeiten."
„Aha, dein Vater also. Na gut, Amor, geh nach Berlin. Ich werde dich nicht aufhalten. Ich komme auch ohne dich klar. Ich habe genug Gäste, um leben zu können. Ich habe ein Auto und mittlerweile auch genügend Freunde hier. Ich komme schon klar."
„Dann ist ja alles okay. Ich werde dir Geld schicken, wenn du etwas brauchst. Und noch etwas; ich will nicht, dass du mit diesem Bremer Ehepaar zusammen bist."
„Wieso nicht?"
„Das sind schlechte Leute."
„Ich bitte dich, Amor, hör auf. Diesen Spruch kenne ich. Jeder ist in deinen Augen schlecht, mit dem ich spreche. Aber eine klare Antwort bekomme ich nie. Also, entweder du sagst mir, was du an Horst und Janni auszusetzen hast, oder du lässt es."
„Du hörst sowieso nicht auf mich, also dann mache, was du willst. Aber denke daran, dass mir alles berichtet wird, was du tust."
„Glaubst du im Ernst, Amor, dass ich weiterhin bereit bin, dieses Leben zu führen? Du hast mich wieder einmal schändlich belogen. Ich werde das nicht mehr akzeptieren. Und ich glaube dir auch nicht, dass du mir irgendwann Geld schicken wirst. Ich habe niemals von dir auch nur einen Pfennig bekommen, hast du das vergessen?"
„Was willst du denn tun? Wenn du dich scheiden lässt, verlierst du alles, was du hier investiert hast."

„Das werden wir sehen. Hier gibt es auch Gesetze.“
Eine Woche später war Amor nach Berlin abgereist, und ich weigerte mich, auch nur einen Gedanken an ihn zu verschwenden. Ich besuchte einen Anwalt und informierte mich über meine rechtliche Lage. Ich erzählte ihm auch, dass ich unser Haus ganz alleine mit meinen eigenen Mitteln gebaut hatte.
„Sind Sie im Grundbuch eingetragen?“ fragte er.
„Nein, soviel ich weiß, noch nicht. Amors Vater hat uns das Land zur Hochzeit geschenkt, aber er sagte, dass die Eintragung lange dauern würde.“
„Ja, das stimmt, es dauert sehr lange. Aber ich werde mal für sie beim Grundbuchamt nachfragen, ob überhaupt eine Eintragung beantragt wurde.“
„Ja, tun sie das bitte.“
Zwei Wochen später erfuhr ich dann, dass nicht ich und Amor Besitzer des Landes waren, sondern einzig und alleine Amors Vater.
„Der Mann hatte nie vor, ihnen das Land zu schenken. Und er hat auch ihr Haus auf seinen Namen eintragen lassen.“
„Soll das heißen, die Familie hat mich vorsätzlich betrogen?“
Der Anwalt zuckte mit den Schultern.
„Jetzt dämmert mir einiges. Sie wollten das Haus, um mich dann mit Gemeinheiten hinauszuekeln, und mein Mann spielt da mit.“
„Ja, es sieht so aus. Auf diese Weise haben sich schon viele Tunesier ihre Häuser gebaut.“
Ich war wie vor den Kopf geschlagen. Alles hätte ich Amor inzwischen zugetraut, aber nicht so einen schändlichen Betrug an mir.
„Was raten sie mir?“ fragte ich den Anwalt.
„Geben sie dieser Familie nicht, was sie will. Lassen sie sich nicht scheiden, verlassen sie ihr Haus nicht. Da ihr Mann sowieso nicht da ist, können sie dort in Ruhe leben.“
„Ich hatte aber eigentlich nicht vor, mein Leben lang alleine in diesem Haus zu bleiben.“

„Das müssen sie auch nicht. Es gibt Gesetze in diesem Land, und wenn sie nachweisen können, dass Sie das Geld gebracht haben, werden sie auch ihr Recht bekommen."
Ich bedankte mich für die Auskunft und versprach, gut zu überlegen, wie ich vorgehen wollte. Zunächst aber konnte ich überhaupt nichts tun, weil ich von Mai bis Oktober Mietverträge für die Ferienwohnung unterschrieben hatte, und die ersten Gäste würden bald eintreffen.

Schon zwei Wochen war Amor in Berlin. Seitdem hatte er sich nicht gemeldet. Angeblich auch kein Anruf bei seiner Familie. Ich war zutiefst verletzt, hatte ich doch geglaubt, dass er sich diesmal wirklich besinnen wollte. Fehlanzeige. Alles war wieder nur gespielt, und wahrscheinlich hatte er die Bewerbungen auch nicht weggeschickt und auch nicht in den Hotels nach Arbeit gefragt. Er wollte seinen Anspruch auf Arbeitslosengeld in Deutschland und die Aufenthaltsgenehmigung nicht verlieren, und seine Eltern bearbeiteten ihn entsprechend, weil sie immer noch glaubten, ihr geliebter, vergötterter Sohn würde doch noch eines Tages als Millionär in die Heimat zurückkehren. Wie so viele Alte in diesem Land, waren auch meine Schwiegereltern der Ansicht, das Geld würde in Deutschland auf den Bäumen wachsen.

In diesen Tagen brachte Karim das kunstvoll geformte Eisengitter für die Terrassentür, um es zu montieren. Diesmal legte ich wunderschöne klassische Musik in den Recorder, und er nickte mir freudig zu. Ich kochte Kaffee und bot ihm eine Tasse an. Er nahm dankend an und setzte sich eine Weile mit mir an den Tisch.
„Amor ist in Deutschland?" Das war eher eine Feststellung als eine Frage.
„Ja, er ist weg."
„Das ist nicht gut", sagte er, blickte mich aber nicht dabei an.

Ich sah zu ihm hinüber. Er war genauso alt wie Amor. Er war sehr schlank und hatte einen ganz kurzen, gepflegten Haarschnitt. Sein tiefschwarzes Haar war nur leicht gewellt, seine Augen dunkelbraun und unheimlich traurig. Nein, er war nicht so hübsch wie Amor, aber er hatte ein ehrliches, aufrichtiges Gesicht. Auch an seiner ganzen Art konnte ich erkennen, dass er nicht einer von der Sorte war, die andere Menschen nur ausnutzen. Er war fleißig und korrekt. Ich wünschte mir, Amor wäre so gewesen. Nun, es war zu spät und es war sinnlos, mir Gedanken über den jungen Mann zu machen. Ich verabschiedete ihn höflich, und als er mir die Hand gab, überkam mich ein eigenartiges Kribbeln. Ich versuchte es abzuschütteln, es gelang mir nicht. In dieser Nacht habe ich zum ersten Mal von Karim geträumt und am nächsten Morgen entschloss ich mich, in die obere Wohnung umzuziehen. Es war dort kleiner und gemütlicher.
Die Monate kamen und gingen, Feriengäste zogen ein und aus, und ich hatte eigentlich niemals Langeweile. Es war ein schöner Sommer. Aber ich war einsam, sehr, sehr einsam.
Die Freundschaft mit Janni und Horst wurde intensiver, und ich kümmerte mich auch während ihrer Abwesenheit um ihr Haus. Sie hatten Karims Arbeiten bei mir gesehen und waren dann dankbar, dass ich den Schmied zu ihnen brachte. Im Haus meiner Freunde bekam er so viel Arbeit, dass er wochenlang damit zu tun hatte.
Auch andere deutsche Freunde machte ich auf Karims Arbeit aufmerksam und war froh, etwas für ihn tun zu können. Ich selbst ging ihm möglichst aus dem Weg. Wenn ich bei ihm an der Werkstatt vorbeifuhr, starrte er mir hinterher. Manchmal winkte er mir lächelnd zu.

Ende November kam Amor aus Berlin zurück. Er hatte während der ganzen Monate dort nicht einen einzigen Tag gearbeitet, sondern nur in Kneipen herumgelungert und seine Arbeitslosenunterstützung vertrunken. Ich hatte mir vorgenommen, kein Wort von Scheidung und dem aufgedeckten Betrug wegen der Grundbuch-

eintragung zu sagen. Ich ließ es zunächst so laufen, weil ich auch für das kommende Jahr noch gut mit Feriengästen zu tun hatte. Aber ich hatte mir auch vorgenommen, keine neuen Mietverträge mehr abzuschließen. In meinem Inneren reifte der Entschluss, mich endgültig von Amor zu trennen.
Wir verbrachten das Weihnachtsfest und den Silvesterabend zusammen mit deutschen Freunden in einem französischen Club. Es war sehr schön und harmonisch. Amor benahm sich charmant und tanzte sogar Walzer mit mir. Aber es war alles nur gespielt.

Im Januar kam die Aufforderung vom Zoll, den Peugeot endlich zu verzollen und eine tunesische Nummer zu beantragen. Der Zoll wollte stolze fünftausend Deutsche Mark.
„Das ist viel Geld", sagte ich zu Amor.
„Ja, aber dann hast du eine tunesische Nummer, und hier ist das Auto den doppelten Preis wert. Du kannst es dann immer gut verkaufen."
Ich holte also das Geld von der Bank, und wir fuhren zum Zoll. Die FCR-Quittung (Tunesier, die in Deutschland leben, bezahlen nur 25 % des sonst üblichen Zollbetrages) lautete dann aber nur auf Amors Namen, und ich fragte, warum das so sei. Man sagte mir, dass nur ein Tunesier berechtigt sei, ein Auto zu FCR-Bedingungen ins Land zu bringen. Da mein Name aber im Kraftfahrzeugbrief und im Schein stand, wäre es kein Problem, sagten die Leute. Ich gab mich damit zufrieden, hatte aber ein äußerst ungutes Gefühl. Ich traute Amor nicht mehr über den Weg, seit ich von dem Betrug beim Grundbuchamt wusste. Amor ließ dann aber den Wagen von seinem Pass in den meinen übertragen, weil er zurück nach Deutschland wollte.
„Wo willst du denn hin? Ich denke, du willst nicht mehr nach Berlin?"
„Nein, ich gehe wieder in deine Stadt."
„Was willst du denn dort? Wir haben dort keine Wohnung mehr."
„Wir können wieder eine mieten."

„Ohne mich. Ich mache das nicht mehr mit. Wenn du gehen willst, dann geh, aber ohne mich."
„Ich brauche dich nicht, ich habe Freunde. Ich kann bei Oliver wohnen, das habe ich schon mit ihm abgesprochen."
„Mach was du willst, Amor, aber denke nur nicht, dass das ewig so weitergehen kann."
„Wie meinst du das?"
„Auch meine Geduld ist irgendwann zu Ende."
Auf eine weitere Diskussion ließ ich mich nicht ein. Ich ging zu Hause meiner Arbeit nach und tat so, als würde es mich überhaupt nicht interessieren, was er vorhatte. Und so verschwand er dann auch Ende Januar nach Deutschland.
Im März bekam ich einen Anruf, dass er eine Arbeit und eine neue Wohnung gefunden hatte.
„Du kannst jetzt kommen, Liebling. Ich habe eine Wohnung für uns, und du brauchst auch nicht arbeiten. Ich werde für dich sorgen."
„Amor, du weißt, dass im Mai die ersten Gäste kommen. Ich kann nicht zu dir."
„Dann komm wenigstens für ein paar Wochen, bis die Gäste kommen."
Ich war fünfzehn Monate nicht daheim gewesen und überlegte, dass mir drei Wochen Deutschland gut tun würden. Aber als ich dort ankam, bereute ich es schon wieder, denn ich musste feststellen, dass mein lieber Mann einen Scheckbetrug begangen und mir damit zweitausend Mark vom Konto gestohlen hatte.
„Ich brauchte das Geld, um ein Auto zu kaufen. Denn ohne Auto hätte ich die Arbeit nicht bekommen. Wir arbeiten an den Autobahnbrücken, und da fährt kein Bus hin."
„Aber deshalb brauchst du doch nicht meine Unterschrift zu fälschen, du hättest doch fragen können."
„Du hättest mir das Geld nicht gegeben."
„Da magst du Recht haben. Ich muss nämlich ganz alleine für mich sorgen. Alles was ich mit der Ferienwohnung im letzten Jahr

verdient habe, habe ich für den Zoll, den Flug hierher und für mein Essen gebraucht. Das letzte Geld hast du mir nun gestohlen."
„Ich gebe es dir zurück, sobald ich genügend verdient habe."
„Das will ich hoffen."
Aber bereits zwei Tage später waren die Aussichten, an mein Geld zu kommen, verschwindend gering geworden. Amor wurde wegen einer Schlägerei, die er auf der Baustelle angezettelt hatte, kurzerhand entlassen.
„Was nun?" fragte ich. „Wovon willst du nun die Miete für diese Wohnung hier bezahlen?"
„Ich gehe wieder zum Arbeitsamt."
„Du bekommst eine Sperre, weil du den Job aus eigenem Verschulden verloren hast."
„Das stimmt nicht, der Rumäne hat angefangen."
„Erzähl das dem Arbeitsamt. Ich kenne dich zu gut und ich weiß, dass du lügst."
Durch Zufall traf ich in der darauf folgenden Woche einen alten Freund, der eine Glaserei betrieb. Er erzählte mir, dass er dringend Hilfsarbeiter für Montagearbeiten suchte. Ich schickte Amor zu ihm, und schon zwei Tage später hatte er einen neuen, gutbezahlten Job.
„So, Amor, das war das letzte, was ich für dich getan habe. Schick mir die zweitausend Mark, die du gestohlen hast, und dann behalte diese Arbeit. Eine bessere wirst du nicht finden."
Wieder einmal hatte ich ihm aus der Patsche geholfen, obwohl er es eigentlich nicht verdient hatte. Aber er war immer noch mein Mann, und ich fragte mich, warum er eigentlich noch mein Mann war. In diesen drei Wochen hatte ich sogar zweimal mit ihm geschlafen. Aber es war nur ein sexuelles Verlangen, das ich verspürt hatte, denn schließlich war ich lange Zeit ohne Mann gewesen. Aber ich liebte ihn nicht mehr, das war mir klar.
Nach meiner Rückkehr nach Zarzis fuhr ich direkt zu Karim. Ich wollte ihm einfach nur mal in die Augen sehen, aber ich bestellte

ein neues Gartentor bei ihm. Er freute sich sehr über mein Kommen und kam gleich am Nachmittag in mein Haus. Er nahm die Maße für das Tor und trank mit mir Kaffee. Dabei sah er mich die ganze Zeit so eigenartig an. Ich senkte den Blick, weil ich es nicht ertragen konnte, ihn leiden zu sehen. Ich glaubte zu wissen, dass er in mich verliebt war. Und er war es auch, denn als er drei Wochen später das Tor einbaute und ich ihm die Schrauben und Nägel festhielt, drehte er sich ganz plötzlich zu mir um, hielt mich einen Moment lang fest und küsste mich flüchtig auf den Mund. Ich ging ins Haus und wartete, bis er die Arbeit beendet hatte. Ich gab ihm seinen Scheck, und er fuhr davon. Wochenlang vermied ich es peinlichst, ihn zu sehen.
Im August kamen meine beiden Nichten, zusammen mit Amor. Er hatte drei Wochen Urlaub und wollte sie in seiner Heimat verbringen.
Er brachte die beiden hübschen achtzehnjährigen Mädels zu mir, nahm mein Auto und verschwand zu seiner Familie. Auch die Ferienwohnung war mit einer netten Familie belegt, und so hatte ich alle Hände voll zu tun. Ich machte mir keine Hoffnung, dass Amor diesen Urlaub mit mir verbringen würde. Es war mir auch ziemlich egal; es ärgerte mich nur, dass er mir den Wagen wegnahm, ohne danach zu fragen, ob ich ihn benötigte. Die beiden Mädchen fühlten sich sehr wohl bei mir, verbrachten ihre Tage zusammen mit meinen anderen Gästen am Strand und auch ich begleitete sie von Zeit zu Zeit. Bei einem Bummel, den ich mit meinen Nichten über die Route de Tourisme machte, entdeckte ich mein Auto vor einer Bar. Da ich vorhatte, mit den Mädchen in die Stadt zu fahren, ging ich ins Lokal und sah Amor mit drei anderen Männern an einem Tisch sitzen. Vor ihnen waren wohl zwanzig geleerte Bierflaschen aufgereiht. Ich bat den Kellner, Amor für einen Moment herauszubitten. Er kam, und ich bat ihn um den Autoschlüssel.
„Was läuft du mir hinterher?“ herrschte er mich an.
„Ich laufe dir nicht hinterher, ich will nur mein Auto.“

„Das ist nicht dein Auto, lass mich in Ruhe und gehe nach Hause.“
Ich wollte auf der Straße keine Szene und ließ ihn stehen. Die beiden Mädchen kamen zu mir herüber, und wir beschlossen, ein Taxi zu nehmen. In dem Moment stürmte Amor mit seinen Freunden aus dem Lokal. Sie stiegen, ohne uns zu beachten in mein Auto, und Amor fuhr mit quietschenden Reifen los. Er fuhr so dicht an mir vorbei, dass er meinen Arm streifte.
„Der Mistkerl fährt dich eiskalt über den Haufen“, schimpfte Nicole, und beide Mädchen sahen mich sehr erschrocken an. „Das reicht“, sagte ich nur. „Kommt, wir gehen zu Amors Vater.“
Wir liefen die Straße entlang und trafen dann Achmed.
„Ist dein Vater zu Hause, Achmed?“
Er muss mir wohl angesehen haben, dass ich wütend war und fragte, was passiert sei.
„Dein Bruder ist total betrunken, Achmed, er hat mich beinahe überfahren und fährt jetzt mit drei anderen Betrunkenen in Richtung Sangho. Ich habe Angst, dass etwas passiert. Und ich will auch nicht, dass er mit meinem Auto unterwegs ist, wenn er getrunken hat.“
„Ich verstehe, ich werde ihn suchen und nach Hause bringen.“
„Okay, wir werden jetzt eine Kleinigkeit im ‘Abou Nawas’ essen, bitte komm dorthin und sag mir Bescheid. Ich möchte dann mit den Mädchen nach Hause fahren. Ich sehe beim besten Willen nicht ein, dass wir jedes Mal den steilen Berg zu Fuß hochgehen sollen, nur weil Amor mit meinem Auto von Bar zu Bar fährt, um sich zu betrinken.“
Achmed stieg in sein Auto und fuhr los. Wir gingen zurück in das Restaurant und aßen. Als wir beim Nachtisch angelangt waren, kam Achmed ins Lokal, hinter ihm Amor. Beide Männer setzten sich zu uns an den Tisch, und Amor bestellte lautstark Bier.
„Achmed, bitte.“ Ich warf meinem Schwager einen flehenden Blick zu. Er verstand. „Amor, du fährst jetzt mit deiner Frau nach Hause. Gib ihr den Autoschlüssel.“

Er warf den Schlüsselbund auf den Tisch und sagte, dass er sowieso nicht mehr fahren könne. Er wolle nur noch das eine Bier und dann nach Hause. Ich schlug meinen Nichten vor, dass sie in die Hoteldisco gehen sollten, um sich einen netten Abend zu machen, und bat sie, mit dem Taxi nach Hause zu kommen. Sie versprachen es und gingen. Ich bezahlte die Rechnung und wollte aufstehen.
„Du bleibst sitzen", befahl Amor. Dann kamen noch zwei Freunde von ihm, und er bestellte erneut Bier, viel Bier. Ich warf Achmed einen traurigen Blick zu, stand dann auf und ging. Amor sprang vom Stuhl hoch, der rücklings auf den Boden knallte, und wollte mir nach. Achmed hielt ihn am Arm zurück. Ich stieg in mein Auto und fuhr nach Hause. Kurz darauf brachte Achmed seinen Bruder, setzte ihn am Tor ab und fuhr weiter.
Zunächst blieb Amor still. Er ließ sich auf eine Liege auf der Terrasse fallen, und ich glaubte, dass er genug hatte. Ich duschte, zog mein Nachthemd an und sah noch mal auf die Terrasse. In dem Moment packte mich Amor am Arm und zog mich hinaus. Er verschloss die Tür hinter mir und steckte den Schlüssel, der im Schloss gesteckt hatte, in die Hosentasche.
„Du kommst nicht mehr in dieses Haus und deine beiden Nichten auch nicht", lallte er.
„Amor, was soll das? Mach sofort die Tür auf. Ich stehe hier im Nachthemd, und außerdem können uns die Gäste unten hören. Nimm dich zusammen."
„Die werfe ich auch hinaus. In meinem Haus hat niemand etwas verloren."
„Ich will wieder ins Haus, Amor", sagte ich noch mal ganz ruhig.
„Du kannst hier draußen schlafen", sagte er nur und legte sich wieder auf die Liege.
Nun stand ich da. Ich wusste, dass ich keine Chance hatte, wieder ins Haus zu kommen; würde ich ihm den Schlüssel wegnehmen wollen, würde er mich schlagen. Ich überlegte nicht lange, ging die runde Außentreppe hinunter und machte mich auf den Weg zu seiner Familie. Die spitzen Steine auf der Schotterstraße verletzten

meine Füße, denn ich hatte keine Schuhe an. Barfuß und im Nachthemd lief ich den von Agaven gesäumten, steilen Weg den Berg hinunter und ich bemerkte, dass ich vor Wut weinte. So kam ich bei Amors Familie an. Ich erzählte Vater und Achmed, was passiert war, und sie packten mich in Achmeds Auto und fuhren mich wieder zurück.

„Nehmt ihn bitte mit, ich weiß nicht, was noch alles passiert heute Nacht. Er ist total betrunken, und ihr wisst, dass er dann zu allem fähig ist“, weinte ich.

Kurzerhand zogen sie Amor von der Liege hoch, nahmen ihm den Schlüssel weg, gaben ihn mir und schleppten ihn zum Auto. Ich atmete auf und ging ins Haus. Als meine beiden Mädchen kamen, war der Spuk vorbei. Von diesem Tag an sah ich Amor nicht mehr an und wartete nur noch auf den Tag, an dem er wieder abreisen würde. Auch er würdigte mich keines Blickes mehr. Ich brachte ihn und die Mädchen zum Flughafen und war heilfroh, als er durch die Passkontrolle ging.

Das war das endgültige Aus meiner Ehe. Für mich bestand sie nur noch auf dem Papier.

Im September war ich zu Jannis Geburtstagsfeier in ihr Haus eingeladen und traf dort Karim. Er saß den ganzen Abend neben mir. Es waren viele tunesische Freunde von Horst und Janni gekommen. Wir grillten Scampi, aßen Jannis leckeren Salat und unterhielten uns prächtig. Zu fortgeschrittener Stunde tanzten wir auf der Terrasse, und ich tanzte, bis auf einen Pflichttanz mit Horst und einem Bauunternehmer, ausschließlich mit Karim. Er hielt mich fest in seinen Armen und irgendwann flüsterte er mir die Worte „Du machst mich verrückt“ ins Ohr. Seine Lippen streiften die meinen, und er hielt mich fest umschlungen. Ich bemerkte, dass man uns beobachtete und schob ihn sanft von mir. „Sei vorsichtig, Karim, “ sagte ich, „wir werden beobachtet.“

„Ist egal, ich liebe dich“, flüsterte er mit seiner rauchigen Stimme. Mir wurde unendlich warm ums Herz, als ich diese Worte hörte,

und ich schloss die Augen und genoss diesen Augenblick, der mir ein Fünkchen Glück in mein angeschlagenes Herz brachte. Und dann konnte ich nicht mehr. Ich brach in Tränen aus und rannte ins Badezimmer. Janni lief mir hinterher, um mich zu trösten.
„Janni“, schluchzte ich, „du weißt gar nicht, was ich all die Jahre durchgemacht habe und wie einsam ich war.“
„Doch, ich weiß es, und du musst dich jetzt endgültig von Amor trennen, er macht dich kaputt.“
„Ja, das tut er, und du hast Recht, ich will jetzt die Scheidung.“
Ich beruhigte mich wieder, wusch mir die Tränen vom Gesicht und trat hinaus auf den Flur. Dort stand immer noch Karim und wartete mit einem Blümchen in der Hand auf mich. Als er mich sah, nahm er mich an die Hand, gab mir die Blume und führte mich wieder hinaus auf die Terrasse. Er wich nicht mehr von meiner Seite.

Nach dieser Party fuhr Karim täglich zu Janni und Horst in der Hoffnung, mich dort zu treffen, und eine Woche nach diesem Fest sah ich ihn wieder. Ich wollte ihn sehen. In dieser Nacht fuhren wir an einen einsamen Strand und fielen uns in die Arme. Von da an waren wir ein heimliches Paar, wenn ich auch wusste, dass diese Beziehung keine Zukunftschancen hatte, dafür war es zu spät. Sechs Wochen lang war ich von meinen großen Problemen abgelenkt. Karim riskierte viel, wenn wir uns heimlich trafen. Wir wussten beide, dass es in diesem Land noch so etwas wie Blutrache gab, und es war sehr gefährlich, was er da tat. Aber er kümmerte sich um mich und gab mir das Gefühl geliebt zu werden, und das überwog alles. Wir trafen uns auch manchmal bei Janni und verbrachten mit ihr und Omar einen netten Abend. Omar war so etwas wie ein Hausfreund bei meinen Bremer Freunden. Er kümmerte sich um alles und stand Janni zur Seite, wenn Horst seiner Arbeit in Deutschland nachging. Wir vier saßen dann öfters zusammen und redeten über Gott und die Welt.
So kam dann der Abend, an dem Achmed mich suchte, weil ich am Telefon verlangt wurde. Janni und ich bereiteten gerade ein Essen

vor, weil Omar und Karim kommen wollten. Ich fuhr mit Achmed zum Telefon und erfuhr dort, dass mein Stiefvater plötzlich verstorben war. Das war ein ziemlicher Schock, denn mit dem Gedanken, dass ich schnellstens nach Deutschland zur Beerdigung fliegen musste, kam auch das Wissen, dass dies ein Abschied von Karim und meinen Freunden war. Es wurde ein trauriger Abend, und zwei Tage später traf ich Karim das letzte Mal. Ich wollte am nächsten Morgen das Land verlassen. Ich hatte ihm eine goldene Kette mit einem kleinen Herzanhänger zum Abschied geschenkt.

„Das ist mein Herz, Karim, es wird immer bei dir sein." Und dann schnitt ich ihm eine Locke aus seinem Haar und verstaute sie in dem kleinen Kästchen, aus dem ich die Kette genommen hatte.

„Und du wirst auch immer bei mir sein", sagte ich abschließend und hielt seine Haare ganz fest in meiner Hand. Karim senkte den Kopf und weinte.

„Komm bald zurück", sagte er und nahm mich ganz fest in seine Arme. Ich sagte sehr leise und in dem Bewusstsein, dass diese Liebe keine Zukunft hatte „ich weiß es nicht!" Ich wusste, es würden schwere Zeiten auf uns zukommen, denn ich wollte in Deutschland nun endgültig mit Amor über eine Trennung sprechen. Mit der Familie meines Mannes hatte ich bereits am Abend vorher gesprochen und ihnen mitgeteilt, dass mein Entschluss, mich von Amor scheiden zu lassen, fest stand. Und ich sagte ihnen auch, dass ich durch einen Anwalt über ihre Machenschaften auf dem Grundbuchamt Bescheid wusste und auch über die Tatsache informiert war, dass Amors Mutter vor hatte, ihren Erstgeborenen mit einem tunesischen Mädchen zu verheiraten. Ich erzählte ihnen auch, dass ich dieses Gespräch zwischen ihr und Mabrouka, ihrer Schwester, mehr oder weniger belauscht hatte. Die Familie sagte nichts mehr; nur Achmed versprach mich zum Flughafen zu bringen, was ich dankend annahm.

***

Zweieinhalb Stunden Flug, vier Stunden Aufenthalt in Frankfurt und die kleine Maschine Frankfurt-Bayreuth. Die ganze Zeit über mit einem mulmigen Gefühl in der Magengegend. Einerseits der Gedanke an den Tod meines Stiefvaters, der mein ohnehin angeschlagenes Herz noch mehr bedrückte, andererseits die Angst vor der Auseinandersetzung mit Amor. Was wird sein, wenn ich es ihm sage? Ja, ich war mir ganz sicher: Ich wollte eine Trennung, sauber und ordentlich, so wie ich es seiner Familie vor meiner Abreise in Zarzis mitgeteilt hatte. Mein Schwager Achmed hatte mich zum Flughafen gebracht und mich inständig gebeten, Amor noch eine Chance zu geben. Aber ich wusste längst, dass ich nicht mehr konnte. Ich wollte nicht so weiterleben und ich wusste auch, Amor würde sich niemals ändern. Alles, ja alles, was er mir damals vorgelogen und ins Ohr gesäuselt hatte, war nur gespielt. Vielleicht würde er jetzt wieder eine Zeitlang schauspielern, sich zusammenreißen.
Aber wie lange, einen Monat oder zwei? Bis er sein letztes Ziel, die deutsche Staatsbürgerschaft, erreicht hatte? Und dann? Nein, ich glaubte nicht mehr an eine gemeinsame Zukunft. Niemals hatte er mich wirklich geliebt, es war alles nur Berechnung.
Und dieser Gedanke war es auch, der so schrecklich wehtat. Ich fühlte mich ausgenutzt, betrogen und belogen, ja schlimmer noch, wie ein schmutziges Papiertaschentuch, das man nach Gebrauch achtlos in die Gosse wirft. Und Karim? Ja, Karim war so etwas wie ein Strohhalm, der mir das Überleben ermöglichte. Der Gedanke daran, dass er mich liebte, machte mir meinen schweren Weg etwas leichter. Immer wieder fragte ich mich, warum ich statt Amor damals nicht Karim getroffen hatte.

Dementsprechend fiel dann auch die Begrüßung auf dem kleinen und verschneiten Flugplatz in meiner Heimatstadt aus. Als Amor freudig auf mich zustürmte, wusste ich sofort, dass ihn seine Familie über die Unterredung am Abend vorher informiert hatte. Mein Amor hatte wieder sein schönstes Lächeln auf den Lippen,

riss mich in die Arme und wollte mich drücken. Ich stemmte mich dagegen und hätte vor Wut sofort losheulen können. Aber ich hatte mir geschworen, keine Gefühle zu zeigen. Er war mit seinem Fußballkumpel gekommen, bei dem er im Frühjahr ein paar Wochen gewohnt hatte. Ihn begrüßte ich freundlich mit einer kurzen Umarmung, was mir sofort böse Blicke von Amor einbrachte.
Oliver setzte uns vor unserem Haus ab und verabschiedete sich.
„Warum bist du nicht mit unserem Auto gekommen?“ wollte ich wissen, nachdem wir meinen Koffer in der Wohnung abgestellt hatten und ich mich aus dem feuchten Mantel geschält hatte.
„Ich habe kein Auto mehr“, war die knappe Antwort.
„Warum?“ fragte ich ebenso knapp.
Nun setzte er sich auf das Sofa und sah mich mit dem treuesten Blick an, den er aufzusetzen in der Lage war.
„Ich muss dir etwas sagen, Liebling. Ich habe das Auto zu Schrott gefahren, und mein Führerschein ist auch weg, und Schuld bist du.“
„So?“
„Ja, nachdem du mir im September am Telefon gesagt hattest, dass du dich von mir trennen willst, war ich in der Kneipe und habe mich betrunken. Und dann ist es eben passiert.“
„Und was ist mit deiner Arbeit?“
„Die habe ich auch nicht mehr. Du musst mir jetzt helfen, eine neue Arbeit zu finden.“
„Amor, ich habe dir im Mai diese Arbeit, wie du weißt, nur mit viel Mühe besorgen können, aber ich frage dich gar nicht, warum du dort nicht mehr arbeitest, du würdest mir sowieso nicht die Wahrheit sagen. Und ehrlich gesagt, es interessiert mich jetzt auch nicht mehr. Ich bin nur wegen der Beisetzung meines Vaters hergekommen und um mit dir eine vernünftige Lösung für unsere Trennung zu finden.“
„Aber ich will mich nicht von dir trennen, ich liebe dich.“
„Das nennst du Liebe? Nach allem, was du mir angetan hast? Nein, Amor, dein Name macht dir keine Ehre, du hast mich niemals geliebt.“

„Okay, ich gebe zu, ich habe dich schlecht behandelt, das tut mir leid, verzeih mir bitte. Ich werde nie wieder so mit dir machen, das verspreche ich, garantiert."
„Was haben deine Garantien für einen Wert? Du hast niemals gehalten, was du versprochen hast. Sieh mal, Amor, ich war den ganzen Tag unterwegs, habe viel Geld für den Flug bezahlt, bin hungrig und müde, aber das interessiert dich nicht. Du hast nicht einmal etwas zu essen für mich, geschweige denn eine Tasse Kaffee."
„Ja, ich weiß, das tut mir leid, es wird alles anders, gebe mir bitte noch eine Chance. Wir gehen gleich morgen früh einkaufen."
„Wie viele Chancen willst du denn noch?"
„Nur noch diese eine, bitte."
Ich sagte nichts mehr, denn ich wusste, es würde heute zu nichts führen. Vorsichtig machte ich ihm klar, dass ich sehr müde sei und erst mal duschen und schlafen müsse. Er akzeptierte es wortlos, holte sich eine Flasche Bier aus dem Kühlschrank, legte sich aufs Sofa und sah den Sportkanal. In dieser Nacht machte er keinerlei Versuche, sich mir zu nähern.

Die folgenden Tage waren schwer für mich. Die Beisetzung des Vaters und die Gespräche mit meinen Geschwistern, die ich über meine momentane Situation informierte. Auch sie rieten mir, es noch mal mit Amor zu versuchen. Niemand konnte mich verstehen. Nein, sie wollten es wohl auch nicht. Irgendwie gaben sie mir dann auch das Gefühl, dass ich doch wirklich selbst schuld sei. Schließlich heiratet man keinen Ausländer, schon gleich gar keinen Moslem. Einzig mein Bruder und seine Frau brachten ein wenig Verständnis für meine Situation auf und sicherten mir ihre Hilfe zu, falls ich sie benötigte.

Die Abende mit Amor brachten nichts. Ich redete von Trennung, er von Versöhnung und Verzeihung. Er ließ sich sogar soweit herab, auf den Knien vor mir zu liegen. Er bettelte und flehte,

und dann kam ein Vorschlag, der mir den Atem stocken ließ. Er bot mir die Hälfte des Geldes an, das ich für den Bau des Hauses ausgegeben hatte.
„Dreißigtausend Dinare? Wo willst du das hernehmen?“
„Mein Vater wird es mir geben.“
„Und was erwartest du dafür?“
„Dass das Haus auf meinen Namen geschrieben wird und du bei mir bleibst.“
„Moment, du willst mich kaufen und dafür noch das Haus haben, das mir sowieso gehört?“
„Nein, du sollst nur unterschreiben, dass du immer bei mir in unserem Haus in Tunesien bleibst.“
„Überlege bitte, was du da sagst; ich kann dir doch nicht unterschreiben, dass ich ein Leben lang in unserem Haus bleibe. Ich habe ein Haus gebaut, kein Gefängnis.“
„Ja, aber wir hätten dann Frieden und Ruhe, und du kannst weiter an Sommergäste vermieten, dann hast du Unterhaltung. Und außerdem hast du dann die dreißigtausend Dinare.“
„Und was soll ich damit anfangen, wenn ich immer im Haus bleiben soll?“
Darauf wusste er keine Antwort. Ich hatte plötzlich das Gefühl, dass ich weg müsste. Weitere Gespräche wären sinnlos gewesen. Er konnte und er wollte mich nicht verstehen. Er wollte mich kaufen, nur um sein Gesicht in seinem Heimatdorf nicht zu verlieren. Ein Araber, dem die Frau wegläuft, ist nicht gerade gut angesehen. Alleine die Vorstellung, ein Leben lang in meinem Haus zu bleiben, ständig unter Beobachtung seiner Brüder, während mein Mann sich weiterhin in Deutschland herumtrieb, verursachte Übelkeit bei mir. Mein Magen krampfte sich zusammen, und einmal mehr wusste ich, dass ich so ein Leben niemals ertragen könnte.
„Hör zu, Amor“, sagte ich in einer plötzlichen Eingebung.
„Ich fliege jetzt erst mal für ein paar Wochen zu meiner Schwester nach Amerika. Das gibt uns beiden Zeit, gründlich über alles

nachzudenken. Ich brauche jetzt eine andere Umgebung, andere Eindrücke, vielleicht komme ich mit einer vernünftigen Lösung zurück."
„Nein, du gehst nicht nach Amerika, das verbiete ich dir."
„Du wirst dich niemals ändern", sagte ich nur, stand auf und ging ins Bad, um mich für die Nacht zurechtzumachen.
Ich hatte einen sehr unruhigen Schlaf, immer wieder wachte ich auf und dann spürte ich irgendwann seine Hand auf meiner Brust. Ich schnellte sofort hoch und starrte ihn an.
„Du hast versprochen, mich nicht anzurühren."
„Das ist jetzt vorbei, du bist meine Frau, und ich habe ein Recht dazu."
Seine Hand griff fester zu, sein Blick verfinsterte sich. Er drückte mich zurück ins Kissen und warf sich auf mich. Mit aller Kraft, die ich aufbringen konnte, stieß ich ihn von mir. Ich wusste in diesem Augenblick, ich könnte es niemals mehr ertragen, mit diesem Mann zu schlafen. Ich sprang aus dem Bett, rannte ins Bad und versperrte die Tür. Sofort war er hinter mir und rüttelte am Türdrücker.
„Bitte, Amor", flehte ich, „du machst doch alles nur noch schlimmer. Denk doch bitte daran, dass ich gestern erst auf der Beerdigung war, ich kann jetzt noch nicht mit dir schlafen."
Eine andere Ausrede fiel mir nicht ein, aber sie hatte Erfolg. Vor der Tür wurde es still.
„Okay", sagte er, „ich habe es vergessen, du kannst wieder in dein Bett, ich lasse dich in Ruhe."
Ich wusste nicht, ob ich ihm glauben konnte, wollte aber nichts tun, was ihn in Rage gebracht hätte. Vorsichtig öffnete ich die Tür, ging an ihm vorbei ins Schlafzimmer und schloss die Tür hinter mir. Ich überlegte noch kurz, ob ich den Schlüssel herumdrehen sollte, ließ es dann aber sein. Kurze Zeit später hörte ich den Sportkanal und wusste, er hatte sich beruhigt.

Gleich am nächsten Morgen ging ich ins Reisebüro, buchte für den übernächsten Tag einen Flug nach Dallas und fuhr direkt zu meinem Bruder. Er fand meinen Entschluss, nach Amerika zu fliegen, gut und sicherte mir erneut seine Hilfe zu, falls es Schwierigkeiten mit Amor geben sollte. Es gab aber keine. Das einzige, was er von sich gab, waren die Worte: „Es ist gemein, dass du mich über Weihnachten alleine lässt."

„Du bist doch Moslem, du hast keine Weihnachten. Außerdem bin ich nur vier Wochen weg. Überlege doch mal, wie viel Monate im Jahr du mich alleine lässt."

„Das ist etwas anderes. Ich bin ein Mann."

Was sollte ich da noch sagen? Mir fiel nichts mehr ein. Ich packte einen Koffer und freute mich auf die Reise. Irgendwie musste er sich mit dem Gedanken, dass ich ihn verlassen wollte, abgefunden haben, denn er machte keine Anstalten mehr, mich umzustimmen. In unserer letzten Nacht saß er einige Stunden auf dem Bettrand und starrte mich an. Ich tat so, als ob ich schliefe. Komisch, er tat mir sogar leid. Heute weiß ich allerdings, dass er in dieser Nacht alle Gemeinheiten dieser Welt ausgebrütet hat. In dieser Nacht reiften in ihm die Gedanken der Rache. Er wollte sich dafür rächen, dass ich nicht so wollte wie er.

Als ich im Taxi saß, das mich um sechs Uhr morgens zu unserem kleinen Flugplatz brachte, hatte ich das eigenartige Gefühl, dass ich diese Wohnung zum letzten Mal gesehen hatte.

Auf dem Frankfurter Flughafen wartete ich zwei Stunden auf die Maschine, die mich nach Dallas bringen sollte. Ich fand in einem Zeitungsshop eine Postkarte, die eine Trümmerfrau mit aufgekrempelten Ärmeln zeigte; „Gemeinsam sind wir stark" stand darunter. Ich kaufte die Karte, schrieb ein paar Worte darauf und schickte sie auf die Reise nach Bremen zu Janni. Im großen Airbus kramte ich Jannis Abschiedsbrief aus der Tasche, steckte mir die Gemme, die sie mir geschenkt hatte, an den Pullover, und las. Ihre Worte machten mir etwas Mut, weckten aber gleichzeitig die Erinnerung an die letzten schönen Tage in Zarzis. Wir hatten so glückliche Stunden in ihrem Haus erlebt. Und ich dachte an Karim. Eine unendliche Traurigkeit überfiel mich, und Tränen kullerten mir übers Gesicht.

In diesem Moment war ich heilfroh, dass der Platz neben mir leer war.
Ich schrieb Janni einen langen, langen Brief, den ich gleich in Dallas in die Mailbox steckte.
Das Wiedersehen mit meiner Schwester war nicht so herzlich, wie ich es erwartet hatte. Doch, sie umarmte mich kurz, aber irgendwie fehlte da etwas. Während der drei Stunden Autofahrt nach Copperas Cove begriff ich aber, dass es nicht an mir, sondern vielmehr an der Tatsache lag, dass wir uns in den fünfundzwanzig Jahren, die sie bereits in Amerika lebte, sehr entfremdet hatten. Das letzte Mal hatten wir uns beim Tod unserer Mutter vor fünf Jahren gesehen. Auch der Umstand, dass sie erst ein paar Monate zuvor ihren Mann verloren hatte, der während einer schweren Herzoperation verstorben war, hatte sie sehr verändert. Dennoch aber waren es harmonische Wochen in ihrem Haus. Das Weihnachtsfest mit ihren Kindern, der Silvesterabend in der Garage der Nachbarn, die kleinen Ausflüge durch Texas.
Am Grab meines Schwagers auf dem Soldatenfriedhof in San Antonio wurde mir dann so richtig bewusst, dass wir beide es eigentlich nie leicht im Leben gehabt hatten. Während sie ständig mit ihrem Mann und den Kindern in der Welt umherzog, war ich immer und ewig auf der Suche nach dem Quäntchen Glück, das man doch so dringend zum Leben braucht. Ich habe es nie wirklich gefunden.
Amor hatte nach meiner Ankunft angerufen und sich wie ein treu sorgender Ehemann danach erkundigt, wie der Flug gewesen sei und gesagt, dass er mich sehr vermisse. Ich wusste nicht, was ich davon halten sollte. Wahrscheinlich wollte er nur kontrollieren, ob ich wirklich nach Amerika geflogen war.

Nach der dritten Woche meines Amerika-Urlaubs kam dann der Anruf, der mich aus den Socken warf. Meine liebe Janni informierte mich darüber, dass Amor in Zarzis sei. Unsere gemeinsamen tunesischen Freunde hatten sie in Bremen angerufen und

ihr mitgeteilt, dass Amor dort sei und alles tat, um mich in Zarzis unmöglich zu machen. Unter Androhung von Gewalt hatte er unserem Freund Omar den Postfachschlüssel abgenommen und erzählte bei meinen deutschen Freunden, ich wäre eine schlechte Frau und er hätte sich von mir getrennt. Außerdem sollten sie davon ausgehen, dass ich nie wieder nach Tunesien käme.
Ich war wie vor den Kopf geschlagen. In Deutschland lag er um Verzeihung flehend vor mir auf den Knien, und kaum war ich außer Reichweite, agierte er hinter meinem Rücken. Nun war der Knoten endgültig geplatzt. Ich wartete bis zum darauf folgenden Montag, weil das die Flugtage Djerba-Nürnberg sind, und rief dann am Abend bei ihm an. Er meldete sich, tat hocherfreut, meine Stimme zu hören.
„Liebling, wann kommst du?“ säuselte er mir ins Ohr.
„Na, bist du wieder da? Wie war es in Zarzis?“
„Woher weißt du das?“
„Die Welt ist klein, Amor. Ich weiß es eben.“
„Na, dann sprechen wir darüber, wenn du hier bist.“
„Nein, Amor, ich komme nicht mehr zu dir.“
„Hast du jetzt einen Amerikaner? Willst du dort bleiben?“
„Das würde dir so passen, nicht wahr? Dann hättest du doch alles, was du immer wolltest. Das Haus, das Auto, alles. Nein, ich fliege von hier aus direkt nach Djerba.“
„Du hast mich betrogen, du hast mit einem anderen Mann geschlafen, in meinem Haus. Ein Freund von mir hat dich beobachtet.“
„In deinem Haus?“
„Ja, in meinem Haus. Du hast dort nichts mehr verloren. Lass dich dort ja nicht blicken, sonst passiert was. Ich habe die Scheidung beantragt.“
Ich legte den Hörer einfach auf. Mein Herz fing schrecklich an zu rasen. Ich setzte mich hin, rauchte eine Zigarette und versuchte, mich zu beruhigen. Ich war alleine im Haus. Meine Schwester besuchte eine Freundin.

Dieser hinterhältige Schweinehund, dachte ich mir. Nun wusste ich, dass schwere Zeiten auf mich zukommen würden. Aber ich wusste auch, was ich zu tun hatte. Ich rief Monika in Frankfurt an und bat sie nur kurz, mich am Mittwoch am Flughafen abzuholen, weil ich Probleme mit Amor hätte.

Mittwochmittag landete ich in Frankfurt, Monika war da. Ein Lichtblick nach zehn Stunden Flug. Die ganze Zeit über hatte ich nur wirre Gedanken im Kopf. Was würde mich erwarten, wenn ich nach Zarzis kam? Konnte ich überhaupt in mein Haus? Wie wird mir Amors Familie gegenübertreten?
Moni teilte mir sofort mit, dass sie für den Freitag bereits einen Flug nach Djerba gebucht hatte. Ich entschloss mich spontan, mit ihr zu fliegen, und hatte Glück. Am Last-Minute-Schalter ergatterte ich noch einen Platz in der gleichen Maschine.
Wir verbrachten die zwei Tage bei Monika und flogen dann zusammen los. Monikas Freund holte uns auf Djerba ab und war natürlich sehr überrascht, mich zu sehen. Innerlich zitterte ich, gab mich ihm gegenüber aber ziemlich locker. Auf dem Römerdamm bemerkte ich plötzlich, dass mir die Nase blutete. Er hielt den Wagen an, und ich versuchte die Blutung zu stillen. Noch nie im Leben war mir so etwas passiert. Das Blut rann nur so heraus. War es die Angst? Oder einfach nur die tagelange Unruhe, die vielen Flugstunden und der ständige Klimawechsel? Ich wusste es nicht. Wohl fünfzehn Minuten standen wir auf der Straße, bis die Blutung nachließ. Sämtliche Tempotaschentücher, die wir in unseren Taschen fanden, waren mit hellem, frischem Blut durchtränkt.

Dann kamen wir an meinem Haus an. Meine Hand zitterte, als ich den Schlüssel in das schloss steckte. Er passte noch. Gott sei Dank! Monika und Nabil halfen mir, mein Gepäck hineinzutragen, und ließen mich dann allein.
Als ich die Tür zum Schlafzimmer aufmachte, fiel mein Blick direkt auf das Blatt Papier, das auf meinem Bett unter dem

Moskitonetz lag. Ich nahm es hervor und las:
„Du hast mich betrogen, du alte Hure. Verschwinde aus meinem Haus, sonst passiert Schlimmes."
Der Atem stockte mir. Ich setzte mich auf den Hocker vor der Spiegelkommode. Die Schublade stand offen. Ich wusste sofort, was geschehen war. Ich hatte dort unter der Wäsche vor meiner Abreise den Umschlag mit allen wichtigen Papieren deponiert. Er war verschwunden. Bankunterlagen, Rechnungen, Heirats- und Geburtsurkunden und auch alle Autopapiere.
Na prima, dachte ich. Wie konnte ich nur so dumm sein, die Papiere im Haus zu lassen. Ich musste doch mit allem rechnen, nachdem ich Amor mitgeteilt hatte, dass ich mich von ihm trenne.
Ich ging hinaus in die Garage. Mein Wagen stand brav an seinem Platz. Gott sei Dank hatte ich an meinem Schlüsselbund auch einen Autoschlüssel. Ich steckte ihn ins Zündschloss, drehte um – nichts. Aha, dachte ich, öffnete die Motorhaube und sah, was ich vermutet hatte. Amor hatte die Batterie ausgebaut. Ich suchte sie unter dem Gerümpel und fand sie. Ein paar Handgriffe, und ich konnte das Auto wieder starten. Hatte er wirklich geglaubt, ich könnte das nicht?

Nachdem ich mich etwas frisch gemacht hatte, machte ich mich auf den Weg zur Familie. Schwiegervater lag wie immer friedlich vor seinem Geschäft, den Kopf auf ein Bündel alter Säcke gebettet. Als er mich sah, sprang er sofort auf und begrüßte mich herzlich. Küsschen auf die rechte Wange, Küsschen auf die linke, noch mal auf die rechte, wie geht's und alles klar? Zusammen gingen wir ins Haus. Die Frauen umarmten mich. Ich packte meine Geschenke aus, die ich für sie aus Amerika mitgebracht hatte, und alles schien so, als wäre nichts geschehen.
„Wie geht es Amor?" fragte die Schwiegermutter mit ihrem treuen Lächeln auf den Lippen.
„Ich weiß es nicht, ich habe ihn nicht gesehen", antwortete ich ebenso freundlich. Alle sahen mich erstaunt an. Dann fragte der

Vater: „Wieso hast du ihn nicht gesehen?"
„Weil ich von Amerika aus direkt hierher kam."
„Dann weiß Amor nicht, dass du hier bist?"
„Wenn ihr ihm nichts gesagt habt, dann wohl nicht."
„Was soll das heißen?" Die ganze Familie durchbohrte mich mit ihren Blicken. Mir wurde plötzlich ganz unheimlich zumute.
„Das soll heißen, dass ihr alles viel besser wisst als ich, denn schließlich war Amor ja eine Woche lang hier und ist erst vor ein paar Tagen abgereist."
„Woher weißt du das?"
„Von euch bestimmt nicht. Ihr würdet mir sowieso nichts sagen. Ihr braucht mir also nichts mehr vorzumachen. Ich weiß alles."
„Wer hat es dir gesagt?"
„Ich habe Freunde, die mir alles sagen. Mehr als ihr mir jemals sagen würdet. Habt ihr mich in Amerika angerufen und mich darüber informiert, dass Amor hier war, alle meine Papiere gestohlen und die Scheidung eingereicht hat? Nein, ihr tut so, als sei alles in bester Ordnung, nehmt meine Geschenke und lacht mir ins Gesicht, obwohl ihr genau wisst, was euer lieber Amor getan hat. Nicht einer von euch würde mir die Wahrheit sagen."
Ich blickte sie der Reihe nach an. Den Vater, Habib, Achmed und Chamseddine, dann Amors Mutter und meine Schwägerin Mongia. Wie auf Kommando senkten sie alle ihre Blicke.
Nun erhob Achmed seine Stimme. „Ich war mit Chamseddine wegen seines Visums für Deutschland in Tunis, ich habe Amor nicht gesehen."
„Ach", sagte ich nur, denn ich glaubte ihm kein Wort. Ich stand auf, bedankte mich für das Essen und den Tee und verließ ohne ein weiteres Wort das Haus.
„Wir sprechen morgen", rief mir der Vater hinterher.

Auf halbem Weg zu meinem Haus kam mir Omars Wagen entgegen. Er hielt an, ich stoppte. Wir stiegen aus, und er begrüßte mich mit einer herzlichen Umarmung.

„Schön, dass du wieder hier bist, wir haben dich vermisst."
„Wer, wir?"
„Ich und Karim."
Mir wurde warm ums Herz, als ich Karims Namen hörte.
„Ja, ich habe euch auch vermisst."
„Wir treffen uns morgen Nachmittag in Jannis Haus. Ich muss sowieso dort nach dem Rechten sehen. In Ordnung?"
„Ja", sagte ich freudig, „ja, ich komme um vierzehn Uhr."
Plötzlich fühlte ich mich nicht mehr alleine. Ich wusste, ich hatte Freunde in diesem Land, auf die ich mich verlassen konnte.
Ich schlief sehr fest und tief in dieser Nacht, und es war schon fast Mittag, als ich ein Klopfen an der Tür hörte. Nur langsam kam ich hoch und schleppte mich noch halb schlaftrunken an die Haustür.
„Wer ist da?"
„Achmed, mach bitte auf." Ich öffnete und ließ ihn herein.
„Trinkst du einen Kaffee mit mir?" fragte ich.
„Ja, gerne, aber ich muss mit dir sprechen."
„Ja, bitte sprich", sagte ich trocken.
„Du musst mir glauben, Sabrina, ich habe nichts damit zu tun. Ich meine die schlimmen Dinge, die Amor gemacht hat. Ich habe ihn wirklich nicht gesehen. Wir waren in Tunis, Chamseddine und ich."
„Na gut, wenn du es sagst. Aber inzwischen weißt du doch wohl vom Vater, dass er hier war, oder?"
„Ja, das schon, aber von der Scheidung habe ich auch nichts gewusst."
„Warum sagst du das, Achmed? Ich habe doch vor meiner Abreise groß und breit mit euch darüber gesprochen und ganz besonders mit dir auf der Fahrt zum Flughafen."
„Ja, du hast gesagt, dass du dich scheiden lassen willst, aber dass Amor jetzt die Scheidung eingereicht hat, das habe ich nicht gewusst." „Ich auch nicht, und was hältst du davon, Achmed?"
„Ich finde es nicht richtig. Du weißt ganz genau, dass ich dich so gerne mag und auch Mama und Mongia. Chamseddine ist auch

ganz traurig, dass du unsere Familie verlassen willst."
„Ich bin nun mal mit Amor verheiratet, und er scheint mich nicht so gerne zu mögen, sonst hätte er mir das alles nicht angetan, du weißt, was ich meine."
„Ja, er war nicht immer gut zu dir."
„Er war niemals gut zu mir, seit wir verheiratet sind. Was hat er denn gesagt, als er hier war?"
„Ich habe ihn nicht gesehen, ich war in Tunis die ganze Woche."
„Ach so, ja. Pass auf, Achmed, ich komme heute Abend zu euch, und wir versuchen, miteinander in Ruhe zu reden, sag es deinem Vater, okay?"
„Ja gut, wir werden eine Lösung finden." Er verabschiedete sich höflich und ging. Kurze Zeit später hörte ich seinen Wagen davonfahren. Ich machte mich besonders hübsch und fuhr dann zu Jannis Haus. Es war noch niemand da. Ich öffnete alle Fenster und Türen, denn ich hatte das Gefühl, dass mal gründlich gelüftet werden musste. Die Terrassentür zum Wohnzimmer klemmte und ich riss daran herum, als plötzlich Karim vor mir stand.
„Ich glaube", sagte ich stotternd, „ich brauche einen starken Mann."
Er nahm mich sofort in die Arme, küsste meinen Hals, mein Gesicht, fasste mich dann an beiden Händen und stemmte mich von sich weg.
„Ich habe dich so lange nicht gesehen", sagte er in seinem gebrochenen Deutsch und sah mir lange in die Augen.
„Ja, vier Wochen war ich weg, eine Woche in Deutschland und drei Wochen in Amerika. Hast du meine Post bekommen?"
„Ja, eine schöne Bildkarte aus Dallas, vielen Dank."
Nun kam auch Omar herein und umarmte mich. „Ich habe Kuchen mitgebracht", sagte er. „Kochst du einen Kaffee für uns?"
„Ja, das war ein Gedanke, ich habe Kaffee mitgebracht."
Wir kochten Kaffee und setzten uns alle drei ins Wohnzimmer. Ich erzählte von Amerika und zog Karims Haarbüschel aus der Handtasche.

„Die waren mit mir in den Staaten."
Er lachte und meinte, dass es seine Haare besser hätten als er. Er müsse hier arbeiten, während seine Haare in Amerika spazieren laufen. Wir lachten alle drei, obwohl uns eigentlich gar nicht zum Lachen zumute war. Mir graute vor dem Abend mit der Familie und ich erzählte den beiden, was vorgefallen war.
„Ja, es wird schlimm", sagte Omar, und Karim sah mich nur mitleidig an. Dann erzählte Omar, dass ihm Amor den Postfachschlüssel unter schlimmen Drohungen abgenommen hatte.
„Sie haben gesagt, es sei ihr Schlüssel und sie würden mir etwas antun, wenn ich ihn nicht hergeben würde."
„Wer sie? Omar, wer war dabei?"
„Amor und seine drei Brüder. Was sollte ich da machen?"
„Bist du sicher, alle drei Brüder?"
„Ja natürlich, Amor, Achmed, Habib und der junge Chamseddine."
„Also doch", sagte ich und erzählte, dass Achmed mir vorgelogen hatte, dass er Amor gar nicht gesehen hätte.
„So ein Lügner", meldete sich nun Karim. „Sei vorsichtig, glaube ihnen nichts mehr. Achmed war die ganze Woche mit Amor unterwegs, ich habe sie immer zusammen gesehen."
„Ja, gut, dass ich mit euch gesprochen habe. Heute Mittag hatte ich Achmed doch fast geglaubt, dass er nicht hier war."
Ich packte die Wranglers und Marlboros aus, die ich für beide aus Texas mitgebracht hatte, und der Nachmittag verging wie im Fluge.
Um achtzehn Uhr verabschiedete ich mich schweren Herzens.
„Es wird alles gut", meinte Karim und umarmte mich. Ich schloss die Augen, weil mir diese Worte unendlich gut taten. Irgendwie aber hatte ich das Gefühl, dass etwas nicht richtig war, nicht so, wie vor meiner Abreise. Irgendetwas war geschehen. Aber noch konnte ich mir die Veränderung nicht erklären. Ich fuhr direkt zur Familie. Man erwartete mich bereits. Die Männer saßen in dem kleinen Raum auf ihren Madlas. Die Frauen klapperten noch in der Küche herum.

„Setz dich", sagte der Vater auf Arabisch.
Ich gehorchte und setzte mich in eine Ecke des Raumes. So hatte ich jeden einzelnen der vier Männer im Auge. Alle vier starrten mich an.
„Was wollt ihr von mir?" Ich hörte, dass meine Stimme ruhig klang, obwohl ich ziemlich aufgewühlt war. Ich ahnte nichts Gutes.
„Wir wollen mit dir sprechen", sagte Achmed, der, als zweitältester Sohn nach Amor, wohl zum Wortführer gewählt war. Am liebsten hätte ich ihm sofort ins Gesicht geschleudert, dass er mich belogen hatte. Ich beherrschte mich aber und blieb still.
„Na gut, sprecht."
„Du weißt, Amor will sich von dir trennen", sagte Achmed.
„Sagen wir lieber, Amor hat den Spieß umgedreht. Ihr wisst ganz genau, dass ich es bin, die sich von Amor trennen will. Das habe ich euch bereits im November gesagt, oder etwa nicht?"
„Ja, das hast du, aber bei uns zählt, was Amor sagt." Diese Worte kamen sehr trocken und sehr gemein über Achmeds Lippen.
„Ja, ich weiß, dass die Gefühle einer Frau bei euch keinerlei Bedeutung haben. Aber ich will trotzdem fair sein. Mir soll niemand nachsagen, ich hätte einen schlechten Charakter. Gebt mir einfach einen Teil meines Geldes zurück, ich gehe nach Deutschland, und ihr habt eure Ruhe."
„Wie viel willst du?"
„Ich will eine saubere Lösung und alles in Ruhe regeln. Gebt mir die Hälfte, damit bin ich zufrieden. Ich brauche allerdings Devisen, ich muss ja in Deutschland neu anfangen."
Eine ganze Weile sagte Achmed nichts. Die anderen sagten sowieso kein Wort. Noch immer starrten sie mich an. Achmed sah nun zu seinem Vater hinüber, als ob er eine Entscheidung erwartete. Sie sahen sich kurz in die Augen, und der Vater nickte. Sofort dachte ich, er wäre mit meinem Vorschlag einverstanden und freute mich schon, dass alles gar nicht so schlimm gewesen war, als Achmed mir plötzlich vorschlug, noch eine andere Lösung in Erwägung zu ziehen.

„Es ist wohl das Beste für dich, liebe Sabrina, wenn du nach der Scheidung Habib heiratest. Dann bleibt alles in der Familie, und niemand wird erfahren, was geschehen ist. Ob Habib als dein Schwager oder als dein Mann in dein Haus kommt, das braucht vor läufig niemand zu wissen. Amor kann in eurer Wohnung in Deutschland bleiben und dort arbeiten. Ihr braucht euch nicht mehr zu sehen."
Mir blieb die Luft weg. Ich starrte nur noch von einem zum anderen. Mein Blick blieb an Habib hängen. Ich hatte schon immer eine Abneigung gegen ihn, kann aber nicht einmal sagen, weshalb. Er saß mit verschränkten Armen und ausgestreckten Beinen mir gegenüber und grinste mich an.
„Das ist doch nicht euer Ernst. Ich kann doch nicht einfach Habib heiraten. Ich mag ihn doch gar nicht."
„Das kommt später, du wirst ihn noch mögen, später", sagte der Vater. Habib grinste immer noch. Nur Chamseddine hielt den Kopf gesenkt und sagte gar nichts.
Ich sprang auf, stemmte die Arme in die Hüften und ging zwei Schritte rückwärts in Richtung Tür.
„Was glaubt ihr eigentlich, was ihr noch alles mit mir machen könnt?" Ich war außer mir und hatte Mühe, weiter zu sprechen. „Ihr nehmt doch wohl nicht im Ernst an, ich würde Habib heiraten, ihr spinnt doch wohl. Nie im Leben! Ich gehe jetzt und lasse euch drei Tage Zeit zum Überlegen. Macht mir ein anständiges Angebot, dann ist alles in Ordnung. Wenn nicht, werde ich mein Recht gerichtlich einfordern. Das ist mein letztes Wort. Nein, noch etwas, gebt mir meinen Postfachschlüssel und den Haustürschlüssel zurück."
„Die haben wir nicht", sagte Achmed. „Amor hat alles mit nach Deutschland genommen."
Ich wusste, dass er log, lief hinaus und hörte noch, wie die Frauen in der Küche tuschelten.
In dieser Nacht wälzte ich mich herum; ich war fassungslos und zutiefst verletzt. Bis heute hatte ich geglaubt, der Vater würde mich

mögen und mich verstehen. Immerhin stand er mir oft zur Seite, wenn es Ärger mit Amor gab. Aber meine Enttäuschung über Achmed, der immer vorgab, mich zu mögen, und nun dieses ganze abgekartete Spiel, gekrönt von seinen Lügen, dass er Amor nicht gesehen hätte, war grenzenlos.
Ich verlor mich in Tränen der Wut. Die Trauer in meinem Herzen, diese Familie, die ich einmal die meine nannte, zu verlieren, war zweitrangig, ja sogar nichtig geworden. Das war nicht mehr meine Familie. Ich wusste, mir würde ein schwerer Kampf bevorstehen.

Am nächsten Morgen fuhr ich zur Post und rief den Anwalt an, den ich vor meiner Abreise konsultiert hatte.
„Monsieur, ich möchte jetzt die Scheidung“, sagte ich ihm am Telefon.
„Ich kann leider nichts für sie tun, Madame. Ich arbeite für die Familie Ihres Mannes. Es tut mir leid, sie müssen sich einen anderen Advokaten suchen.“
Mein Kampf fängt ja gut an, dachte ich und setzte mich eine Weile auf die Bank vor den Telefonzellen. Gerade in diesem Augenblick betrat Omar die Halle. Er sah mich und blieb vor mir stehen.
„Was ist los, Sabrina?“
„Ich habe keinen Anwalt mehr, er arbeitet jetzt für die Familie.“
„Es gibt noch mehr Anwälte. Komm heute Nachmittag kurz in Jannis Haus, ich werde sehen, was ich tun kann.“
„Ich danke dir, ich werde um sechzehn Uhr kommen.“
„Keinen Dank.“
„Noch etwas, bitte, Omar, geh eben mal mit mir zum Postdirektor. Ich möchte, dass das Schloss an meinem Postfach ausgewechselt wird.“
Er tat es, und innerhalb von fünfzehn Minuten war dann auch alles erledigt. Omar behielt einen Schlüssel für Jannis Post, den anderen gab er mir.

„Das wäre erledigt, nun beginnt der Krieg mit der Familie", sagte ich leise. Omar nickte und verabschiedete sich.
Am Nachmittag sagte er mir, dass er einen Anwalt für mich gefunden hätte und dass wir am Abend zusammen dorthin fahren wollten. Wir verabredeten einen Treffpunkt, denn es war unklug, die Familie auf ihn aufmerksam zu machen.
Aber auch dieser Anwalt konnte mir nicht helfen. Er zog eine Akte aus einem Stapel hervor, öffnete sie, und ich erkannte sofort meine Papiere. Meine Geburtsurkunde, Heiratsurkunde und eine Ablichtung meines Passes.
„Aber das sind ja meine Papiere", sagte ich erstaunt.
„Ja, die hat mir ihr Mann für die Scheidung gebracht."
„Heißt das, er hat die Scheidung von sich aus eingereicht?"
„Ja, er war hier."
Omar erklärte dem Mann kurz den Sachverhalt und auch, dass ich um meine Rechte und finanziellen Belange kämpfen wolle. Dann erfuhr ich, dass mein lieber Schwiegervater auch bei ihm gewesen war und behauptet hatte, dass es sein Haus sei. Er alleine hätte es gebaut, und mir stünden keine Rechte zu.
„Aber das ist nicht wahr", sagte ich aufgebracht. „Ich alleine habe das Haus gebaut. Hunderttausend Mark habe ich in dieses Land gebracht."
„Können sie das belegen?"
„Ja, sicher, es lief ja nahezu alles über die Bank. Und auch alle Handwerker und das Baumaterial habe ich mit Schecks bezahlt."
Der Blick des Anwalts verfinsterte sich. „Der Alte hat mich belogen, ich werde mit ihm reden", sagte er.
Wir verabschiedeten uns, und Omar versprach, nach einem anderen Anwalt Ausschau zu halten.
„Weißt du, was ich glaube?" fragte ich ihn.
„Was?"
„Ich glaube, sie haben nicht damit gerechnet, dass ich Belege habe. In dem Umschlag, den Amor gestohlen hat, war auch ein Stapel Rechnungen über Baumaterial. Jetzt glaubt er wohl, er hat

alles in der Hand. Andererseits wusste er aber doch, dass das Geld per Banküberweisung kam, so dumm kann er doch nicht sein."
„Er vielleicht nicht. Aber der Alte. Er kann nicht schreiben und lesen. Bankbelege existieren für ihn nicht. Außerdem war er erst hier, als Amor abgereist war. Und da das Land auf seinen Namen läuft, meint er nun wohl auch, dass ihm das Haus gehört."
„Ich werde trotzdem noch mal versuchen, mit ihm einig zu werden. Aber nach diesem Gespräch glaube ich, dass er niemals bereit sein wird, mir auch nur einen Millime zu zahlen."
„Versuche es; die alten Leute wollen eigentlich nichts mit Gerichten zu tun haben, vielleicht gibt es noch eine Möglichkeit."
Am nächsten Tag fuhr ich abermals zur Familie. Schon beim Betreten des Anwesens spürte ich die eiskalte Atmosphäre und ich wusste, dass ich hier nicht mehr willkommen war.
Der Vater kam mir entgegen und fragte mich sofort, weshalb ich beim Anwalt gewesen sei, und er dulde es nicht, dass ich mit anderen Männern unterwegs sei.
„Was heißt hier andere Männer? Ich habe keine anderen Männer. Ich brauche lediglich jemanden zum Übersetzen und ich war mit einem Freund dort."
„Du brauchst keine Freunde, du hast eine Familie hier."
„Das soll wohl ein Witz sein?" Meine Stimme wurde nun etwas lauter. „Was ist das für eine Familie, die mich betrügt? Warum hast du dem Anwalt erzählt, es sei dein Haus und du alleine hättest es gebaut?"
„Es ist mein Haus, es steht auf meinem Land. Aber damit du siehst, dass ich es gut meine, biete ich dir fünfzehntausend Dinare."
„Das ist ja nicht einmal ein Viertel, das akzeptiere ich nicht."
„Du solltest es aber, es ist besser für dich."
„Niemals", sagte ich nur, drehte mich um und ging.

Am späten Nachmittag rief ich Omar an. Er hatte inzwischen mit einer Anwältin gesprochen, die meinen Fall übernehmen wollte.

„Eine Frau? Das ist ja prima, sie wird mich sicher besser verstehen.“
„Ja“, sagte er, „sie hat auch eine Scheidung hinter sich, sie wird das verstehen.“
„Das hört sich gut an“, sagte ich erfreut, und wir vereinbarten für den nächsten Tag einen Termin in der Kanzlei der Advokatin. Was sie dort sagte, klang auch sehr viel versprechend. Sie wollte mit der Gegenpartei sprechen und einen guten Preis für mein Haus aushandeln.
Sie riet mir, mich zunächst nicht auf die Scheidung einzulassen, bis die Vermögensverhältnisse geklärt seien. Ich war nun etwas beruhigter und fuhr am Abend, um nicht alleine zu sein, ins Zarzis-Hotel zum Essen. Seit Tagen hatte ich nichts Vernünftiges zu mir genommen. Ich begegnete dort Hannelore; sie war seit vielen Jahren Stammgast des Hotels, und wir hatten uns schon oft getroffen.
„Es ist nett, dich zu sehen, Sabrina. Und sieh‘ mich nicht so an, ich weiß schon alles.“
„Was weißt du und von wem?“
„Von Irmi und Harry weiß ich, dass dein Mann sich scheiden lässt, weil du ihn betrogen hast.“ Sie sagte diese Worte mit einem Lächeln auf den Lippen, so als konnte sie selbst nicht recht glauben, was sie da sagte.
„So, das haben Irmi und Harry gesagt?“
„Na, eigentlich mehr Irmi.“
„Und? Glaubst du das?“
„Kein Wort. Ich halte dich nicht für so dumm, einen anderen Mann nachts in dein Haus zu holen und dann auch noch deutliche Spuren in deinem Bett zu hinterlassen.“
„Welche Spuren?“ Nun wurde ich neugierig.
„Na ja, also dein Mann war eine Woche hier und hat auch Irmi und Harry einen Besuch abgestattet. Dort hat er erzählt, er hätte dich aus dem Haus gejagt und die Scheidung eingereicht, weil du ihn betrogen hast. Er hat angeblich deutliche Spuren in deinem Bett gefunden.“

„So, und Irmi glaubt das und hat nichts Besseres zu tun, als ins Hotel zu rennen und es jedem zu erzählen?"
„Ja, so ist es. Außerdem hat dein Mann gesagt, du würdest nie wieder nach Tunesien kommen."
„Damit hat er auch nicht gerechnet. Wenn mich Janni nicht in Amerika angerufen hätte, wäre ich ihm auch in die Falle gelaufen. Ich wäre nach Deutschland zurück. Wer weiß, was dort passiert wäre."
„Ich kann dir nur eines sagen, sei vorsichtig mit dem, was du sagst."
„Ich kann mir zwar nicht vorstellen, dass meine Freunde so hinterhältig sind, aber ich danke für die Warnung."
„Keine Ursache, aber mich würde trotzdem interessieren, wie Amor auf so etwas kommt."
„Ich weiß es nicht. Er will eben sein Gesicht nicht verlieren, und deshalb muss ich jetzt die Böse sein. Im Übrigen war kein Mann in meinem Haus. Ich hatte vor meiner Abreise die Betten abgezogen, alles mit Laken abgedeckt und das Moskitonetz darüber gezogen, und genauso fand ich es auch bei meiner Rückkehr vor."
„Du brauchst dich vor mir nicht zu rechtfertigen. Ich weiß, dass du niemals so dumm wärst, Spuren zu hinterlassen."
„Aber einen Ehebruch traust du mir zu?"
„Was heißt hier Ehebruch? Ist es Ehebruch, wenn du dir ein paar Streicheleinheiten holst? Schließlich bist du seit drei Jahren alleine dort oben in den Bergen. Du bist noch jung, dein Mann vergnügt sich in Deutschland und hat dich ohnehin nur ausgenutzt. Du weißt das, und ich weiß es auch. Nein, das ist kein Ehebruch, eher eine Selbsterhaltungsmaßnahme."
Ich musste lachen und ich gab ihr mit einem stummen Nicken Recht. Wir hatten uns verstanden. Als ich dann zu Hause in meinem Bett lag und das Gespräch noch einmal an mir vorüber zog, wurde mir auch bewusst, dass ich wegen Karim überhaupt kein schlechtes Gewissen hatte. Ich war mit ihm zusammen, aber doch erst, als ich mit Amor schon lange keinen Kontakt mehr hatte.

Und auch niemals in meinem Haus, das hätte ich nicht gewagt. War das ein Verbrechen? Sicher nicht nach unseren moralischen Vorstellungen. Aber hier, hier war ich deshalb eine Hure. Mir war nur noch nicht klar, ob Amor wirklich etwas von Karim wusste. Ich glaube nicht, denn sonst hätte er ihn sich vorgenommen in der Woche, als er hier war. Es war wohl nur eine Vermutung. Amor wusste, dass ich Karim mochte, aber das war auch alles. Spuren im Bett hatte er aber mit Sicherheit nicht gefunden und wenn, dann stammten sie sicherlich von einem seiner Brüder, der sich während meiner Abwesenheit mit irgendeiner Touristin hier vergnügte.

Ich hörte Schritte über mir. Sofort saß ich aufrecht in meinem Bett. Es konnte doch nicht sein, angeblich hatte doch niemand einen Schlüssel. Ob Amor zurückgekommen war?
Ich war im Herbst in die untere Wohnung gezogen, weil es dort im Winter wärmer war. Jetzt hörte ich wieder die Schritte, ganz deutlich. Oder bildete ich mir das alles nur ein? Dann das Klappen der Tür, Schritte auf der Außentreppe und das Quietschen des eisernen Hoftores. Doch, sicher, da war jemand. In dieser Nacht machte ich kein Auge mehr zu.

Am nächsten Morgen fuhr Omar mit mir in die Kreishauptstadt Medenine. Wir sollten dort am Gericht auf die Anwältin warten, die eine einstweilige Verfügung wegen meiner Papiere erwirken wollte.
Und wir gingen zur Fremdenpolizei, um endlich meine „Carte de Séjour" abzuholen. Dort erfuhren wir auch, weshalb es mit der Verlängerung meiner Aufenthaltsgenehmigung im November nicht geklappt hatte. Mein Mann hatte damals bereits versucht, mir das Recht, in diesem Land zu leben, streitig zu machen. Wenn man mich des Landes verwiesen hätte, wäre er leicht an meinen Besitz gekommen. Ich war fassungslos über so viel Hinterhältigkeit. Er hatte angezeigt, dass ich für die Ausstellung der Karte,

damals vor sechs Jahren, meinen Beruf unterschlagen hätte. Ich erzählte dem Beamten, wie es tatsächlich gewesen war und verwies ihn an den Beamten, der sie mir damals ausgestellt hatte. Er glaubte mir wohl.
Außerdem war die Behörde nach einer Überprüfung meiner Person davon überzeugt, dass ich in diesem Land niemals beruflich oder politisch tätig war. Das genügte. Ich bekam die Aufenthaltsgenehmigung für weitere zwei Jahre, und der Beamte versicherte mir, dass ich auch nach der Scheidung weiterhin in diesem Land leben könne.

* * *

Das bizarre Puzzle, das hier in den letzten Jahren entstanden war, formierte sich langsam zu einem vollständigen Bild. Mir wurde immer deutlicher, dass Amor alles, ja alles so geplant hatte, um an ein schönes Haus, ein Auto und an die deutsche Staatsangehörigkeit zu kommen. Und jetzt wusste ich auch, dass seine Mutter nicht nur den Wunsch hatte, ihr über alles geliebter Sohn solle ein tunesisches Mädchen heiraten, sondern dass es reelle Pläne der gesamten Familie waren. Amor sollte eine Tunesierin heiraten, den Eltern die gewünschten Enkelkinder schenken und in Deutschland arbeiten, um die gesamte Familie zu ernähren. Und dazu brauchten sie auch mein Haus. Ich war überflüssig geworden. Nur leider hatte ich es zu früh gemerkt. Die deutsche Staatsangehörigkeit und damit die finanzielle Sicherheit fehlten noch.
In diesem Augenblick war ich Janni, Omar und vor allem Karim unendlich dankbar. Denn ohne ihren Zuspruch hätte ich wahrscheinlich noch einige Zeit verstreichen lassen, ehe ich mich dazu durchgerungen hätte, einen Schlussstrich unter diesen Alptraum zu ziehen.
Ich teilte Omar auf dem Nachhauseweg meine Gedanken mit. Er ließ ein paar arabische Flüche los.
„Was gibt es nur für schlechte Menschen", sagte er und fluchte abermals.
Die Anwältin hatte mir einen Brief vom Gericht mitgegeben, den ich um siebzehn Uhr bei der Polizei abgeben sollte. Omar wollte mich dorthin aus Sicherheitsgründen lieber nicht begleiten. Ich verstand es vollkommen und ging alleine. Man holte den Mann vom Telefonladen zum Übersetzen. In dem Brief stand, dass die Polizei meine Papiere von der Familie holen sollte. Man holte meinen Schwiegervater, aber der behauptete, er wüsste nichts von Papieren. Auch meine Herren Schwäger wussten nichts von Papieren, und als ich nochmals die Schlüssel erwähnte, weil ich mich gerade an die letzte Nacht erinnerte, schworen mein Schwiegervater und seine drei Söhne bei Allah, dass sich weder die Papiere noch die Schlüssel in ihrem Besitz befänden.

Ich wusste, dass sie logen, und der Polizeichef wusste es auch. Er forderte meinen Schwiegervater auf, die Schlüssel und die Papiere bei Amor in Deutschland anzufordern und gab ihm eine Woche Zeit. Danach waren wir entlassen.

Ich fuhr nach Hause, aß eine Kleinigkeit, duschte und schob dann einen Videofilm in den Recorder. Ich legte mich ins Bett und wollte einfach nur abschalten. Irgendwann hörte ich dann wieder die Schritte über mir. Diesmal war ich mir sicher, das war keine Einbildung. Dort oben war wirklich jemand. Warum um alles in der Welt sollte dort oben in der unbewohnten Wohnung jemand herumlaufen? Die Möbel waren abgedeckt, der Strom abgeschaltet. Es konnte doch nur bedeuten, dass man mich psychisch fertig machen wollte. Eines war mir nun jedenfalls klar. Irgendjemand hatte die Schlüssel für mein Haus. Wohl zehn Minuten lang lauschte ich auf die Schritte; dann wieder das Klappen der Tür, die Schritte auf der Treppe und das Quietschen des Tores.
Nur nicht die Fassung verlieren, dachte ich. Was konnte mir schon passieren, wenn sie da oben herum trampelten? Sollten sie doch. Ich versuchte, mich zu beruhigen. Warum gab es nur kein Telefon in diesem Haus, dann hätte ich die Polizei anrufen können. Es gelang mir, mich zu beruhigen. Ich war sogar etwas eingeschlafen, denn als ich die Augen wieder aufschlug, sah ich im Dunkeln eine Gestalt auf meinem Bettrand sitzen. Zwei schwarze Augen sahen mich an. Habib! Ich schnellte hoch, doch noch ehe ich schreien konnte, hatte er das Moskitonetz auseinander gerissen, seine grobe Hand auf meinen Mund gepresst und mich mit der anderen Hand hochgerissen. Sein Griff schmerzte am Oberarm. Er zerrte mich aus dem Bett ins Wohnzimmer. Am Küchentresen blieb er stehen und schlug meinen Kopf auf die Marmorplatte. Ein dumpfer Schmerz durchzuckte mich. Ich wusste nicht, wie mir geschah. Seine Hand rutschte von meinem Mund, und ich fing an zu schreien. Sofort hielt er ihn mir wieder zu. Er zerrte mich um den Tresen herum, öffnete die obere Schublade und nahm das

Brotmesser heraus. Ich wehrte mich mit all meiner Kraft. Ab und zu gelang es mir, einen Schrei auszustoßen. Warum um Gottes Willen hörte mich denn niemand?
Habib schob mich ins Schlafzimmer zurück, warf mich auf das Bett, setzte das Messer an meine Kehle und schnitt dann das große Herren-T-Shirt, das ich nachts zu tragen pflegte, von oben bis unten auf. Entblößt lag ich vor ihm, seine Hand war noch immer auf meinen Mund gepresst. Dann ließ er mich los und legte beide Hände auf meine Brüste.
„Du willst nicht mehr Amors Frau sein, dann kannst du mit jedem schlafen. Du hast auch schon mit anderen Männern geschlafen, wir wissen es!"
„Nein, das ist nicht wahr!" schrie ich. „Habib, bitte überlege, was du tust."
„Du solltest überlegen, was du tust. Du warst bei der Polizei und hast Schlimmes für unsere Familie gemacht."
„Ich habe doch versucht, vernünftig mit euch zu reden. Ich will doch nur mein Recht."
„Du hast kein Recht. Noch bist du unsere Frau, du gehörst immer noch unserer Familie."
„Ich gehöre überhaupt niemandem, ich bin ein freier Mensch."
„Bei uns gibt es keine freien Frauen, schon gar nicht, wenn sie verheiratet sind."
Er fasste jetzt in seine Hosentasche und holte etwas Weiches, Blutiges daraus hervor, das er mir ganz dicht vors Gesicht hielt. Ich erkannte das abgeschnittene Ohr eines Kaninchens. Angst stieg in mir hoch, eine Angst, die ich bisher nicht gekannt hatte. Ich spürte, wie mein Puls raste, mein Herz klopfte bis zum Hals.
„So mache ich mit dir, wenn du nicht gehorchst." Habibs Stimme hatte etwas Bedrohliches, ja Unheimliches. Ich wusste in diesem Augenblick, dass ich nicht mehr in diesem Haus bleiben konnte. Er warf nun das Ohr achtlos auf die Bettdecke und warf sich über mich. Irgendwie gelang es mir, mich aus meiner Erstarrung zu lösen. Ich strampelte mit den Beinen, wehrte mich so gut es ging

und konnte nun auch endlich schreien. Ich biss ihn in die Hand, die mir den Mund zuhalten wollte, er wurde immer wütender, und ich schrie immer lauter.
„Es ist genug Habib, lass sie in Ruhe."
Das war Achmeds Stimme. Augenblicklich ließ mein brutaler Schwager von mir ab, und eine Minute später waren beide verschwunden. Ich hörte noch die Autotür klappen, und dann war der Spuk vorbei. Mir war immer noch nicht klar, ob Achmed mir zur Hilfe gekommen war oder ob er die ganze Zeit vor der Tür gewartet hatte. Hatten sie das womöglich so geplant? Nie im Leben hätte ich so etwas von dieser Familie erwartet. Mein Gott, wozu waren sie noch fähig, wohin sollte das führen? Und konnte ich von irgendjemandem Hilfe erwarten? Um mich zu beruhigen, ging ich in die Küche, goss mir ein großes Glas Boukha ein und trank es in einem Zug leer. Der Feigenschnaps brannte meine Kehle hinunter. Ich setzte mich auf den Stuhl vor dem Tresen und zündete mir eine Zigarette an. Meine Hand zitterte. Ich bemerkte, dass mein ganzer Körper vibrierte.
Du musst stark sein, sagte ich mir immer wieder, du musst jetzt stark sein. Ich dachte an die Postkarte mit der Trümmerfrau, die ich Janni geschickt hatte.
Dann schob ich ein paar Möbelstücke vor die Eingangstür und wollte zunächst wieder ins Bett. Abrupt blieb ich davor stehen. Das abgeschnittene Ohr war verschwunden. Lediglich ein kleiner, dunkler Blutfleck deutete noch auf seine Existenz hin.

Mein Entschluss stand fest, ich konnte und wollte nicht mehr in diesem Haus leben. Nicht unter diesen Umständen. Jeder einzelne meiner männlichen Verwandten konnte mich hier nachts überfallen wie es ihm beliebte. Nein, sie hatten ja keine Schlüssel, aber sie spazierten in mein Schlafzimmer. Was sollte ich nur tun? Die einzige Lösung, die mir einfiel, war Janni.

***

Die lange Dusche am Morgen, nachdem ich bis zum Weckruf des Muezzins regungslos auf dem Sofa im Salon gesessen hatte, vermochte nicht die Spuren von Habibs Pranken von meinem Körper zu waschen. Immer noch hatte ich das Gefühl, als klebte sein Schweiß an mir. Mich schauderte bei dem Gedanken an die vergangene Nacht. Und diesen Mann sollte ich heiraten! Absurd! Ich trank eine Tasse starken, schwarzen Kaffee und fuhr dann zum Postamt. Ein Telefonat mit Janni brachte Erleichterung. Nein, Einzelheiten dieser Nacht konnte ich ihr nicht mitteilen. Ich fragte sie lediglich, ob ich eine Weile in ihrem Haus leben könne, weil ich mich in meinem eigenen bedroht fühle. Sofort sagte sie zu, und ich war sehr froh darüber. Ich packte ein paar Sachen, und schon um zehn Uhr morgens saß ich dann in der großen Küche des einsamen, schönen Hauses, das Janni und Horst gehörte. Es war ein sicheres Anwesen. Hohe Mauern und ein riesiges, stabiles Tor schützten mich vor fremden Blicken. Nein, sie würden es nicht wagen hier her zukommen, dessen war ich sicher. Irgendwann schlief ich er nschöpft auf dem Sofa im großen Salon ein.
Gegen Abend öffnete ich die Augen. Auf einem Sessel saß Omar und sah mich an. „Hier hast du Ruhe, oder?"
„Ja, ich kann nicht schlafen in meinem Haus. Ich habe mit Janni telefoniert, ich kann erst mal hier bleiben." Ich konnte einfach nicht über die letzte Nacht sprechen.
Dann erzählte Omar, dass Achmed und sein Vater ihn am Nachmittag bedroht hatten. Sie befahlen ihm unter Flüchen, mir nicht mehr zu helfen.
„Und was willst du jetzt tun?" fragte ich schockiert.
„Nichts. Ich lass' mir doch von diesen Verbrechern nichts vorschreiben. Was können sie schon machen? Ist doch alles nur Blabla."
Ich war mir da nicht mehr so sicher, denn seit letzter Nacht wusste ich, wozu diese Bande fähig war.
„Es ist wohl besser, vorsichtig zu sein, Omar. Ich möchte auf

keinen Fall, dass du Schwierigkeiten bekommst. Du hast eine Frau und Kinder."
„Ja, du hast Recht, ich werde vorsichtig sein. In ein paar Tagen wird das Telefon hier im Haus installiert, dann wird alles leichter. Ich kann dann ohne Schwierigkeiten mit dir Verbindung halten."
„Ja, das ist prima. Wie geht es Karim?"
Er sah mich lange stumm an und kam dann mit der Sprache heraus.
„Bei Karim waren sie auch. Sie haben ihm gesagt, dass er jeden Kontakt mit dir abbrechen muss, und auch ihm gedroht. Sie waren auch noch bei anderen Leuten."
„Aber sie wissen nichts von mir und Karim."
„Nein, das nicht, aber alleine, dass er dich kennt und die Tatsache, dass er immer ein Freund war, genügt schon. Sie werden zu allen Menschen gehen, die irgendwie Kontakt zu dir haben."
„Aber warum?"
„Weil sie wollen, dass du ganz alleine bist und niemand dir hilft. Vielleicht glauben sie, du würdest ohne Hilfe nicht klarkommen und nach Deutschland zurückgehen."
„Sie denken, ich gebe einfach so auf?"
„Ja."
„Das werde ich nicht tun, niemals. Ich werde kämpfen."
„Ja, kämpfe um deine Rechte. Karim und ich werden dir helfen. Wenn auch nur im Verborgenen. Ich soll dich grüßen von Karim, es tut ihm alles sehr leid und er will warten, bis alles vorbei ist."
„Aber das kann Monate dauern."
„Wir werden sehen. Aber er hat ein Geschäft und eine angesehene Familie, die keinen Ärger will. Er muss Rücksicht nehmen."
„Ich verstehe."
In dieser Nacht schlief ich relativ gut im Haus meiner Freunde. Nur der Gedanke an Karim stach in meiner Brust. Ich vermisste ihn. Seit dem Nachmittag nach meiner Ankunft hatte ich ihn nicht gesehen, und wie die Dinge lagen, würde ich ihn wohl

auch die nächste Zeit nicht sehen können. Ich wusste nun, wozu diese Familie, die ich noch immer die meine nennen musste, fähig war. Nein, das Risiko war viel zu groß. Ich konnte Karim nicht in Gefahr bringen.
Ich dachte an die Blutrache und ich malte mir aus, was sie wohl mit Karim machen würden, wenn sie uns zusammen sehe würden. Nein, das war nicht auszudenken. Also schluckte ich meinen Schmerz hinunter und schlief dann auch prompt ein.

Die nächsten Tage verbrachte ich damit, nötige Dinge aus meinem Haus zu holen, fuhr immer mal wieder vergeblich bei der Polizei vorbei, um mich nach meinen Papieren zu erkundigen, besuchte Hannelore im Hotel und Monika in ihrem Haus und stattete auch Harry und Irmi einen Besuch ab. Sie begrüßten mich überschwänglich wie immer. Wir umarmten uns herzlich, und Irmi machte sich daran, Kaffee zu kochen. Dann erzählte sie von Amors Besuch.
„Stell dir vor, er hat behauptet, du hättest ihn betrogen und du würdest nie mehr nach Tunesien kommen."
„Ja", sagte ich, „das gleiche denkt schon das ganze Dorf."
„Wir haben ihm natürlich kein Wort geglaubt. Gell, Harry?"
Sie richtete den Blick auf ihren Mann, und dieser nickte nur. Dann erzählte sie die Einzelheiten meines angeblichen Ehebruchs und davon, dass Amor ihr beteuerte, dass er doch alles für mich getan hätte, was ein Mann nur für seine Frau tun könnte. Ich konnte mir bildlich vorstellen, wie er mit seinem treuen Blick vor ihnen gesessen hatte und ihnen das Blaue vom Himmel herunter log. Dieser elendige Schauspieler.
„Was willst du jetzt tun?" fragte Harry.
„Nun, ich kämpfe um meine Rechte. Ich habe bereits eine Anwältin, die alles regeln wird."
„Ja, das ist gut", sagte Irmi, „lass dir nur nichts gefallen. An deiner Stelle würde ich in meinem Haus sitzen bleiben, bis sie mich an den Füßen zuerst hinaustragen würden."

„Wenn das so einfach wäre", sagte ich nur. „Aber ich möchte euch bitten, bei euren tunesischen Freunden nichts von mir zu erzählen, ihr wisst, dass hier alles verdreht wird, und das könnte mir schaden."
„Wir halten uns da völlig raus", sagte Irmi etwas aufgebracht, „von uns erfährt niemand etwas."
„Dann ist es ja gut", sagte ich und dachte, sie haben die kleine Spitze in Bezug auf Hannelore verstanden. Ich mochte die beiden sehr gerne und ich wusste auch ganz sicher, dass sie es gut mit mir meinten.
Als ich wieder in Jannis Haus ankam, waren Omar und sein Helfer Mongi gerade dabei, das Telefon/Faxgerät zu installieren. „Hat die Post etwa die Leitung aufgemacht?" fragte ich erfreut.
„Ja, wir können jetzt telefonieren."
Ich freute mich darüber und rief dann sogleich Janni und Horst an. Auch sie freuten sich über die lang ersehnte Quasselstrippe in ihrem Haus, und Janni erzählte sofort, dass sie dabei sei, Reisepläne für Tunesien zu machen. Das war eine große Überraschung, und ich war sehr froh darüber.

Vergeblich wartete ich auf meine Papiere und auf einen Anruf von Karim. Tagelang hörte ich absolut nichts. Am Freitag fuhr ich in die Stadt, um einzukaufen, weil Janni mir mitteilte, dass sie bereits am Montag hier eintreffen werde. Ich freute mich wahnsinnig auf meine Freundin.
Vor dem Souk stand plötzlich Habib vor mir und funkelte mich an. Ich krallte mich an meinem Gemüsekorb fest und lief, ohne mich nochmals umzusehen, davon.
Zu Hause packte ich die Lebensmittel an ihren Platz, und dann überfiel es mich eiskalt. Mein Herz fing an zu rasen. Mir war, als würde mir der Boden unter den Füßen weggerissen. Ich suchte Halt und schaffte es mit letzter Kraft in mein Zimmer. Noch im Fallen verschwamm mir alles vor den Augen. Ich weiß nicht, wie lange ich so auf meinem Bett lag.

Draußen dämmerte es bereits, als das Telefon klingelte.
„Sabrina, wo warst du die ganze Zeit?“
Es war Omar; er sagte, er hätte schon seit Stunden versucht, mich zu erreichen.
„Ich glaube, ich bin krank“, stotterte ich.
„Ich bin sofort bei dir“, sagte er und legte auf.
Fünfzehn Minuten später saß er an meiner Seite und sah mich sorgenvoll an.
„Es sind nur meine Nerven, Omar, und ich habe einen etwas zu niedrigen Blutdruck. Wenn es dir nichts ausmacht, dann hol mir doch bitte Effortil aus der Apotheke.“
„Sabrina, schau dich an, du bist nur noch Haut und Knochen, wiegst vielleicht noch 45 Kilo, du musst wieder zu Kräften kommen.“ Ich wusste aber, dass es die Nachwirkungen des schrecklichen Erlebnisses mit Habib waren, die mich aus den Latschen kippen ließen. Die letzten Tage hatte ich diese Horrornacht verdrängt. Habibs finsterer Blick in der Stadt musste diesen Schock ausgelöst haben.
Omar schien beruhigt zu sein, fuhr zur Apotheke und war zehn Minuten später mit den Tropfen wieder da.
Das Kreislaufmittel brachte mich wieder auf die Beine und schon am nächsten Tag ging es mir bedeutend besser. Omars Frau schickte Essen und Grüße für mich, und Omar versprach, am Montag nochmals bei der Anwältin vorbei zu sprechen, um eventuelle Neuigkeiten zu erfahren. Außerdem wollte er Janni vom Flughafen abholen. Das erinnerte mich daran, dass auch Amor eventuell am Montag ankommen würde. Montags waren immer die Flugtage der Chartermaschinen nach Djerba/Zarzis.
„Wenn Amor am Montag kommt“, sagte ich zu Omar, „wird er mir das Auto wegnehmen, dann habe ich gar nichts mehr. Ich glaube, ich muss es verstecken. Ich könnte ohnehin nur noch eine Woche damit fahren, dann sind Steuern und Versicherung fällig. Aber ohne Papiere kann ich beides nicht verlängern.“
„Das ist eine gute Idee. Fahr heute Abend in die Stadt, wir treffen

uns dort; ich bringe das Auto weg, und du fährst mit dem Taxi zurück."
„Ist das nicht zu gefährlich für dich?"
„Nein, es wird niemand etwas merken."
„Na gut, wenn du es sagst."
Was würde ich nur ohne Omar machen? Er war wirklich ein Freund, das wusste ich nun bestimmt. Manchmal hatte ich schon den Eindruck, dass er alles nur tat, weil er sich davon etwas versprach. Nun, so ab und zu steckte ich ihm einige Geldscheine zu. Aber nun glaubte ich, dass der finanzielle Aspekt nur zweitrangig war. Er konnte das Geld gebrauchen, denn er hatte keine Arbeit, eine Frau und drei Kinder. Nein, das Geld war es nicht; er hatte ganz einfach ein gutes Herz, und ich war unendlich dankbar dafür. Gesagt, getan: am Abend ließen wir das Auto verschwinden. Vorsichtshalber fuhr ich vorher noch bei allen Freunden vorbei und erzählte, dass ich für zwei, drei Tage nach Tunis fahren würde. Vielleicht würden sie es im Dorf erzählen. Nach meiner Rückkehr würde jeder denken, ich hätte den Wagen in Tunis gelassen. Das hieß aber auch, dass ich mich solange in Jannis Haus verstecken musste.
Nun konnte ich mich von ganzem Herzen auf Janni freuen. Und es war auch eine riesige Freude, als ich sie am nächsten Morgen in die Arme schloss. Mir wurde so richtig bewusst, wie einsam ich in den letzten Wochen doch gewesen war. Nun würde alles anders werden. Ich war nicht mehr alleine. Janni hatte meinetwegen ihren Mann etwas früher in sein Strohwitwerdasein versetzt als eigentlich geplant, und auch dafür war ich ihr unendlich dankbar.
Amor war an diesem Montag nicht gekommen, dafür aber brachte Omar Karim an diesem Abend mit. Natürlich war er gekommen, um Janni zu begrüßen, aber ich spürte, dass es für ihn die Gelegenheit war, mich zu sehen. Ganz fest schloss er mich in seine Arme. Wie in alten Zeiten saßen wir vier nun im Salon und plauderten. Alles schien plötzlich viel leichter zu sein. Ich war nicht mehr alleine.

Als die beiden Männer sich nach zwei Stunden verabschiedeten, versprach Karim wiederzukommen. Mein Herz hüpfte vor Freude und ich hätte die ganze Welt umarmen können. Ich umarmte Janni, und wir planten, am Samstag ein schönes Essen für Omar und Karim zu kochen.

Die Welt in Zarzis sah anders aus mit Janni an meiner Seite. Zwar hatte die Anwältin bei Gericht wegen meiner Papiere noch nichts erreichen können, aber ich ließ mich immer noch damit trösten, dass hier eben alles seine Zeit brauche. Zusammen mit Omar versuchten wir bei der Verkehrspolizei, beim Zoll und auf der Zulassungsstelle neue Papiere für mein Auto zu bekommen. Es war nicht möglich, da Amors Name mit in den Papieren stand und ich von ihm eine schriftliche Einwilligung benötigte. Die Polizei stellte mir lediglich eine Verlustmeldung aus, womit ich natürlich überhaupt nichts anfangen konnte. Die ganze Fahrerei mit dem Bus nach Medenine und zum Zoll auf Djerba war vergebliche Mühe. Auch alle Anfragen bei der Anwältin brachten nichts Neues. Ich musste mich gedulden. Ich schrieb per Fax an die deutsche Botschaft und an den Tourismusminister, schilderte meinen Fall und bat um Rat und Hilfe. Es kam keine Antwort.

So gingen zwei Wochen dahin, ohne dass etwas geschah. Vielleicht tat diese Ruhe ganz gut. Wir verbrachten zwei nette Abende mit Omar und Karim, aßen zusammen, hielten uns an den Händen und ich redete mir ein, dass alles gut werden würde. Noch immer war Ramadan, und Omar meinte, dass es daran liegen könnte, dass sich nichts bewegte.
„Die Leute sind müde und träge und tun nur das Allernötigste."

So war es wohl auch. Janni und ich hofften nun, dass nach Ramadan alles flotter voran gehen würde.
Meine Anwältin teilte mir mit, dass von dieser Familie nicht das Geringste zu erwarten sei. Bei einem Gespräch mit dem Gegenan-

walt hatte sie erfahren, dass man von Seiten meiner Familie behauptete, ich hätte mein Haus nur gemietet und würde dem Vater noch die Miete für die letzten drei Jahre schulden. Das verschlug mir nun endgültig die Sprache. Ich beauftragte meine Advokatin, Anzeige gegen meinen Schwiegervater wegen Betruges zu erstatten und wusste nun auch, was ich zu tun hatte.
„Ich muss retten, was zu retten ist“, sagte ich zu Janni, und sie war mit mir einer Meinung, dass wir alles aus meinem Haus holen sollten, was zu holen wir mit ihrem kleinen Peugeot in der Lage waren. So machten wir uns an die Arbeit. Omar besorgte jede Menge Kartons, und Janni und ich packten. Zuerst alle persönlichen Dinge, Kleidung und Schuhe, Bücher und Bilder, dann Wäsche und Geschirr. Die Schlepperei nahm kein Ende. Jeden Tag luden wir das Auto voll und stapelten dann alles in einer Ecke in Jannis Salon.
Als der ganze Kleinkram aus dem Hause war, trieben wir einen Fahrer mit Transporter auf, der die Elektrogeräte und größere Wertgegenstände holen sollte. Alles klappte wunderbar, und wir fühlten uns in unserem Tun so ermutigt, dass wir nun das ganze Haus ausräumen wollten.
„Was du hast, das hast du“, sagte Janni immer und sie hatte Recht. Schließlich hatte ich das Haus und alles, was sich darin befand selbst erarbeitet und bezahlt. Ich hatte kein schlechtes Gewissen. Ich nahm nur das, was mir gehörte und träumte nachts schon von Kartons. Wir planten, die Möbel am Freitag holen zu lassen, weil dann großer Markttag in Zarzis war und die Männer der Banditenfamilie, wie wir sie inzwischen nannten, mit ihren Kutschen und Touristen unterwegs waren.

Der Transporter stand dann aber kaum in der Einfahrt, als mein Schwiegervater mit meinem Motorroller um die Ecke bog. Er warf das Fahrzeug achtlos in den Sand, rannte auf den Fahrer zu und verfrachtete ihn kurzerhand auf die Straße. Der LKW blieb im Hof. Ich war noch dabei, meinen Hund Max, den ich großge-

zogen hatte und der inzwischen von Chamseddine versorgt wurde, zu beruhigen.
Er wollte sich ebenfalls den Fahrer vornehmen, als Janni den Hof betrat, die ihr Auto bei meinen Nachbarn abgestellt hatte. Der Alte stürmte nun auf sie zu, packte sie grob am Arm und schob auch sie zum Hoftor hinaus. Ich hatte immer noch meinen Max am Halsband und konnte gar nicht so schnell reagieren, wie das alles geschah. Der Alte schrie den Fahrer und seine Leute an, sie sollten sofort sein Land verlassen. Ich stürmte auf ihn zu und schrie, er solle sich beruhigen, ich würde nur meine Sachen holen und dann würden wir alle gehen.
„Du hast keine Sachen, das gehört alles Amor", schrie er. „Verschwindet von hier, ihr habt hier nichts verloren."
Er verrammelte das große Tor mit einer Eisenstange, hob den Roller wieder auf und fuhr davon. Der LKW stand immer noch drin.
„Er fährt zur Polizei", sagte ich zu Janni, die immer noch ganz aufgeregt war, „lass uns hinterherfahren."
Wir sagten den Männern, sie sollten einen Augenblick warten, und fuhren davon. Mein blauer Motorroller, den der Alte längst als den seinen ansah, stand bereits vor der Polizeistation, als wir dort ankamen. Ich ging hinein und sah, dass er bereits vor dem Vernehmungstisch saß und schreiend mit den Armen fuchtelte. Ich ging wieder hinaus und bat Janni, zum Haus zurückzufahren und die Männer mit dem LKW wegzuschicken, damit sie nicht auch noch in die Sache hineingezogen wurden. Als Janni wieder bei der Polizei auftauchte, wusste ich, es hatte geklappt. Ich saß immer noch auf der Bank im Vorraum und wartete darauf, dass man mich rufen würde. Mein Schwiegervater wurde ebenfalls angewiesen, auf der Bank Platz zu nehmen, bis man einen Übersetzer geholt hatte. Das war so Vorschrift, wenn Ausländer in eine Sache verwickelt waren.
Wutentbrannt und schnaufend wie ein alter Ackergaul saß er am anderen Ende. Er sah zu mir her und sagte mit finsterer Miene: „Bandito."

Ich wunderte mich, dass ich so ruhig blieb, und fragte nur: „Warum?“
„Du bist ein Dieb.“
„Warum? Weil ich meine eigenen Sachen will? Wollt ihr mir das auch alles wegnehmen? Meine Kleider, meine Schuhe, gehört das alles euch? Ihr seid doch die Diebe, ihr alle zusammen.“
Er sagte nichts mehr. Aber man fand an diesem Tag keinen Übersetzer; wir wurden aufgefordert, am nächsten Tag wiederzukommen.

Bevor wir am nächsten Morgen zur Polizei fuhren, statteten wir zunächst der Anwältin einen Besuch ab. Wir erzählten, was geschehen war, und sie versprach, sich darum zu kümmern. Da ich sämtliche Rechnungen für die Möbel vorlegen konnte, meinte sie, dass das überhaupt kein Problem sei und ich spätestens in einer Woche alles holen könne. Danach fuhren wir zur Polizei.

Mein lieber Schwiegervater hatte am Tag zuvor eiskalt eine Anzeige wegen Diebstahls gegen mich erstattet. Ich legte die Rechnungen für die Möbel vor und erklärte, dass ich nichts aus dem Haus geholt hatte, was mir nicht gehöre und auch, dass ich meine Möbel wollte. Man gab sich damit zufrieden und erklärte mir, dass nun das Gericht entscheiden müsse. Für Janni erließ der Alte ein Grundstücksverbot. Sie musste versprechen, sein Land nicht mehr zu betreten. Ich begriff das nicht, denn schließlich war das ja auch mein Zuhause. Irgendwie zog es mich wieder dorthin, und am Nachmittag ging ich den Weg noch einmal zu Fuß – mein Motorroller war von der Familie beschlagnahmt, mein Auto konnte ich nicht benutzen und dort oben in den Bergen fuhren keine Taxen.
Was ich dort vorfand, bestätigte alle meine Vermutungen. Das Tor war mit großen Eisenstangen verbarrikadiert. Auf der Innenseite stand quer vorm Tor eine der Kutschen, die Pferde grasten in meinem Garten und fraßen alle meine mit viel Mühe und Liebe angepflanzten Blumen.

Auf dem kleinen Mäuerchen vor dem Garten saßen Chamseddine und ein Freund und passten auf. Ich wollte es wissen und pochte mit aller Kraft gegen die Eisentür.
„Lass mich sofort in mein Haus, Chamseddine!“ rief ich. Er kam tatsächlich, räumte die Eisenstangen zur Seite und ließ mich ein.
„Was soll das?“ fragte ich.
„Sidi hat gesagt, ich soll niemanden hineinlassen.“
„Das ist immer noch mein Haus. Ich gehe da hinein, wann ich will, hast du mich verstanden?“
Verlegen sah er sich im Garten um. Er gab keine Antwort.
„Chamseddine“, sagte ich ganz ruhig, „was habe ich dir getan, war ich nicht immer gut zu dir?“
„Ja“, sagte er nun, „du warst immer gut, es tut mir leid. Ich lasse dich hinein, aber du darfst nichts Sidi sagen.“
„Keine Sorge, ich spreche sowieso nicht mehr mit ihm.“
Mein Schlüssel passte noch. Ich vergewisserte mich, dass noch alle Möbel im Haus standen, und schloss dann wieder ab. Ohne einen Gruß verließ ich es wieder.
Meine Nachbarin Jasmine stand gegenüber und winkte mir zu. Ich entschloss mich, kurz zu ihr zu gehen. Wir setzten uns auf ihre kleine Veranda, und sie erzählte mir, dass der Alte die ganze Nacht in der Kutsche geschlafen hatte, um Wache zu halten. Insgeheim hoffte ich, er hätte sich den Hintern abgefroren, denn die Februarnächte waren noch ziemlich kalt. Jasmine erriet wohl meine Gedanken und lächelte.
„Schlechte Familie“, sagte sie. „Sabrina gut für bauen Haus, jetzt alles fertig, Sabrina nicht mehr gut.“
Sie hatte es erfasst. Traurig sah sie mich an und nahm mich dann spontan in die Arme. Ich hätte losheulen können, riss mich aber zusammen. Ich hatte mir vorgenommen, vor Außenstehenden keine Schwächen zu zeigen. Dann kam auch ihr Mann. Er begrüßte mich freundlich mit einer sanften Umarmung. Die arabischen Flüche, die er dann ausstieß, sagten mir alles. Meine lieben Nachbarn waren auf meiner Seite, und ich wusste, dass es nicht gut für sie

war, denn drüben hinter dem Tor stand Chamseddine und hatte alles beobachtet.

Janni begegnete mir ebenfalls mit ernster Miene. Sie war bei Omar gewesen und hatte dort mit ihm und Karim gesprochen. Karim ließ mir ausrichten, dass er mich von nun an nicht mehr sehen könne.
Mein Schwiegervater sei bei seinem Vater gewesen und habe ein großes Theater gemacht. Und nur deshalb, weil er bei einem Freund geäußert hatte, dass er es nicht fair findet, wie die Familie mich behandelt. Man mischt sich eben nicht in fremde Angelegenheiten.
Da unsere Angelegenheit aber ohnehin Ortsgespräch war, hatte er sich wohl nichts dabei gedacht. Nun wurde er aber ständig beobachtet und es sei weder für ihn noch für mich gut, wenn er uns besuchen würde. All die Stärke, die Karim mir bisher gegeben hatte, verließ in diesem Moment meinen Körper. Mir war, als ob nichts als dieser verfluchte tunesische Sand durch meine Seele rieseln würde. Das Quäntchen Glück, das sich mit ihm in meinem Herzen festgesetzt hatte, wurde mit einem dumpfen Schlag zertrümmert. Nun hatten sie mir alles genommen. Ich hätte schreien können.

Es wurde ein trauriges Wochenende. Karim rief noch mal an und sagte mir selbst, dass es ihm leid tun würde, aber er könne sich seiner Familie zuliebe keinerlei Gefahren aussetzen. Ich verstand es zwar, konnte mich aber mit dem Gedanken, ihn nicht mehr zu sehen, nur sehr schwer vertraut machen. Er fehlte mir mehr als jemals zuvor, denn ich wusste längst, dass er mir nicht nur eine Stütze in schlechten Zeiten war. Vielleicht aber war es auch gut so, denn mir war auch klar, dass ich dieses Land und somit auch ihn verlassen würde, wenn hier alles erledigt ist.

Der Montag brachte eiskalte Ernüchterung. Ein Polizeiwagen kam vorbei und forderte uns auf, zur Polizeistation zu kommen.

Dort angekommen, fiel uns auf, dass alle uns bereits bekannten Polizisten äußerst freundlich waren.
Sie begrüßten uns mit den Worten: „Hallo Sabrina, hallo Janni."
„Was ist denn mit denen heute los?" fragte Janni scherzhaft.
„Wenn das so weitergeht, können wir bald Kaffee und Kuchen mit hier herbringen."
Das Lächeln erstarb sofort, als plötzlich Amor an der Tür erschien. Im bedrohlichen Stechschritt betrat er das Gebäude, warf uns auf unserem Bänkchen einen finsteren Blick zu und stürmte in den Vernehmungsraum. Als er die Tür öffnete, konnte ich erkennen, dass sein Vater bereits darin saß.
„Wenn Blicke töten könnten", flüsterte ich Janni zu, und sie nickte.
Wir hörten drinnen Geschrei, die Worte konnten wir aber nicht verstehen. Die Tür wurde wieder aufgerissen. Der junge Polizist, der vorhin so nett zu uns war, hatte Amor am Arm und wies ihn an, sich zu setzen, bis er dran sei. Der Beamte bat nun mich und Janni in den Raum. An verschiedenen Tischen sollten wir Platz nehmen. Der Alte saß ruhig auf seinem Stuhl. Dann kam der Mann vom Tourismusbüro zum Übersetzen. Sofort sprang mein Schwiegervater auf und schimpfte. Der Tourismusmann ging wieder hinaus. Ich stand auf und ging hinterher.
„Was ist los?" fragte ich ihn.
„Der alte Mann akzeptiert mich nicht als Übersetzer."
„Warum nicht?"
„Weil ich die Wahrheit sagen muss. Sie holen den Telefonmann."
„Soll das heißen, der sagt nicht die Wahrheit?"
„Das weiß ich nicht, aber ich denke schon. Vor der Polizei haben sie alle Angst."
Der Telefonmann kam, und wir wurden nochmals zu dem Vorfall an meinem Haus verhört. Janni wurde darüber befragt, weshalb sie mir geholfen hatte, die Sachen aus dem Haus zu holen.
„Weil es ihre Sachen sind und weil sie ihr Auto nicht fahren darf; außerdem ist sie meine Freundin."

„In diesem Land hilft man niemand", sagte der Polizist, beziehungsweise der Telefonmann. Wir waren nicht sicher, ob das der Polizist tatsächlich so gesagt hatte, waren beide aber sehr schockiert über diese Worte. Mein Arabisch reichte leider nicht aus, schnellen Unterhaltungen im Dialekt zu folgen, und einmal mehr ärgerte ich mich darüber, nicht mehr gelernt zu haben.
Ich erfuhr nun, dass mein Mann Anzeige wegen Autodiebstahls gegen mich erstattet hatte und sein Vater eine Anzeige wegen Diebstahls von Hausrat.

Die Tür wurde wieder aufgerissen, Amor stürmte herein und brüllte: „das sind Huren, glaubt ihnen kein Wort."
Nun wurde der Polizeichef böse, schrie Amor an und verwies ihn wieder vor die Tür. Wir waren entlassen und fuhren wieder nach Hause. Wir hatten das Gebäude verlassen, ohne uns nochmals umzusehen. Ich spürte aber noch die drohenden Blicke Amors in meinem Nacken.
Janni und ich wussten, dass die nächsten Tage viel Aufregung bringen würden, und es tat mir so unendlich leid, dass ich sie in diese scheußliche Sache hineingezogen hatte. Aber ich konnte doch nicht ahnen, wie sich das alles entwickeln würde.

Schon am nächsten Morgen bekam ich eine neue Vorladung. Diesmal zur Hauptpolizeistation in Zarzis-Ville. Natürlich fuhr Janni mit mir. Auf der Wartebank saßen bereits Amor und sein Vater. Wieder die finsteren, drohenden Blicke. Amor und ich wurden in einen Raum geführt. Mein Mann hatte auch dort Anzeige gegen mich erstattet, weil er wohl gemerkt hatte, dass er bei unserer Dorfpolizei nichts erreicht hatte. Der Vernehmungspolizist überraschte mich damit, dass er ausgezeichnet Deutsch sprach, und ich war sehr froh darüber. Amor wollte nun seine Aussage auf Arabisch vorbringen. Der Polizist ließ es nicht zu. Er unterbrach ihn sofort: „Ihre Frau hat das Recht, alles zu verstehen, was sie sagen."

„Meine Frau hat überhaupt kein Recht“, sagte Amor böse.
Das war ein Fehler. Der Beamte wurde wütend und wies ihn mit den Worten zurecht, dass in diesem Land nach den Gesetzen vorgegangen werde. Er sprach nur noch Deutsch.
Wieder ging es darum, dass ich mein Auto und den Hausrat gestohlen haben sollte. Man schrieb ein Protokoll. Und wieder blieb ich ruhig und sachlich. Komisch, eigentlich neigte ich dazu, leicht aus der Haut zu fahren, aber in Extremsituationen blieb ich erstaunlich ruhig. Abermals legte ich meine Rechnungen vor und sagte, dass ich nichts gestohlen hätte. Amor wurde nun wütend und wollte unbedingt wissen, wo „sein“ Auto sei.
„Wo ist das Auto?“ fragte mich der Polizist.
„Weg!“ sagte ich nur, und das schien dem Beamten zu genügen. Er lächelte sogar. Amor wurde nun noch wütender und legte kräftig los.
„Ich habe alles für sie getan, jahrelang habe ich in Deutschland hart gearbeitet, ihr jeden Monat viel Geld geschickt, aber sie hat sich nur amüsiert und seit sie die Bremer kennt, ist sie schlecht geworden. Sie hat mich betrogen und belogen und sie hat einen anderen Mann.“
„Stimmt das?“ fragte der Polizist.
Wieder wunderte ich mich, dass ich bei so viel Gemeinheit so ruhig blieb.
„Kein Wort“, sagte ich ganz ruhig. „Er lügt.“
Ich hatte das Gefühl, dass der Polizist mir glaubte, denn das, was Amor in seiner Wut da von sich gab, wurde nicht in das Protokoll aufgenommen. Man verlas das Niedergeschriebene noch einmal, der freundliche Polizist übersetzte alles ins Deutsche und man sagte mir, dass nun alles zu Gericht nach Medenine ging. Dann war ich entlassen. Ich stieg draußen zu Janni ins Auto, und wir fuhren davon.
Im Postfach lag ein Brief vom Ministerium für Tourismus in arabischer Sprache. „Vielleicht ist es etwas Gutes“, und wir konnten es kaum abwarten, bis am Nachmittag Omar kam. Der Touris-

musminister teilte mir aber lediglich mit, dass sein Büro mit dem Gericht in Medenine und der Polizei über meinen Fall sprechen wollte und dass ich etwas Geduld aufbringen müsse.

Schon der nächste Morgen brachte erneute Aufregung. Wir stellten fest, dass in Jannis Garage eingebrochen worden war. Das kleine Fenster war eingeschlagen. Blutverschmierte Scherben lagen überall auf dem Fußboden, auf dem Autodach lagen Splitter. Überall an den Türen fanden sich Blutspuren. Nichts war gestohlen, alles Werkzeug lag an seinem Platz. Sofort hatten wir beide die Vermutung, dass es nur Amor gewesen sein konnte.
„Er hat das Auto gesucht, nichts anderes."
„Sicher, aber sag mal, Sabrina, glaubt er denn tatsächlich, dass wir den Wagen hier abgestellt haben?"
„Ich weiß nicht, aber vielleicht war er betrunken, dann setzt sein Gehirn sowieso aus. Es ist wohl besser, wir gehen zur Polizei."
Also fuhren wir wieder zur Polizeistation, die ja schon bald unser zweites Zuhause war. Diesmal waren aber wir es, die eine Anzeige zu erstatten hatten.
Eigenartig, jetzt sah uns keiner komisch an. Den Einbruch in die Garage, den Janni anzeigte, nahmen sie sehr ernst. Wieder holte man Said, den Mann vom Telefonladen. Janni erstattete Anzeige gegen Unbekannt. Wir konnten ja nicht einfach behaupten, dass Amor es gewesen sei. Aber natürlich hatte auch die Polizei den Verdacht, dass mein Mann das Auto gesucht hatte.
„Nun ja, es könnte sein, dass er es war", sagte ich, und das genügte anscheinend schon. Wir wurden aufgefordert, zusammen mit der Polizei zu Jannis Garage zurückzukehren. Auch hatte man eigens einen Kriminalbeamten dazu geholt, der angeblich ein Spezialist für Spurensuche war. Mit einem Aufgebot von sechs Polizisten und dem Übersetzer Said ging es also an den Tatort zurück. Ich dachte mir noch, dass es doch Irrsinn war, wegen so eines kleinen Einbruchs, bei dem noch nicht einmal etwas gestohlen worden war, so einen Aufwand zu betreiben, während man meine Sache,

wo es immerhin um viel, viel Geld ging, mehr als zweitrangig behandelte.

Das Fenster war eindeutig mit Fäusten eingeschlagen. An den Scherben auf dem Fußboden klebte Blut. Kleine Blutstropfen befanden sich überall auf den Fliesen. Der Spezialist nahm Fingerabdrücke vom Fenster und von Jannis Auto. Dann forderte er mich auf, meine Finger auf eine mit schwarzem Pulver präparierte Fläche zu legen.
„Was soll das?“ fragte ich. „Glauben sie vielleicht, ich habe das Fenster zerschlagen?“
Man gab mir keine Antwort. Die Spurensicherung war erledigt, und alle zusammen fuhren wir wieder zur Polizeistation. Janni und ich saßen wieder auf dem Bänkchen, als zwei Polizisten Amor und seinen Bruder Chamseddine hereinbrachten. Auch sie mussten auf einer Bank Platz nehmen. Mein Mann sah schrecklich aus. Dicke Ränder unter den Augen, ungepflegt und so, als hätte er die ganze vorherige Nacht damit verbracht, sämtlichen Alkoholbestand des Dorfes auszutrinken.
Sein finsterer Blick, der mich ein paar Mal traf, stach mir tief in die Brust. Mein Gott, diesen Mann hatte ich einmal geliebt. Ich konnte das nun überhaupt nicht mehr verstehen.
Als Janni ihre Anzeige und ich meine Zeugenaussage unterschrieben hatten, konnten wir gehen. Später am Tag erfuhren wir, dass man Amor vorläufig in Untersuchungshaft gesteckt hatte. Wir machten uns Gedanken darüber, ob man uns wohl die Wahrheit gesagt hatte und ob Said unsere Aussagen wahrheitsgetreu übersetzt hatte. Warum sperrte man ihn ein, obwohl wir doch keine Anzeige gegen ihn erstattet hatten? Vielleicht hatte man doch seine Fingerabdrücke erkannt. Wie auch immer, ich habe es nie erfahren.

Am nächsten Tag, es war wieder einmal ein Samstag, kam Janni ganz aufgeregt vom Einkauf nach Hause. „Ich brauche erst mal

einen Schnaps“, sagte sie und riss die Kühlschranktüre auf, um die Boukha-Flasche herauszuangeln. Dann erzählte sie mir, dass ihr in der steilen Kurve auf dem Berg Amors Vater mit einem Mulige-spann entgegengekommen war und blitzschnell, als er ihren Wagen sah, den Karren herumgerissen hatte, um sie mit ihrem Wagen an den Abhang zu treiben. Gott sei Dank konnte sie das Auto noch rechtzeitig abbremsen und so das Schlimmste verhindern.
„Was soll noch alles passieren?“ fragte ich traurig. „Der Alte ist jetzt wütend, weil Amor im Knast sitzt, und gibt uns die Schuld dafür.“
Einmal mehr plagte mich mein Gewissen, Janni in diese Situation gebracht zu haben. Wie konnte ich das nur jemals wieder gut machen?
Den Samstagabend verbrachten wir beide in ihrem Wohnzimmer. Niemand ließ sich verständlicherweise nach diesem Theater bei uns sehen. Immerhin mussten wir alle ja damit rechnen, dass Jannis Haus beobachtet wurde. Wie dringend hätten wir beide aber gerade nach diesem Erlebnis eine Schulter gebraucht, an die wir uns hätten anlehnen können. Die ganze Nacht saßen wir weinend auf dem Sofa, tranken die Flasche Boukha leer, und erst als es längst hell geworden war, versuchten wir eine Weile zu schlafen, was uns aber nicht gelang. Den ganzen Sonntag hingen wir wie ein paar Schlückchen Wasser herum, sprachen kaum ein Wort. Irgendwie hingen wir in einem tiefen Loch.

Am Montagnachmittag hatte ich eine Verabredung mit der Rechtsanwältin. Sie wollte eine Verfügung beim Gericht erwirken, dass die Familie mir meine Möbel herauszugeben hatte. Ich konnte nicht erfahren, aus welchem Grund es nicht geklappt hatte. Sie teilte mir lediglich mit, dass alles vor Gericht verhandelt werden würde. Ich sagte ihr, dass ich nun unbedingt die Scheidung wollte und sie wenigstens das beschleunigen sollte. Sie versprach es. Sie versprach immer irgendetwas. Langsam zweifelte ich an ihren Worten.

Ich hatte mit Horst und Janni darüber gesprochen, das Stückchen Land auf ihrem Anwesen zu erwerben, falls ich zu meinem Recht, also zu Geld aus meinem eigenen Haus kommen sollte. Noch immer war ich im Glauben, in diesem Land leben zu können, das mir zur Heimat geworden war. Zwar war der Preis für das Land sehr hoch, aber ich akzeptierte, weil mich doch mein Schuldgefühl Janni gegenüber sehr plagte. Wir vereinbarten, dass ich zunächst die Hälfte bezahlen sollte und den Rest nach Beendigung des Prozesses. Sollte ich wider Erwarten kein Geld von der Familie bekommen, wollte man mir den Vorschuss zurückzahlen und das Land anderweitig verkaufen.
Ich war froh, etwas für Horst und Janni tun zu können und schickte ihm sogleich den ersten Scheck nach Bremen. Janni und ich machten nun Pläne, das lenkte uns von all dem Ärger ab. Wir beschlossen, zunächst die vorhandene Doppelgarage zum Studio für mich umzubauen, damit ich erst mal ein eigenes Dach über dem Kopf hatte, bis es soweit war, dass ich irgendwann einmal ein neues Haus bauen konnte. Natürlich musste auch eine neue Garage für Jannis Wagen gebaut werden. Omar sollte das Material und die Leute besorgen.
Ich beschloss, nach Deutschland zu fliegen, um das nötige Geld flüssig zu machen und um eventuelle behördliche Schritte gegen Amor einleiten zu können. Auch wollte ich bei der anstehenden Konfirmation meines Patenkindes gerne dabei sein. Ich telefonierte mit meinem Bruder, und er teilte mir mit, dass ich während meines Aufenthaltes in Deutschland bei meiner Nichte und ihrer Familie leben könnte, die ja gerade ihr neues Haus bezogen hätten und viel Platz hätten. Ich freute mich darauf und bestellte am folgenden Tag ein Ticket.
Nun hatte ich konkrete Pläne, und alles schien nicht mehr so trostlos. Ich fuhr noch mal zu meinem Haus und musste feststellen, dass inzwischen alle Schlösser ausgewechselt waren. Der Zugang war mir nun für immer verwehrt. Von der Anwältin erfuhr ich, dass Amor aus dem Knast freigekauft worden war und längst wie-

der nach Deutschland abgeflogen sei. Auf Anraten der Anwältin beauftragte ich nun einen Notar, der bestätigen sollte, dass man die Schlösser in meinem Haus ausgewechselt hatte und man mir den Zugang verwehrte. Der Mann fuhr am Nachmittag mit mir dorthin.
Er überzeugte sich von der Lage, sprach mit meiner Nachbarin Jasmine, die ihm ebenfalls bestätigte, dass die Familie die Schlösser ausgetauscht hatte und erstellte ein Protokoll, das ich an die Anwältin weitergab, die es zu den Gerichtsakten legte.
Das Wochenende verbrachten wir abermals alleine, denn unsere Freunde getrauten sich noch immer nicht in unsere Nähe. Am Montag hatte Karim Geburtstag und er kam am Abend mit Omar. Er brachte eine Torte und eine Flasche Whisky mit, und ich freute mich, dass er trotz aller Bedenken und Verbote von Seiten seines Vaters den letzten Abend bei mir war, denn am nächsten Morgen um fünf Uhr wollte mich Janni zum Flughafen bringen.
Es war wohl der Whisky, der den Verlauf dieses Abends in andere Bahnen lenkte, als wir alle es erwartet hatten. Wir redeten von den ach so verschiedenen Mentalitäten und Charakteren und kamen irgendwann darauf zu sprechen, dass die Araber kein Gefühl hätten und wohl auch nicht wüssten, was wahre Liebe ist. Der Alkohol hatte mir die Zunge gelöst, und ich redete mir den ganzen Frust von der Seele. Doch Karim verstand es falsch. Er glaubte, ich mache ihm Vorwürfe, dass er mir nicht so zur Seite stand, wie ich es mir erhoffte, und er zog seine Schuhe an und wollte gehen. Ich fing an zu weinen, er blieb sitzen, und wir stritten weiter. Ich sprach von Gefühlen, er von Allah und fundamentalen Traditionen, in die er zu sehr verwurzelt war. Verzweiflung stand in seinen Augen, als er aufstand und mich aus meinem Sessel hochriss, um mich ganz fest in seinen Armen zu halten. Meine Knochen krachten, und seine Zähne knirschten, und dann sanken wir beide auf den Teppich, hielten uns umschlungen und weinten bitterlich. Wir blieben dort liegen, und ich wartete in seinen Armen und mit offenen Augen auf den Morgen.

Um fünf Uhr stand ich abreisebereit nochmals vor Karim, er schlief tief und fest. Ich schnitt ihm wieder eine kleine Haarsträhne aus den Locken, band einen Bindfaden darum und verstaute sie in meinem Schmucktäschchen. Ich küsste ihn auf die Stirn und fuhr mit Janni zum Flughafen.
Der Abschied fiel mir nicht leicht, und als ich durch die Passkontrolle gegangen war, stand ich noch lange hinter der Scheibe und winkte ihr zu.

Der Empfang im Haus meiner Nichte war herzlich und liebevoll, und ich hatte sofort das Gefühl, zu Hause zu sein. Ich erledigte alle Formalitäten: Ich meldete mich bei Amor ab und bei meiner Nichte an, erfuhr bei der Krankenkasse, dass Amor noch immer arbeitslos gemeldet war und ich erkundigte mich bei der BfA nach meinem Rentenanspruch. Du lieber Himmel, davon konnte ich ja noch nicht mal in Tunesien leben. Mir war klar, dass ich etwas für meine Zukunft tun musste.
Bei der Ausländerbehörde erfuhr ich, dass ich gegen Amor keine rechtlichen Schritte einleiten könne, solange er sich nichts zuschulden kommen lasse und wir noch verheiratet seien. Was er in Tunesien getan hatte, spielte in Deutschland keine Rolle.
Ich verbrachte noch eine weitere Woche in meiner Stadt, besuchte meine Freundinnen, ging in meinen alten Saunaclub und genoss meine Freiheit. Die Konfirmation im Kreis der Familie war sehr schön, und mir wurde klar, dass es nichts gab, was mir diese Freiheit, tun und lassen zu können, was mir gerade in den Sinn kam, wegnehmen konnte. Nicht einmal Karim. Ich lag lange wach nach dem Fest. Der Mond schien hell und kalt in das kleine Gästezimmer unterm Dach. Mir wurde nun endlich richtig bewusst, dass meine Zukunft nicht in Tunesien lag und auch meine Beziehung zu Karim keinerlei Perspektive besaß. Nein, diese Liebe war von vornherein zum Scheitern verurteilt. Karim würde sich niemals aus den traditionellen Gepflogenheiten seiner Familie lösen können, und seine Eltern würden einer Heirat mit einer geschiedenen

Ausländerin niemals zustimmen. Und ich wusste bereits, dass Karim niemals die Courage aufbringen würde, seiner Familie zu widersprechen. So sehr es auch schmerzte, ich musste anfangen, in anderen Dimensionen zu denken. Der spontane Plan, ein neues Haus in Tunesien zu bauen, schien mir auf einmal so absurd und wahnsinnig hirnrissig.
Ich unterhielt mich am nächsten Tag mit meinem Bruder und meiner Schwägerin darüber. Es war Ostermontag, und wir saßen gemütlich bei einer Flasche Frankenwein zusammen. Beide versuchten zwar nicht, mir meine Pläne auszureden, aber ich spürte doch, dass sie mich für verrückt hielten, dass ich nach alldem, was ich dort schon erlebt hatte und was noch auf mich zukommen würde, noch den Wunsch verspürte, in dem verfluchten Land weiterleben zu wollen. Ich wollte ihnen gerade Recht geben, als das Telefon läutete und Janni und Horst, der über Ostern zu seiner Frau gereist war, anriefen.
„Omar und Karim sind auch hier", sagte sie, und dann kam einer nach dem anderen an den Apparat und wünschten mir frohe Ostern. Als ich Karims Stimme hörte, schwenkte meine Stimmung wieder um, und ich dachte, vielleicht wäre es doch möglich, mit ihm in Tunesien zu leben. Ich war hin- und her gerissen und war es auch noch, als ich den Montag darauf wieder auf Djerba landete und Janni und Horst mich abholten.
Ich hatte frischen Räucherlachs, geräucherte Forellen und Sahnemeerrettich mitgebracht, etwas, was es in südlichen Ländern absolut nicht gab. Wir hatten Omar und seinen Bruder und natürlich Karim eingeladen. Mir war eigenartig zumute, als ich an diesem Abend Karim am Tisch gegenübersaß. Irgendetwas hatte sich verändert; er hatte sich während meiner dreiwöchigen Abwesenheit verändert. Sein Blick war nicht mehr so leidenschaftlich wie vorher.
Vielleicht war es ihm aber auch peinlich, vor Horst und Omars Bruder nett zu mir zu sein. Schließlich wussten die beiden ja nichts von unserer Beziehung. Als sie sich verabschiedeten, nahm

er mich jedoch ganz kurz in den Arm. Der sanfte Druck seiner Hände auf meinem Rücken beruhigte mich etwas.

Die Tretmühle der Bürokratie beanspruchte an den darauf folgenden Tagen meine ganze Zeit. Ich besuchte meine Anwältin, schrieb Briefe an die tunesischen Frauenorganisationen und wartete auf den ersten Gerichtstermin in Sachen Scheidung, der in der nächsten Woche stattfinden sollte. Inzwischen brachten wir Horst zum Flughafen. Sein Urlaub war beendet, und sein Arbeitgeber wartete in Bremen.

Am Dienstagmorgen fuhr ich dann mit Janni und Mansour, einem Freund von Horst, der gut Deutsch sprach, zum Gericht. Auch Amor war zu diesem Termin geladen. Er war aber nicht gekommen, und so mussten wir über zwei Stunden warten, ehe der Scheidungsrichter sich entschloss, mich alleine anzuhören.
Janni und ich saßen auf einer Bank zwischen vielen anderen Frauen, denen ihre Sorgen und Nöte aus ihren Gesichtern abzulesen war.
Mansour sagte, dass es viele, viel zu viele Scheidungen geben würde. Noch immer wären aber die Menschen in diese alten Traditionen verstrickt, ihre Kinder zu verheiraten, ohne nach Liebe zu fragen. Viele junge Menschen würden noch heute in eine Ehe gezwungen, die sie eigentlich gar nicht wollten. Zu spät erst merkten die jungen Frauen, auf was sie sich da eingelassen hätten, und im Kampf zwischen Tradition und modernem Denken, das ihnen auf den Schulen eingebläut wird, verstrickten sie sich immer mehr in Zweifel und Aufbegehren. Junge Frauen hätten nun endlich angefangen, sich zu wehren. Sie wollten nicht mehr die Sklavin ihres ihnen auf diktierten Ehemannes sein. Sie wüssten um ihre Rechte und sie wagten es, zum Scheidungsrichter zu gehen, wenn sie misshandelt oder auch nur schlecht behandelt würden. Ich wunderte mich etwas über Mansours Worte. Schließlich war er ein Mann, aber indirekt hatte er doch nun Partei für die

Frauen und ihre Rechte ergriffen. Lag es womöglich daran, dass er viele Jahre in Europa
gelebt hatte?
Janni war nach draußen gegangen und kam mit drei Tüten Eiscreme zurück. Mansour war aber inzwischen irgendwo unterwegs, und so gab sie die dritte Tüte irgendeiner Frau, die sie aber sogleich hinter ihrem Fuder versteckte. Ich stand mit Janni am Fenster im Flur, und wir lutschten an dem Eis, als plötzlich der Gerichtsdiener kam und uns mitteilte, dass das Eis essen im Gerichtsgebäude verboten sei.
„Sorry“, sagte ich, „wir haben es nicht gewusst“. Wir gingen nach draußen und als wir zurückkamen, grinsten uns die einheimischen Frauen verlegen an.

Über eine Stunde hörte der geduldige, noch relativ junge Richter sich meine Geschichte an. Es benötigte ja immerhin die doppelte Zeit, weil Mansour alles erst ins Arabische übersetzen musste. Nach dieser Aussprache hatte ich aber das Gefühl, dass der Mann verstanden hatte, dass es keines weiteren Versöhnungstermins bedurfte.
Er versprach, sich mit dem anderen Richter, der sich um die Vermögenssachen zu kümmern hatte, zusammenzusetzen, um über meinen Fall zu sprechen. Das gab mir ein wenig Hoffnung.
Nach dem Gespräch fuhren wir mit der Anwältin, die draußen gewartet hatte, zum Verkehrsamt und zum Zoll, um zu klären, weshalb ich keine neuen Autopapiere bekam. Dort stellte sich dann heraus, dass Amor anscheinend gefälschte Papiere besaß, die nur auf seinen Namen ausgestellt waren. Man versprach mir, der Sache nachzugehen. Mansour sagte mir, dass er mir in Zukunft helfen würde. Er habe keine Angst vor Amor und seiner Familie. Ich bedankte mich sehr bei ihm und war froh, dass ich einen weiteren Verbündeten gefunden hatte. Mir war auch klar, dass das nötig war, denn ich wollte und konnte Omar nicht ständig in Anspruch nehmen.

Zufrieden mit den Ergebnissen des Tages fuhren wir nach Zarzis zurück und freuten uns auf den Abend mit Karim und Omar. An diesem Abend sagte mir Karim, dass er mich sehr liebe und auf mich warten würde. Der Scheidungstermin würde für uns beide die Erlösung bringen. Ich war glücklich über diese Worte, aber mein Verstand sagte mir, dass eine Zukunft mit Karim unmöglich war. Dennoch wollte ich die Zeit mit ihm genießen. Er war es, der mich tröstend in seinen Armen hielt, wenn ich am Boden zerstört war und er war es auch, der mir mit seiner Liebe alles viel leichter machte.

Mit großem Engagement gingen wir nun daran, die Vorbereitungen für den Umbau zu treffen. Wir räumten die Garage aus, schleppten Kisten, machten sauber, und Omar bestellte das erste Baumaterial. Ich hoffte immer noch, meine Autopapiere zu bekommen, damit ich den Wagen verkaufen konnte. Das Geld sollte mit für den Bau verwendet werden. Aber es zog sich hin und zog sich hin. Als wir schon fast zwei Wochen am Bauen waren und das Geld knapp wurde, teilte mir die Anwältin mit, dass ich ohne Gerichtsverhandlung keine Chance hätte, an die Autopapiere zu kommen.
Dann kam Nasser. Nasser war der Freund von Samira, und Samira die beste Freundin von Omar aus seinen Kindertagen in Tunis. Besagten Nasser kündigte Omar als den Mann an, der nun Licht in meine Sache bringen würde. Nasser war nämlich ein Geheimpolizist aus Tunis. Einer von der Sorte, der aufräumen sollte bei den hiesigen Behörden und mit der Schlamperei bei unserer Dorfpolizei. Das Auftreten dieses Polizisten entsprach seinem ihm vorausgeeilten Ruf. Ein großer, schlanker, kräftiger Mann mit vollem, schwarzen Schnurrbart, gepflegt und etwas undurchsichtig. Sein Blick hatte etwas Verschlagenes, aber nicht Unsympathisches. Und er sprach ein gutes Deutsch. Grammatisch einwandfrei. Man erkannte, er hatte die deutsche Sprache studiert. Irgendetwas an seinem Verhalten störte mich aber. So verstand ich es zum Bei-

spiel nicht, dass ich bei unserer Dorfpolizei nicht deutsch mit ihm reden durfte.
Er sagte mir, sie sollten nicht wissen, dass er es verstand. Er verschwand mit dem Polizeichef hinter dessen Bürotüre, und ich wartete lange auf meinem Bänkchen. Danach wurde ein neues Protokoll wegen meiner Möbel angefertigt. Man lud meinen Schwiegervater vor und verhörte ihn. Der behauptete aber nach wie vor, ich hätte alle Möbel gestohlen, und ließ sich von dem Geheimpolizisten aus Tunis überhaupt nicht beeindrucken. Ich verlangte nun, dass die Polizei doch gefälligst mal nachsehen solle, ob überhaupt noch Möbel in meinem Haus seien. Das ging aber nicht, denn dafür benötigten wir abermals einen Gerichtsbeschluss, den auch der liebe Nasser nicht herbeizaubern konnte. Er sprach dann aber noch mit meiner Anwältin und schrieb für mich diverse Briefe an Ministerien und an den Staatspräsidenten Ben Ali in Tunis, die er allesamt von mir unterschreiben ließ. Weil auch er der Post in Zarzis nicht traute, wollte er die Schreiben persönlich in Tunis an die richtigen Adressen bringen.
Ich war dankbar für diese Hilfe und fragte ihn, was ich denn mit meinem Auto machen solle. Ich sagte ihm ehrlich, dass ich dringend Geld brauchte, um den Umbau der Garage zu beenden. Ein stundenlanges Palaver mit Omar, Samira und Karim begann, die sich alle am Samstagabend bei uns eingefunden hatten. Man kam schließlich zu dem Schluss, dass Samira und Nasser mein Auto mit nach Tunis nehmen sollten, um es dort unter der Hand zu verkaufen.
Weil mir inzwischen klar war, dass Amor die Papiere niemals herausrücken würde, war ich mit diesem Vorschlag einverstanden. Zwar würde es etwas weniger geben als mit gültigen Papieren, sagte er, aber im anderen Fall könne ich auch nicht damit rechnen, dass mir das Gericht das Auto zusprechen würde. Bestenfalls die Hälfte, und das wäre noch weniger. Gesagt, getan: Am Montag fuhren wir zur Gemeindeverwaltung nach Mouensa, weil das sicherer war, ließen eine Prokuration auf Nasser ausstel-

len, dass er berechtigt sei, mein Auto zu fahren und gegebenenfalls zu verkaufen, und ich vertraute ihm dann auch alle Papiere wie Rechnungen und die polizeiliche Verlustmeldung an, die ich noch besaß. Vorsichtshalber machte ich schnell noch ein paar Fotokopien und übergab ihm die Schlüssel. Er sollte den Wagen in der Nacht, bevor sie zurück nach Tunis fuhren, aus dem Versteck holen.

Es war aber nicht so, dass Nasser und seine redselige Freundin uns nun verließen, nein – noch volle vier Tage beehrten sie uns mit ihrem Besuch. Zum Mittagessen, zum Kaffeetrinken, zum Abendessen – ungeachtet der Tatsache, dass Janni und ich eigentlich so gut wie keine Zeit hatten, denn so ganz nebenbei bauten wir ja schließlich mein neues Zuhause und ihre Garage. Wir mussten die Handwerker verköstigen und darauf achten, dass alles nach Plan lief. Samstagabend waren wir ziemlich genervt, weil wir ja eigentlich mit Omar und Karim verabredet waren. Stattdessen saßen nun Nasser und Samira, Omar und sein Bruder auf dem Sofa und palaverten und palaverten und palaverten – natürlich auf Arabisch. Erst weit nach Mitternacht gingen sie und Janni und ich konnten uns endlich den lang ersehnten Schlaf gönnen.

Am nächsten Mittag – wir hatten gerade das Essen für die Handwerker aufgetischt und saßen mit Omar nun selbst beim Essen kam plötzlich Karim durch die Tür. Er sagte, er sei traurig, weil er mich gestern nicht besuchen konnte. Er blieb den ganzen Nachmittag bei uns. Inzwischen war auch Nasser wieder aufgekreuzt und palaverte nun mit Karim und Omar weiter, während Janni und ich die Küche saubermachten und Kaffee kochten.

Wie aus dem Nichts tauchte plötzlich Nabil auf. Er war sehr aufgeregt und erzählte, dass Monika sehr krank sei und er sich nicht zu helfen wisse. Janni und ich ließen sofort alles stehen und liegen und fuhren zu Monika. Nabil kam mit seinem Mofa hinterher. Das Bild, das sich uns beim Betreten von Monikas

Schlafzimmer bot, erschreckte uns beide zutiefst. Monika stand am Fenster und rang nach Luft. Sie krümmte sich vor Schmerzen und sah aus wie der Tod persönlich. Wir erfuhren, dass sie sich vor einer Woche bei einem Sturz die Rippen geprellt hatte, der Arzt aber nichts weiter festgestellt habe. Wir überlegten nicht lange, packten Monika und Nabil ins Auto und fuhren in die nahe gelegene Poliklinik. Eine Schwester und ein Krankenpfleger nahmen uns in Empfang, und wir verlangten sofort nach einem Arzt. Man telefonierte, aber es kein Arzt aufzutreiben. Janni fackelte nicht lange, schnappte sich den jungen Krankenpfleger und fuhr mit ihm los, um einen Arzt zu suchen. Derweilen saß ich bei Monika, deren Schmerzen immer unerträglicher wurden. Sie schrie und rang gleichzeitig nach Luft. Mich überkam eine wahnsinnige Angst.

Ich hielt sie fest an den Händen und versuchte ruhig zu bleiben.

„Halt durch“, sagte ich ihr, „der Arzt wird gleich hier sein.“

Nabil war nach draußen gelaufen, weil er das alles nicht mit ansehen konnte.

Über eine Stunde dauerte es, bis endlich der Arzt eintraf. Monika wurde sofort in den Röntgenraum gebracht und durchleuchtet. Man stellte fest, dass eine Rippenspitze die Lunge verletzt und sich dadurch eine Lungenhälfte mit Wasser gefüllt hatte. Der Arzt sagte, dass Monika in der Klinik bleiben müsse, und dass er das Wasser mittels einer Punktion abpumpen werde. Janni und Nabil fuhren los, um die nötigsten Sachen für Monika zu holen, und ich ging mit ihr in den Behandlungsraum.

Der Arzt setzte sie rücklings auf einen Stuhl, entblößte ihr den Rücken und stieß ohne Vorwarnung eine zehn Zentimeter lange Nadel hinein. Ich hätte mit ihr schreien können. Aber Monika war tapfer, sie biss in ihr Taschentuch und schluckte den Schmerz hinunter. Ich hielt sie fest an den Händen und warf der dabeistehenden Krankenschwester einen Blick zu. Diese verzog keine Miene. Mein Gott, dachte ich, haben diese Menschen denn überhaupt kein Mitgefühl? Nahezu zwei Liter Wasser und Blut hatte man

Monika unter großen Schmerzen aus dem Lungenflügel entfernt, als Janni und Nabil zurückkamen. Nochmals wurde sie geröntgt und dann endlich konnte sie in ein Krankenzimmer gebracht und ruhig gestellt werden.
„In diesem Land könnte jemand sterben, und es würde keinen Menschen interessieren", sagte ich zu Janni.
„Ja", antwortete sie, „da kann man nur hoffen, dass man an einem Sonntag keinen Unfall hat."
Wir regten uns fürchterlich darüber auf, dass eine relativ große Klinik nicht einmal über einen Notarzt verfügte. Aber was nützte das schon? Selbst der Arzt zuckte nur mit den Schultern. Wir wussten, es war ziemlich knapp gewesen. Fast wäre Monika erstickt.
Einmal mehr hatten wir das Gefühl, im falschen Land zu sein. Drei Stunden waren inzwischen vergangen, und als wir zurückkamen und die Geschichte erzählten, beeindruckte das eigentlich niemanden so recht. Karim war inzwischen nach Hause gefahren und hatte Grüße hinterlassen.

Nasser und Samira waren nun mit meinem Auto nach Tunis gefahren, und ich hoffte sehr, dass er es dort würde verkaufen können. Inzwischen wuchs der Bau, und mein Geld war verbraucht, aber Janni streckte erst einmal etwas vor, damit es weiterging.

***

Ende Mai hatte ich den ersten Scheidungstermin. Omar schickte uns einen gewissen Hassan mit nach Medenine, der übersetzen sollte. Mein neuer Verbündeter Mansour war nicht greifbar gewesen. Aber wieder einmal waren wir umsonst gefahren. Der Termin wurde verschoben, weil mein lieber Mann eine Krankmeldung geschickt hatte. Ich wollte noch ein paar Worte mit der Anwältin sprechen.
Sie redete wie ein Buch, aber dieser wortkarge Hassan sagte nur einen einzigen Satz: „Der Amor hat eine Krankmeldung geschickt."
„Das weiß ich schon von dem Gerichtsdiener", schnauzte ich ihm entgegen. „Ich will wissen, was die Advokatin sonst noch gesagt hat."
Hassan zuckte nur mit den Schultern, und das war's dann. Wir fuhren nach Hause zurück, und dieser unverschämte Übersetzer verlangte für seinen einen Satz auch noch zwanzig Dinare.

Inzwischen war mir bewusst geworden, dass meine Anwältin in vier Monaten so gut wie nichts, ja, eigentlich gar nichts erreicht hatte. Den Scheidungstermin hatte man nun auf den 10. Juli verschoben.
„Ausgerechnet an meinem Geburtstag", sagte ich seufzend zu Janni.
„Na, vielleicht wird die Scheidung ein Geburtstagsgeschenk", antwortete sie, aber beide glaubten wir nicht so recht daran. Inzwischen wurde auch der Termin beim Amtsgericht in Zarzis, bei dem es um meine Möbel gehen sollte, verschoben. Es bewegte sich absolut nichts mehr, und ich war mir nun auch nicht mehr sicher, ob alles mit rechten Dingen zuging.
„Ich habe manchmal das Gefühl, die haben meine Anwältin auch schon umgedreht", sagte ich zu Janni und Omar, und beide schlossen diese Tatsache nicht aus.
„Ich denke, ich werde mir für den Prozess um das Haus einen anderen Anwalt suchen", sagte ich nachdenklich, „aber wo findet man den?"

„Ich werde überlegen", versprach Omar, und die Tage gingen dahin, ohne dass irgendetwas geschah.
Mein neues Zuhause war fertig. Die Maler waren schon am Werk, und ich hatte nun bald wieder ein eigenes Dach über dem Kopf. Karim versprach, mir ein Bett und ein paar kleinere Möbelstücke zu besorgen, an den Abenden aber ließ er sich nicht sehen. Omar sagte mir, dass Karim wieder einmal von Zweifeln geplagt sei, weil seine Familie ständig auf ihn einreden würde. Ich war sehr traurig darüber.
Mansour entpuppte sich inzwischen als guter Freund, der voll auf unserer Seite stand. Er hatte über fünfzehn Jahre in Österreich gelebt und gearbeitet und war nach seiner Rückkehr von seiner eigenen Familie betrogen worden. Alles Geld was er geschickt hatte, um eines Tages ein Geschäft in seiner Heimat eröffnen zu können, war unterschlagen worden. Mansour erzählte uns von einem jungen Anwalt, der mir sicher helfen könne. Auch er war inzwischen davon überzeugt, dass meine Anwältin nichts für mich tat.

Mitte Juni kam Horst, und ich zog in mein neues Studio ein. Der Schreiner hatte die Möbel noch nicht geliefert, aber ich hatte mir eine Matratze auf den Fußboden gelegt und es mir notdürftig gemütlich gemacht. Ich wollte Janni und ihren Mann an ihrem ersten Abend alleine lassen. Aber dann kamen Karim und Omar, um Horst zu begrüßen, und wir setzten uns ins Wohnzimmer. Karim gab mir nur ganz flüchtig die Hand und setzte sich weit weg von mir. Er sah mich auch kaum an. Ich konnte das nicht ertragen, stand auf und ging in mein kleines Haus, das gute hundert Meter vom Haupthaus entfernt lag. Ich legte eine Rachmaninow-Platte auf und ließ mich auf meine Matratze fallen.
Was war nur geschehen? Warum verhielt sich Karim plötzlich so abweisend? Ich war todunglücklich darüber. Erst zwei Stunden später klopfte es an meiner Tür. Omar und Karim wollten sich verabschieden.

Artig gab ich Omar die Hand, ein Küsschen links und rechts. Dann trat Karim auf mich zu und wollte mir die Hand entgegenstrecken. Einer plötzlichen Ohnmacht nahe, knallte ich ihm die Tür vor der Nase zu, ballte dahinter die Fäuste und wusste sofort, dass es ein Fehler war. Ich öffnete wieder und bat Horst, Karim zurückzuholen, der inzwischen das Grundstück verlassen hatte und ins Auto stieg. Er kam zurück, und ich sagte, dass es mir leid tue, ihm die Tür vor der Nase zugeknallt zu haben.
„Ich bin wütend, Karim. Warum behandelst du mich wie eine Fremde?"
„Es tut mir leid", sagte er, „aber ich kann nicht anders im Moment. Wir müssen warten, bis du geschieden bist, dann werden wir weitersehen."
„Aber deshalb brauchst du doch nicht so zu tun, als wäre ich eine völlig Fremde für dich, was denkst du dir denn? Das tut mir weh, Karim."
„Entschuldige bitte", sagte er noch und ging.
Ich weinte lange in dieser Nacht und ich erinnerte mich daran, dass ich vor nicht allzu langer Zeit in Deutschland den Entschluss gefasst hatte, in anderen Dimensionen zu denken. Ich musste mich dazu zwingen, vernünftig zu sein.

Die ganze Woche verbrachte ich nahezu alleine in meiner neuen Behausung. Lediglich Mongi, Omars junger Cousin, kam täglich für zwei Stunden, um Deutsch zu lernen. Ich hatte es ihm während des Baus versprochen, denn er stellte sich immer vor, eines Tages eine deutsche Frau zu heiraten, und wollte deshalb schon mal etwas lernen.
Der Junge lernte gut, und ich war froh, dass ich es ihm vermitteln konnte. Zwanzig Jahre war er erst alt, aber er war fest entschlossen, irgendwann ein deutsches Mädchen zu heiraten. Überhaupt sagte er immer, dass er alles hasse, was arabisch war und dass er sich für das, was mir Amor und seine Familie antaten, schäme. Er schäme sich, ein Araber zu sein.

Bei einem Gespräch in Jannis Küche sagte mir Horst, dass es für mich wohl besser wäre, nach Deutschland zurückzukehren. Eine Freundin aus Bremen würde sich ebenfalls für das Stück Land und die zum Appartement umgebaute Garage interessieren. Es wäre also kein Problem, und er würde mir dann sofort meine Anzahlung zurückgeben. Ich musste ihm Recht geben, so schwer es mir auch fiel.
Währenddessen packte ich die Kartons aus, kaufte ein, und dann schickte der Schreiner auch endlich die Möbel. Das ganze Wochenende verbrachte ich lesend und wartend in meinem Bett, und erst am Montagabend hatte ich Gelegenheit, mit Karim zu sprechen. Er kam unter dem Vorwand, mit Horst sprechen zu wollen; als ich ihm aber sagte, ich müsse dringend mit ihm reden, kam er sofort mit mir.
„Was geht in deinem Kopf vor?“ fragte ich ihn ruhig, nachdem wir uns zusammen auf dem Bettrand niedergelassen hatten. Eine andere Sitzgelegenheit gab es noch nicht in meinem neuen Studio.
Er nahm meine Hände und sah mich direkt an.
„Ich habe viele Probleme wegen dir. Die Leute reden alle über uns, und ich habe Angst, dass man mich bei der Polizei wegen Ehebruchs anzeigt.“
„Aber das ist doch Unsinn, Karim. Wenn alles gut geht, bin ich in zwei Wochen geschieden, dann kann uns niemand mehr etwas vorschreiben.“
„Dir nicht, aber mir. Ich lebe nun mal in diesen alten Traditionen, und es ist verboten, zu einer Frau zu gehen, die alleine lebt.“
„Was soll das heißen? Hast du nicht immer gesagt, dass alles besser wird, wenn ich frei bin?“
„Das habe ich auch gedacht. Aber es ist nicht so. Amor und seine Familie werden uns niemals in Ruhe lassen. Ich weiß nicht weshalb, aber sie hetzen im Dorf gegen mich, wo sie nur können, und nur, weil ich einmal gesagt habe, dass sie sich unfair

verhalten. Ich habe ein Geschäft, Sabrina, und ich habe auf den Ruf meiner Familie zu achten."
„Karim, ich verstehe das. Aber niemand außer Omar und Janni weiß etwas von uns."
„Ja, aber aus irgendeiner Vermutung heraus werde ich ständig von Amors Brüdern und Freunden beobachtet. Glaube mir, wenn sie mich bei dir erwischen, werden sie uns beiden die Kehle durchschneiden."
„Es tut mir leid, aber ich kann mir nicht vorstellen, dass sie soweit gehen würden. Wir leben doch nicht im vorigen Jahrhundert."
„Doch Sabrina, hier passieren manchmal seltsame Dinge. Ich will nicht, dass dir etwas passiert."
„Und ich will nicht, dass dir etwas passiert. Also ist es wohl besser, wir trennen uns. Dann geh jetzt gleich und komm nie wieder."
„Du bist schwierig, Sabrina, und du machst mir Probleme."
„Die Worte kenne ich. Wenn euch etwas nicht in den Kram passt, machen wir Probleme. Weißt du, in der Stunde der Wahrheit stellt sich nun heraus, dass ihr doch alle gleich seid. Auch du kannst deine arabische, gefühllose Mentalität nicht verleugnen. Und ich hatte schon geglaubt, dass du anders wärst. Ich erinnere mich oft an den Abend vor meiner Abreise, als wir beide auf dem Teppich geweint haben. Ich habe dir wirklich geglaubt, dass du mich liebst. Das war wohl ein Irrtum."
„Ich liebe dich und bin nicht wie Amor, ich profitiere nicht von dir."
„So groß kann also deine Liebe nicht sein, wenn Du mich in der Not alleine lässt."
„Ich muss nachdenken, ich muss überlegen. Lass mir Zeit", stammelte er. Ich hatte ihn tatsächlich aus der Fassung gebracht. Aber ich war mir bewusst, dass meine Worte ungerecht waren, ich spürte ja, dass er mich liebte.
„Gut, überlege, was du tun willst. Aber lass mich bitte nicht zu lange warten."
„Nein, ich verspreche es und Sabrina, glaube mir bitte, dass ich

dich liebe und ich nicht nur wegen Sex bei dir war. Wenn du nachdenkst – wie oft haben wir zusammen geschlafen? Ich war meist bei dir, ohne dass etwas zwischen uns war, einfach nur, um bei dir zu sein und dich zu trösten."
Wir verabschiedeten uns mit einer kurzen Umarmung. Auch in dieser Nacht weinte ich bittere Tränen. Einmal mehr wurde mir so richtig bewusst, dass es für mich und Karim keine Zukunft gab.
Samstagabend kam er dann und war unheimlich lieb zu mir. Er hielt mich fest in seinen Armen, streichelte mich, und irgendwann landeten wir in dem hübschen Bett mit den runden Füßen. Wir liebten uns und wir sprachen nicht viel. Beide wussten wir aber, dass unsere gemeinsamen Tage gezählt waren.

Janni und Horst fuhren Montag früh zum Flughafen, um Gäste abzuholen, und setzten mich bei der Gelegenheit in Houmt Souk ab. Ich wollte einen Arzt aufsuchen, denn ich hatte in der letzten Zeit schreckliche Magenkrämpfe. Der Arzt wollte eine Magenspiegelung vornehmen und bat mich, um vierzehn Uhr wiederzukommen. Ich versprach, pünktlich zu sein und schlenderte ziellos, um die Zeit zu vertreiben, durch die Hauptstadt der Insel. Mir gingen so viele Gedanken durch den Kopf. Dem Zweifel an meinem Entschluss, nach Deutschland zurückzukehren, ließ ich aber einfach keine Chance, sich durchzusetzen. Ich wünschte mir, Karim wäre bei mir, denn ich fühlte mich furchtbar allein. Aber es war immer so in meinem Leben. Alle wirklich schweren Dinge musste ich allein tun. Vielleicht hatte mich diese Tatsache gestärkt. Wie stark ich eigentlich war, das wurde mir jetzt so richtig bewusst. Die vielen Enttäuschungen, die Scheidung und der unermüdliche und nervenaufreibende Kampf um meine Rechte waren wohl nicht genug. Nein, ich musste mich auch noch verlieben.
„Du bist doch wirklich ein Glückskind, Sabrina", sagte ich zu mir selbst und hatte plötzlich das Bedürfnis, mit jemandem zu sprechen. Ich ging in einen Taxiphon-Laden und wählte Jannis Nummer.

„Um vierzehn Uhr ist es soweit“, sagte ich und erzählte ihr, dass der Arzt eine Magenspiegelung vornehmen würde.
„Unangenehme Sache. Ich wünsch dir Glück, und komm gut wieder nach Hause.“
Ich hatte immer noch zweieinhalb Stunden Zeit bis zum Termin und ging deshalb ins „El Hana“. Das Restaurant gehörte einem Schweizer Ehepaar, das ich flüchtig kannte. Wegen der Magenspiegelung durfte ich nichts essen, aber ich trank einen Kaffee und unterhielt mich eine Weile mit der Wirtin Lisa. Ich erzählte ihr von meiner Scheidung und dem Prozess um meine Rechte. Auch sie waren vor drei Jahren dem Betrug eines angeblichen tunesischen Freundes aufgesessen, der sie um mehr als dreißigtausend Dinare gelöffelt hatte. Sie erzählte mir, dass sie insgesamt acht Anwälte aus Medenine und Djerba gehabt hätten, aber allesamt seien sie den Bestechungsversuchen des Gegners erlegen.
„Erst dieser Maître in Tunis, den uns die schweizerische Botschaft empfohlen hatte, hat uns dann wirklich geholfen. Wir haben den Prozess gewonnen und deinen Teil des Geldes zurückbekommen.“
„Sei bitte so lieb und gib mir seine Adresse; wer weiß, vielleicht brauche ich ihn eines Tages.“
Das Gespräch mit Lisa hatte mich von dem eigentlichen Problem, das mich an diesem Tag beschäftigte, etwas abgelenkt, und als ich dann Punkt zwei Uhr auf dem Behandlungsbett in der Klinik lag, ließ ich alles über mich ergehen, als wäre es die normalste Sache der Welt. Tapfer schluckte ich den Schlauch und dachte an Karim. Das half mir immer.
Nach dem Eingriff blieb ich noch gut zwei Stunden liegen und fuhr dann mit einem Sammeltaxi nach Hause. Noch wirkte das Betäubungsmittel, aber ich legte mich sogleich ins Bett, wie mir der Arzt geraten hatte. Er hatte ein dickes Magengeschwür festgestellt, was mich eigentlich überhaupt nicht wunderte. Janni kam kurz, um nach mir zu sehen, auch Horst war dabei, und ich konnte nur sagen, dass ich etwas erschöpft sei. Dann kam der Hammer:

„Amor ist hier in Zarzis", sagte Horst beiläufig.
„Was?" fragte ich.
„Ja, er ist heute angekommen. Am Mittwoch muss er vor Gericht erscheinen, hast du das vergessen?"
„Ach ja, aber das ist der Termin, zu dem ich nicht brauche."
Als die beiden gingen, stürzte für mich eine Welt zusammen, denn ich wusste, Karim würde nicht kommen. Er wagte es nicht, wenn Amor im Dorf war. Also war ich mit meinen Schmerzen ganz alleine. Das Medikament verlor an Wirkung, und der Schmerz über kam mich; der Schmerz in meiner Seele aber war weitaus größer. Später am Abend erschien Omar mit Mongi. Er überblickte die Situation sofort und ließ Mongi bei mir sitzen. Der Schmerz und die Trauer überkamen mich in dieser Nacht so sehr, dass ich mir nichts dabei dachte, in Mongis Armen zu weinen, als er sah, dass ich aus irgendeinem Grund verzweifelt war. Der arme Junge wusste ja nichts und klopfte mir immerzu unbeholfen sanft den Rücken.

Drei Tage lang war mir hundeelend zumute. Zweifel und seelische Qualen durchdrängten meinen Körper, und ich spielte mit dem Gedanken, dem allem ein Ende zu bereiten. Ich sah mich im Geiste an den Strand hinunterlaufen und geradewegs ins Meer. Ich spürte beinahe, wie die Gischt meine Füße umspülte, die Wellen an meinen Beinen empor krochen, immer höher, immer höher, bis ich schließlich ganz von ihnen aufgenommen wurde.
Aber ich lag sicher in meinem Bett, und da gab es irgendetwas, was mich davon abhielt, aufzustehen und die Straße zum Strand hinunter zu rennen. Ich denke, es war der Hass, den ich gegen Amor und seine Sippschaft verspürte. Nein, diese Genugtuung wollte und konnte ich ihnen nicht zugestehen. Mein Tod würde ihnen doch alles geben, was sie wollten. Nein, so einfach wollte ich es ihnen nicht machen. Zugegeben, der Schmerz überwog im Moment, aber dennoch hatte ich eine Aufgabe zu erfüllen, eine Aufgabe, die es nicht zuließ, dass ich mich gehen ließ. Ich muss-

te diesem Verbrecherpack zeigen, dass ich den Kampf um meine Rechte durchstehe. Koste es, was es wolle. Nur noch eine Woche bis zum Scheidungstermin, ich musste einfach durchhalten, ich musste!
Wieder einmal ballte ich meine Fäuste und dachte an die Trümmerfrauen auf der Postkarte. Du bist stark, Sabrina, sagte ich mir immer und immer wieder, du bist stark!

***

Wie stark ich sein konnte, bewies ich in dieser Woche, in welcher ich auf meinen Scheidungstermin wartete. Horst und Jannis erwachsene Tochter war inzwischen eingetroffen, und ich fuhr mit ihnen zusammen an den Strand. Ich gab mich fröhlich und tat, als ob nichts meine Ruhe stören könnte.
Den Abend vor meinem Geburtstag verbrachte ich bei Janni und ihrer Familie. Es kam noch Besuch, und wir saßen bis Mitternacht. Sie holten kleine Geschenke hervor und gratulierten mir herzlich. Jannis Tochter schenkte mir kleine filigrane Ohrringe, über die ich mich sehr freute.

Horst und Omar fuhren mit mir zum Scheidungstermin nach Medenine. Ich hatte den beeidigten Dolmetscher bestellt, der auch pünktlich um zehn Uhr anwesend war.
Omar hatte anderweitig in Medenine zu tun, aber Horst kam mit mir. Amor war mit seinem Vater gekommen. Alle setzten wir uns auf die Bank vor dem Büro des Richters. Aber nur Amor und ich, sowie der Dolmetscher durften hineingehen. Meine Anwältin ließ sich an diesem Tag nicht blicken. Ich fühlte mich von ihr allein gelassen und ich schwor mir, sofort nach der Scheidung einen neuen Anwalt zu suchen. Der Übersetzer und ich nahmen vor dem Schreibtisch des Richters Platz, Amor musste sich auf einen Stuhl an der Wand setzen.
Der Richter sagte mir sofort, dass mein Mann den Scheidungsantrag zurückgezogen hatte und sich nicht mehr scheiden lassen wolle. Das war ein ziemlicher Schock, hatte ich doch damit gerechnet, an diesem Tag meine Freiheit wiederzuerlangen.
Der Richter muss gespürt haben, was in mir vorging, und fragte mich, ob ich die Scheidung denn unbedingt wolle.
„Ja, natürlich will ich die Scheidung, ich wünsche mir nichts mehr."
Dann fuhr er fort. „Ihr Mann wäre nur unter gewissen Bedingungen bereit, sich scheiden zu lassen."
„Welche Bedingungen?"

„Nun, ihre Anwältin hat verlangt, dass er für die Zeit vom Januar bis zum Scheidungstermin Unterhalt an sie zahlen muss, und auch für die Zeit nach der Scheidung Unterhalt eingefordert werden kann. Ihr Mann wäre bereit, in die Scheidung einzuwilligen, wenn sie darauf verzichten würden. Er könnte den Unterhalt für sie nicht bezahlen."
„Ach, so läuft der Hase. Er kann nicht bezahlen. Das bin ich gewohnt, er hat nie irgendetwas bezahlt. Ich möchte sie aber darauf hinweisen, dass mein Mann und seine Familie es mir unmöglich gemacht haben, weiterhin in meinem Haus zu leben. Er hat mir damit auch meine Existenz genommen, denn ich musste allen Feriengästen absagen. Sie wissen, dass die Familie alle Schlösser in meinem Haus ausgewechselt hat und ich jetzt bei Freunden lebe. Ich muss essen und Miete bezahlen. Aber weil ich weiß, dass er sowieso niemals bezahlen würde, bin ich damit einverstanden. Ich verzichte auf Unterhalt."
„Gut", sagte der Richter. „Ihr Mann verzichtet ebenfalls auf Unter halt."
Ich lachte auf, der Richter verstand.
Ich erklärte dem Dolmetscher ganz genau, dass ich also bereit sei, auf Unterhalt zu verzichten, keinesfalls aber auf mein Eigentum, und dass ich den Prozess um mein Haus fortsetzen würde. Der Dolmetscher übersetzte es dem Richter.
„Das ist eine andere Sache. Das Gesetz sagt, dass ihnen das gehört, was sie in die Ehe gebracht haben. Wenn ihr Mann ihnen das streitig macht, müssen sie eine Zivilklage einreichen. Es hat absolut nichts mit der Scheidung zu tun."
„Dann bin ich beruhigt", sagte ich. „Ich werde eine Zivilklage einreichen."
„Gut, dann sind sie also beide damit einverstanden, dass die Scheidung ausgesprochen wird?"
„Ja", sagte ich, und auch Amor sagte: „Ja."
Ich hatte ihn während des gesamten Gespräches nicht einmal angesehen.

„Gut", sagt der Richter wieder, blätterte in einem großen Buch und sagte dann, dass die Scheidung bei einem gesonderten Termin am zehnten Oktober ausgesprochen würde.
„Nein", bat ich, „nein, bitte tun sie mir das nicht an. Ich kann nicht mehr so lange warten. Das sind ja noch drei Monate. Bitte haben sie doch Verständnis für meine Situation. Ich kann mich in unserem Dorf nicht einmal frei bewegen, solange ich nicht geschieden bin, die Familie beobachtet jeden meiner Schritte."
„Aber heute ist Mittwoch, und am Dienstag geht das Gericht in die Sommerpause, es geht nicht anders."
Mir fiel ein, dass ich heute Geburtstag hatte.
„Herr Richter, bitte, ich habe heute Geburtstag, und die Scheidung wäre mein schönstes Geschenk", flehte ich ihn an. Er wurde weich, stand auf und bat einen Moment um Geduld. Dann ging er hinaus. Im Raum war es ganz still. Irgendetwas zwang mich, einen ganz kleinen Blick in Richtung Amor zu werfen. Ich sah, dass er die Fäuste ballte. Fünf Minuten später kam der Richter zurück und strahlte mich an.
„Gut, wir schieben sie am Montag dazwischen. Das Urteil wird am Montag verlesen. Das schriftliche Urteil bekommen sie später."
„Danke, Herr Richter, ich danke ihnen sehr." Mir fiel ein Stein vom Herzen, und ich hätte den Mann umarmen können, aber das tat ich draußen bei Horst.
„Du hast es geschafft", sagte Horst. Auch Omar, der auf der Straße auf uns wartete, freute sich sehr, dass ich zumindest das hinter mir hatte, und wir fuhren nun direkt nach Hause.
Auf dem Weg hielten wir bei Karim an, und Horst lud ihn für den Abend zu einer kleinen Feier in sein Haus ein. Ich blieb im Auto sitzen, aber ich sah, dass Karim über das ganze Gesicht strahlte, als er von meiner Freiheit hörte.
Wir fuhren dann ins Hotel Oamarit, wo Janni und ihre Tochter auf uns warteten. Ich holte noch schnell von zu Hause die besondere Flasche Sekt, die ich für diesen Tag aufgehoben hatte, und wir tranken sie zusammen auf der Terrasse. Auch Janni atmete er-

leichtert auf. Wir aßen in der Pizzeria, in der Amor und ich einst nach den Sternen geschaut hatten und in der er mir ewige Liebe schwor. Damals sah die Welt so anders aus. Für einen Moment wurde ich melancholisch, aber mir wurde auch zum ersten Mal so richtig bewusst, was ich in den vergangenen Jahren alles durchgemacht hatte. Dass ich fast zwei Jahre lang völlig alleine gewesen war und niemanden hatte, bei dem ich mich ausweinen konnte, bis Janni und Horst, Omar und Karim in mein Leben traten.
Karim! Was sollte daraus werden? Ich wusste ja längst, dass es für mich keinen anderen Weg gab, als nach Deutschland zurückzukehren. Es war ein Irrtum zu glauben, dass die Familie freiwillig bezahlen würde. Somit war auch der Plan, ein neues Haus auf Horst und Jannis Grundstück zu bauen, geplatzt. Bei der Abrechnung des Garagenbaues gab es Unstimmigkeiten, die beinahe zu einem Streit ausgeartet wären. Ich wollte aber keinen Streit und bezahlte, als mein Geld aus Deutschland eintraf, was sie verlangten. Seitdem aber benahmen sich Horst und auch seine Tochter mir gegenüber etwas seltsam.

Am Abend flog ich förmlich in Karims Arme, als ich ihm das Tor öffnete. Er schenkte mir ein zauberhaftes Parfüm zum Geburtstag und schleuderte mich freudig herum.
„Endlich bist du frei“, strahlte er.
„Und was machen wir mit dieser Freiheit?“
„Wir werden sehen. Du musst erst zu deinem Recht kommen.“
„Lass uns heute nicht davon sprechen. Ich bin so glücklich wie schon lange nicht mehr. Hauptsächlich deshalb, weil du gekommen bist, obwohl Amor noch hier ist.“
„Er ist jetzt nicht mehr dein Mann.“
„Offiziell erst am Montag, aber komm jetzt, die anderen warten auf uns.“
Wir saßen lange zusammen an diesem Abend, feierten Geburtstag und dachten an nichts anderes. Als die Gäste sich verabschiedeten, versprach Karim, bald wiederzukommen.

Der nächste Morgen holte mich auf den Boden der Tatsachen zurück. Ein Polizeiwagen kam und überbrachte mir eine Vorladung zum Staatsanwalt nach Medenine für den nächsten Tag. Ich wollte nicht schon wieder einen meiner Freunde bemühen und nahm den Bus. Als ich dort ankam, wartete bereits der Übersetzer auf mich. Wir wurden ins Büro des Staatsanwalts gebeten. Er fragte mich, ob ich einen Brief an den Innenminister geschrieben hätte.
„Ja, das habe ich“, antwortete ich.
„Warum? Vertrauen sie dem Gericht nicht?“
„Ich wollte nur sichergehen, dass man mein Anliegen auch wirklich ernst nimmt. Bisher hatte ich nämlich nicht den Eindruck.“
„Ich kenne ihre Geschichte, Madame. Man hat mich bereits informiert.“
„Und, was soll ich ihrer Meinung nach tun?“
„Zunächst verlangt der Minister ein neues Protokoll von mir, also erzählen sie mir bitte alles ganz genau noch einmal. Mein Sekretär hier wird es aufschreiben.“
Ich versuchte also, alles noch einmal zu erzählen. Aber das gestaltete sich mehr als schwierig, denn jedes Mal, wenn ich ein paar Sätze gesagt hatte, klingelte das Telefon, und wenn der Herr Staatsanwalt dann endlich mit seinem Gespräch am Ende war, hatte mein Übersetzer schon wieder vergessen, was ich gesagt hatte. Auf diese Weise wurde es Mittag, bis ich das Büro verließ. Der Staatsanwalt riet mir, mir einen neuen Anwalt zu suchen und eine Zivilklage gegen Amor und seinen Vater einzureichen.
Genau das hatte ich ja vor. Ich hatte bereits mit Nasser telefoniert. Er wollte einen Termin für mich bei dem Anwalt in Tunis arrangieren, den mir Lisa damals in Houmt Souk genannt hatte. Aber ich wartete noch auf Nassers Rückruf, den er entweder an Janni oder Omar tätigen wollte.
Das Gespräch beim Staatsanwalt hatte so lange gedauert, dass ich dem Übersetzer den doppelten Preis wie üblich bezahlen musste und außerdem noch den Bus verpasste. Mir blieb nichts anderes übrig, als ein Sammeltaxi zu nehmen, was mir mehr als unan-

genehm war. Eingeklemmt zwischen zwei übel riechenden alten Männern fuhr ich zurück. Erst am späten Nachmittag kam ich dann völlig geschafft wieder nach Hause. Janni erzählte mir, dass sie für den nächsten Tag Irmi und Harry zum Grillen eingeladen hätten. Sie druckste etwas herum und kam dann mit der Sprache heraus.

„Meine Tochter will nicht, dass ich dich einlade, und weißt du, ich habe mich jetzt gerade wieder mit ihr ausgesöhnt, da will ich sie nicht enttäuschen."

„Aber warum will sie nicht, dass ich dabei bin?"

„Sie gibt dir die Schuld, dass ich so abgenommen habe, und sie meint, du hattest kein Recht, mich in alles so hineinzuziehen."

„Du weißt, dass mir das schrecklich leid tut."

„Ja, aber sie sieht das anders."

In diesem Moment wusste ich, dass im Haus meiner Freunde etwas vorgefallen sein musste, was mich in Zukunft ausschließen würde. Was um Himmels willen hatte Janni ihrer Familie nur erzählt? Ich wollte aber nicht darauf eingehen.

„Na, macht nichts, Janni. Und außerdem denke ich, dass Karim morgen Abend zu mir kommt. Dann grillt nur schön und habt einen schönen Abend."

Ich verbrachte einen wunderbaren Samstagabend mit Karim. Ich kochte für ihn, und wir hörten Musik. Von meinem Entschluss, nach Deutschland zurückzukehren, sagte ich noch nichts, ich konnte es einfach nicht.

***

Tunesische Gerichtsverhandlungen sind Fließbandarbeit. Ein großer Stapel von Akten wird an einem Vormittag bearbeitet. Alle Beteiligten der verschiedensten Prozesse halten sich im Gerichtsaal auf, weil jeder darauf achten muss, wann er an der Reihe ist. Ich konnte vorne in der ersten Reihe, in der sich alle Anwälte drängten, meine Anwältin entdecken. Von Zeit zu Zeit lüftete ein Gerichtsdiener den Saal, in dem er Leute in die Vorhalle schickte, die nicht direkt an den einzelnen Prozessen beteiligt waren. So bekam ich auch mit, dass man meinen Noch-Schwiegervater und einen Freund Amors vor die Tür schickte. Amor selbst stand an die Wand gelehnt, weil es für ihn keinen Sitzplatz mehr gab. Mein Dolmetscher und ich hatten in der letzten Reihe einen Platz gefunden. Horst saß auf einem Bänkchen an der Seite, ihn hatte man nicht hinausgeschickt.

Es dauerte und dauerte, sehr zum Leidwesen von Horst. Er tat mir sehr leid, wusste ich doch, dass diese Zeit von seinem Urlaub abging. In seiner Naivität, was die Mentalität von Arabern anbelangt, hatte er draußen vor der Verhandlung mit Amor gesprochen und versucht zu vermitteln. Das ehrte ihn, aber Amor log ihm natürlich das Blaue vom Himmel herab und sagte ihm sogar, dass er dreitausend Dinare vorbeibringen würde, wenn ich ihm das Auto dafür geben würde. Er erzählte ihm auch, dass er jetzt wieder für immer nach Tunesien gekommen sei und in einem Basar auf Djerba Arbeit gefunden hätte. Alles Lügen. Direkt nach der Urteilsverkündung, die dann kurz vor Mittag stattfand und nur drei Minuten dauerte, fuhr er zum Flughafen, um in eine Maschine nach Deutschland zu steigen.

Ich war nun endgültig frei und konnte den Kampf um meine Rechte wieder aufnehmen.

Schon am nächsten Tag fuhr abermals die Polizei vor, um uns alle zu sprechen. Aufgeregt kam der Nachbar gelaufen, um es zu verkünden. Janni und Horst und auch ihre Tochter stürmten aus dem Haus.

Als Janni bei mir vorbeikam, sagte sie in drohendem Ton:

„Na warte, wir sprechen uns später."
Horst und die Tochter sahen mich gar nicht an. Ich hatte begriffen, dass sie mir die Schuld gaben, dass die Polizei ins Haus kam. Aber die Aufregung war umsonst, es handelte sich lediglich um eine routinemäßige Überprüfung der Aufenthaltsgenehmigungen. Wir legten unsere Papiere vor, und alles war erledigt. Die drei gingen wieder in ihr Haus zurück. Ich kam mir plötzlich wie eine Aussätzige vor. Irgendetwas war vorgefallen, von dem ich nichts wusste. Auch Omar, der fast täglich zu Horst und Janni kam, ging ohne Gruß an mir vorbei. Ich sprach mit Karim darüber, aber auch er konnte sich das Verhalten unserer Freunde nicht erklären. Ich verstand nicht, weshalb Janni nicht mit mir darüber sprechen wollte.
Nasser rief aus Tunis an und Omar überbrachte mir die Nachricht, dass ich am kommenden Dienstag einen Termin bei dem Anwalt in Tunis hätte. Ich sollte am Montagabend mit dem Bus in die Hauptstadt fahren, dort würden mich Samira und Nasser abholen. Ich bedankte mich bei Omar und fragte ihn, ob er nicht mehr mein Freund sei. Er wich mir aus, sagt dann aber, dass Janni es nicht gerne sehen würde, wenn er mit mir spricht.
Am Nachmittag besuchte ich Irmi und Harry und kam dort dem Rätsel auf die Spur. Sie erzählten mir, dass an jenem Grillabend in abscheulicher Weise über mich gesprochen wurde.
„Wir kennen dich schon so lange und deshalb glauben wir auch nicht, was Horst uns erzählt hat", beteuerte Irmi.
„Horst? Was hat er erzählt?"
„Horst sagte, dass du während der Zeit, als du bei Janni im Hause gewohnt hast, ständig Männerbesuch hattest und Janni einfach ins Bett geschickt hättest. Außerdem sagte er, dass du die ganze Zeit nur im Bett herumgelegen hättest und Janni die ganze Arbeit alleine machen musste. Sie musste auch alleine für die Arbeiter kochen."
„Das glaube ich nicht. Warum sollte Horst so etwas sagen?"
„Das kann ja nur Janni so erzählt haben, Horst war ja nicht da."

„Ja, nun kann ich mir auch sein Verhalten erklären. Auch seine Tochter hat mich plötzlich völlig ignoriert, obwohl sie an meinem Geburtstag noch sehr nett war."
„Ach, um die brauchst du dir keine Gedanken machen. Sie hat kein einziges gutes Haar an dir gelassen, obwohl sie dich überhaupt nicht kennt. Das ist nicht gerade das, was man einen guten Charakter nennt."
„Hat sie auch über mich geschimpft?"
„Na und wie, sie meinte, dass du ihre Mutter völlig fertiggemacht hast. Du kannst Omar fragen, der saß auch dabei."
„Ich glaube nicht, dass Omar mir irgendetwas sagt."
„Na ja, ich weiß, er ist ja in gewisser Weise abhängig von ihnen. Und wenn man bedenkt, was die Leute so erzählen …"
Ich unterbrach sie. „Die Leute erzählen viel, das weißt du doch selbst."
„Du kannst Janni ruhig sagen, dass ich es erzählt habe, Harry und ich fanden das beide nicht gut."
„Was bringt's? Ich möchte die letzte Zeit, die ich noch hier verbringe, Ruhe und Frieden haben. Probleme habe ich ohnehin genug. Außerdem reisen Horst und seine Tochter am Montag wieder ab, und dann muss ich ja mit Janni auskommen. Also werde ich jetzt nichts sagen."
Ich sagte auch nichts, zu niemandem. Aber es tat mir weh, so enttäuscht zu werden. Es konnte doch wohl nicht daran liegen, dass es Unstimmigkeiten bei der Bauabrechnung gab, die ich ja ohnehin ganz alleine finanziert hatte. Das, was Janni vorgeschossen hatte, als mir kurzfristig das Geld ausging, hatte ich auf Heller und Pfennig zurückbezahlt.
Horst verabschiedete sich von mir am Montag, seine Tochter aber würdigte mich keines Blickes. Am Abend gab ich Janni den Schlüssel für mein Appartement und sagte ihr, dass ich jetzt den Bus nach Tunis nehmen würde, der am Busbahnhof in der Stadt wartete. Omar war bei ihr, und ich verabschiedete mich von beiden. Unter normalen Umständen hätte Omar mir sicher an-

geboten, mich zum Busbahnhof zu fahren, denn schließlich war es schon dunkel, und es gab dort oben keine Taxen. Beide sahen mich aber nur an und sagten nichts. So zog ich also mit meiner Reisetasche los. Aber auch an der Straße war zunächst kein Taxi zu bekommen. Ich musste den halben Weg zu Fuß zurücklegen, bis endlich ein Taxi in Sicht kam.

Der Bus in die Hauptstadt, die sechshundertvierzig Kilometer von Zarzis entfernt liegt, war bis auf den letzten Platz besetzt. Fast nur Männer, ganz hinten saßen zwei Frauen mit Kopftüchern und einem kleinen Kind. Der Fahrer sagte mir, ich solle mich auf den Platz gleich hinter ihm setzen. Dort saß ein alter Herr in moderner Kleidung, der mich freundlich begrüßte und mir bereitwillig Platz machte. Der Herr entpuppte sich als Immobilenmakler aus Zarzis, der aber in Tunis sein Büro hatte und nur am Wochenende bei seiner Familie war. Wir unterhielten uns auf Englisch recht angeregt über Gott und die Welt. Dabei bemerkte ich natürlich, dass er mich aushorchen wollte. Ich nannte ihm aber lediglich meinen Vornamen und ließ auch kein Wort über meine Geschichte verlauten.

Ich sagte ihm schließlich, dass ich Freunde in Tunis besuchen würde. Nach drei Stunden Fahrt hielt der Bus am Rand von Kairouan an einer großen, modernen Raststätte. Wir stiegen aus, und ich ging zur Toilette. Ich war sehr überrascht, wie sauber und ordentlich alles war. So etwas sah man selten in Tunesien. Als ich das Fast-Food-Restaurant betrat, winkte mir mein Reisegefährte zu.

Ich ging zu ihm, und er fragte, ob er mich einladen dürfe. Ich lehnte dankend ab, setzte mich aber zu ihm, weil ich sah, dass ausschließlich Männer im Lokal saßen und ich mich bei dem alten Herrn, der die Siebzig sicher schon weit überschritten hatte, relativ sicher fühlte. Ich bestellte einen Kaffee, und der alte Herr bestellte Essen für uns beide.

„Ich sagte ihnen doch, dass ich keinen Hunger habe, ich kann nicht um Mitternacht essen.“

„Sie müssen essen, das ist eine weite Fahrt.“ Ich sagte nichts mehr, und als das Essen, ziemlich fettige Hammelkoteletts auf Kartoffelpüree, vor mich hingestellt wurde, drückte mir der alte Herr, der mir inzwischen gesagt hatte, dass ich ihn Heschmi nennen solle, das Besteck in die Hand. Ich legte es wieder zur Seite und erklärte ihm nochmals, dass ich jetzt nicht essen könne. Wieder nahm er das in eine Serviette eingewickelte Besteck und drückte es mir in die Hand. Ich legte es abermals zur Seite. Er gab auf, bestand aber darauf, dass er meinen Kaffee bezahlen durfte. Ich ließ ihn gewähren, und wir stiegen dann wieder gemeinsam in den Bus. Der Fahrer schaltete nun das Licht ab, wir stellten die Sitze etwas zurück, und ich versuchte, etwas zu schlafen. Plötzlich spürte ich, wie sich eine Hand auf meinem Oberschenkel langsam emporarbeitete und dabei auch meinen langen Rock hoch zu raffen versuchte. Wie von einer Tarantel gestochen, schnellte ich hoch und stieß einen Schrei aus. Der Fahrer bremste abrupt und drehte sich zu mir um. So gut ich konnte, erklärte ich ihm, was passiert war. Der Fahrer sah den alten Herrn an, schüttelte mit dem Kopf, stand auf, zog den Mann vom Sitz, verfrachtete ihn nach hinten und quetschte ihn zwischen zwei junge Männer auf die Rückbank. Dann fuhr er ohne ein Wort weiter und schaltete das Licht wieder ab. Nach zwanzig Minuten saß der Alte wieder neben mir und entschuldigte sich. Ich überlegte, ob ich nochmals schreien sollte, ließ es dann aber sein. Nach ein paar Minuten legte er seine große Pranke auf meine Hand und hielt sie fest. Mit der freien Hand klopfte ich dem Fahrer auf die Schulter und deutete ohne ein Wort zu sagen mit dem Daumen auf den Mann neben mir. Der Fahrer bremste abermals, rief dann irgendetwas nach hinten und sofort kamen zwei junge Männer nach vorne.

Der eine nahm den Alten mit nach hinten, der andere setzte sich neben mich. Ich schloss nun die Augen und versuchte zu schlafen. Der junge Mann ließ mich in Ruhe, ich bemerkte aber, dass sein Blick fortwährend auf mich gerichtet war.

Morgens um fünf Uhr kamen wir in Tunis an und sofort, als wir ausgestiegen waren, kam der alte Heschmi wieder auf mich zugestürmt und wollte mich dazu überreden, mit ihm zu kommen, um einen Kaffee zu trinken. Dabei steckte er mir eine Visitenkarte in meine Jackentasche. Mir platzte der Kragen. Ich schrie ihn an, dass er mich in Ruhe lassen solle. Er gab aber nicht auf und fasste mich an den Schultern.
„I love you, Madame, your are so beautiful. "
„Verdammt", sagte ich auf Deutsch, „sie geiler, alter Bock, nehmen sie endlich die Finger von mir, sonst rufe ich die Polizei."
Er hört nur das Wort Polizei und war augenblicklich verschwunden. Ich setzte mich auf eine Bank in der Wartehalle und ließ den Eingang nicht aus den Augen, durch den Nasser und Samira kommen mussten. Nach zehn Minuten kamen sie. Wir umarmten uns, und sie brachten mich zu meinem Auto.
„Ich denke, das steht in einer Garage und du wolltest es verkaufen."
„Ich kann es nicht verkaufen ohne Papiere, und es muss doch mal bewegt werden, keine Angst, ich fahre es nur manchmal", sagte Nasser.
„Du kannst es doch nicht fahren ohne Papiere."
„Wozu bin ich Polizist?"
Ich sagte nichts mehr, wollte mir aber überlegen, was zu tun sei. Ein Blick auf den Kilometerstand verriet mir, dass der liebe Nasser bereits mehrere tausend Kilometer mit meinem Auto zurückgelegt hatte. Samira kaufte unterwegs ein paar frische Croissants, und wir fuhren zu Nasser nach Hause, sofern man diese Behausung als ein Zuhause bezeichnen konnte. Zwei winzige Zimmerchen, eine völlig demolierte Küche und eine Toilette mit einem Wasserschlauch, der als Dusche dienen sollte. Das ganze aber relativ sauber.
Ich machte mich etwas frisch, zog ein anderes T-Shirt an, und wir frühstückten zusammen. Wir unterhielten uns lange und fuhren dann um elf Uhr zu dem Anwalt. Samira und Nasser begleite-

ten mich, und ich war froh darüber. Der Anwalt hörte sich meine Geschichte an und war bereit, den Fall zu übernehmen. Er meinte, dass solche Menschen wie mein Ex-Mann nur ein schlechtes Licht auf sein Land werfen würden und er das nicht zulassen wolle. Als ich nach den Honorarbedingungen fragte, sagte er, dass ich mir darüber jetzt keine Gedanken machen solle, aber dass er nicht allzu viel von mir verlangen werde. Ich war froh, dass er mir helfen wollte und bedankte mich überschwänglich, wie das hier so üblich ist.

Den übrigen Tag verbrachten wir damit, die Schwestern von Samira und ihre Mutter zu besuchen. Die ganze Familie war sehr modern, die Schwestern hatten allesamt Geschäfte, vom Frisiersalon bis zur Modeboutique. Ihre Mutter lebte in einer modernen Hochhauswohnung am Stadtrand.

Samira selbst lebte in einer guten Gegend, in einer wunderschönen Villa, in die sie mich am Abend mitnahm. Sie überließ mir ihr Schlafzimmer und wollte in einem der Kinderzimmer übernachten. Dann stellte sie mir ihren geschiedenen ägyptischen Mann und Vater ihrer Kinder vor. Er lebte noch bei ihr im Haus, weil er MS hatte und sie ihn nicht krank und mittellos auf die Straße schicken wollte, obwohl er sie während ihrer Ehe oft misshandelt und betrogen hatte.

„Das ist aber sehr nobel von dir, eine deutsche Frau würde das sicher nicht tun."

„Er ist der Vater meiner Kinder, und die Kinder lieben ihren Vater."

„Du bist doch aber mit Nasser liiert, was sagen sie dazu?"

„Sie wollen nichts davon wissen, Nasser kommt nicht hierher. Mein Sohn würde das nicht zulassen."

„Du lässt dir von deinem achtzehnjährigen Sohn vorschreiben, wie du zu leben hast?"

„Das verstehst du nicht, Sabrina. Ich bin schon deshalb eine schlechte Frau, weil ich mich von dem Scheusal habe scheiden lassen."

„Aber ich habe geglaubt, in Tunis wäre alles viel moderner und einfacher für Frauen."
„Das ist nur Schein. Wir kleiden uns modern, haben Berufe, Geschäfte, gehen auch in Cafés und Restaurants, aber von den Männern wird das nicht akzeptiert. Sie verachten uns deswegen."
„Und Nasser?"
„Ich liebe Nasser, aber er nutzt mich wohl nur aus. Ich koche für ihn, mache seine Wohnung sauber, wasche seine Wäsche und schlafe manchmal bei ihm."
„Und wenn ihr heiratet? Würde das nicht alles ändern?"
„Heiraten? Nasser würde doch keine geschiedene und noch dazu ältere Frau heiraten."
„Dann wirst du ihn eines Tages verlieren."
„Ja", sagte sie nur und sah sehr traurig aus.
Sie war eine tapfere Frau, und ich bewunderte sie. Es ist wirklich nicht leicht, sich in einer Männerwelt durchzukämpfen. Samira schaffte das nur, weil sie finanziell unabhängig war. Sie betrieb einen Großhandel für Baumaterial und hatte wohl auch schon vom Elternhaus her die nötige Erziehung und das Vermögen, so etwas als Frau durchsetzen zu können. Sie zeigte mir noch Fotos aus ihren Kindertagen mit Omar und seinen Brüdern, und ich musste feststellen, dass sie wohl schon immer eine dominante Person war. Dass unsere Unterhaltung fast ausschließlich auf Arabisch stattfand, fiel mir erst auf, als Samira mich wegen meiner Sprachkenntnisse lobte. Komisch, mit ihr klappte es wunderbar, und ich dachte darüber nach, dass ich mich mit Frauen immer gut auf Arabisch unterhalten konnte. Warum klappte das nicht bei Männern, und warum verstand ich bei Behörden oft kein Wort? Männer wollten wohl nicht, dass ich sie verstand.

Am nächsten Morgen holte uns Nasser mit meinem Wagen ab. Mir war nicht entgangen, dass ein Scheinwerfer eingeschlagen war, die rechte Tür eine Beule hatte und das teure Radio demoliert war. Ich befand mich in einer Art Zwickmühle. Einerseits war ich

dankbar für die Hilfe und die Gastfreundschaft, andererseits aber ärgerte es mich, dass Nasser mein Auto anscheinend als das seine betrachtete. Trotzdem sprach ich ihn auf die kaputten Teile an. Er meinte aber, dass er das alles in Ordnung bringen würde, und damit war der Fall für ihn erledigt. Was sollte ich tun? Ich konnte das Fahrzeug ohne Papiere nicht zurück nach Zarzis bringen. Die beiden überraschten mich damit, dass sie beschlossen hatten, zusammen mit mir nach Zarzis zurückzufahren, um etwas Urlaub zu machen und ihre Freunde zu besuchen.
„Mit meinem Auto?" frage ich.
„Nein, wir fahren mit Samiras Wagen. Dein Auto können wir dort unten in Zarzis nicht fahren."
„Nasser, was passiert nun mit meinem Auto? Kannst du es verkaufen oder nicht?"
„Das werden wir jetzt in Zarzis klären. Ich fahre mit dir zum Gericht nach Medenine und spreche noch mal mit der Polizei. Vielleicht können wir wegen deiner Papiere doch etwas erreichen."
„Ich hoffe es."
Wir holten dann Samiras kleine Tochter bei ihrer Mutter ab, beluden das Fahrzeug mit Unmengen von Kleidungsstücken und Proviant für unterwegs und fuhren am Abend los. Dem Gepäck nach zu urteilen, wollten sie mehrere Wochen in Zarzis bleiben. Erst unterwegs sagten sie mir, dass sie dort noch keine Bleibe hätten. Ich wollte höflich sein und bot ihnen an, zunächst bei mir zu übernachten.
„Ich habe zwar nur das Einzimmer-Appartement, aber wenn wir zwei Matratzen auf den Boden legen, wird es schon mal gehen. Die Kleine kann bei mir im Bett schlafen."
Sie nahmen das Angebot als beschlossene Sache hin. Ich bereute das aber, als wir am frühen Morgen bei mir ankamen. Sofort belegten sie alles mit Beschlag, breiteten ihre Kleidung im ganzen Zimmer aus, überschwemmten die Dusche und fühlten sich wie zu Hause. Die kleine Küche wurde zur Großküche umfunktioniert, in der Samira anfing, mit großen Couscous-Töpfen herum-

zuhantieren, die sie mitgebracht hatte. Ich ließ sie hantieren und ging zu Janni. „Was, die sind alle bei dir?“
„Ja, ich konnte ja schlecht nein sagen.“
Ich erzählte ihr von dem Besuch beim Anwalt und auch, dass mein Auto in einem schlimmen Zustand war.
„Da hast du dich ja auf was eingelassen. Na, hoffen wir, dass sie nicht lange bleiben. Ich jedenfalls bin nicht bereit, sie bei mir aufzunehmen.“
„Das verlangt auch keiner von dir. Das wäre ja noch schöner.“
Sie ging mit mir nach vorne, um meine Gäste zu begrüßen. Dann kam auch Omar, und den ganzen Tag herrschte wieder einmal das Chaos. Am Abend sah auch Karim vorbei und als er sich verabschiedete, sagte er draußen, dass es nicht gut sei, dass ich sie mitgebracht hatte.
„Aber was sollte ich denn tun? Ich war in Tunis ja auch ihr Gast.“
„Du hättest in einem Hotel übernachten sollen. Solange sie da sind, komme ich jedenfalls nicht mehr. Das geht nicht.“
„Ich verstehe. Aber ich denke, sie bleiben nicht lange.“
Aber ich hatte mich getäuscht. Nach dem vierten Tag gab es noch immer keine Anzeichen, dass sie gehen wollten. Ich hatte seit Tunis kaum ein Auge zugemacht. Nasser schnarchte vorne auf der Matratze, und die zehnjährige Rehab stieß und trat mich in der Nacht.
Ständig lag sie quer über mir. Ich denke, mir waren die Strapazen anzusehen, und vielleicht hatte Omar Mitleid mit mir, denn er nahm mir die ganze Bande nach einer Woche ab. Innerhalb einer halben Stunde hatten sie mein Häuschen verlassen.

Auf den Ämtern, die Nasser mit mir abklapperte, hatten wir wegen meiner Papiere nichts erreicht. Außerdem hatte Nasser noch versucht, mit böswilligen Intrigen Janni und mich gegeneinander auszuspielen, was wir aber rechtzeitig bemerkt hatten. Nasser fühlte sich ertappt und war vielleicht auch deshalb froh, dass er zu Omar übersiedeln konnte.

Ich war sie jedenfalls los. Einen ganzen Tag brauchte ich, um mein Zimmer wieder einigermaßen in Ordnung zu bringen. Karim ließ sich nicht blicken. Ich schickte ihm durch Omar eine Nachricht, aber er nahm den Brief nicht an. Omar brachte ihn zurück. Auch Janni beklagte sich darüber, dass Omar sich ihr gegenüber seltsam verhalte und äußerte den Verdacht, dass Nasser dahinter stecken könnte.

„Was hätte er denn davon?“ fragte ich.

„Das ist seine Rache, weil wir auf seine Spielchen nicht hereingefallen sind.“

„Ist schon ein seltsamer und undurchsichtiger Typ, findest du nicht auch?“

„Das habe ich schon von Anfang an gedacht. Alleine, wie er versucht hat, uns gegenseitig auszuhorchen; was will er damit bezwecken?“

„Weiß ich nicht. Aber dass er jetzt bei Omar und Karim intrigiert, ist sehr unfair. Er weiß, dass die beiden unsere einzigen Freunde hier sind.“

Es müssen gravierende Dinge vorgefallen sein, denn Karim brach allen Kontakt zu mir ab. Ich konnte das nicht verstehen und ging zu ihm.

In seiner Werkstatt stellte ich ihn zur Rede. Er führte mich in einen Nebenraum, wo uns niemand zuhören konnte, und sagte mir nun selbst, dass er den Kontakt zu mir abbrechen wolle. Er sah mir dabei nicht in die Augen.

„Warum Karim? Was habe ich getan? Du warst doch so glücklich über meine Scheidung.“

„Nichts, du hast mir nichts getan. Ich will es so und meine Familie will es so.“

Ich ging. Zu Hause schloss ich mich ein, warf mich auf mein Bett und weinte. Seit langem konnte ich wieder richtig weinen. Ich weinte meinen ganzen Kummer hinaus, die ganze Nacht und eigentlich ging es gar nicht mehr um Karim.

Noch eine volle Woche beehrten die Gäste aus Tunis Omars Familie. Zweimal noch kam Nasser und versuchte, mir zu erklären, dass er nichts getan habe, um Karim zu beeinflussen. Er hätte ihm lediglich gesagt, dass unsere Verbindung keine Zukunft habe und dass ich sowieso nach Deutschland zurückkehren würde.
„Warum hast du das gesagt? Es geht dich doch nichts an. Ihr Araber mischt euch doch sonst nicht in andere Angelegenheiten."
„Du und Janni, ihr seid Europäer, und da ist das etwas anderes. Aber es ist nicht gut, wenn ihr die arabischen Männer durcheinander bringt."
„Verdammt, Nasser, was bildest du dir bloß ein? Ich bin dir dankbar für deine Hilfe, aber dadurch erwirbst du dir nicht das Recht, in mein Gefühlsleben einzudringen."
„Liebst du Karim?"
Ich senkte den Kopf und ich wurde sehr traurig. Ich nickte nur mit dem Kopf.
„Aber warum willst du ihn dann verlassen?"
„Weil ich keine andere Wahl habe. Wovon soll ich denn hier leben? Man hat mir alles genommen, ich muss wieder arbeiten in Deutschland."
„So habe ich es Karim gesagt."
„Aber du hattest nicht das Recht dazu. Ich hätte es ihm schon selbst gesagt. Außerdem bin ich ja noch eine Weile hier, zumindest solange, wie der Prozess läuft, der ja noch nicht einmal angefangen hat."
„Ich verspreche dir, ich werde dir weiterhin helfen. Ich werde der Verbindungsmann zu dem Anwalt in Tunis bleiben und ich werde jetzt auch sehen, dass schnellstens etwas mit dem Auto passiert."
„Ach Nasser, ich weiß nicht mehr, was ich glauben soll."
„Glaube mir, ich lasse dich nicht im Stich, ich stehe hinter dir bis zum Ende. Und ich gebe dir noch einen guten Rat. Glaube nicht alles, was Janni dir sagt. Sie hat schlimme Dinge von dir gesagt, von denen ich weiß, dass sie gelogen sind."

„Hör auf, ich kann das nicht hören. Janni hat viel für mich getan, sie hat mich in ihr Haus aufgenommen und hat mir immer geholfen.“
„Umsonst?“ fragte er ganz langsam.
„Hör auf, bitte, ich will nichts mehr davon hören.“
„Omar sagte mir, dass du das hier alles alleine bezahlt hast und jetzt auch noch Miete bezahlen musst.“
„Das stimmt, aber es ist anders, als du vielleicht glaubst. Und es geht nur mich, Janni und Horst etwas an.“
Er bohrte in der Manier des Schnüfflers und Geheimpolizisten, der er ja war, weiter, bis ich ihm schließlich die Wahrheit sagte. Es war ja auch nichts Schlimmes. Janni aber sah das anders; sie erfuhr natürlich postwendend durch Omar davon und machte mir schreckliche Vorwürfe.
„Du hast uns in Schwierigkeiten gebracht. Die Leute erzählen nun vielleicht, wir wären so pleite, dass du uns Kredit geben musstest. Das hast du doch gesagt, oder?“
„Nein, ich habe von keinem Kredit gesprochen. Ich habe nur gesagt, dass ich die Anzahlung auf das Land, das ich ursprünglich kaufen wollte, zurückbekomme. Das ist alles und die Wahrheit. Und wenn nun irgendwelche Leute etwas anderes sagen, dann frag mal Omar, warum er mit Nasser darüber gesprochen hat. Bitte Janni, ich habe schon genug Probleme und Sorgen, müssen wir uns denn auch noch wegen dieser irrsinnigen Tratschereien in die Wolle bekommen?“
„Du hast Recht, diesen Nasser könnte ich umbringen. Er ist ein mieses Schwein.“
„Da sind wir einer Meinung. Ich denke, wir sollten ihm absolut nichts mehr sagen, einverstanden?“
„Einverstanden.“
Wir umarmten uns kurz, und alles schien in Ordnung. Nasser hatte inzwischen alle Papiere von meiner Anwältin geholt, um sie mit nach Tunis zu dem neuen Anwalt zu nehmen.

Nun kehrte wieder etwas Ruhe ein. Janni kam morgens, vielleicht weil sie wieder alleine war, mit ihrer Kaffeetasse, um etwas mit mir zu reden. Auch Omar benahm sich wieder normal, nur von Karim hörte ich absolut nichts.
Irmi und Harry waren nach Deutschland abgereist und hatten ihr Haus für diese Zeit an Freunde von mir vermietet, die eigentlich in meiner Ferienwohnung sein wollten. Das brachte mir etwas Ablenkung, und ich war froh über diesen lieben Besuch aus der Heimat.

Dann rief Nasser an und teilte mir mit, dass der Anwalt in Tunis jetzt in Urlaub gehen würde und ich in der Zwischenzeit einen Notar aufsuchen sollte, der Zeugenaussagen sammeln sollte.
„Welche Zeugenaussagen?“ fragte ich.
„Leute, die bezeugen können, dass du das Haus gebaut hast. Es können Nachbarn, Freunde oder Handwerker sein, die für dich gearbeitet haben.“
„Danke, Nasser, das werde ich tun.“
Leider musste ich wieder feststellen, dass der Notar weder Deutsch noch Englisch sprach, und bat deshalb Mansour, mich zum Notar zu begleiten.
„Gerne, Sabrina, der Notar ist ein Freund von mir und sein Büro ist gleich um die Ecke.“
Was hatte ich doch für ein Glück, dass es diesen Mansour gab. Er war wirklich ungeheuer nett und auch sehr mitfühlend, was für einen Araber eigentlich recht ungewöhnlich ist. Wir legten dem Notar alle Papiere vor, gaben ihm Adressen von Zeugen, und er versprach, alles schnell zu erledigen. Er sagte mir, dass ich am nächsten Tag um siebzehn Uhr zu meinem Haus kommen solle. Er müsse sich davon überzeugen, dass man die Schlösser ausgetauscht hatte, und er wolle die Nachbarn befragen.
Janni war mit mir gefahren und sie wartete an der Straße, während ich mit dem Notar zu meinem Haus ging. Jasmina, meine Nachbarin, war herausgekommen und erzählte dem Notar alles,

was sie wusste. Er meinte, dass wir mehrere Nachbarn anhören sollten, und forderte mich auf, die Leute davon zu überzeugen, dass sie geschlossen in sein Büro kommen sollten.
„Das werde ich versuchen“, sagte ich. Weil aber an diesem Tag niemand zu erreichen war, nahm ich mir vor, die nächsten Tage damit zu verbringen, mit Nachbarn zu sprechen.
Also ging ich am nächsten Tag zu Nabil und Monika. Nabil sagte mir, dass er mit weiteren Nachbarn sprechen wolle. Dann ging ich zu dem Kaufmann, der an der Ecke zu meinem Haus einen kleinen Laden hatte und bei dem ich immer eingekauft hatte. Auch er versprach, mir zu helfen. Sie alle wollten sich zusammentun und zum Notar gehen. Aber es wurde nichts daraus. Aus irgendwelchen Gründen, die ich mir nicht erklären konnte, verweigerten am Ende alle Nachbarn die Aussage.
„Sie wollen keine Schwierigkeiten“, sagte Mansour.
„Aber sie hatten doch zugesagt, und nun wollen sie plötzlich nichts davon wissen.“
„Du musst das verstehen. Sie haben Angst vor Amors Vater.“
„Aber welche Macht hat dieser Mann, dass er alle Nachbarn derart einschüchtern kann?“
Mansour und der Notar gaben keine Antwort. Es hätte keinen Sinn gehabt, weiterzureden. Es war wohl so, wie mir Mansour gesagt hatte. Am Ende hielten sie alle zusammen. Was war ich denn schon? Eine Ausländerin, die so dumm war, auf einen von ihnen hereinzufallen, sonst nichts. Zumindest hatte der Notar aber einige Zeugenaussagen von Handwerkern einholen können. Anhand der Rechnungen mussten sie ja bestätigen, dass sie für mich gearbeitet hatten und dass sie von mir bezahlt worden waren.
„Sie können noch versuchen, deutsche Zeugen zu gewinnen. Sie haben doch Freunde, die sie von Anfang an kennen und die wissen, dass das ihr Haus ist.“
„Aber dass das mein Haus ist, kann ich doch anhand der Belege beweisen. Ich habe nachweislich 100.000 Mark in dieses Land

gebracht und auch fast alle Handwerker und das Baumaterial mit Schecks bezahlt."
„Das schon, aber Zeugen sind immer gut."
„Na gut, ich werde es versuchen."

Inzwischen war der Anwalt aus dem Urlaub zurück und ließ mir über Nasser ausrichten, dass er 3.000 Dinare von mir als Vorschuss wollte.
„Aber er sagte doch, dass er nicht viel von mir verlangen wollte, und jetzt will er 5.000 Mark Vorschuss."
„Das ist normal", sagte Nasser, „er hat schließlich Auslagen."
„Aber doch nicht so viel. Meine ganze Scheidung hat doch nur 500 Dinare gekostet."
„Du musst das bezahlen, sonst kann er nichts für dich tun."
„Dann musst du endlich das Auto verkaufen. Sonst habe ich das Geld nicht."
„Das geht nicht ohne Papiere."
Nun stand ich da. Ich hatte keine 5.000 Mark mehr. Alles, was ich noch hatte, hatte ich in den Bau des Appartements gesteckt.
„Sag dem Anwalt, dass ich auf seine Hilfe verzichte. Ich werde mich hier nach einem anderen umsehen."
Wieder eine Niederlage. Erst weigerten sich die Nachbarn, für mich auszusagen, dann musste ich feststellen, dass der Anwalt aus Tunis mich nur abzocken wollte. Wer garantierte mir denn, dass er für die 5.000 Mark auch wirklich etwas tat? Ich sprach mit Janni darüber, und auch sie war mit mir einer Meinung, dass da etwas faul war.
Wieder ging ich zu Mansour und fragte ihn nach dem jungen Anwalt, von dem er vor ein paar Wochen gesprochen hatte. Er vereinbarte einen Termin mit ihm, und der Anwalt war bereit, meinen Fall zu übernehmen. Auch er sprach davon, dass er sich dafür schämen würde, was seine Landsleute mit Europäern machten. Er verlangte 300 Dinare Vorschuss, und das schien mir korrekt. Er wollte nun die Zivilklage gegen Amors Vater einreichen und mich

bei den noch laufenden Prozessen vertreten. Wir warteten auf den Termin wegen des Diebstahls meiner Papiere, auf den Prozess wegen meiner Möbel und den wegen meines Autos.

Während all der Aufregung und des Ärgers vergaß ich Karim in keiner Minute. Ich hatte ihn nun fast drei Wochen nicht gesehen, vermied es auch hinzusehen, wenn ich an seiner Werkstatt vorbeifuhr, obwohl ich jedes Mal einen schmerzhaften Stich in der Brust spürte. Doch dann hielt ich es nicht mehr aus. Ich ging zu ihm, und er freute sich sehr darüber.
„Schön, dass du kommst", sagte er.
„Warum bist du dann nicht gekommen?"
„Das weißt du doch."
„Und nun? Wollen wir nicht einmal vernünftig miteinander reden? Ich habe so viele Probleme und Sorgen, warum machst du es mir auch noch schwer?"
„Ja, ich glaube, es muss sein. Mir geht es nicht gut. Ich kann nicht essen und nicht schlafen."
„Ich auch nicht. Sieh mich an. Ich wiege nur noch 48 Kilo."
„Ich komme am Samstagabend zu dir, wir werden reden."
Ich ärgerte mich darüber, dass ich nicht früher zu ihm gegangen war. Anscheinend hatte er nur darauf gewartet.
Erleichtert und froh über diese kurze Aussprache ging ich am Nachmittag schwimmen. Am Strand traf ich Chris, einen Österreicher, den ich schon lange kannte, zu dem ich aber nie großen Kontakt hatte, weil man mir immer gesagt hatte, dass er keine Deutschen mag. Wir schwammen zusammen hinaus, und er sagte mir, dass er von meiner Geschichte gehört hatte und dass es ihm leid tat.
„Komm doch mal bei uns vorbei, du weißt, wo wir wohnen, meine Frau wird sich auch freuen."
„Danke, das ist sehr nett, ich komme gerne."
Ich wunderte mich etwas über diese nette Einladung, hatte ich doch wirklich geglaubt, dass diese Leute keine Deutschen mochten. Mir dämmerte, dass das wohl auch eine Lüge gewesen war, um mich

von ihnen fernzuhalten. Ich wusste aber, dass Chris und seine Frau schon viele Jahre in Zarzis lebten, und wir hatten uns auch immer freundlich gegrüßt. Amor kannte Chris und wusste wohl auch, dass er einigen Einfluss hier hatte, zumindest hatten viele Leute großen Respekt vor ihm. Das lag sicher daran, weil er viele Sprachen beherrschte und versuchte, wie ein Araber zu leben. Er kleidete sich arabisch, rauchte in den Cafés mit den Männern Wasserpfeife und palaverte mit ihnen. Nun, ich nahm mir vor, an einem der nächsten Tage zu ihnen zu gehen.
Irmi und Harry waren aus Deutschland zurück, und ich fragte sie, ob sie bereit wären, eine Zeugenaussage für mich zu machen.
„Müssen wir vor Gericht?“ fragte Irmi.
„Nein, das nicht. Ihr braucht nur eine schriftliche Aussage beim Notar abzugeben.“
„Das tun wir gerne für dich. Wir wissen ja auch, dass das dein Haus ist.“
„Ja, ihr kennt mich schon viele Jahre und wart auch oft in meinem Haus.“
„Wir helfen dir gerne, Sabrina. Der Notar soll nur fragen, wir werden ihm alles beantworten.“
„Das ist sehr lieb von euch, ich danke euch.“
„Du brauchst nicht zu danken. Dafür hat man Freunde.“
„Ja, aber ich weiß manchmal wirklich nicht mehr, wer meine Freunde sind. Ich hatte auch geglaubt, dass meine Nachbarn zu mir halten würden, zumal sie Amors Familie nie gemocht haben.“
„Das sind Tunesier. Sie halten alle zusammen, wenn es gegen Ausländer geht.“
„Meint ihr wirklich, dass das so ist?“
„Ja, wir leben schon lange genug hier. Du weißt, was wir mitgemacht haben, da kann man sich so ein Urteil erlauben.“
„Ich denke, ihr habt Recht.“
„Übrigens, was ich dich fragen wollte“, Irmi sah mir direkt in die Augen, „stimmt es, dass du ein Verhältnis mit Karim dem Schmied hast?“

„Ja, es stimmt. Es hat sich so ergeben, weil ich sehr einsam war.“
„Man sagt, dass du Amor schon immer mit ihm betrogen hast.“
„Ach Irmi, du weißt, dass man nichts darauf geben kann, was die Leute erzählen. Aber ich bin mit Karim erst zusammengekommen, als es mit Amor bereits lange zu Ende war.“
„Aber das hat doch auch keine Zukunft.“
„Ich weiß, aber im Moment ist es halt so. Er hilft mir über vieles hinweg.“
„Wenn du erst wieder in Deutschland bist, wirst du alles vergessen und dir ein schönes Leben machen.“
„Ich hoffe es, aber erst muss ich diese Prozesse durchstehen.“
„Wir helfen dir jedenfalls, und wenn du etwas brauchst, dann komm ruhig zu uns, wir sind immer für dich da.“
„Danke, ich hab’ immer gewusst, dass ihr wirkliche Freunde seid.“
Ich vereinbarte also einen Termin mit Mansour und dem Notar, und Irmi und Harry machten ihre Aussage. Auch Hannelore war bereit, eine Aussage zu machen, was sie auch sofort schriftlich tat. Nun wusste ich, wer meine wirklichen Freunde waren. Dann besuchte ich Chris und seine Frau Maria. Beide empfingen mich herzlich, und auch sie sicherten mir zu, nachdem wir das Missverständnis mit der Deutschfeindlichkeit geklärt hatten, mir beizustehen und dass ich immer willkommen in ihrem Haus wäre.
Was wollte ich mehr. Soviel Zuneigung und Hilfsbereitschaft hatte ich nicht erwartet. Ich war sehr froh darüber und erzählte Janni von Chris und Maria und den Zeugenaussagen meiner deutschen Freunde.
„Ich kann ja keine Zeugenaussage machen. Wir haben dich ja erst kennen gelernt, als dein Haus schon lange fertig war.“
„Du hast mir auch so genug geholfen, das weißt du und Zeugenaussagen habe ich jetzt genug, das wird reichen.“
„Die Gerichtsferien sind jetzt bald zu Ende. Dann geht’s los mit deinen Verhandlungen. Das wird schlimm werden.“
„Ich werd’s durchstehen. Ich habe den neuen Anwalt und Man-

sour, der mir übersetzen wird. Und Chris hat mir angeboten, Schriftliches zu übersetzen. Und außerdem kommt Karim am Samstag, und ich werde mich endgültig mit ihm aussprechen."
„Das freut mich für dich."
„Danke, Janni. Vielleicht wäre es gut, wenn du Chris und Maria auch kennen lernen würdest, dann bist du nicht so alleine, wenn ich wieder in Deutschland bin."
„Ja, das möchte ich gerne. Vielleicht kannst du das arrangieren?"
„Sicher kann ich das."

Karim und ich hielten uns lange fest umschlungen, als er am Samstagabend pünktlich bei mir eintraf. Wir weinten beide, weil wir nicht wussten, wie wir uns verhalten sollten. Karim entschuldigte sich schließlich für sein Verhalten und versprach, mir keine Sorgen mehr zu machen. Wir brauchten nicht darüber zu sprechen, dass unsere gemeinsamen Tage gezählt waren, wir spürten es ohne Worte, und ich hatte das Gefühl, dass er mir die Zeit, die uns noch blieb, so schön wie möglich machen wollte. Er blieb in dieser Nacht bei mir, und als Janni am nächsten Morgen mit ihrer Kaffeetasse vor der Tür stand, freute sie sich mit mir über die Versöhnung.

Dann kam die Polizei und überbrachte mir die erste Vorladung zum Gericht in Medenine. Komischerweise hatte auch Omar eine Vorladung erhalten. Wir konnten uns das nicht erklären. Auf den Vorladungen stand keine Begründung. Uns blieb nichts anderes übrig, als gemeinsam dorthin zu fahren. Janni fuhr mit uns, und wir trafen dort zunächst meinen neuen Anwalt. Er sagte uns, dass Omar mit Amor angeklagt war. Es stellte sich heraus, dass meine erste Anwältin Omar bei der Anzeige wegen des Diebstahls meiner Papiere als Dolmetscher mit in das Protokoll geschrieben hatte und die Polizei da etwas verwechselt haben musste. Ich erklärte dem Anwalt, dass Omar absolut nichts mit der Sache zu tun hatte. Er versprach, das zu klären. Die Verhandlung wurde deshalb um vierzehn Tage verschoben. Der nächste Termin wegen meiner Möbel war eine Woche später. Diesmal fuhr ich allein mit dem Sammeltaxi. Aber wieder umsonst. Da Amor nicht erschienen war, vertagte man um vierzehn Tage. Der dritte Termin um mein Haus eine Woche später ergab ebenfalls nichts. Man vertagte ohne Begründung.

Ich wusste nun, dass ich jeden Mittwoch vor Gericht erscheinen musste. Jeden Mittwoch 60 Kilometer hin, 60 Kilometer zurück und jedes Mal ohne Erfolg. Auch der zweite Termin mit Omar wegen der Papiere wurde verschoben. Es ging einfach nicht in die Köpfe der Herren Richter, dass Omar nichts damit zu tun hatte. Ein Gespräch mit der Anwältin ergab, dass sie die Schuld hatte und das in Ordnung bringen wollte. Ich sollte nun eine schriftliche Erklärung abgeben, die Omar von aller Schuld befreien sollte. Ich ließ sie mir von Chris in Französisch verfassen, ging damit zur Gemeinde, um es offiziell beglaubigen zu lassen und brachte sie dem Anwalt.

Auch der nächste Termin wurde vertagt, weil diesmal mein Anwalt nicht erschienen war. Ich war wütend und konnte einfach nicht glauben, was da vor sich ging. Als mir aber dann mein neuer Anwalt durch Mansour ausrichten ließ, dass er in meinem Fall nichts mehr tun konnte, brach für mich wieder einmal eine Welt zusammen.
„Warum?“ fragte ich Mansour.
„Er sagte, dass er nichts gegen den Anwalt deiner Ex-Familie unter nehmen könne.“
„Warum?“
„Weil er ein Büro zusammen mit ihm hat und das nur Ärger geben würde.“
„Aber das hat er doch gewusst, als er meinen Fall übernahm. Warum hat er uns nicht gesagt, dass er mit dem Gegenanwalt ein Büro teilt? Die Anzahlung hat er doch auch genommen.“

„Ich weiß es nicht. Sie arbeiten ja getrennt, aber anscheinend hat es Ärger gegeben.“
„Und was mache ich nun? Ich stehe mitten in den Prozessen. Wer soll mich denn nun vertreten?“
„Es tut mir so leid, aber ich weiß es nicht. Ich bin selbst sehr wütend darüber, du tust mir so leid.“
„Es ist ja nicht deine Schuld.“
„Ich werde versuchen, einen anderen Anwalt zu bekommen.“
„In Deutschland gibt es ein Sprichwort, das sagt, dass keine Krähe einer anderen die Augen aushackt.“
„Das sagt, wie du darüber denkst.“
Am gleichen Tag ging ich zu Hannelore, weil ich wusste, sie war mit einem Professor befreundet, der „gute Kontakte“ hatte. Ich hatte Glück – der Professor erklärte sich bereit, zu einem mit ihm befreundeten Anwalt zu fahren, der sein Büro in Houmt Souk hatte. Wir fuhren dorthin, und er versprach, alles zu tun, was zu tun sei. Er hatte bereits von meinem Fall gehört und auch er sagte mir, dass er sich für solche Landsleute schäme. Das kannte ich bereits und schenkte diesen Worten keinen Glauben mehr. Er übernahm also meinen Fall und bestellte mich zu einer weiteren Besprechung in ein paar Tagen in sein Haus nach Zarzis. Dort sagte er mir dann, dass er sich mit meinem vorherigen Anwalt insofern geeinigt hätte, dass dieser den Fall abschließen sollte, er aber alles überwachen und gegebenenfalls einspringen würde, falls etwas schief gehen sollte. Ich musste mich damit zufrieden geben, hatte aber komischerweise das Gefühl, bei diesem Anwalt in guten Händen zu sein. Inzwischen war ich wieder nach Medenine zu einem Termin wegen meiner Möbel gefahren. Ohne Begründung wurde auch dieser verschoben. Ich war ziemlich fertig, weil ich nichts, absolut nichts erreicht hatte.

Janni, Omar und Karim fühlten mit mir. Auch meine neuen Freunde Chris und Maria, aber auch Irmi und Harry, Hannelore, Monika und Nabil, und auch Margarete und Mabrouk, die ich nacheinander besuchte, waren bestürzt über die Art und Weise, wie man mir mitspielte. Nach insgesamt zwölf Verhandlungstagen, an denen ich Stunde um Stunde im Gerichtssaal stand, um darauf zu warten, dass irgendetwas geschieht, verlor ich langsam die Hoffnung, jemals zu meinem Recht zu kommen.

„Am liebsten würde ich das Haus anzünden, damit endlich Ruhe ist“, sagte ich eines Tages zu Janni, und sie gab mir unter der Einschränkung, dass ja noch nichts verloren sei, im Prinzip Recht.

Meine Schweizer Freundin Ilona traf bei mir ein. Ich freute mich sehr über ihren Besuch. Sie schlief mit mir in meinem großen, neuen Bett, und wir machten uns ein paar schöne Tage, soweit es eben ging. Karim kam vorbei und freute sich ebenfalls über Ilonas Besuch, die er bereits von ihrem letzten Besuch her kannte. Dass er in dieser Zeit nicht Samstagnachts bei mir bleiben konnte, stimmte ihn etwas traurig.

Zum nächsten Termin wegen meines Hauses fuhren Hannelore und Mansour mit mir. Mansour hatte mich darauf aufmerksam gemacht, dass es nicht gut sei, wenn ich alleine fahren würde. Er hätte mitbekommen, dass Amors Vater geschworen hatte, Rache an mir zu nehmen. Er hatte vor der Moschee die Äußerung getan, dass er es mir niemals verzeihen würde, dass ich seine Familie ins Gerede gebracht hatte.

Dabei war er es doch selbst, der das alles zu verantworten hatte. Warum hatte er mir nicht die Hälfte gegeben, wie ich es ihm vorgeschlagen hatte? Dass unser Fall nun Stadtgespräch war, war nicht zu vermeiden. Hauptsächlich war er mir aber deshalb böse, weil er sich zur großen Pilgerfahrt nach Mekka angemeldet hatte, zu der er aber nur „reinen Herzens“ fahren durfte. Mit so viel Dreck am Stecken konnte er nicht fahren. Komisch war nur, dass er mir alleine die Schuld zuschrieb, zumindest in der Öffentlichkeit.

Aber auch diesmal standen wir vier Stunden lang umsonst im großen Saal, der Termin wurde abermals verschoben. Mein neuer Anwalt sagte mir, dass in der nächsten Woche endgültig entschieden werden würde.

Ich sprach mit Omar und bat ihn, Nasser auszurichten, dass er mein Auto zurückbringen solle. Mansour hatte mir angeboten, sich darum zu kümmern und es in seine Garage einzuschließen. Er versprach es, und prompt erschien Nasser am darauf folgenden Wochenende, aber ohne mein Auto. Nasser sagte, dass er den nächsten Termin wegen meiner Autopapiere abwarten wolle. Sollte ich meine Papiere bekommen, würde er das Auto bringen. Ohne Papiere aber wäre er bereit, mir 2.000 Dinare für das Fahrzeug zu geben.
„Das hast du dir ja fein ausgedacht. Erst fährst du mein Auto ein halbes Jahr kostenlos und dann willst du es auch noch fast geschenkt."
„Du gehst doch nach Deutschland zurück, da kannst du es sowieso nicht mitnehmen."
„Ach, und deshalb soll ich es dir so billig überlassen?"
„Ja."
„Ich warte jetzt erst die nächste Verhandlung ab, dann werde ich entscheiden."
„Gut. Am Mittwoch ist die letzte Verhandlung wegen deines Hauses, wir werden dich begleiten."
„Danke."
„Was ist mit Karim, bist du noch mit ihm zusammen?"
„Warum fragst du?"
„Nur so, es interessiert mich eben."
„Frag Karim selbst, ich will nicht, dass es wieder Missverständnisse gibt."

Den Abend vor meinem letzten Termin verbrachte ich mit Karim. Wir sprachen darüber, dass dieser Termin auch das Ende für uns war. Es war inzwischen Mitte November geworden, und ich wollte Weihnachten in meiner Heimat sein.
Ilona hatte mich eingeladen, einige Zeit bei ihr in der Schweiz zu verbringen, bevor ich nach Deutschland ging und meine neue Wohnung bezog, die mir mein Bruder inzwischen besorgt hatte.

Alles klappte wie am Schnürchen. Auf meine Familie und meine Freunde konnte ich mich verlassen.
„Es bleibt ein großer, leerer Platz, wenn du gehst“, sagte Karim traurig, „aber ich verstehe, dass du gehen musst. Ich glaube nicht, dass du hier jemals dein Recht bekommst.“
„Wirst du mich einmal in Deutschland besuchen?“
„Ja, wenn es geht und ich ein Visum bekomme, dann komme ich gerne für zwei oder drei Wochen.“
„Wir werden sehen.“
Er nahm meine Hände in die seinen und hielt sie ganz fest.
„Warum bleibst du nicht hier?“ fragte er plötzlich.
„Karim, wovon soll ich hier leben? Ich glaube auch nicht, dass ich von Amor und seiner Familie jemals einen Millime erhalte.“
„Ich spreche noch mal mit meiner Mutter, vielleicht ist sie doch …“
Ich unterbrach ihn: „Nein, bitte nicht, es hätte keinen Sinn. Deine Familie ist niemals mit mir einverstanden, das weißt du. Und ich könnte nicht mit deiner Familie leben. Wenn ich mir vorstelle, dass ich finanziell von euch abhängig wäre, bekomme ich Angst.“
„Wieso? Ich verdiene doch gut.“
„Ja, du, aber du kannst nicht alleine darüber bestimmen, was mit deinem Geld passiert. Dein Vater hat das Sagen.“
„Ja, es ist so. Es gibt also keine Zukunft für uns.“
„Nein.“
Wir lagen lange eng umschlungen auf dem Bett und spürten den Abschiedsschmerz in uns aufkommen. Es tat alles so schrecklich weh, aber es gab wirklich keine Zukunft für uns.

Dann kam der große Termin. Janni, Omar und Nasser waren mit mir gefahren. Auch der offizielle Dolmetscher war erschienen, und wir setzten uns zusammen auf eine Bank. Wieder warteten wir stundenlang, bis unsere Namen aufgerufen wurden. Dann sah ich, dass mein Anwalt den Saal verließ, und lief ihm hinterher.
„Was ist los?“ fragte ich.

Er sah mich lange an und sagte zunächst nichts. Dann kam Omar hinzu und sprach mit ihm.
„Omar, was ist los?" Ich hatte eine unheimliche Ahnung. Irgendetwas Scheußliches kroch in mir hoch.
„Sabrina", sagte Omar, „das Gericht hat deine Klage abgewiesen. Das Haus bekommt Amor."
Wie zu einer Salzsäule erstarrt stand ich vor ihm, brachte zunächst keinen Ton heraus. Meine Augen suchten nach Janni, ich sah sie nicht. Dann kam Nasser und redete irgendetwas auf mich ein. Ich konnte mich nicht beherrschen und schrie ihn fürchterlich an.
„Halt du dich da heraus, was willst du hier?"
Er sagte nichts, aber ich sah Janni und winkte ihr zu. Sie kam, aber in diesem Moment verlor ich die Beherrschung. Ich schrie den Anwalt an, schimpfte auf das Land, den Staat und dass es hier keine Gerechtigkeit geben würde. Ich hob meine Fäuste und schlug auf die Brust des Anwaltes ein. Ich weiß nicht, was ich damals sagte, aber registrierte, dass alle sehr entsetzt waren. Der Anwalt reagierte als erster und forderte uns auf zu warten. Er wollte sofort einen Termin beim Oberstaatsanwalt, um Berufung einzulegen. Er bekam ihn, und fünf Minuten später saß ich mit dem beeidigten Dolmetscher vor seinem Schreibtisch in einem riesigen Büro. Mir liefen noch immer die Tränen über das Gesicht. Ich konnte einfach nicht mehr. Nach insgesamt vierzehn nervenaufreibenden Gerichtsterminen wies man meine Klage einfach ohne Begründung ab. Wenn man mich wenigstens einmal angehört hätte, aber nicht einmal das. Eine Frau hört man nicht an in diesem Land, eine Frau hat nichts zu sagen und einer Frau gibt man nicht Recht. Eine Frau bedeutet nichts, selbst dann nicht, wenn das Recht auf ihrer Seite ist. Verdammt, ich konnte doch alles belegen, und das Recht sagt doch in Tunesien, dass einer Frau das gehört, was sie in die Ehe bringt. Warum nur ließ man mich fast ein Jahr lang warten, um mir dann zu sagen, dass ich mein Recht nicht bekomme? Das konnte doch nicht mit rechten Dingen zugehen.

Über eine Stunde saßen wir im Büro des Oberstaatsanwaltes. Ich musste noch mal alles erzählen, und der Dolmetscher übersetzte. Als ich am Ende war, versprach der Oberstaatsanwalt, sich dieses Falles anzunehmen und Berufung einzulegen. Er gab mir seine Telefonnummer und sagte mir, dass ich ihn jederzeit anrufen könne. Ich glaubte ihm kein Wort, bedankte mich aber und ging.
Am gleichen Abend noch fuhren Nasser und Omar mit dem Bus nach Tunis. Omar sagte mir, dass er wenigstens dafür sorgen würde, dass mein Auto zurückkam. Auch er hatte das Gefühl, dass Nasser das Auto einfach behalten wollte. Der gute Omar hielt sein Versprechen. Zwei Tage später war er mit Nasser und meinem Auto zurückgekommen. In der Nacht hatten sie es heimlich an einen sicheren Ort gestellt, von dem ich es abholen und zu Mansour bringen sollte. Noch einmal hatte Nasser versucht, mir 2.000 Dinare zu bieten. Weil ich aber wusste, dass er das Geld gar nicht hatte, ging ich nicht mehr darauf ein und fuhr das Auto in der Nacht zu Mansour; dort würde es vor dem Zugriff von Amors Familie sicher sein.
Ich war Mansour unendlich dankbar und versprach ihm, es irgendwann gutzumachen.
Maria sagte mir, dass sie einen Flug nach Zürich gebucht hatte, und ich bestellte ein Ticket in der gleichen Maschine. Ich war froh, nicht alleine fliegen zu müssen. Ilona versprach mir am Telefon, mich in Zürich vom Flughafen abzuholen.
Als ich das Ticket in der Hand hielt, dachte ich an Karim und mir wurde bewusst, dass das ein endgültiger Abschied war. Mir wurde unendlich schwer ums Herz, aber auch die Tränen, die ich in dieser Nacht vergoss, halfen mir nicht über meinen Schmerz hinweg.

Noch einmal ging ich mit Hannelore und dem Professor zu dem neuen Anwalt. Er versprach, einen neuen Zivilprozess gegen Amors Vater anzustreben, und riet mir, einen deutschen Anwalt hinzuzuziehen, mit dem er dann zusammenarbeiten wollte.

„Sie können nicht einfach aufgeben, dann hätte ihr geschiedener Mann alles erreicht, was er wollte."
„Sie haben Recht, das hat er nicht verdient, ich werde weiterkämpfen."
Ich verkaufte die Elektrogeräte und einige andere Dinge. Alle Kleinigkeiten und viele persönliche Dinge, die ich nicht mit in den Flieger nehmen konnte, verschenkte ich an Janni, Omar und Karim. Harry und Irmi kauften mir das neue, schöne Bett ab, und so hatte ich genügend Geld für das Ticket und die nächste Zeit. Horst hatte sein Versprechen gehalten und mir einen Teil meines Geldes nach Deutschland überwiesen, damit ich mir dort die neue Wohnung einrichten konnte. Ich erledigte alles irgendwie automatisch und ohne darüber nachzudenken. Meine Gedanken waren in den letzten Tagen einzig bei Karim. Beide versuchten wir so locker wie möglich zu bleiben, kaum hatte er aber meine Wohnung verlassen, fiel der Schleier der Heiterkeit. Die Tränen wollten nicht weichen.

Es fiel mir so unsagbar schwer, ihn und dieses Land, das ich so liebte, zu verlassen. Am Tag vor meiner Abreise half mir Karim, das Bett zu Irmi zu bringen, und dann saßen wir noch eine Stunde zusammen in der leeren Wohnung auf dem Fußboden. Wir sagten nicht viel, der dicke Kloß in meinem Hals drückte auf meine Seele, seine Hände umklammerten mich, seine Augen waren von Tränen gezeichnet. Nie im Leben hatte ich solch einen Schmerz gespürt. Mit gesenktem Kopf ging er von mir und versprach mir noch, mich am nächsten Tag in der Schweiz anzurufen.
„Ich liebe dich", sagte er zum Abschied. Seine Worte klangen noch nach, als Omar und Janni kamen, um mich zu Chris und Maria zu begleiten. Die letzte Nacht wollte ich bei ihnen verbringen, weil Chris uns ganz früh zum Flughafen bringen wollte. Wie gerne hätte ich die letzten Stunden noch mit Karim verbracht, aber das hätte mir wohl das Herz gebrochen. Meine Freunde lenkten mich ab, erzählten irgendwelche Dinge. Ich versuchte, mit ihnen

zu lachen, aber es gelang mir nicht so recht. Omar muss gespürt haben, was in mir vorging. Sein trauriger Blick sagte alles, und als ich mich dann endgültig von ihnen verabschiedete, drückte ich Janni noch mal fest an mich, und wieder flossen die Tränen. In dieser Nacht auf dem Sofa meiner Freunde machte ich kein Auge zu und ich war heilfroh, dass ich nicht alleine zum Flughafen musste.
Irgendwann würde ich wiederkommen, das wusste ich. Meine Geschichte war ja noch nicht zu Ende. Die Gerechtigkeit würde ihren Lauf nehmen. Ich redete mir fortwährend ein, dass doch noch alles gut werden würde, wusste aber, dass nichts gut werden würde. Materielle Dinge waren unwichtig geworden. Ich glaubte nicht mehr daran, dass mir das Gesetz helfen würde. Ich würde mir selbst helfen müssen, meine Selbstachtung zu erhalten.
Bereits jetzt im Flugzeug musste ich anfangen, mein Leben neu zu gestalten und in anderen Dimensionen zu denken. Ich hatte alles verloren, aber eine große Erkenntnis gewonnen. Die Erkenntnis nämlich, dass man das, was am Ende bleibt, immer alleine mit sich selbst abmachen muss. Solange man lacht, lachen alle mit. Wenn man aber weint, weint man ganz alleine.

***

Epilog

Zwei Wochen der Ruhe und Entspannung verbrachte ich bei meiner Freundin in den Schweizer Bergen. Der unendlich viele Schnee, die nicht mehr gewohnte Kälte und Ilonas Fürsorge taten mir gut. In den ersten Tagen vermisste ich den frühen Ruf des Muezzins, das Schreien der Esel und Mulis, das Krähen der Hähne zu jeder Tages und Nachtzeit.
Karim hatte wie versprochen angerufen und mir noch einmal gesagt, dass ich einen großen, leeren Platz hinterlassen hätte. Das waren die letzten Worte, die ich von ihm hörte.
Ich schrieb dieses Buch zu Ende, das ich bereits vor zwei Jahren in Tunesien begonnen hatte, weil ich hoffte und immer noch hoffe, dass es mir helfen wird, meinen Kampf um meine Rechte fortzusetzen.

Seit Monaten versucht mein deutscher Anwalt vergeblich, irgendetwas in Tunesien zu erreichen. Der arabische Anwalt, der mit ihm zusammenarbeiten wollte, lässt sich ungeheuer viel Zeit, auf meine Briefe zu antworten. Amor hält sich immer noch in Deutschland auf, weil das Justizministerium meine arabische Scheidungsurkunde nicht anerkennt und ich, vielleicht ebenfalls vergeblich, auf eine Beglaubigung des tunesischen Gerichts warte. Nach deutschem Recht bin ich noch immer mit Amor verheiratet, und er wird in Tunesien zu verhindern wissen, dass man mir die Rechtskräftigkeit der Scheidung beglaubigt, damit man ihm die Aufenthaltserlaubnis für Deutschland nicht entzieht. Inzwischen lebt er mit einer anderen deutschen Frau zusammen, mit der er vermutlich das gleiche Spiel noch einmal treibt, während ich aus Angst vor Rache unter Geheimhaltung meiner Anschrift und Telefonnummer leben muss. Niemand ist da, der ihn aufhält und niemand ist da, der ihn für seinen Betrug an mir bestraft. Ich wünsche mir manchmal, dass mein Traum vom brennenden Haus in Erfüllung geht. Ich hoffe aber auch, dass ich mit diesem Buch dazu beitragen kann, dass andere deutsche Frauen, die in eine ähnliche Situation geraten, vor solch einem Schicksal bewahrt werden. Ein Angestellter der deutschen Botschaft in Tunis sagte mir, dass sich Tausende von Frauen jährlich in einen Araber verlieben. Wenn ich nur eine Frau davon abhalten kann, blind in so eine Zukunft zu rennen, dann hat sich die Veröffentlichung dieser Geschichte gelohnt. Ich kann im Nachhinein nur davor warnen, blindes Vertrauen in einen Araber, den man doch eigentlich nicht kennt, zu setzen. Moralische und ethische Werte, die Begriffe Gut und Böse oder auch nur einfache oder schlimme Lügen haben in dieser so ganz anderen Kultur einen anderen Stellenwert als bei uns.

Und dennoch, ich werde dieses wunderschöne Land, die Wüste, das türkisfarbene Meer, die Palmen, die Sonnenuntergänge, die zum Greifen nahen Sterne, den warmen Wind in meinen Haaren und das glückliche Lachen der Kinder immer lieben und mit Sicherheit niemals vergessen.

***

Nachtrag – November 2012

Inzwischen sind viele Jahre ins Land gegangen und hunderte Briefe haben mich erreicht. Einigen Betroffenen konnte ich mit diesem Buch die Augen öffnen und manche sogar vor einem schlimmen Schicksal bewahren. Dafür bin ich unendlich dankbar. Meine Ehe wurde auch in Deutschland rechtskräftig geschieden. Meinen Prozess gegen Amor und seine Familie habe ich nach internationalem Recht 1999 gewonnen. Ich bin im Besitz eines rechtskräftigen Urteils. Bisher sind leider alle Versuche, das Urteil in Tunesien vollstrecken zu lassen, gescheitert. Das Urteil verjährt nach20 Jahren. Ein paar Jahre bleiben noch für das Wunder, das wahrscheinlich niemals geschieht. Viele Leser fragten mich danach, was aus dem Auto geworden ist. Nun, es wurde in Einzelteilen nach Libyen verkauft. Amor hat es jedenfalls nicht gekommen.

Nach zahlreichen Presseartikeln und Fernsehsendungen, die über mein Schicksal berichteten, sind auch die Homepage www.1001Geschichte.de, die inzwischen zur Institution wurde, und der daraus entstandene Hilfe-Verein **CiB e.V.**, www.cibev.de erfolgreich etabliert. Hier schreiben betroffene Frauen ihre wahren Bezness-Geschichten. Im angegliederten Forum wird darüber diskutiert und beraten. Endlich, nach 10jähriger intensiver Aufklärungsarbeit erregt das Thema **„Bezness - Das Geschäft mit deutschen Frauen“** die öffentliche Aufmerksamkeit, die es verdient.

Die Medien über „Sand in der Seele“
einige Auszüge …

Printmedien

„… die Vorlesung endet, als Amors Bruder versucht, Sabrina zu vergewaltigen. Die Lesung macht neugierig, den gesamten Hintergrund kennenzulernen. Es ist ein Werk, das durchaus in einer Reihe mit dem Roman von Betty Mahmoody „Nicht ohne meine Tochter“, zu nennen ist.“
Westfälische Rundschau

„… erotische Männer tragen ihr Herz blumig verpackt auf der Zunge. Evelyne Kern schafft es, gemachte Erfahrung mit gelungener Stilistik in Szene zu setzen und bringt bei ihrer Lesung die Kultur Tunesiens einem breiten Publikum näher“
Rundschau Meinertshagen

„… ein bösartiger Trick, heißt es in der Klageschrift des Anwaltes. Er hat selten Mandanten, die über ihren Fall einen Roman schreiben, aber Lowack las begeistert: Der Unterschied in den Kulturen konnte nicht besser und realistischer dargestellt werden. Das auswärtige Amt, sollte dieses Buch als Klassiker unterstützen und zur Verbreitung beitragen.
Nordbayerischer Kurier

„DIE ZEIT“ nennt „Sand in der Seele“ als wichtigen Literaturhinweis zum Thema Urlaubsbekanntschaften und binationale Ehen.

„… wer nach 361 aufwühlenden Seiten das Buch aus der Hand legt, ist zumindest gewarnt.“
Zeitungsgruppe Lahn-Dill Wetzlar (alle Ausgaben)

„... Evelyne Kern las aus ihrem Buch und bietet Hilfe mit ihrer Homepage 1001Geschichte.de an.
Main-Echo Aschaffenburg

Hier schreibt sich Evelyne Kern ihren Frust von der Seele, richtet eine Internetseite ein (www.1001Geschichte.de) „ich will mit meiner Geschichte andere Frauen warnen."
Bild der Frau

„Nur wenige Monate später wurde auf der Leipziger Buchmesse ihr Buch „Sand in der Seele" vorgestellt. Es hat Evelyne Kerns Leben gründlich verändert"
Mach mal Pause

„Etliche Zuhörer kannten „Sand in der Seele" und versicherten einhellig, dass man den Roman erst wieder aus der Hand legen könne, wenn man ihn ausgelesen habe. Sie bestanden darauf, dass Evelyne Kern zusätzlich aus ihrem neuen Buch „Atemlos ins Nichts" liest.
Nordbayerischer Kurier

Weitere Artikel in:
Esslinger Zeitung, Mülheimer Woche, Bayreuther Anzeiger, Padener Zeitung, Thüringer Allgemeine, Münchner Merkur, Freizeit-Revue, WOMAN, Alles für die Frau, u.v.m., Bild am Sonntag, Züricher Zeitung, Weltwoche, Myself, u.v.m.

Fernsehen
„ ...ein Buch, das alle Frauen unbedingt lesen sollten, bevor sie sich auf ein solches Abenteuer einlassen."
Nicole bei ihrer gleichnamigen Talkshow bei Pro7

„Wenn es Evelyne Kern gelingt, auch nur eine einzige Frau mit ihrem Buch vor so einem Schicksal zu bewahren, dann hat es sich gelohnt.“

WDR-FrauTV fuhr zusammen mit Evelyne Kern noch einmal in die tunesische Stadt Zarzis, dem Schauplatz ihres Romans „Sand in der Seele“ und ging auf Spurensuche. „Wenn es Evelyne Kern gelingt, auch nur eine einzige Frau mit ihrem Buch vor so einem Schicksal zu bewahren, dann hat es sich gelohnt.“
FrauTV

„Evelyne Kerns Roman „Sand in der Seele“ rüttelt wach und warnt. Die Autorin hat hunderte von Briefen erhalten. Diesen Frauen hilft sie mit Ihrer Erfahrung, der Homepage 1001Geschichte.de und vielen persönlichen Gesprächen unter Betroffenen.“
WDR Cosmos-TV

„Evelyne Kern hat sich ihre Geschichte von der Seele geschrieben und eine eigene Homepage gegründet, um anderen Frauen zu helfen.“ „... ein unerhört wichtiges Buch, das allein reisende Frauen unbedingt bei sich haben sollten ...“
SWR Nachtcafe – Wieland Backes

„... mit ihrem Mut hat Frau Kern viele andere Frauen gerettet.“
Günter Jauch in SternTV

„Evelyne K. ist 39, als sie während eines Tunesien-Urlaubs die Liebe ihres Lebens findet. So, wie der Hotelangestellte Amor, hat sie noch nie ein Mann umgarnt. Als der Urlaub zu Ende geht und Evelyne nach Hause fährt, weint ihr Liebhaber bittere Tränen und will sie sofort heiraten. Sie muss nicht lange überlegen, gibt in Deutschland alles auf, nimmt alle ihre Ersparnisse mit und zieht zu Amor nach Tunesien. Das Paar heiratet wenig später und baut

von Evelyns Geld eine Traumvilla mit Meeresblick. Doch dann zerplatzt der Traum von der tiefen Liebe wie eine Seifenblase. Denn Amor hat es nur auf Evelynes Geld und eine deutsche Aufenthaltsgenehmigung abgesehen. Ein Einzelfall?
AKTE 05 geht auf Gigolo-Suche" Sat1 Akte 04/05

„Evelyne Kern hat die Abzocke am eigenen Leib erfahren. Ihre Erlebnisse hat sie in einem spannenden Roman verarbeitet und eine Homepage für Betroffene eingerichtet.
ZDF Volle Kanne

Hoher Preis für die Liebe. Evelyne hat eine neue Existenz aufbauen müssen, Ingeborg hat 30 Kilogramm zugenommen und einen Suizidversuch hinter sich. Es war ein hoher Preis für die kurze Illusion von Liebe. Evelyne hat eine Website gegründet, auf der man inzwischen Tausende Geschichten von Schicksalsgenossinnen nachlesen kann. „Bezness" passiert allen, so erfährt man hier, von der Aushilfe bis zur Anwältin. „In dem Moment, in dem man verliebt ist, ist man ja nur Frau", sagt Evelyne Kern.
ZDF MonaLisa

Weitere Beträge bei ARD-Brisant, RTL Explosiv, RTL-Punkt 12 und viele mehr.

Online-Berichte im Netz
Evelyne Kern ist Journalistin und selbst auf solch eine Masche hereingefallen. Inzwischen hat sie ihre „Urlaubsliebe" zum Teufel geschickt – und will betroffenen Frauen helfen. Sie hat ein Buch geschrieben (Titel: „Sand in der Seele"), eine Internetseite ins Leben gerufen. www.1001Geschichte.de. Für Bild-Online verrät Kern, wie Frauen die Maschen der Liebesbetrüger rechtzeitig erkennen und was sie tun können, wenn Sie bereits darauf hereingefallen sind.
Bild.de – online / WDR.de – online

Bundesweite Lesungen und Signierstunden
z. B. Leipziger Buchmesse, Frankfurter Buchmesse, Karstadt-Häuser, zahlreiche Buchhandlungen und Frauenverbände, Städte und Gemeinden.

Weitere Bücher von Evelyne Kern

1001Lüge
Bezness- das Geschäft mit den Gefühlen europäischer Frauen und Männer

Autorin: Evelyne Kern
ISBN Buch:9783939478805
ISBN E-Book:9783939478911
Verlag Kern, Bayreuth
1.Auflage, 01.10.2012, Softcover, 256 Seiten

Schon der Titel verrät, dass dieses Buch etwas mit dem Orient zu tun hat und sich auf 1001Geschichten und „Sand in der Seele" bezieht. Geschichten, die auf Lüge und Betrug basieren. Durch die 10jährige intensive Arbeit der Autorin und ihrer Mitstreiterinnen, die unaufhaltsame Verbreitung der "Wahren Geschichten" auf 1001Geschichte.de und zehntausenden von Verlinkungen im Internet verbreitete sich der Begriff Bezness relativ schnell. Heute ist er im Sprachgebrauch vieler Medien und einschlägiger Foren. Im Verlauf dieses Buches werden neben allen Fakten zum Thema und dem enormen Schaden, den Bezness für Betroffene und die Gesellschaft verursacht, auch einige wahre Geschichten veröffentlicht, die dem Leser die Augen öffnen werden. Nein, es sind keine Märchen aus 1001 Nacht, sondern wahre Schicksale, wie sie das Leben manchmal schreibt. **1001Lüge** ist ein Buch, das geschrieben werden musste um aufzuklären, Prävention zu schaffen und das eine Ergänzung zu der von Evelyne Kern gegründeten Internetseite 1001Geschichte.de ist.

Atemlos ins Nichts
ISBN: 978-3-939478-03-4
2.neu überarbeitete Auflage /Januar 2007

Das Buch ist Evelyne Kerns zweiter Roman und die bittersüße Liebesgeschichte Julias, die alles verliert, was sie liebt. Aufgewachsen in einfachen Verhältnissen verliebt sie sich als 17-jährige in einen Autodieb. Er ist ihre große Liebe und sie wird ihn, obwohl er bei einem schrecklichen Unfall ums Leben kommt, niemals vergessen. Zwei weitere Männer kreuzen in den folgenden Jahren ihren Weg und auch diese verliert sie auf tragische Weise. Tapfer erträgt sie alle Schicksalsschläge bis sie eines Tages völlig ausrastet ...

Inzu und das Gold der Inkas
ISBN 978-3-939478-09-06, 2. Auflage, 2010

Unmittelbar nach der dramatischen Notlandung im schier undurchdringbaren Dschungel des Amazonas-Gebietes gerät eine kleine Gruppe amerikanischer Geschäftsleute in ein ungewolltes Abenteuer, das keine noch so erschreckende Überraschung auslässt. Nach der Begegnung mit einem furchterregenden Kopfjäger-Stamm erfahren sie durch Zufall von einer alten Inka-Kultstätte. Beseelt von dem Glauben an das Inka-Gold, das dort verborgen liegen soll, lassen Sie sich auf das Wagnis ein, von ihrem Weg in die Heimat abzuweichen, um nach dem Schatz zu suchen ...

Alle Bücher von Evelyne Kern gibt es unter www.verlag-kern.de und im Buchhandel.